安徽省哲学社会科学规划项目研究成果

项目批准号：AHSKHQ2023D9

「家」与乡土性

方旭东 著

江苏人民出版社

图书在版编目(CIP)数据

"家"与乡土性 / 方旭东著. — 南京：江苏人民
出版社,2025. 3. — ISBN 978 - 7 - 214 - 29445 - 6

Ⅰ. C912.82

中国国家版本馆 CIP 数据核字第 2024C97Y80 号

书　　　名	"家"与乡土性
著　　　者	方旭东
责 任 编 辑	陈俊阳
装 帧 设 计	许文菲
责 任 监 制	王　娟
出 版 发 行	江苏人民出版社
地　　　址	南京市湖南路 1 号 A 楼,邮编:210009
照　　　排	江苏凤凰制版有限公司
印　　　刷	江苏凤凰数码印务有限公司
开　　　本	652 毫米×960 毫米　1/16
印　　　张	24.5
字　　　数	330 千字
版　　　次	2025 年 3 月第 1 版
印　　　次	2025 年 3 月第 1 次印刷
标 准 书 号	ISBN 978 - 7 - 214 - 29445 - 6
定　　　价	98.00 元

(江苏人民出版社图书凡印装错误可向承印厂调换)

目　录

上篇　在　家

中篇　离家与留守

下篇　回　家

引　言

　　寻求一个本土化的分析中介,担负起兼顾对传统要素与现代社会流变的分析,是本研究的初步构想。如此学术旨趣尝试通过引入"家"来完成。家成为本研究的一个分析单位。引入"家"来理解乡村、城乡关系,源于中国乡村伴随现代性的开端即遭遇表述危机,至今尚未缓解。

　　中国知识界乡村话语大致经历了两个历史时期。第一个时期是民国时期,以晏阳初、梁漱溟等人发起的乡村建设运动为代表,虽各自对乡村的文化分析及乡建路径不完全相同,但均基于应对现代性启蒙与民族危机意识,在不失乡村主体性认同同时充分发挥乡村自主性来顺应现代性发端,是启蒙意义的乡村。第二个时期是 1990 年代以来,加速推进城市化成为国家发展方略与学术热点,乡村在思想中心话语中逐渐没落、边缘化,乡村出现"表述危机"①。前现代社会,农耕文明累积逐渐引发出城、市,如今则是从城市派生出乡村的"问题化"。城市化、现代化与发展主义话语体系合塑出乡村乃"必要的冗余"。城市病的凸显给人带来的焦虑和危机加剧,乡村话语作为城市文明的一种镜像再度升温。作为反思城市化的一种不同文明类型参照,以及对城市病诊断寻求突围的方

---

① 方旭东:《从乡村表述危机到城乡结合度》,《社会科学论坛》2019 年第 2 期。

1

向,反思式乡村话语逐渐呈现。何为乡村、乡村何为成为知识界近年来的热点议题。

2015年春节,"博士返乡手记"①爆红网络,2016年年初黄灯的文章②将这一话语推到极致。围绕"返乡体"与"反返乡体"的文化论争在2015年到2018年集中爆发。其中有观点认为"返乡体"笔记所要揭示的问题在当前中国农村地区原本就存在;③在其反对者看来,返乡笔记大多数似乎是"负能量"的,都是唱衰乡村。④ 尚不能发现表述乡村的阿基米德支点,问题的讨论就难以聚焦;泛文化的现代性乡愁导致论争只能是知识分子面向乡村隔岸观火式的文化情绪,乡村作为一种漫无边际的想象式书写对象成为可能。2017年以来,随着国家乡村振兴发展战略的提出与强力推进,有关乡村的文化讨论一统于"乡村振兴"这一刚性政策话语中。

围绕乡村振兴的政治、政策话语展示了乡村在新时代的国家期待与社会憧憬,这也是城乡关系中长期遭受结构压力、处于话语边缘位置的乡村在国家政治实践中的适度扭转。通过对具有反思现代性意义的乡村的一种政治化承认与政策贯彻,学理上乡村振兴则需要对西方城市中心主义的现代化模式的突围,基于我国国情特殊性的本土化探索。由此,围绕乡村议题展开话语视角转换也是应有之义,即从都市出发围观乡村到介入乡村本身的话语体系构建与内在精神发掘,确立起乡村在现代文明体系中的正当性。

城乡关系中蕴藏着转型期中国人基本生活面貌的变迁,生活呈现逐渐与传统乡土社会生活方式相去渐远。城乡关系不仅成为社会学研究需要注重的动态社会结构,也承载着由乡入城,再从城返乡的文化、生存

① 王磊光:《一个博士的返乡笔记:"近"年情更怯,春节回家看什么》,澎湃新闻,2015年2月17日,https://www.thepaper.cn/newsDetail_forward_1304570。

② 黄灯:《一个农村儿媳妇眼中的乡村图景》,《十月》2016年第1期。

③ 陈航英:《对"返乡体"笔记批判,不要矫枉过正》,澎湃新闻,2016年2月29日,https://www.thepaper.cn/newsDetail_forward_1437204。

④ 陈柏峰:《如何看待"返乡体"写作》,《大众日报》2016年2月24日,第2版。

心态变迁的微历史。无论何种向度,城乡关系视野都可以视为对"我们需要什么样的生活"的介入。

一部分知识分子为看到了乡村衰落、空心化而忧心忡忡,另一部分知识分子为城市化率提升殚精竭虑,难道乡村的前途只能由知识分子内部的大声喧哗来决定,而乡村的主人只能成为观看他们争吵的旁观者?如果允许乡村的主人插话,他们会说什么?无论是希望乡村不死的立场,还是唱衰乡村的城市化,至少说明一个问题,城乡两种文明的弊端已经清晰。接下来的问题是在强大的城市中心主义立论中,作为一种方法的"理想型"乡村究竟有什么积极的要素能够与城市抗辩、对话?

一、被观看的乡村

(一)"乡村衰落"

中国近代以来饱受殖民经济、军阀混战之苦,民不聊生,乡村难以幸免。一篇题为《乡村颓败了》的文字,刊登于 1930 年 1 月 12 日上海《民国日报》:乡村衰败了,没有一些生气,和黄褐的土块成了调和的色彩,死静、凄冷、枯暗、荒塞、简陋占据了整个乡村。类似描述开启了思想界"乡村衰落"的论调。当时不仅是乡村衰落,包括城市在内的整个社会都处于萧条状态,工业化尚未达成城市的繁荣,"乡村衰落"却在思想史中凸显出来,令人深思。如此论调见诸报端,多发自一些从乡村出发进入城市的报人、文人等知识分子的感慨,流露出鲁迅式"故乡的山水也都渐渐远离了我,但我却并不感到怎样的留恋"①的果决。如此乡村衰落论是不乏对故乡有情怀、游走式地返乡省亲又弃故乡而去者的论断。论断者不再生活在乡村,而是从城市出发"观看"乡村。"都市眼光"是近代中国城乡关系中的重要内容,其作为一种社会意识的形成,"不仅加速了城乡分

---

① 《鲁迅全集》(第一卷),人民文学出版社 1981 年版。

离的进程,同时也成为中国现代历史上最特别的现象"①。1949 年之后,随着国家化集体大生产统筹乡村,文化意义的乡村逐渐退出历史文本,让位于政治化的农村,知识分子话语加入政治宣传行列,观看社员在农村大生产的舞台上热火朝天地"表演",看到了大丰收、欣欣向荣的社会主义大农村。20 世纪 90 年代,处于 80 年代社会前台的农村逐渐被看到了后台悲剧——"三农"问题被提出。随着城市化的激进历程,农村隐退到后台,知识分子无须出城就可以看到有关农村的"戏剧"——农民进城了。在城市的车站、工地上、车间里就可以观看农民。当"农民工"成为城市一种普遍性事实时,敏锐者不仅看到了城里的农村,而且看到了农民生产地农民的"留守"。"农民工"加"留守",当代知识知识分子看到乡村"空心化",进一步深层次挖掘,看到了城乡关系中隐藏着不公正、固化的社会结构,认为这是一个问题。"观看乡村"再次形成论调,逐渐成为具有人文情怀的知识分子对乡村的主流表述形式。借助于近年来"返乡博士手记",一批"返乡体"的"观看乡村"言论走红网络,论调总体上依然没有跳出"空心化"之窠臼,只是观看得更加细致,更多人参与到观看中——走马观花式的观看、远眺变成了近看、走进去看。

除了个别特殊时期,现代以来,中国被表述的乡村一直经由观看之后呈现。乡村一旦被表述,意味着乡村被他者观看、审视过。历经千年的乡村文明,在现代社会中只有被观看的命运,它有表述自身的话语和能力吗?如果有,又是什么?抑或乡村文明本身并无须培养起发言人就能实现其终极价值?

(二)从观看到启蒙

一旦"乡村衰落"成为叙述乡村的基调,乡村就获得了被启蒙、被改造、被拯救的命运,"救济乡村逐为各方面普遍的要求"②。其一是西医式造血。留学过的有识之士获得西学思维和西方世界视野,乡村从前现代

---

① 梁心:《现代中国的"都市眼光":20 世纪早期城乡关系的认知与想象》,《中华文史论丛》2014 年第 2 期。

② 梁漱溟:《乡村建设理论》,上海人民出版社 2011 年版,第 10—13 页。

社会帝国秩序中带入到西方和现代化视野中。伴随着"乡村衰落"论调，拯救乡村的实践出现，"通过建立现代城市体系来实现整个国家的工业化和现代化"成为近代市政建设的主要目标。[①] 为应对民族危机和现代化的兴起，乡村开始与实业救国、发展工商经济结合到一起。费孝通等觉悟人士的民本、富民主张属于此类。他们强调改善乡村的物质短缺局面、培育乡村经济，摆脱对殖民经济的依赖与控制，达到救国图存、富民安生的目的。费孝通开出的药方是在乡村发展"乡土工业"[②]。发展乡村工商经济在 1980 年代被乡镇企业替代，长三角、珠三角依托乡镇企业发展获得巨大成功，机器轰鸣与黑烟囱逐渐淹没了乡村乡土性叙事。"城乡无差别的统一"烘托起富裕乡村的城市面向，出现乡村一发展即脱胎换骨成城市的乡村之死结。1990 年代以后，乡镇企业遍地开花的状况有所缓解，成为区域性经济发展模式。伴随城市比乡镇企业更强的人力吸纳能力出现，农民逐渐流向城市，迎来"农民工"的历史。农民只需要发财致富，乡村就可得到拯救的观念逐渐形成。其二是中医式把脉。晏阳初在 20 世纪 30 年代对乡村做出"愚、穷、弱、私"的诊断，随之开展声势浩大的乡村建设运动。这种将乡村预设为一种"问题"看待的理念深受诟病，却一直延续至今，因而各种乡村问题研究及乡村建设事业都往往囿于晏阳初式诊治的"治病"逻辑，乡村不免沦为落后文化的象征和被改造的对象。[③] 启蒙式乡村导致的后果，不是一个去乡土性的过程，就是一个乡村污名化的过程。

如今乡村研究逐渐向"扶贫"与"振兴"聚结。农民迟迟不能脱贫、富裕，成为"三农"问题专家的烦恼，"志在富民"的学术抱负，有着落入单向度发展主义思维陷阱的危险——物质落后被视为问题的根源，大力提升

[①] 涂文学：《近代"市政改革"：影响 20 世纪中国城市发展的历史性变革》，《学习与实践》2009 年第 9 期。

[②] 费孝通：《乡土中国·生育制度·乡土重建》，商务印书馆 2014 年版，第 359 页。

[③] 赵旭东、朱天谱：《反思发展主义：基于中国城乡结构转型的分析》，《北方民族大学学报（哲学社会科学版）》2015 年第 1 期。

物质水平被视为解决乡村问题的第一要务。乡民、乡村在这一推论下，窄化为仅仅是追求物质生活的人、物质得不到满足的地方。比起城市高房价压力与魔都欲望，城市居家生活更是长期处于严重经济不足状态。同样都是消费能力不足，社会对城乡的看法差别竟然如此之大，为什么？显然，乡村的意义远远超出生产、消费等物质范畴。比起城市的社会化大生产，物质性在乡村并不具有优越性，除了物质性之外其他深层次因素更可能是乡村正当性的依据。随着城市资本扩张与城市中心主义的社会意向形成，属于城市与资本的乡村被生产出来，结构式开启了乡村服务于城市的发展模式。乡村主体性进一步沦丧，成为城市的依附与必要的剩余。

后城市社会的乡村。乡村还来不及对"乡村衰落""乡村空心化"进行自我阐释或辩护时，城市赋予了乡村一种工业文明之后的深意。追赋"城市生活更美好"，乡村作为城市的后花园、周末休闲地带获得了城市的青睐。继消费乡村进城廉价劳动力与原材料之后，"景观乡村"逐渐被城市建构起来。另外，基于缓解"城市病"的折磨，一些污染严重的企业借发展乡村经济的面目，在当地政府 GDP 至上的招商引资中，有着转移到乡村的迹象。乡村成为接纳城市产业转移、促进城市产业升级的空间让渡地。城市富余资本也逐渐盯上乡村，资本已经或者正在下乡的路上。如果乡村对以上源于城市的现象不能慎思、有选择地接纳和抵制，发出自己的声音，极可能导致乡村继"衰落""空心化"之后，被城市乘虚而入，迎来后工业时代的乡村灾难。此时，乡民何在？乡村何为？乡村该使用什么样的话语系统为其生存权讨要说法？

（三）乡村在不同的研究范式中被肢解

学术专业化是当今学术的一大特色，乡村研究首先成为经济学、政治学、社会学等学科的宠儿并被它们分类，各取所需。一贯高调宣称对乡村负责的社会学在其学科领域内再将乡村研究范式化、概念化、结构化、类型化，总体性的乡村消失。如乡村的主人在社会学中被分成两类人——留守者与农民工，儿童被分为留守儿童、流动儿童。本来属于一家人的家庭成员作为研究对象分列于不同研究文本中,被区隔化于不同的阐释系统。类似留守者、农民工的区分,并非乡村对乡村人的分类形式,二者所从属的上一层级是什么? 一般认为是家庭。进一步追问,家庭的上一层级呢? 一般认为是家族。那么家族的上一层级——乡村呢? 村落社会呢? 家庭—社会的知识分类源于西方公民社会的知识谱系,本土化的中国乡村能够依循如此知识建构吗? 传统的"家国同构"说与西式"家庭—社会"观并不共享同一思想谱系。是否有一种可能,寻求一个恰当的突破口,修复乡村研究在学科体系中四分五裂的局面,还原总体性乡村的本来面目?

乡村对如此话语一直保持着惊人的沉默。这给人一种认识:乡村从来没有培育起基于自身的一套表述系统;乡村也无意通过"大声喧哗"告示自身的存在感。

反思现代性的乡村是当务之急——回到乡村本身。从以上问题意识的分析中不难发现,伴随着现代性的开端,从不缺少与乡村有关的体系化话语,却都是由他者建构起来的对乡村的指手画脚。被言说的乡村是一个想象的、经济的概念,城市化的途径之一,抑或应对后工业化时代来临的一种方法,而不是本体意义上属于乡村生活者那个历史、文化和日常生活密不可分的情境。在各种有关乡村话语的争夺中,乡村成为假借。有关乡村的看法异见纷呈,乡村一直在被阐释。乡村的面相逐渐多元且模糊。

二、对乡村遭遇表述危机的反思

(一)乡村成为城市的他者

从城市出发观看乡村,是一个在思想中发现乡村的过程。中国近现代史中发现乡村,与发现"乡村衰落"在本质上是同一回事。如果乡村不能经由自身表述自身,在城市中心主义的现代化中,"乡村衰落"注定是一个永恒的命题。

近现代都市文明立足于对乡村的征服基础之上兴起。英国的"圈地运动"、美国立国之初对印第安原居民的大屠杀与造城运动①、民国时期的造城运动②,中国当代城市化驱逐乡村制造出的"大清场"③"大留守"④,现代化的历程在全球范围内都伴随着城市中心主义与贱农主义的历史。近乎 100 年前知识分子有关中国城乡关系的论断至今依然有效,"都市发达了,城乡命运因此而分化。近代的文化类型,都以都市文化来作中心标的"⑤。费孝通在《乡村·市镇·都会》一文中认为,"从过去历史看,中国都市的发达似乎并没有促进乡村的繁荣。相反的,都市兴起和乡村衰落在近百年来像是一件事的两面"⑥;"在中国的过去和现在,乡村和都市是相克的",即"都市克乡村","乡村则在供奉都市"。⑦ 物质向度,中国历史上的乡村总体上从来没有"繁荣"过,"繁荣"并非乡村的追求。将乡村完整的生活系统破坏掉,一代代人有家却不能回,这是中国城市化最大的污点。

现代性是传统型社区的牢笼,都市是其发散地。地产业欣欣向荣,大城市、特大城市兴起,生活在城市里的人越来越多。高科技塑造的都市生活让生活本身具有时尚特质,没有一成不变的生活,只是更新意的生活尚未来临、即将来临。围绕城市日新月异变化的语境重提乡村,意味着什么?都市文明内在的危机不再停留在思想家书本中的忠告,人们具体的生活已经被城市病入侵,交通拥堵、工业污染、人情冷漠……诚如狄更斯所言,当城市超出了人性的尺度,就会变成一个破坏性的实体。⑧

---

① 美国 19 世纪下半叶至 20 世纪初,差不多 1/4 的美国人口由农村向城市移动。参见梁元生《城与乡的界线及"城市化"问题的思考——以香港和上海为例》,见赵晓阳等主编《中西交汇中的近代中国都市和乡村》,社会科学出版社 2015 年版,第 11—12 页。

② 耿达:《文化视角下的都市与乡村:20 世纪 30 年代的城乡关系》,《中国农业大学学报(社会科学版)》2017 年第 8 期。

③ 张玉林:《大清场:中国的圈地运动及其与英国的比较》,《中国农业大学学报》2015 年第 1 期。

④ 任远:《大迁移时代的大留守》,《决策探索》2015 年第 16 期。

⑤ 张鉴:《都市建设与乡村建设的关系》,《建国月刊》1935 年第 6 期。

⑥ 费孝通:《乡土中国·生育制度·乡土重建》,商务印书馆 2014 年版,第 354 页。

⑦ 同上书,第 357 页。

⑧ 〔美〕理查德·利罕:《都市之熵》,转引自薛毅主编《西方都市文化研究读本》,广西师范大学出版社 2008 年版,第 274 页。

当个体身陷其中时反思式思考才可能启动是大都市精神的一个特点,雾
霾、拥堵等已经让所有城市人受困,曾经对城市化的欢呼开始转向反思。

斯沃伯格提供了一种理解城市的思路,"如果我们要解释城市的发
展、蔓延和衰落,我们就必须把城市当作社会的统治者能用以巩固和维
护其权力的机构加以述评"①。顺此思路,来自城市向周边的关注,就是
权力拓疆,可能医治城市病的中药方——乡村开始被关注。担负起缓解
城市病的想象力——回望乡村,开始被都市文明建构起来。这里的"都
市"已被视为"西方的现代性",而不在本土中国的乡村—城镇这一脉络
中。传统—现代模式化约为东方—西方视界,历时性生命维度的理想生
活体验被化约成空间上的位移。来自都市文明自身的焦灼和反思,作为
他者和被观看的乡村,逐渐获得了重视。据此,在"中国"内部找到抵制
全球化、反思西方现代性的文化资源……"乡土性"这一由现代社会科学
逐步建构起来的中国认识,作为理所当然的中国传统性,并没有被纳入
到反思者们的反思对象中来。②

(二)乡村之魅首先不在于经济繁荣

民国时期的"乡村衰落"主要涉及物质上不能满足的民生凋敝,历经
一百多年的现代化过程,物质短缺如今不再是促发乡村衰落的主要因
素。最低限度,农民只要有"一把好力气",就可以获得改善物质生活的
基本保证。当代"乡村空心化"的观看,看到比经济贫困更严重的问题是
乡村主人的外流导致乡村正遭遇整体性毁灭的危险。吉尔伯特·罗兹
曼在《中国的现代化》一书中认为,"从前现代农村与城市交替发生的协
调来看,中国提供了一种稳定的模式。农村与城市之间的鸿沟所造成的
问题并不明显"③。在人类历史中,乡村的物质水平总体上一直处于比城
市低的位置,物质水平并不具有优越性的乡村历经千年而没有毁灭,也

① 转引自[英]安东尼·吉登斯:《民族-国家与暴力》,胡宗泽等译,生活·读书·新知三联书店
  1998年版,第45页。
② 陈映芳:《传统中国再认识——乡土中国、城镇中国及城乡关系》,《开放时代》2007年第6期。
③ [美]吉尔伯特·罗兹曼:《中国的现代化》,上海人民出版社1989年版,第209页。

没有被其他文明替代,在当代物质水平很大提升后反而遭遇毁灭性危险,为什么?相对低劣的物质水平正是乡村"活着"的秘密,还是高物质水平本身具有某种潜在的破坏性正在销蚀乡村?

城市视角下经验性的乡村"繁荣"从没有超越过城市。有关乡村的文化并不涉及繁荣,强调的是亲近自然的安谧、简朴与安定有序的生活。乡村的价值并不是凸显繁荣和制造一个经济增长点,而应该有着另外的深意。假定乡村是有价值的,那么观看式乡村形成的有关乡村的设计,与乡村主人的生活理想具有一致性吗?观看乡村的人是希望设计出一种"好看"的乡村,还是希望设计出乡村生活者想要的乡村?乡村作为一种生活类型,无意于追求单向度高物质水平生活,在基本的物质满足基础之上认为乡村"物质匮乏"是外在强加于乡村生活的想象,是现代性都市欲望之眼对乡村的观看。如此观看丝毫不带凝视的深情与对乡村文明的敬意。在都市文明出现之前,乡村就已经诞生。人类生活在乡村的历史要远比在都市中久远,乡村文明并不需要借助都市之眼来表述自身。

乡土社会的礼俗性,不依据于儒家阐释的索引,也无须生成另外的话语系统随时对外宣告自身的存在,而是扎根于日常生活实践之中。传统乡村世界中只有"天、地、君、亲、师",没有现代意义的社会。近现代以来乡村处于长期"被观看""被表述"的状态,一个很重要的因素在于乡村被其主人赋予了如此阐释:乡村生活只需要通过在一天天的日子中"过"出来,无须另外宣明。"过日子"中包含着乡村生活的自我阐释。如此阐释一方面对"过日子"的历史深信不疑,另一方面只注重于内在阐释,无意比较、创新与超越,反思在这里终止;"居安思危"也只是依托于储备更多劳动产物,是基于乡村生活系统内部的完善。村民相信仗于内在的生活阐释及实践,完全能够应对生活危机,也坚信生活不会出现不可控的重大危机。乡村生活系统中自信、独立又相对封闭的自我阐释,依托于对自然、乡民、民间信仰的信任,以及对努力劳动的正当性与必要性的肯定。一旦有超出"家国同构"的外在强大力量企图主动干预乡村,如此话语系统的脆弱性就充分表露出来——它无法形成与外在新兴的支配性力量抗衡的能力,也无法对如此力量做出解释,从而只能落下被代言、被观看的命运——现代性兴起。传统乡村生活系统中从没有遭遇过现代性的怪兽,作为资深的经验主义者,乡村无法在历史与经验的脉络里获得对现代性抵御、理解的可能。前现代社会中,乡村从没有遭遇过在"过日子"之外,还需要生成另外一种话语去应对的危机。

在生命周期维度,乡村衰落是注定的命运。没有具体经验性的历史涉及,乡村衰落论空洞得没有任何意义。从类型学角度,如果以"繁荣"为标准比照着城市文明,自城市文明出现后乡村文明一直处于衰落状态,经济从未兴旺过。如此观点只是看待乡村的视角发生了转换,乡村未必遵循着视角转换而发生转变。被转换的视角只要不形成对乡村的权力干预,乡村依然会按照自身逻辑持久地以"被衰落"的面貌呈现。第三种乡村衰落论最为可怕——单向度发展主义视角观看乡村——乡村是一种比较低级的文明阶段,必须被城市文明所取代。在此意义上唱衰乡村是城市文明的事业,乡村衰落即城市化再上台阶。乡村衰落并非乡村本身的能量枯竭,而是城市必须依附于乡村发展的结果。乡村本来有着完善的、自给自足的生活系统,城市化借助于政治权威与资本诱惑结构性地给乡村生活系统施压,迫使乡民脱离乡村生活系统依附于城市维持生计,本质上并非是乡村在依附城市,而是城市需要、依附于乡村。城市文明是一种依附于乡村的文明,它依附于乡村活着,却不为乡村活着。

（三）乡村表述危机的路径

乡村遭遇污名化的一个路径是自"五四"以来以鲁迅等进步人士为代表的对国民性批判的变迁。中国近现代史发轫之初对"国民性"反思中检视出"劣根性",这是古老中国遭遇西方现代性的一种自我反思与回应,是被西方进步的器物文明与殖民主义激活,属于两种不同文明类型之间的比较。如此比较一方面是对形而上的封建主义的批判,另一方面落实到的文化区域只有乡村,最终被此类话语的追随者化约成一个三段论式的推演:反封建主义就应该反父权制,而父权制的土壤主要是在乡村,从而需要反乡村。观念落后、思想保守、愚昧无知、缺乏民主精神的僵尸型话语——类似最终落实到乡村的论调依然是当今"观看乡村"的一种基本思想来源。在此意义上,自视进步、开放的城市中国成为僵化落后的保守主义者。"乡下人"话语一旦尚存,说明自诩被启蒙、已开化的城市文明存留着"封建"精神,如此"都市封建主义"却并非乡村文明所赐;开放、自由、民主、平等、宽容等都市形象尚只能是话语修辞而非实然。

当代对乡村的关注,在思想上依然是在民国时期启蒙式乡村延长线上行进,振兴、扶贫、"送文化下乡"依然是在发展的名义下,强化着乡村的他者存在。现代性思潮中,乡村只有被观看、被启蒙的命运,不再有"乡村即乡村"这一生活形态的位置。一百多年前"乡村衰落"的话语至今难以突破,衰落的乡村在历史文本中终止。近现代以来,思想界有关乡村的认识,总体上并没有跳出"疾病—改造"的认识思维。民国时期对乡村的把脉是"乡村生病"了,1990年代开启的激进的、城市中心主义的单向度现代化进程中生成新的有关乡村的意识形态——完成了从"生病的乡村"到"乡村即是病原体"的转换——乡村不再是需要改造的对象而是需要消灭的对象,每年城市化率的提升总是会获得主流媒体莫名的狂欢。在此意义上,乡村"空心化"并非文化灾难,而是消除"乡村病原体"成功的征兆。

乡村被观看的后果——空心化,暗示着乡村正遭受毁灭性的灾难。政商资本可能视其为资源,旅游开发、再造都市文明危机的缓冲带和城市周末的后花园等,都在窥视乡村。借助对伦敦乡村命运的洞察,如此景象早在一百多年前被杰弗里斯所预见:对城市中喧嚣吵闹的憎恶,导致都市气质在空间上朝乡村的位移。这样,对树木、花草和鸟儿们的喜爱实际上被不自觉地拓展,同一个不公正的专断社会的价值和情感联系在了一起。"灌木树篱不存在了,乡绅们也不存在了"。① 又诚如雷蒙·威廉斯所言,此时城镇既是乡村的映像,又是乡村的代理者。"城镇和乡

---

① "Primrose Gold in Our Villages", *Pall Mall Gazette*, 8th June, 1887;重印于 *Field and Farm*, S. J. Looker (ed.), London, 1957。

村"的谎言开始发挥作用:宣扬表面上的对比,掩盖真正的对立。①

都市精英主义和都市工具主义耦合,从拯救城市出发视乡村为工具/资源,结果发现这一工具已有时代而非历史的锈斑,是"权利功利主义逻辑下的身份"②危机的观照。企图视乡村为医治城市病之药,结果是"乡村空心化"了,多少让有此用意者失望。乡村衰落了,城市的未来会在哪里? 通过兴盛乡村来拯救乡村,抑或城市,还有可能吗? 至今没有清晰、坚定的答案。

三、回到"生活之乡村"本身

抛弃类似城市参照体,基于乡村本身该如何表述自身? 乡村不是别的,乡村即乡村。乡村真正的意义不是都市景观的延伸,也不承担陶渊明式田园美学的使命。乡村正是也只能是人类类型学中的一种生活方式。受晚年费孝通启示:不同的文明一开始都是适应各地自然地理环境的结果,他们根本没有多少选择的机会。……一个国家的政府经常在更换,制度也会改变,相比之下,文明的稳定性与延续性就强多了,所以从文明的角度来理解一个民族,往往更接近其本质,也更加立体完整。乡村的历史久远,在工业化、现代化等现代性叙事之前就已经成为一种成熟的生活方式及系统,包括生产、礼俗以及人与人、人与自然关系的约定。相对于被观看的乡村而言,真正的乡村是人们的生活本体。它与人的不可分割性在漫长而稳定的生活选择中沉淀出相对稳定的生活形态。真正的乡村无须参照就可以存在,作为一种长期的生活文化,其有一定的自主性且有着相对稳定的自我演化逻辑。

怀旧文化根植于两种时间——过去与现在,两种空间——家园(乡村)与离家(城市),后者按照自己的需要塑造了前者。③ 从城市出发,乡

---

① [英]雷蒙·威廉斯:《乡村与城市》,韩子满等译,商务印书馆2013年版,第76页。
② 陈映芳:《权利功利主义逻辑下的身份制度之弊》,《学术前沿》2014年第1期(下)。
③ 唐宏峰:《当乡愁成为我们的情感结构——电影〈百鸟朝凤〉与当代乡愁文化》,《探索与争鸣》2016年第10期。

村的生活性逐渐被剥离,成为城市之眼中"被观看的乡村"。乡村作为人类社会的一种现象,在自认、他认、意识形态、国家治理等不同场景下具有多义性。生活性的乡村无须表述,更不需要借助他者表述,生活其中即乡村。乡村生活者表述乡村主要的手段是精治于家谱整理与家风传承,在情感上、功能上村民都无须将自己乡村之内的身份转换成乡村外来者来审视。如今乡村话语是应对都市生活危机的"被观看的乡村",话语中却没有"生活之乡村"的位置。中国的乡村、乡村与国家、乡村与都市、乡村与"我们"的复杂性,想象力和理论都因此贫困。

人们还不知道该如何表述乡村以及对乡村衰落反思时,同情、消灭、征用、同化、耦合、重建等话语异常喧闹,乡村依然死寂。当下的表述危机是,无论哪一种民族观念或立场,其实质无非是从一种西方意识转换到另一种西方意识,从中却无法找到本土中国意识的认同和表述。[①] 乡村话语贫困,牵扯到研究者、中国内在身份认同者模糊的焦虑感。都市成为主要生活单元的人,不是来自乡村,就是父母在乡村,或者还有亲戚在乡村,城市人习惯说的"我有一个远房的亲戚……"往往落脚话语正是乡村。即使从父辈起就生活在城市的人(其中那些迟暮之年的知识分子不乏"上山下乡"的经历),也无法在生活记忆和生命感悟中彻底绕开乡村。社会在发展,城乡差异却在扩大,城市对乡村——至少对来自乡村务工者的依赖,越发加深。经由乡村人大量涌入城市,无形中在城市内部嵌入了看不见的乡村。类似于有学者指出现阶段的中国如果有公民社会,应该为"家族化的公民社会"[②],抑或类家社会。以上状况导致乡村研究持久地无法突破,城乡二元结构及其文化彼此难以获得亲密认同和民主对话,彼此共享普遍性更无从谈起。乡村话语重现的过程,也是城乡越发结构性地彼此嵌入而文化上越发撕裂的过程。身份危机加剧:如

---

① 赵旭东:《中国民族研究的困境及其范式转换——基于文化转型语境》,《探索与争鸣》2014年第4期。
② 麻国庆:《类别中的关系:家族化的公民社会的基础——从人类学看儒学与家族社会的互动》,《文史哲》2008年第4期。

何表述中国、城乡关系,以及"我是谁"?

"村落社会"一旦被表述,表述者就取代了村落生活者的主体身份。"村落社会"作为被现代知识分类的一种生活类型的认识,并不在村民的认知结构中。"村落社会"研究范式假价值中立之名,斩断或遮蔽了村民与村落社会的情感关联。忽略村民与村落的情感,是难以获得村民谅解的错误。由家而生的村落,依托于一定的物理空间,生成了文化地理学中的"地方"。"地方"是附着个人情感的、具有主观性的区域,①"价值的凝聚",②不同主题视作意义、意向或感觉价值的中心,③充满了人们生活的经验和情感,④是为主体而存在⑤的世界。村民与村落的关系不只是与具体地理空间、社会类型的关系,更是一种具有历史积淀的情感与文化联系。这种文化联系不妨可以理解为:乡村文化在家—家乡中聚结。与其说村民生活在村落社会中,不如说他们生活在家—家乡中。他们未必是村落社会当权者,却一定是家乡的主人。比起社会学中"家庭—社会"的组织化分类,村民更愿意在"家—家乡"的文化认知模式中确立起主体身份——"生于斯、死于斯"的乡土观念,扎根于安土重迁与落叶归根的家乡情怀。任何一种发展理念都没有比尊重久远的家乡观念更具有正义性和人性的温度。家乡观念一旦消失,意味着人与地理空间之间生成的意义关系断裂,地方性文化被祛魅,人们赖以生活的区域没有乡情庇护而处于文化裸露之中。在"乡村振兴""美丽乡村"等话语日趋凸显的语境中,让人们继续拥有在家生活并让家乡成为村民持续的文化情怀显得尤为重要。村民在场、内生于家的家乡观念正在遭受现代性消极

---

① Wright J,"Terrae incognitae: The place of the imagination in geography", *Annals of the Association of American Geographers*, Vol. 37, No. 1(Mar., 1947), pp. 1-15.

② Yi-Fu Tuan, *Space and Place: The Perspective of Experience*, Minneapolis: University of Minnesota Press, 1977, p. 6, pp. 48-49.

③ 艾伦·普瑞德:《结构化历程和地方—地方感和结构的形成过程》,许坤荣译,见夏铸九、王志弘编译《空间的文化形式与社会理论读本》,台北:明文书局 2002 版,第 115—136 页。

④ Relph E, *Place and Placelessness*, London:Pion, 1976, pp. 1-5, p. 29.

⑤ Peet R, *Modern Geographic Thoughts*, Oxford:Blackwell, 1998, p. 128.

因素的驱逐;同时,"乡愁"正在都市社会中游荡。泛滥的乡愁能否引导进城务工农民归乡? 还是与家乡彻底告别时做最后的文化扬幡? 一切都还在不确定中。

四、由"家"出发

历经历史磨难却依然没有毁灭的古老乡村,一定深含着某种尚未被析出的能量而一直赖以坚韧地维护着自身。费孝通在《乡土中国》中写道:"从基层上看去,中国社会是乡土性的。""乡土性"的揭示,乡村的特质呼之欲出却又令人遐想,乡土性是什么? 有学者认为"乡土性是指农民在漫长的'凝固的土'与'封闭的乡'岁月沉淀下形成的一种特定的行为方式、思维习惯与价值观念的综合"①。该定义一定程度上揭示了乡村的自然属性与地域属性的特点,如果以此乡土性来理解 200 年前的意大利农村也没有什么不妥。如此乡土性并非中国乡村的特质。而且,"乡土性"这一貌似简洁的表述,依然是一种高度知识化的提炼,乡民未必能够理解其意。

接下来的任务是寻求一个基于乡村本身、通俗易懂、能够与传统文化形成呼应的一个话语中介,担负起乡村自表述的功能。

家谱是乡土社会唯一系统化的文字化表述。家谱是一种神圣的乡村文牍,一般不会轻易示于非本宗本族的外姓人看,而且一般由德高望重、辈分高的家族长老掌管,抑或放在祠堂神坛上供养。家谱需要取用时往往会摆上香案、沐手焚香、朝家谱行跪拜礼之后方可取用。如此民俗在鄂、皖、赣、闽等地的古村落中尤为普遍。家谱是家的谱系化文本。乡土社会许多重要的传承都是言传身教,唯独家需要谱系化、文本化记述并赋予神圣的传承,由此可见,家被乡土社会视作最重要的文化本体。

"家"的表意极其复杂,它又可能是乡村社会中使用最频繁的一个语词。人们未必能够对其做出清晰的知识考古和概念化界定,却并不影响

---

① 熊凤水:《流变的乡土性》,社会科学文献出版社 2016 年版。

其被广泛地使用。在家、离家、回家、家人、家族、家乡、我家、你家、为了家、持家、当家的、想家、成家、出家……任何一种生活事件,似乎都需要经过"家"才能表述出来,任何一事件似乎又都以"家"为中心展开。"家"被广泛地使用,却并不影响它的精确性表意。不同的语境中,乡民都能理解与"家"有关的话语意图。家不再只是一个抽象或具象的概念,其本身就成为一个与乡村紧密相关的意义系统。在中国传统文化尤其是儒家经典中,有许多与家相关的文献。将家拟为乡村文化特质,容易获得传统经典学说与乡村生活实践双重认同并形成对话。有关"家"的文化心理不仅存留于乡土社会中,且以不同的方式存在于现代城市人的生活中,容易获得广泛的认同感。

对"家"的系统阐释,可能是一个复原乡村本源面相的过程。反思式乡村,本研究从"家"出发。

家的历史久远。关于人类基本生活形态的家庭构想及未来设计一直见证着人类的想象力,至今却没有一种实践能够彻底取代家庭。100多年前的"新文化运动"成为中国人家的转折点,家在思想史上首次系统地遭受质疑、否定,倡导西式家庭取代之。"五四"成为有关家思想的断点,之后对家系统地再反思是一个长期被忽略的领域。一度在思想史中活跃的对家的拷问以及西式家庭理念的倡导,并没有导致在实践层面彻底失去家的位置。1980年代初,家在新中国成立后的特殊历史时局中再次浮出水面,塑造起村落社会基本的生活形态。乡野之家在实践中的转型直至近30多年来才逐渐露出西式小家庭的面目,同时家又并没有彻底消失。西式小家庭与中国古老的家的叠加,开始合力塑造乡土中国的外在呈现与内在紧张。如何看待家在乡村社会结构及文化中的位置,如何理解家与宏观社会、政治之间的关系,以及在乡野之家与西式小家庭的抉择中,乡土社会基本的生活形态该如何呈现,这些都是本研究希望探讨的问题。

人类学中的家,具有普遍性的历史。唯独在中国历史传统中,发展出了一套由"家文化"延伸而出的伦理规范与社会组织法则,从而基本上规定了中国人传统的日常生活、社会生活、政治活动的规则和思维习惯。[1] 社会学中从不缺少对家庭的研究,可是家庭并不能取代中国人固有的家,二者从属于不同的生活理想、文化脉络及社区结构。即使在西方社会学中有着家庭的定义,西方学者也未必满意,"人们不太知道如何给家庭下定义"[2]。鉴于家庭已经成为社会学基本概念之一,针对本文可能使用到的家庭表述,有必要将家庭做出两种区分。一种是普遍性的人类基本生活形态,是抽象的、普遍语用的家庭。另一种是西式注重个体实现的基本生活风格及社会结构的组织单元,属于西方文明主导的核心家庭——本研究中的小家庭。两种不同语义家庭的使用,在文章中结合具体语境做出区分。以上两种有关家庭的见解成果丰富,中国人固有的家又不能完全对应于以上两种知识体系。

乡土中国中的家,在哪里?毫无疑问,应该到家本源之处——乡村去追寻。中国是一个农业大国,漫长的小农家庭生产、生活方式锻造了汉族文化传统价值观、生活态度和社会行为模式。不了解农村和农民,就不可能从根本上理解中国国情、中国的历史和中国本身。[3] 村落和家庭可以成为我们了解农民和农村的一扇窗口。杨懋春认为,研究中国的乡村,必须把乡村生活放在一系列社会关系里进行,特别是家庭关系和村落关系,这是中国乡村研究不容忽视的两个视角。[4] 历史学者俞金尧认为,家庭像是一面镜子,反映着社会的现实,以及以缩影的方式存在着的社会。从这个意义上说,研究家庭的历史是研究宏观社会发展历程的一条门径。[5] 本研究的主旨侧重于分析文化意义上的家与现代社会的关系,分析文化之家在遭遇现代性及之后的叙事,时间起点是 1980 年代。

---

[1] 储小平:《中国"家文化"泛化机制与文化资本》,《学术研究》2003 年第 11 期。
[2] [法]让·凯勒阿尔等:《家庭微观社会学》,顾西兰译,商务印书馆 1998 年版,第 2 页。
[3] 周晓虹:《传统与变迁——江浙农民的社会心理及其近代以来的嬗变》,生活·读书·新知三联书店 1998 年版,第 2 页。
[4] 杨懋春:《一个中国村庄:山东台头》,江苏人民出版社 2001 年版,第 222—242 页。
[5] 俞金尧:《欧洲历史上家庭概念的演变及其特征》,《世界历史》2004 年第 4 期。

只有深入到村落社会内部，被其接纳和许可，与村落共享"地方性知识"①，又不只囿于地方性知识谱系的梳理和类似家族史的建树，才能在现代社会内部的传统乡村与融入传统要素的现代社会的双重语境中理解家庭与现代社会之间的关系。对家发生、变化的谱系及与乡村社会关系的厘清，有利于乡村社会重建、获得理解城乡关系的新视角。

中国人家的语用在日常生活中显得多元而丰富，导致家这一概念的模糊性。费孝通认为，社会科学不一定非得要确立极其明确的概念，因为中国人的社会生活中有很多事情需要意会，需要去体悟，需要修养。这意味着，我们需要去寻求真正能够把握中国现实生活的概念，甚至这种概念的内在气质，也需要从我们的文明传统中去领会和挖掘。家具有语用广泛性、使用频繁性以及语意模糊性，将其作为一个研究性概念与费老有关本土研究的以上见解相合意，暗示着家与中国人生活之间极可能有着某种复杂的、意义深含又尚不明晰的关系。

家概念的含混、复杂与重要性体现的方面，有时间向度、空间向度；有家庭成员，又不限于家庭成员；有劳动分工如"男主外、女主内"，又不具备明确的分工权责认定；有小农经济要素，又不只是小农经济；有理性价值诉求，又不乏感性秩序期待；有其私利的一面，又不完全是私人化利益集合体，更不是个体化的呈现；有世俗化的日常生活，又不乏神圣性的民间信仰；有相对保守的一面，又具有一定的开放性。有关现代家庭的界定倾向于视其为一种社会组织、制度，而家更是深深嵌入了汉族人主体性的文化建构。家不属于现代社会的制度设计，似乎并不依赖于现代组织行为学的行动准则，却不失其作为独立生活系统的自主性与坚韧。

按照 Stephanie Coontz 的说法，家是一种"必要的社会幻象"，这种幻象告诉人们为什么在权力义务上的社会分工是自然的、正确的。② 社会

---

① ［美］吉尔兹：《地方性知识——阐释人类学论文集》，王海龙等译，中央编译出版社 2000 年版，第 222 页。

② Koontz，Stephanie，*The Social Origin of Private Life：A History of American Families*，1600 - 1900，London：Verso Press，1988，p. 14.

学中习惯于将"村落社会"拟为理解农村社区及农民生活的一个总体性单位。"村落社会"对于那些村落定居者意味着什么？他们往往偏好用类似于家、家乡这样的概念对应着知识性的"村落社会"。先验于纯粹知识性的村落社会，村落定居者的情感、社会关系及生产关系等，一直在特定的、属于村落的人及那个有家的地方彼此建构着一种生活方式。与其说村落优先属于一种知识构型，不如从村落的所有者、隶属者角度出发，将村落还原成定居者的生活世界，家逐渐被析出——有家的地方、生活方式及情感认同才可能形成村落。长期在村落生活中生成的空间情感，成就家乡。由外在的"观看"出发，村落只能是"被发现"的产物。由内在的生活出发，唯有家与家乡——村落消失了。

从而就有几个问题：家是什么？它与村民、村落社会是什么关系？它是如何成为可能的，又在社会变迁中遭遇哪些变化？这一变化的后果对乡村、城市生活又造成了什么影响？

尼采指出，"每个人和每个国家都需要对过去有一定了解……只有为了服务于现在和将来，而不是削弱现在或是损坏一个有生气的将来，才有了解过去的欲望"①。对于身处城市的"城里人"的自我认同者而言，家只是一个古老的观念；如果从乡村出发，家依然构成一种生活实践。至今，社会急剧转型的约 40 年时间，对于彻底消除一种有历史感的生活方式与情感依然短暂。中国人内心深处都有一种未必清晰却依然深厚而复杂的情感——关于家的体验式记忆，抑或有关老家的想象。来自农村、定居在城市的籍贯改迁，伴随着的是"家"成为"老家"的情感体验。被化约的城市化、社会进步的宏大叙事，将如此细微的体验忽略了。对家的追述与整理中，可能获得对当下及未来基本生活形态的一些明示。

如今全球化不仅是一种客观事实，也是一种意识形态。"从全球着眼，从地方着手"，如今不再是一句行动口号。地方性可能被当成发展的一种本土资源，也可以视之为对全球化与发展主义一种批判性反思的起

———————————

① ［德］尼采：《历史的用途与滥用》，陈涛、周辉荣译，上海人民出版社 2000 年版。

点。本研究立意于后者。对家与人、家与村落社会、家与社会结构、家与生存心态关系"生活革命"①式的探析,构成反思的路径。以乡野之家的变迁为主轴,探讨当代乡村文化与社会秩序的转型与重建问题,是反思希望达成的目标。1980 年代,是本项任务的时间起点。

---

① 周星:《当代中国的生活革命与民俗学的"乡愁"》,见萧放、朱霞主编《民俗学前沿研究》,第 103—127 页。

第一章 研究缘起、分析理路和田野概述

第一节 研究缘起

一、个人化生活体验

将"家"引入社会学分析,首先来自笔者对自身生命史向度的生活感悟。皖西南一个自然山区村落——本研究中调研的田野方村,成为笔者上大学之前主要的生活空间。童年时在方村小学读书,初中、高中也只是在与方村并不遥远的城乡接合部就读。这一状况直到上大学后结束。随后工作、再读书,城市成为笔者主要的生活空间。从小至今,笔者的生活区域乡村与城市大致各半,上大学是时间分水岭。如今笔者主要的社会身份、生活空间都已远离乡村,不过每年寒暑假依然会在老家度过,上大学后几无间断,而且一回家基本上都过满满的假期。叙述到此,意味着笔者的人生经历一直在被城乡关系形塑着,时间、空间、社会关系、生活方式都穿梭于城乡并被其交织。笔者相信至今有许多如笔者一样生活在城市的人,在乡村出现并不被视为一种"从城市出发"的乡村旅游,而是一种返回。这些"返回"者,无论是数量还是情怀上最稳定的群体当是农民工,也包括如笔者这样直系亲属尤其父母尚生活在农村、依托受过高等教育获得城市生存机会的"乡下人"。如果不主动向人提及

籍贯,被归类到"城里人"更符合一般人对笔者的身份认知。这里的"返回"在中国的城乡关系语境中往往对应的语词是"家乡"。"返乡"作为媒体缩略的惯称,成为城乡关系中一个无法忽略的社会文化现象。如果将"乡"的内涵进一步缩小,"回返"的方向又是什么? 这就对应到了中国人日常用语中频繁出现的一个词——回家。每当寒暑假将至,笔者的情感和具体事务都周期性地需要与家发生关系——准备回家。这逐渐发蒙了笔者有关"家"的社会学意识:需要返回的那个家对我而言意味着什么? 与我是什么关系? 离家、回家是如何成为一种生命中周期性的生活事件,与农民工、如我一样的城市定居者密切相关的?

成家之后,在户籍上被确定为属于城市家庭中的一员时,对应着社会学观念,笔者在初级群体中获得了相对完整的社会角色,之后开始了从属于一个新家庭的缔造和生命周期,获得了丈夫、父亲这一新生家庭角色——意味着笔者开始了社会学中的"核心家庭"生活。孩子在父母的引导下,逐渐学会了使用"回家"这个词来表达自身。笔者逐渐意识到,孩子所表述的家与我回返家乡中的那个家有很大区别。笔者与孩子所指的家在空间上、情感上、生活方式上都有所不同。这意味着,在当今城乡关系中,有一些人拥有两个家,生活在两个家庭之间。

依照社会学观念,笔者寒暑假需要返回的已经是原生家庭,孩子经常提到的回家中的家对应着笔者的次生家庭。笔者所指的"回家"有周期性却并不具有日常性,它内嵌着宏大的城乡关系及两种不同生活系统的微妙关联。尤其父母尚在老家的情况,在伦理尺度上是不得不回的。孩子日常口语中离开城市小区内的那个家再返回,是碎片化的细微生活事件。笔者隐约认识到,有许多离开农村生活在城市的人,正生活在这两种"回家"中。国家人口登记制度中对应着笔者需要周期性返回的家,只是登记簿中籍贯这一栏需要填写的是原生家庭所属的县域行政区划。"老家"在这里只是一个简单的、静态的政治地理区位标识,"回家"牵扯的与当事人密不可分的情感、身份认同、区域文化等因素一律被抹去。以上社会学中的家庭、国家户籍制度中的籍贯对乡野之家的处理,逐渐让笔者有了这样的初步认识:社会结构转型中,黄仁宇所谓的"数目字管理"术被重视,城乡关系塑造出来的基于对人生命历程中的身份认同、情感和使命的关怀,总体上是缺席的,其中核心问题是对"家"的忽略。

二、生活者与"家"

(一)农民工与"家"

获得长期定居城市的能力、条件并促成事实——这是不少户籍在农村的大学生追求的方向,一旦父母都离开农村或者过世,在事务上确实少了些回老家的理由。有一种人至今却很难满足以上条件——农民工。农民工群体尽管长期在城市生活,但是在城里能够置业且生计稳定者依然是少数。城市是其获得更多生存机会的场域,短期内却不能让其在安家意义上融入其中。农民工群体自1980年代以来从"盲流"入城到人身合法准入,离家与回家在社会结构中同时存在。家对于他们而言,更是一种持久的仰望和期待于发力早回的归属。在笔者的调研中发现,他们虽然没有多少选择在哪安家的机会或能力,但是他们对家有着坚守的情怀。

通过到家乡进城务工的亲戚朋友打工地调研,笔者发现哪怕他们的打工住所只有一间住房,他们也会用"到我家去坐坐"来与客人打招呼。尤其是夫妻住在同一住处的,更会经常用到"我家"等表述。当然,他们这里所指的家并非家乡居所,而是打工所在地的临租房、工棚。通过对其话语的分析,他们用以指代住所的家并非仅仅是表达居住地的空间标识,同时融入了比较复杂的文化心理影响,具有一定程度上的情感认同和归属感意味,尽管如此归属是暂时的。甚至,随时换工作地并不影响他们对"家"这个词的使用——搬家、再安家。无论他们身处哪里,都有一种家的扎根意识——并非是扎根于某一出租屋及最适合挣钱的地方,而是扎根于一种牢不可破的家的观念。

农民工与家的关系又该如何呈现呢?仅仅是"留不下的城市"促使他们周期性回家吗?他们的老来所属,与未来的乡村及城乡关系转向有着密切的关系。

（二）留守者与"家"

一般认为留守者都是处于弱势地位的老人和小孩，如果从年龄与身体关系角度来看，这是一个事实。如果从个人可支配的物质水平来看，又未必如此。调研对象中，不乏那种子女在城里发展得非常成功的人，他们的孩子不止一次希望老人进城与自己居住，却依然遭到拒绝。不习惯城里生活是这些人常提到的一个原因，不习惯的因素中被反复强调的是一旦孩子上班去了，"连个说话的人都没有"。"有一次闷得慌，出门朝对面门半开的人家探头望了望，啪的一声，头差点被夹住，关上了！""脚无论是在楼上还是楼下都踩不到土地的生活闷得慌。""出门就需要坐车。""看着人流、车流就犯晕。""进城就咳，回家就好了。"类似话语是受访者对城乡居家区别感性又不乏经验的认识。在他们的回答中，呈现出乡村生活亲近自然、熟人社会、空气质量好等指向。有些人从生活成本角度，发出城里"什么都需要花钱，老家起码小菜、水不需要钱"的见解。一些有能力进城的务工者不愿出去打工，原因总结到一点依然是"不习惯"。有些老人进城长住是出于无奈，需要进城给子女带孩子，充当保姆的角色。有此类受访者吐露其最后的愿望：我要回家死；不能回家死，烧成灰也得回家！可见，归属乡村在家生活在受访者看来，不但在自然环境、社会关系、生活成本等方面比起城市居家生活更值得他们期待，而且在精神上也是有生之年不能放弃的心愿。接下来的问题是：他们放弃优厚物质条件、现代都市文明，宁愿一个人或者老夫妻俩守在乡野之家里，并且有着死后依然不离开家的郑重嘱托与愿望，什么因素导致了其不愿、不能与家分离的生活姿态呢？

（三）"过日子"与"家"

家乡的变化和更多的中国农村类似，就是青壮年劳动力常年长期外出务工，在家的主要是老人、妇女和小孩。这种状况持续了近乎40年，而且乡村空心化状况越发严重，同时乡村的物质生活水平整体上逐年提升。通过笔者的长期观察及访谈，真正觉得日子过得如意者并不多——

相对提升的物质水平与实际需要的精神生活之间出现了罅隙。"家家都有本难念的经",这里的家指的是社会学中的家庭吗？乡土社会是熟人社会、伦理社会,其构成并不能简单视为一种由一个个相对独立的、组织化的家庭组成的网络结构。乡土社会的生活之道,就是过日子,而过日子是围绕家展开的。这引发了笔者的一个疑问:过日子与家之间是什么关系,又发生了什么样的变化？

三、"乡村空心化"与"泛乡愁"叙述

"乡村衰落"是媒体对当今乡村惯常的表述,乡村衰落究竟是什么意思？对此的解释往往是乡村空心化、空巢老人、留守妇女、乡村礼俗文明坍塌等。以上这些现象是乡村衰落的表现形式及对其外在描述,是乡村衰落的表现抑或结果,而非乡村衰落的质化陈述。既然有"乡村空心化"的说法,那就意味着乡村是有心的,乡村的心又是什么呢？又是怎么空掉的？结合梁漱溟、钱穆等人所谓的家是中国人的教堂这种理解,乡村的衰落可以视为是乡土社会对家的信仰正在瓦解。如此一来,乡村衰落话语背后是家实际遭遇的变迁与礼俗社会的期待发生了偏差。简言之,乡村衰落的内在促因是家的衰落。1980年代以来,乡村秩序与家所处的村落结构是如何发生变动的？宏观社会结构是如何对家的变迁加以形塑的？

乡愁的未来有着一种指向——乡土中国中与人情感有着密切关联的家有着不确定的命运。城市化作为表征的现代化程度越来越高,城市化率也已经过半,①更多尤其是曾经生活在乡村的城里人开始抒叹乡愁。这意味着什么？乡愁最直白的表述就是对家乡的思念之情,缘起于私人化的情感与生活经历。家乡,就是有家的地方。乡愁的内核是生活者精神上与家被斩断的关联正在被自主意识到,这种被唤醒的意识存留在人

---

① 2011年中国内地城市化率首次突破50%,达到了51.3%。参见牛文元领衔完成的《2012中国新型城市化报告》。

们惯常表述的"想家"中。这是否意味着家作为一种文化要素,正在召唤那些被城乡关系隔离、生活在都市的人,期待唤醒他们对家的重视或者回归?

通过梳理人与家的关系,是否可以将属于我们当今社会生活的某一面向、精神状态挖掘出来?家,成为思考的起点。

四、文献综述与分析理路

与家相关的思考,分析理路不同,田野经验不同,却给予世人这样的启示:正视、激活家与现代社会的适应性,是本土化家庭研究的使命,对应着该塑造什么样的未来生活基调这一宏大社会命题。

综合从本土化家庭观念出发的研究范式[1],不妨得出以下理解。家庭伦理说有关中国人家的见解有三个层次:第一层次是文化向度的家。将家上升到宗教高度,属于扎根于世俗生活的信仰,是本体意义的家,也是中国人生命哲学的核心。第二层次是乡土社会结构的精神依托,由本体意义的家派生出伦理本位的乡土社会精神气质。第三层次是以家为中心的事务缔造出社会结构的主干,宗族派系、邻里关系、乡团组织等社会结构,都是由对家的壮大与传承中构造出来的,从而形成熟人社会和稳定的村落社会结构。家不仅是中国人的意义之源,也是熟人社会的精神样貌,更是乡土中国社会网络、社会结构缔建的接点。家的以上三个方面呈现,都是在具体的、同质化的"事事相续"[2]的日常生活实践中展开的。"过日子"是家庭伦理说的实践形式,将家庭伦理说应用到微观社会的经验探索,将儒家伦理研究朝社会科学转向做出了进一步努力,尊崇了社会学研究强调的对现代性的关注和布迪厄所倡导的"实践的逻辑"。

家之于中国社会以及东亚社会的重要性,历来为人类学、中国学研究者所强调。在所谓经济奇迹、城市奇迹的背后,是每个人背后的家和

---

① 方旭东:《社会学本土化家庭研究的四大范式》,《信阳师范学院学报》2019 年第 1 期。
② 梁漱溟:《东西方文化及其哲学》,商务印书馆 2010 年版,第 62 页。

亲属团体在支撑着人们的基本生活,在维系社会的日常秩序的过程中起着最为重要的作用。然而,作为现实生活中的核心要素和基本社会设置,家在社会学的现代化研究中却被长期忽略。当我们笼统地用"家庭"作为学术概念来理解本土的"家","西洋的家和我们乡下的家,在情感生活上实在不能相提并论"①的区别容易被忽略掉。学者们大多不习惯将家庭系统放入中观或宏观的社会结构中去加以诠释。我们甚至很难为家在当下的中国社会系统中确定一个合适的结构位置,即无法确定它应属于个体还是社会,私域还是公域。② 相对于社会学中的家庭细胞说,家庭伦理说更符合中国人家观念的本真状态。家庭细胞说是从结构向度由社会出发对家庭做出界定,注重的是探索家庭与社会的关系,其学术指向是总体性社会,主流的分析范式是结构功能主义,终极关怀是社会应该让人"如何活着"。家庭伦理说中的家与人联系更加紧密,且强调家的精神性、文化性与人的关系,其学理出发点是对"为什么活着"的维护。家庭伦理说的经典论述散落在儒家思想体系中。"过日子说"紧扣乡土社会,为将对传统伦理、家观念的研究引入社会学的日常生活研究做出了努力,进一步赋予了传统乡土伦理研究以日常生活的社会学旨趣,与社会转型、政治等宏观背景相勾连,实现了对伦理本位社会研究的现代性叙事。

差序格局说承袭了西方古典社会中家庭细胞说的传统,结构是其经脉,国家立场、面向社会,为社会吸纳、整合家庭做出努力。过日子说是家庭伦理说的现代性洞察,以人为本,具有现象学、社会学旨趣。将本土的古代思想资源引入到对现代生活的塑造中,实现从结构到意义、"家庭"到"家"的转向,理应是本土化家庭社会学研究的一个重要方向。

对家庭的话语强调中隐含着一种巨大的观念转变,先前生活在家里的生活者必须开始适应西式的小家庭生活,这在当今社会转型中是一种

---

① 费孝通:《乡土中国》,生活·读书·新知三联书店 1985 年版,第 41 页。
② 陈映芳:《城市化——中国正付出怎样的代价》,《中国社会科学报》2012 年 4 月 9 日。

不可逆的态势。人们的情感结构不能与宏观社会结构同步变迁，供给侧导向的社会诊断对此也容易忽略。从生活者与家的关系转化到人口与家庭的关系，意味着人之于家的文化镜像被抛弃，家与人之间的文化—意义关系转换成物质—结构性关系，这正是理解当下重大社会危机的一条线索。

从"家庭"到"家"，与概念转换相对应的是研究范式的转换，是从西式逻辑化理解到中式的会通、同理心、领悟等注重心态研究的转换。理解的对象化往往都是对外在信息的逻辑性认知，无涉情感，也未必认同被理解物。领悟是发现和挖掘、催醒心灵具备的认同感，是对能引起广泛共鸣的价值偏好的检视、说服和例证过程，诚如雷蒙·威廉斯在《乡村与城市》中所推举的情感在场与正视经验的分析策略。理解的对象化属于对他者世界的探究，领悟偏好于情感、宗教、道德的社会审美之维，对应着我在所属世界中的存在。把"家"带回来，[①]将中国人固有的"家"引入社会学研究，很大程度上属于找回正在失去的历史意义，总结曾支撑起稳定社会结构功能的文化模式。

以上文献综述中，有关家的研究有三个向度：作为过日子主轴的家；作为乡土社会文化系统核心的家；作为宏观社会结构中构成单位的家。本研究将以上三个向度的家转换成三个层面逐层推进，分别对应着人（意义）——建构、乡土社会（文化）——解释、社会与国家（结构）——反思。家在该研究中不仅是一个分析单位，而且是一种分析方法，尝试从家出发理解乡村，再从对乡村变迁的把握来理解城乡关系，最终落脚在为理解社会转型尤其是对乡村造成重大影响的社会变迁尝试探索一种新的视角，为重塑乡村社会秩序、梳理城乡关系提供新的解释做出努力。具体研究思路兼顾以下几个方面。

---

① 肖瑛：《"家"作为方法：中国社会理论的一种尝试》，《中国社会科学》2020 年第 11 期。

（一）拓展个案法的方法论基调

本研究侧重于局内人民族志的"家乡民俗学"①研究,属于"走向'村落'的研究范式"②的社区民族志研究。民族志作为一种研究方法,强调对人以及人的文化进行详细、动态、情景化的描绘,探索的是特定文化中人们的生活方式、价值观念和行为模式。③费老晚年的一组文章认为中国的社会科学本质来说是人文科学。这句话虽然不意味着社会科学就可以等同于人文学科,但是社会科学若失去人文性,不关心人性和文化,不关心人性得以敞开的各种丰富的维度,就不可能真正理解中国人的生活。家的主体是人,"为了家""过日子"是以家为主轴人得以可能的生活情境。人的行动与家的意义很难做出明确的区分,二者处于同一文化系统之中,解释性理解比结构式洞察更适合该研究主旨。

围绕民族志的写作无外乎对"事件"和"生命史"的"追随";④文章中的事件与生命史的书写并非完全是他者的世界,很大程度上是笔者站在参与式观察的立场上围绕"家"展开的书写,布洛维的拓展个案法⑤成为该研究立意的方法论指导,有意将自主性的家带入到宏观的社会变迁中对社会进行审核,建立起家与社会之间积极相关性的探索方向。本研究所涉及的村落是笔者生活和熟悉的社区,笔者能够和访谈对象建立起良好的谈话关系。笔者与访谈对象共享同一种生活经验与乡土文化体系,无论是移情还是理解,容易在同理感中将调查资料转化成知识性分析。

---

① 安德明:《家乡民俗学:历史、伦理与方法》,见萧放、朱霞主编《民俗学前沿研究》,第174—203页。

② 毛晓帅:《中国民俗学转型发展与表演理论的对话关系》,《民俗研究》2018年第4期。

③ 陈向明:《质的研究方法与社会科学研究》,教育科学出版社2000年版,第25页。

④ G. Marcus, *Ethnography Through Thick and Thin*, Princeton, NJ: Princeton University Press, 1998, p. 90.

⑤ [美]麦克·布洛维:《公共社会学》,吕鹏译,社会科学文献出版社2007版。转引自卢晖临、李雪《如何走出个案——从个案研究到扩展个案研究》,《中国社会科学》2007年第1期。

（二）将家视为一种文化习俗的民族志思路

在对家庭的研究中,涂尔干在其《家庭社会学导论》中提供了一种民族志的思路。他认为只有一种方法可以使我们确切地了解一种家庭类型的结构,那就是探索它的真正本质。具体方法是依据凝结于习惯及习俗、法律、道德中的行为方式去发现它。可见,涂尔干认为家庭尤其是传统家庭的本质在习惯、习俗、法律、道德的脉络里,"即所有时代的集体经验留下的痕迹"。依照习惯、习俗这一路径,涂尔干进一步主张不是探索与习俗相关行动的频率,而是看它是否带有强制性的特点,因为"习俗就是规范"。那些远离于我们自身道德的家庭生活形式,都并没有完全消失,依然部分地存留于今天的家庭中。[①] 由此出发,对文化习俗性家庭而非法理契约性家庭的研究就不再是"追风好古",对应着中国人的家庭变迁,就是从家到家庭的语境和时代转换中的关联、断裂及其社会结构和意义的再追问。文化、民俗、主观体验、情感认同等文化—心理视角介入也就顺理成章。

家作为一种文化习俗对生活—意义做出许诺,它在身体介入、主观体验中依循着家—家族—家乡的路径拓展。由家到家乡这一民俗文化到情感认同是如何成为可能的,以及它在当代的际遇是本研究重点把握的。该研究思路不再循着社会学中将家操作化成家庭及其知识体系这一路径,而是依循家本身所呈现的状态,力求将家及其与人、村落社会的关系在日常生活中的反映呈现出来。其中需要追问的是家是什么,家与人、村落社会是什么关系,家在当今社会转型期又发生了哪些变化及其结果如何。从而侧重于文化向度导向,围绕日常生活、生活者、意义角度展开。

（三）挖掘民间俗语文化意义的叙事风格

把握习俗,社会学研究应该重视对民间俗语的研究。[②] 本土的一些

---

① [德]爱弥尔·涂尔干:《乱伦禁忌及其起源》,汲喆等译,上海人民出版社 2006 年版,第 279—292 页。
② 麻国庆:《民间概念》,《读书》1997 年第 7 期。

口语词汇有时比来自西方的学术概念更值得关注,有些习俗就存在于属于习俗一部分的言语中,可以借以表达出习俗的深层次意义。民间俗语的特点不仅是惯常用语让人熟悉,更重要的是话语结构中可能蕴含着地方性文化意识和生活品格。正如曹锦清所言:熟悉是理解的大敌,因为熟悉,所以熟视无睹、习而不觉、习而不察,缺少理解的好奇心。一个研究者必须善于对"熟悉"发问,把"熟悉"陌生化,尽可能"留意日常生活中某些被普遍使用的语言、名词,考察它是不是有一种上升为理论概念的空间"。① 近年来,有学者对"人情""面子"②"气"③"奔头"④等日常生活中频繁使用的语词进行概念化,以揭示中国人深层的社会心理和文化结构。本研究也进行类似尝试,其中紧扣"在家"这一日常话语展开并赋予其社会学旨趣。探究对家、在家、持家等话语背后日常生活的意义系统的理解,从而形成与社会学中正统的家庭、社会概念及与其相关知识体系的对话。

（四）历史社会学的分析架构

社会学家斯通曾经表达出对社会学的不满:社会学已掉入一个全然静态的社会观中,部分是由于它过度热衷于社会调查技术,部分则是因为它全然采用功能主义的理论。⑤ 本研究之取历史社会学的视角,旨在跳出泛问题化的家庭,以及从西方社会学语境中抽离,回到中国的社会史脉络里,取"传统遭遇现代性"之维展开分析,确立分析域的纵向时间向度和本土向度。连接"过去"与"现在"之间的,是只此一次的发生的过程、事件和各种历史现象。是哪些因素造成了这"只此一次的历史"? 当

---

① 曹锦清:《黄河边的中国》,上海文艺出版社 2000 年版,第 3 页。
② 贺雪峰:《面子、利益与村庄的性质——村支书与村主任关系的一个解释框架》,《开放时代》2000 年第 11 期。翟学伟:《人情、面子与权力的再生产》,北京大学出版社 2005 年版。宋丽娜:《熟人社会是如何可能的:乡土社会的人情与人情秩序》,社会科学文献出版社 2014 年。
③ 应星:《"气"与抗争政治》,社会科学文献出版社 2011 年版。陈锋:《"气"与农村阶层的"生活政治"——基于浙东北平镇西村的调查》,中国社会学年会青年博士论坛论文,兰州,2016 年。
④ 刘燕舞:《论奔头——理解冀村农民自杀的一个本土概念》,《社会学评论》2014 年第 5 期。
⑤ L. Stone, *The Past and the Present*, London:Routledge & Kegan Paul,1982,p. 9.

社会学家提出这样的问题,并不厌其烦地去揭示各种限制条件的时候,他们实际上正在将历史过程中所丧失的各种可能性展现出来。历史取向的社会学研究因此具有很强的批判性,它从理论上恢复了在历史过程的各个时点上存在过但却最终丧失的各种可能性,由此而质疑现实的合理性。[1] 中国人有关家的观念依然是一个重要因素,在乡村,在城乡之间的社会关系中以隐蔽的方式存在。溯源历史,更有助于认清动态社会的文化情境与社会情境,对坚守什么与发生了什么进行理解。

在对家及其变迁的阐释中拟定一个历史的维度,大致分成两个部分来进行。这两部分的分期是,1980 年代以来到国家政策允许农民进城务工为第一时期。该时期生活之家、观念之家及村落社会所受社会转型和外来冲击不大,社会结构呈现出相对静止状态。作为行动者的人如何活着的解答尚包含在家的观念中,家作为文化储存,对如何行动做出了约定和期待。如此一来,家可以视为一种生活的理想型,赋予行动者行动的意义。对该时期家的研究,拟定为一个静态的分析模型。国家开始注重城市化及村落人口逐渐向城市流动至今为第二时期。这部分的宗旨重点把握由人口流动带动的家观念的变化及村落社会新的状况及困惑,追寻其背后的原因以及尝试寻求突破的方向等。

五、关键概念

(一)家

"家"是内涵非常复杂且伸缩性极强的概念,其模糊性正是汉族家的重要特征。对传统乡土社会特质的表述,影响深远的有小农经济、家族主义[2]、伦理本位[3]、礼俗社会、熟人社会[4]等。结合相关启示,这里的"家"在下文中若无特别说明,是指在特定地理空间中长期的血缘结合为

---

[1] 卢晖临:《社会学的历史转向》,《开放时代》2004 年第 1 期。
[2] 梁漱溟:《乡村建设理论》,上海人民出版社 2011 年版,第 25—32 页。
[3] 梁漱溟:《中国文化要义》,上海人民出版社 2005 年版,第 79 页。
[4] 费孝通:《乡土中国》,生活·读书·新知三联书店 1985 年版。

核心、乡土文明为基础构成的生活系统及其文化认同。家涉及特定地理
环境、地方性文化、家族历史、生产方式、生活习惯、邻里关系、生存心态
等方面。与家相适应的社会形态主要是乡村社会,为便于表述,下文会
用"乡野之家"代称。家的主要特性是地方性、乡土性、农耕性、家族性、
平民性。作为一个生活系统,家具有一定的文化模式:意义系统(家福)、
人格系统(礼制)、生产系统(家计)、社会系统(熟人关系)、文化系统(民
俗)、情感系统(情本体①)。

　　家观念包含两个层次:作为文化理想的家和作为技术策略的家。第
一层次指观念中理想的生活模式,包括人们关于幸福生活的种种想象、
民俗、社会规范与个人的社会责任等,自我认定的家乡是其实践边界。
第二层次是日常生活中的各种技术、策略等对其的操持,对应着家庭。

　　在文章的具体阐释中,将家操作成家福、家屋、家计、分家与家族、邻
里关系、乡贤、家乡等几个方面。

　　(二) 在家

　　"在家",这一平常而容易在口语中出现的语词背后有着深刻的意
味。表面看来,在家的意义指的是人身体与居住场所之间的空间关系,
本研究中的"在家"不只如此。传统性农耕社会相对封闭,对外联系较
少,其主要的活动区域不仅在居住场所内部,而且还包括前庭后院、鸡栅
猪圈、房前屋后、田间地头。这些物理空间上的构造又属于家不可分割
的一部分,都是围绕家的需要而设置,且与堂厅为核心的主屋的距离一
般都不会太远,因此在这些场所出现都可视为是在家。在空间上扩散开
来,如果没有跨出那个熟人社会的村落,相对于村落之外而言,因为家所
特有的伸缩性,依然会被视为是在家。这一平常话语作为研究性概念的

---

① 这里的"情本体"来自李泽厚晚年的学术思想,"情本体即无本体,已经不是传统意义上的本
体。……'情本体'是指它即人生的真谛、存在的真实、最后的意义,如此而已"。情本体包括
亲子情、男女爱、夫妇恩、师生谊、朋友义、故国思、家园恋等。李泽厚认为中国乡土社会是一
个"情本体"社会。参见李泽厚《人类学历史本体论》,天津社会科学出版社 2010 年版,第
22—25 页。

引入,也符合中国人安土重迁的小传统观念:人活着需要开扩门庭,期待人死后能落叶归根。人长期生活在村落内部,才可能培育起生生不息、扎根乡土的家观念、家乡观念以及乡土文化。在家不仅是空间性的,也具有精神性。

（三）持家

"持家"这一概念的主体是对家庭事务具有支配权的人,实践中主要是父系为主导的"夫唱妇和"。夫妇双方,通过男主外、女主内的家庭事务分工共同实现对家的操持。持家可以理解为是处理与过日子有关的家内家外的各种事务,其中以经济事务为主。持家是促成理想的家的形态实现的一种策略式安排和与理性选择相关的行动,是养家必需的物质来源获取的主要手段的综括。

（四）过日子

雷蒙·威廉斯在《文化与社会》中认为"文化是一种整体的生活方式"。类似文化观转化成中国式话语,即如梁漱溟所说:"广义的文化,就是一个社会过日子的方法。"①在吴飞看来,中国人的生命价值和人生意义就是在过日子的时间之流中缓慢展开和凸显的。类似文化观念在中国人的童蒙教育"过家家"中可见一斑。人的命运在家庭生活中展开,过日子也就是不断与命运博弈的过程,也是一个为家福而求索的过程。"过日子",是中国人对生活过程的概括。简单说来,过日子就是包括出生、成长、成家、立业、生子、教子、养老、送终、年老、寿终等这些环节,即一个人走完一辈子的过程。以上每个环节都是以家为本体展开的,又牵涉到在熟人社会中与他人家户的密切关联。家为过日子这一生命过程赋予文化上的正当性和个人意义的维模,具有根本的观念论、存在论意义。一个没有成家的人,也可以说"一个人过日子",但这其实假定了,他生活在由一个人组成的家庭里,②也生活在群体共享的家观念里。"过日

①《梁漱溟全集》(第一卷),山东人民出版社2010年版,第34页。
② 吴飞:《论"过日子"》,《社会学研究》2007年第6期。

子"中蕴含着"大家在一起"的大众文化与集合意识,在努力营求一家人过上理想的生活中包含着对地方性家观念的传承与发扬。"过日子"并非单一的家计维度,是物质性和精神性的结合。

第二节　田野基本面貌

一、方村外围文化地理

当今史学界认为安徽地域文化可分为处于淮河流域的涡淮文化、处于长江流域的皖文化和处于新安江流域的徽州文化等三个亚文化区域。[1] 从历史演变与辐射区域角度看,皖江文化有三个层次。第一层次指的是历史中今潜山县域一带的文化,[2]第二层次指安庆地区历史文化,第三层次包括安徽省境内八百里长江流域及周边区域的文化。潜山处于安徽省境内长江上游,境内有皖水流过,前人有《皖水澄清》诗,其中云:"吴楚奔流皖江水,波光散映霞成绮。"有学者认为,既然诗题明确指《皖水澄清》,则"皖江水"即指"皖水"。从而皖江文化,指的是发源于皖水流域、以安庆为中心、涵盖皖省沿江各城市及其周边地区的历史文化。[3] 本研究中的方村在皖江文化的源头地区、古皖境内,即当今的潜山辖区。

---

[1] 安徽省文史馆项目组:《安徽地域文化五个特点解析》,《安徽日报》2013 年 3 月 18 日。
[2] 今潜山地域人们生活的历史久远,境内有新石器时代遗留下的古文化遗址——薛家岗遗址。潜山在周朝时,为皖国封地,皖国都城就在今潜山城区。安徽省简称皖即出于此。西汉时,潜山为皖县,属于扬州刺史部。东汉献帝初平末年(193 年),庐江太守陆康为逃避战乱,将庐江郡治迁至皖县城。此后,袁、曹、孙三家交替据有此地,皖城遂成为兵争重镇。唐时,潜山曾为舒州治所。宋仁宗皇祐三年(1051 年)初秋,王安石曾任舒州通判。王安石调任舒州通判时,曾经留下《舒州七月十一日雨》《望皖山马上作》《九井》《壬辰寒食》《别皖潜二山》等诗作。元符三年(1100 年),苏东坡在舒州以诗四首记事,其中以"平生爱舒州风土,欲卜居为终老之计"表达了对舒州的无限深情。江西人黄庭坚在《题潜山》诗序中说:"吾家潜山,实为名山之福地。"明洪武元年(1368 年),置潜山县。直到 2018 年,潜山撤县设市。
[3] 朱洪:《皖江文化概念的历史生成》,《安庆师范学院学报》2005 年第 5 期。

皖江文化有三个历史高峰期，①分别对应着区域上从潜山到桐城、安庆（怀宁）的转移。潜、桐、怀构成皖江文化圈核心区。

唐宋时期，皖江文化出现第一次繁荣。皖江文化研究者朱洪认为：一是汉代庐江郡文化的发展，为唐宋舒州文化的繁荣奠定了基础。二是东汉三国时期，庐江郡成为吴魏兵争要冲，促进了当地城池建设、土地开垦，为文化繁荣打下基础。今潜山境内长江支流潜河边尚有三国时期吴国修建的吴塘堰旧址。三是潜山历史上盛产茶叶，是北宋时期经济发达地区之一。四是南宋宁宗皇帝曾任安庆军节度使，登基后升舒州为安庆府，促进了安庆文化的繁荣。

明清时期，皖江文化出现了以桐城儒家文化兴盛为标志的第二个高峰。明代桐城仕籍集中，②清代桐城官宦辈出，③出现引领清代文坛的桐城派。

皖江文化的第三次繁荣是现当代的新文化，集中在怀宁、安庆一带。包括陈独秀等人倡导的新文化运动。出现一大批提倡新学的教育家④、一大批新文化各方面的代表人物⑤。

① 朱洪：《皖江历史文化的三个高峰》，《安徽日报》2016年8月22日。
② 如宰相一人（何如宠）、户部尚书一人（钱如京）、御史九人（左光斗、方学渐、方大美、方大镇、方大任、方孔炤、吴用先、吴应琦、姚孙槃）、巡抚一人（阮鹗）、布政使二人（何如申、张秉文）、兵科左给事中一人（齐之鸾）、巡按一人（左光先）、工部主事一人（吴道新）、兵部主事一人（姚孙榘）、兵备副使一人（方象乾）、知县四人（何思鳌、左光明、左国柱、方大普）、编修二人（吴用宾、吴应宾），等等。
③ 如宰相二人（张英、张廷玉）、桂王东阁大学士一人（方以智）、刑部尚书一人（姚文然）、总督二人（方观承、方维甸）、布政使一人（李宗传）、知府一人（姚棻之）、礼部侍郎一人（方苞）、礼部主事二人（钱澄之、姚鼐）、台湾道一人（姚莹）、同知二人（姚文燮、左国林）、内阁学士一人（姚元之）、编修二人（姚士蕌、戴名世）、知县八人（吴道凝、吴道观、姚文焱、姚文燕、姚士基、姚士芯、姚景衡、章攀桂），等等。
④ 如刘文典、王抚五、杨亮功、朱湘、邓以蛰、朱光潜、宗白华等。
⑤ 如两弹元勋邓稼先、诺贝尔奖获得者杨振宁（祖籍怀宁）、白话小说家张恨水、白话诗人朱湘、著名报人张友鸾、佛教领袖赵朴初、道教领袖陈撄宁、电影表演艺术家舒绣文、黄梅戏表演艺术家严凤英、将军画家黄镇、当代诗人海子，等等。

本研究中方村所属的潜山历史文化名人众多,①历史上其并非一个地偏人稀、不开化的自然乡野,而是一个深受传统文化影响久远的文化地理区域。潜山丰富的历史文化形态,体现出长江流域农耕文明一些相对稳定又丰厚的文化特征。

潜山地处安徽省西南部,大别山东南麓,今为县级市,属安庆市管辖。潜山籍文学家张恨水写于1938年的《说潜山》一文中提道,"潜山遍地皆山,无十里平方之平原。北部高峰突云,天柱山海拔四千余尺,山脉绵延,与豫鄂接壤。南部平峦叠峰,与怀宁(安庆)龙山衔接"②。据《史记·封禅》记载,天柱山曾被汉武帝封为南岳。走马岗是安徽天柱山西关寨的一山岗,山岗之下即方村所在地。走马岗石头上的《刘源纪事石刻》记载:大宋咸淳元年(1265年),奉本朝阃命措厝山寨,保聚生民十万余众,箇历十余年。北朝军马累次攻打,保守无虞。民户春耕,冬则入寨。寨长同安郡土豪刘源叔清、鼎建统制宁宗达崇道。此碑刻记了宋末抗元义兵长刘源抗元的历史。据《潜山县志》《天柱山志》记载,刘源驻守天柱山抗元历时18年。刘源战死后,乡民感戴保护之德,传说以檀香木模制假头,配葬其身于天柱山百花崖旁,明宣宗追谥刘源为"护地大王"。③ 刘源抗元失败之后,潜山原居民人口锐减。

元末至正十二年(1352年),名吏余阙镇守安庆期间曾登临潜山境内太平塔赋诗:"萧寺行春望下方,城中云物变凄凉。野人篱落通潜口,贾

① 潜山历史上有影响的文化名人、事件有:取材于东汉献帝年间、乐府双璧之一《孔雀东南飞》发生地。东汉末年天柱山方士左慈。三国时期的大乔小乔姐妹。东晋时权倾朝野的辅政宰相何充,"直言不讳"典故来源于他。晚唐诗人曹松,著有《曹梦征诗集》,留有名句"一将功成万骨枯"。晚唐懿宗朝宰相毕诫。北宋名相、文学家王珪。北宋画家李公麟,名画《五马图》作者。刘源,宋末抗元名将。明末著名状元刘若宰,《金瓶梅》的修订者。桐城派代表作家朱书。徽班领袖、京剧鼻祖程长庚。中国最高产作家之一、通俗章回体小说大家张恨水。以及林逋、王安石、苏东坡、黄庭坚、李公麟、陆宰等文人在天柱山存留摩崖石刻。
② 张正:《魂梦潜山:张恨水纪传》,山西人民出版社2000年版。
③ 刘源墓地与方村距离约5公里。坟墓约50平方米,墓高约1米,呈圆形,石砌墓圹绕其周。现在,墓前仍立有70厘米高的石碑,楷书阴刻,文曰:"皇清光绪七年(1881)三月五日谷旦。大王坟墓。弟子储汉涛、陈锦荣、陈月松同立。

客帆樯出汉阳。多难渐平堪对酒,一樽未尽更焚香。凭将使者阳春曲,
消尽征人鬓上霜。"依诗句来看,元末的潜山甚是凋零。清代桐城派文人
朱书(1654—1707年)在其《告同郡征纂皖江文献书》中提道:"然元以后
至今,皖人非古皖人也。强半徙自江西,其徙自他省会者错焉,土著才十
一二耳。而皖人则亦惟元以后至今为盛。"元以后,来自江西和徽州府的
移民迁移到此,与土著文化融合。先来姓氏插草为标、埋石为界,圈起不
同姓氏生活聚居地。明代中叶以后,再次开始了皖江上游流域人们相对
稳定的生活和繁衍期,逐渐形成了张、姚、马、左、方、钱、刘、吴等名门
望族。[①]

　　杨姓为万涧村第一大姓。杨姓自宋绍定元年(1228年)从江西鄱阳
湖迁至潜山,元朝至正三年(1343年)迁到万涧,拓荒扩土,繁衍子孙。
《杨氏家谱》记载,杨姓生活聚居地的古代建筑杨家老屋始建于明代嘉靖
十年(1532年)。从至今尚存的杨家老屋近乎100个半结构间来看,杨姓
到了明代才出现大家族化趋势。杨姓在万涧村人口中占六成以上,其他
姓氏人口数量上没有明显悬殊,包括张姓、陈姓、刘姓、芮姓、方姓等。各
姓氏一般都是家族聚居自然形成村落,以张家新屋、陈家老屋、刘家茅
屋、芮家老屋、方家老屋等"姓氏+屋"的方式给自然村落命名。将如此
地名对应到具体空间位置,意味着人类生活在该区域已有一定年头。

　　与万涧村有着长期来往的"外来者",更喜欢用历史遗留的"生产大
队"这一称谓与具体地理方位对应,这一状况至今依然保留。如今的万
涧村在人民公社化时期被划分为19个生产大队,生产大队与不同姓氏
聚居的自然村落空间高度重合。据万涧村村委会提供的数据,2005年全
村35个村民组665户,2530人,其中男性1324人,女性1206人。2019
年的数据,万涧村共有702户2526口人。可见该村总人口近十几年来
变化不大。本研究中的方村,隶属于历史上的第16队,对应着村民自治
组织中的朱岭点,包括红旗组、新屋组两个村民小组。

---

① 吴宗友:《皖江流域文化特质的族群分析》,《学术界》2013年第4期。

皖江流域因为共享同一种久远的区域文化,包括同一种地方民俗、生产与生活方式。尽管如今人口流动、生产方式多元化,人口流向与进城从业方式依然具有一定的共性。方村1980年代以来的变迁,可以理解为皖江流域乡村变迁的一个微观缩影。

著名历史学家、汉学家余英时,原籍属于今安徽省潜山市官庄乡。官庄与方村约15公里路程。余英时7岁时为了躲避战乱,从1937年到1946年一共9年都是在官庄生活。他对这段时期的家乡生活有所记述:"我相信我当时所见到的官庄乡,和一两百年以前的情况并没有本质上的差异,不过更衰落、更贫困而已。在精神面貌上,官庄几乎相当完整地保持了中国的传统:这里没有新式学校,偶尔有一两处私塾……通俗化的儒、释、道仍然支配着乡人的信仰和行为。"[1]考虑到余英时祖籍与方村的近距离,可认为方村与以上有关官庄的记述趋于一致。方村1949年以后念过私塾的人共有5位,[2]最长的读过两年,最短的两个月,五人俱健在。1956年秋季,方村私塾取消。

方村的外围中观地理环境。潜山总面积1686.03平方公里,其中耕地面积36.03万亩,山场面积136万亩。潜山的地貌特征呈"七山一水两分田"分布。国家级风景区天柱山坐落在该县境内西北部,为大别山山脉东延的一个组成部分。本研究中的方村处于天柱山旅游规划区内。方村行政规划上隶属于万涧村。群山环抱与地势高低起伏,两山之间必有涧,万涧,顾名思义当由此而得名,山涧中水流四季不断。万涧村坐落在天柱山以北,东西最大宽度4.5公里,南北最大长度5公里,总面积为

---

① 余英时:《中国思想传统及其现代变迁》,广西师范大学出版社2004年版,第71—74页。
② 1949年12月,钱俊瑞副部长在第一次全国教育工作会议上指示:"对中国人办的私立学校,一般采取保护维持、加强领导、逐步改造的方针。"(《中国教育年鉴(49—81)》)逐步改造和突击消灭的精神是不同的,私塾暂时没有被完全取消。1952年9月,教育部指示各地接办私立中小学:"为了进一步巩固与发展人民教育事业,以适应今后国家建设需要,本部已决定自1952年下半年至1954年,将全国私立中小学全部由政府接办,改为公立。"(《中国教育年鉴(49—81)》)随后,私塾有的被并入小学,有的主动关门。到了1950年代后期,私塾基本上绝迹。

20 平方公里,四周群竹环抱,中间地势平坦,平均海拔 450 米,是典型的山区地貌。

万涧村耕地总面积 600 亩,其中水田 473 亩,旱地 127 亩,人均占有耕地 0.23 亩,粮食总产量 24 万公斤,人均自给粮 94 公斤(2005 年)。可耕种水田严重缺乏,自产粮食严重不足。随着大量农民外出务工,种粮户锐减。据村民初步估计,截至 2017 年,全村依然在耕的水稻田总计不足 3 亩。据当地从事屠宰业农民统计,2016 年方村隶属的龙潭乡只有一家养猪,万涧村 2010—2016 年间没有一户村民养猪。

万涧村所属的龙潭乡竹资源尤为丰富。龙潭乡晚清秀才方儙韶《杂选春联》中有一副对联,"管竹管山兼管水;宜游宜醉更宜眠",是龙潭人祖祖辈辈生产生活场景的生动写照。万涧村山腰林地居多,全村山场面积 2.2 万亩,毛竹蓄积量 80 万根,木材蓄积量 1 万立方米。竹、木资源丰富,本地的经济产业以林地经济为主。方村处于环抱万涧村的山腰上,也是万涧村海拔最高的自然村。比起其他村民小组,由于得天独厚的自然优势,方村林地资源最丰富,可耕种水田却相对较少,与城市距离最远。

方村所处的文化、地理、自然环境、经济状况的介绍,说明在漫长的村落生活中,祖祖辈辈不仅积累出与当地自然环境相适应的农耕文明,同时也沉淀出特定的民俗文化,确保在可耕种土地资源并不占有优势的山地环境中能让生活绵延不息。这里也隐含着两种可能:一方面,家处山野,有效地保护了村落文化的稳定性、系统性与自主性;另一方面,一旦外面的世界洞开,全新的生产方式和满足生计的途径极可能具有很大的吸引力。如此状况意味着来自强质性乡土村落文化对生活系统的捍卫与"走出去"的生存状态之间可能产生激烈的紧张关系。

二、变迁中的方村概况

明清至民国时期,桐城、潜山、宿松一带有大批居民自江西鄱阳湖区域迁移而来。① 族谱记载,该地方姓始迁祖清康熙年间由江西瓦屑坝迁至,家族堂号为怀德堂。《方氏宗谱》所列辈分序位分别是:华兴伯仲贵、顺庆孝元魁、宏本尚继正、达祥明乐荣、盛业崇真绪、诒谋裕厚基……方村籍迁一世祖,1718 年生,辈分为"明",后人称为明裕公,如今方姓成员最小的辈分是"裕"字辈,前后 11 代人。从明裕公算起,如今方村"绪""诒"辈这第八、九代子嗣为主要人口。明裕公育有三子,长子乐培公在晚清迁往陕西。另外两子乐流公、乐宏公,为方村方姓第二代祖先。方村方氏如今依然有长房支系和二房支系之分,分别称为"长房头""小房头",对应着乐流公、乐宏公后裔。两个房系家族成员"本是同根生",又因为根系血缘受差序格局影响,依然有着微妙区分,可以理解成同一家族共同体由两个小的宗族共同体构成。

方村被默认的共同体空间边界与方村行政区划的历史有着密切关系。方村所在区域在地图上的标识是"朱岭"。明朝时方村所在区域是朱氏家族的生活区。明末这里的朱氏家族被农民起义军剿灭。老人的记忆里,这里尚有一座地址不详的朱家坟。方姓逃荒到此,为了躲避战乱、流匪,强族保种,人丁日渐兴旺的方氏家族依然沿用"朱岭"这一地名,卫星地图上更小、更准确的地标名便是"方家老屋"。

据老人统计,1950 年代村里不超过 70 人。1980 年代初,方村有 33 户,总计约 170 人,其中 28 户姓方,其他 5 户姓芮。长期共享同一地缘共同体生活及生产方式,因姓氏不同导致的重大矛盾和歧视并不存在。况且芮、方两姓各代都有"和合二姓之好"的通婚,彼此都是亲戚。

方村如今有 52 户,户籍人口有 205 人,常年外出务工者大致有 120 人。有人在城里置业,长住城里。有人打工地主要在县城,长期来往于村落与县城之间。还有留守妇女进城给孩子陪读,只有假期才回家。尚有在校学生,也不常在家。常住在家人口不足 20 人,其中一位退休中学校长是方村唯一常住非农人口。这 20 人平均年龄在 65 岁左右。不包

---

① 游欢孙:《明清至民国宿松地方家族的始迁祖记忆》,《学术月刊》2017 年第 11 期。

括出嫁女,大学生以及大学毕业在城里工作的方村人有10人左右。

20世纪50、60年代之交,方村被定为第16生产队,生产队内部又分成红旗、新屋两个互助小组。长期的家族聚居,以及人民公社化时期由国家主导的集体化大生产,二者无形中增强了同一血缘内部长期累积的家族情感,又增进了大生产中结成的紧密联合关系,形成了古老的血缘家族性与短暂的政治化生产性叠加的共同体和熟人社会。

家庭联产承包责任制实施以来,村民依然沿用旧有的"十六队"这一表述。在被问到家在哪里时,当地村民更喜欢用"我是十六队的"来回答。可见,人民公社化时期在集体生产中结成的社会关系,为后来的村落认同感融入了政治化大生产的集体意识。1980年代以后出生的村里的年轻人,依然习惯沿用这一表述。他们从没有在历史上的"十六队"生活过,却通过代际间口耳相传,在对外表明空间身份时继承了"十六队"这一地标的历史遗产。

上 篇
在 家

第二章　家福、家屋与村落空间

　　构成家的基本物质要素是住宅及与之相关的日常活动区域,这涉及家屋与村落空间。方村与家密切相关的空间不仅指适度的生产、生活等物理空间,而且包括民俗约定的精神空间。赋予家屋为核心的日常生活区域特定的精神意义,是家在空间上获得文化性的一种方式。如此文化性指向汉族人共同的文化观念——福[①]。对家屋的精神空间阐释,一定程度上就是家避害、趋利、求福的意义演绎。家居空间与人、物按照民俗约定,获得各自专属的空间序位,使得家获得体系化的文化阐释,这是村落社会的一大特点。最终,精神空间、物理空间由家派汇到村落。当然,村落空间同时也是一个社交、情谊与权力再生产的空间,这一部分在家户关系中再述。

[①] 汉族人的"福""五福"观,可参见麻国庆:《福、禄、寿与汉族的民族特性》,《历时大观园》1990年第8期;杨天堂:《释"五福"》,《岭南文史》1994年第1期;毕天云:《五福:中华民族的传统福利理想》,《云南师范大学学报》2017年第1期。

第一节　家福

一、福与家

方村及其所属的潜山，甚至整个皖西南，许多礼俗约定、民间信仰、宗教禁忌等极其相似。这些民俗规约不仅成就了方村所属的地方性文化特性，也贯通着汉族人普遍的文化心理，最终都指向同一生命哲学——福。

作为文化符号，可以被观看的"福"在方村家屋墙面布置中容易见到。春节贴对联，主屋大门头上往往贴有斗方，方块红纸对角书写，不是"春"字就是"福"字，象征"全家福"。

当地称为吃饭场的小型客厅，抑或老人卧室内墙上，钟馗捉鬼、松鹤延年、寿星佬、想象的神仙居海市蜃楼年画，抑或毛主席画像，是必不可少的装饰之物。这些印刷品被称作中堂画。中堂画两侧配上一副对联，对联内容常见的字样是"福如东海长流水；寿比南山不老松"。

堂厅背墙中间位置，在砌墙时留有一个宽 1.6 米、高约 2 米的龛，四周用刷上红色油漆的木头镶嵌。稍微精致点的龛，下边沿两侧有围栏，上边沿镶嵌福字边等传统中国风格的镂空木饰，当地人称为"香柜"。香柜台上陈列着祖先牌位。香柜上沿以上的墙上家家户户用红纸制成五个斗方，从右到左，横列着财、喜、福、禄、寿五个大字。这五个字连到一起，被方村人称为"五福"①。财指经济状况，喜指家事吉祥如意，禄为生计来源方式及保证，寿指身体的康宁，而福统领以上四个方面。如果按照习惯性理解，那么在以上"五福"中，财是一家人最基本的物质保证，是

---

① 关于构成"五福"的内容说法不一，方村的"五福"最靠近"民俗五福说"。福文化研究者殷伟认为，福是中国人的一种生存状态，福文化已经融入中国人的血液里，积淀在老百姓的骨髓里，在民间民俗中形成了"福、禄、寿、喜、财"构成的"五福文化"。详见殷伟、殷斐然编著《中国民间吉祥文化丛书》，云南人民出版社 2005 年版；又见殷伟、程建强编著《图说中华五福文化丛书》，清华大学出版社 2013 年版。

生存之基。财构成生活的必要与前提条件,却并非家福观念中最核心的部分。尾字"寿"表面上指向个体身体生物性状况,其意义实不止于此。"寿"者是一家人中具体个人亲历并见证"家福"的写照。长寿者未必有福;活着不仅追求长寿,还追求有福。财、喜、禄、寿,是福获得保证的四个方面。

以上"五福"中的灵魂是"福"。按照当地民俗,在空间方位上,尊、大、重要序位的确定有两种。一种是以堂厅空间方位为准,东边为大,这在家里重大活动中举行的宴席座次上有所反映。贵客、尊客往往被安排在进堂厅的右边,即堂厅东边就座。另一种强调尊、重要的标准是"中间为大"。由香柜上方"五福"陈列来看,福字在财、喜与禄、寿的中间,空间上福字正好居堂厅墙壁的中间位置。福字正下方是竖列的"天、地、君、亲、师"字样,香柜台正中是祖先牌位。由上到下纵向看,福、"天、地、君、亲、师"、祖先牌位,正好构成一个中轴,成为堂厅中最主要的文化符号。如此一来,"福"作为一种家文化居于家的最重要位置。家与福密切地交织到一起:家成为福所涉及的与一家人相关的关系场域,也构成福最主要的实践空间。求福、享福,成为家的精神动力。

福的文化生产在一个新婚家庭筹备前就已经启动,在婚嫁民俗中有所体现。婚嫁吉日,"凤凰鸣矣;钟鼓乐之"。新郎会挑着竹子制成、装满彩礼的礼篮到新娘家迎亲。礼篮其实就是日常生活中常用来装稻谷的稻箩,临时充当盛装彩礼的功能。礼篮一担两个,彩礼多的可能有多担礼篮,由新郎家族同辈兄弟帮忙挑。每一礼篮外围四周共有四个红纸斗方,斗方上分别用毛笔书写"苏才郭福""姬子彭年"[①]。福在成家之日,就已经伴随着和合二姓之好的结亲喜事开始其文化生产。福文化的生产,伴随着新家庭缔造就已经开始。

---

① 有关"苏才郭福""姬子彭年"的寓意,按照当地老人的说法,指的是苏东坡的才学(且"才"通"财"),唐朝大将郭子仪的福气,传说中彭祖的高寿,周文王的多子(传说中周文王有九十九个儿子,"姬子"就是"多子"之意)。

福,也是人去世时所需的重要文化符号。老人去世需要"困"①棺材。棺材通体刷上黑色老漆,棺材前脸上有"福"或者"寿"的烫金字样,繁体、鸟虫篆。逝者入棺前按照民俗所穿衣服有专项名词——寿衣。寿衣上身五件、下身三条,称为"五领三腰"。上身穿五件在数字上对应着"五福",取"五福骈臻"之寓意,"三腰"包括内裤、夹裤、外包裤。有关丧葬的福文化中,总体上寓意"福寿终"。如此"福寿终"的意涵不仅只针对逝者,而且彰显出一家人中生者与逝者的关系。能够做到寿终正寝,不仅是个人的修为的"功德圆满",而且是一家人良好关系的体现,包含在以家为单位的财、喜、福、禄、寿等方方面面。丧事礼毕,村子里有关逝者的评价构成一种话语社交,不仅是有关某个具体逝者的言说,而且指涉这一家人的言论。即使某位逝者高寿、自然死亡,假如逝者生前受劳作苦、病痛折磨、子不孝孙不贤、"受气多",抑或"白发人送黑发人",也很难获得一致的"福寿终"评价。"盖棺定论"中对一个人有关福的评价,实际上是借助福这一深入人心的文化观念,来评价一家人日常生活中的关系及质量。

结合居家日常生活与婚丧嫁娶中有关福的文化生产,不妨认为福文化表达的是一种关系结构。家是福的生产单位,一家人的互动状况是对福评价的依据。一家人互动关系的价值追求,无外乎对应着五福的全部方面。按照麻国庆对汉族人福文化的解释,福的构成有四:忍耐努力、祖先崇拜、家族观念、父子主轴的延续观念②,福的指向对应的是"家福"。"家福"不是一种抽象的、高于生活的知识,而是一家人具体日常生活和生产与再生产实践在情感结构中的反映。

王铭铭田野调查结论认为,"福"不仅构成个体愉悦的理想和期望,而且包括特定的社会规则和文化概念,③连接了公共福利与个体安全、好

---

① "困"在当地方言中有睡的意思。
② 麻国庆:《永远的家》,北京大学出版社 2009 年版,第 8—13 页。
③ 王铭铭:《村落视野中的文化与权力——闽台三村五论》,生活·读书·新知三联书店 1997 年版,第 228 页。

命与积极的努力、保佑与供奉,以及知识与信任等被二元化的领域,是一个普遍的中介范畴,故构成一种"社会本体论"①。包括房屋需要奠正以及物品如何摆放等的体系化要求,都是基于类似避祸求福的心理。它不仅至少在心理上满足了个体生活安全,也在地方性文化的共识中成为一种默会的民俗认同。如此社会本体论,并非个体意义的,也不只是优先服务于化约的集体认同,而是二者在长期的生活积淀中达成的文化协议;福由家出发,又归属于家。

二、宅基地选取与风水文化

在现代世界里,不能只有政治、社会和经济构成的总体史,而必须还要有一种存在于人的内心之中的自然王国,以做平衡和矫正。自然的构成是人的精神存在的栖息居所,是一切社会,特别是现代社会神、人、物相分离的状况得以重新弥合的关键所在②。渠敬东指出中国独特的山水文化系统的没落与现代中国精神危机密切相关,暗示着山水世界里蓄养着强大的独立的精神系统,这是文明存续的关键。方村家屋坐落空间中涉及的山水观,充分兼顾了神、人、物精神性的统一。

家屋一直是人类学研究的经典主题。在列维-斯特劳斯"家屋社会"模式的影响下,运用空间象征/意义的方法来研究社会结构激发了人类学家的兴趣。③ 家屋背后蕴含着丰富的文化内涵和文化法则,是一个社会再生产空间。④ 围绕家福的生产,选址、空间方位、构型到物体系,方村家屋都遵循着一套严格的民俗法则。趋利、避祸、求福观念的文化观与家屋实际发生的物理功能相结合,使得家屋不仅是家实现的一个物理性

---

① 王铭铭:《村落视野中的文化与权力——闽台三村五论》,第 256 页。
② 渠敬东:《"山水"没落与现代中国的精神危机》,《文化纵横》2017 年第 4 期。
③ [美]马歇尔·萨林斯:《文化与实践理性》,赵丙祥译,上海人民出版社 2002 年版,第 34—37
　　页。张江华:《陇人的家屋及其意义》,载王铭铭编《中国人类学评论》(第 3 辑),兴星图书出
　　版公司 2007 年版,第 66—87 页。何海狮:《家屋与家先》,社会科学文献出版社 2015 年版。
④ 何翠萍:《人与家屋:从中国西南几个族群的例子谈起》,"仪式、亲属与族群"小型学术研讨会论
　　文,台北,台湾新竹,2000 年。

功能空间,也是家生产与再生产的精神空间。

　　村落社会中空间上的家不仅是物理、法律意义上的私人空间和家的房屋结构,更具有神秘主义色彩以及民俗的约定。家屋的空间选择不仅受到自然环境、土地使用权等客观条件制约,屋舍与特定空间的匹配还具有一定神秘主义色彩。"一生无福,怪坟怪屋",当地此谚语道出修坟、建房中风水、时空与命运关联的地方文化的复杂性。并非屋舍盖在哪里哪里才是家屋,而是哪里适合安家才盖房子。家屋空间往往和这一家家庭成员之间具有某种复杂的一致性且具有独占性。这种独占性本身就设置了家在空间上的神圣性,不能随意更改,不可随意被替代,更是不能随便转让。

　　家所具有的物理空间独占性往往只和这一家人发生意义关联。

　　屋舍选取,最佳空间往往是依山傍水,坐北朝南。方村家屋背后不是山就是岗。山为"靠山",暗示着地基稳当。岗是"龙岗",不能轻易铲除,否则"龙脉"被斩断,家运不保。依照太阳晨昏运动轨迹,充分考虑采光又要避免阳光曝晒,坐北朝南相尤佳。

　　宗族祠堂与祖墓"风水"观念,常与民间神明崇拜形成宇宙观上的贯通,甚或融合共同构成地方社会的基本结构。[1] 一旦选定了地理环境上符合自然风水的宅基地,户主就会考察周边地况,尤其忌讳邻近庙宇、坟墓。庙宇周边被视为神的领地,凡人不能占有该地。

　　接下来就是请专业风水师实地勘察。勘察不仅考虑此地是否适宜盖房,更严格地考察适合谁家盖房。具体措施是风水师架上罗盘,运用天干地支确定宅基地的空间方位,如癸山卯相、乙山未相等,再将家庭成员的生辰八字与之相合,依照八卦、五行原理,推算此处盖房与家庭成员运辰相冲、相克的匹配程度,最终确定是否宜居。选址一旦确定,接下来针对户主的盖房计划,依然尊崇风水师的推算,需要选定相适宜的盖房时间方可进行,这叫作"看日子"。

---

① [法]劳格文主编:《客家传统社会》,中华书局 2001 年版,第 1 页。

房屋盖好后，上梁、装灶、安床时间同样需选定良辰吉日进行，具体精确到天干地支计时的时辰。当地有"申日不安床，丙日不搭灶，丁日不剃头"的说法。时辰一旦选定就不能更改，哪怕遭遇恶劣天气或是半夜。

需要"看日子"行事的事项很多：盖房"起脚"（在屋基墙壁方位下面埋上石条），装大门，架梁，修灶，安床。堂厅中必不可少的香柜同样具有神圣性，装香柜却不需要看日子。当地老人、木匠的说法：需要"看日子"的事项在空间上来看包括"落地"和"顶天"两项，需格外在意。方村围绕住宅以及匹配的生活装置中隐藏着敬天重地的天地观，这与香柜中设置"天地君亲师"字样相呼应。这一民俗观念中表达出生活者的谦卑心理，以一种朴素的心态生活在天地自然中，呈现的是一种务实的天地之间的"人家"生活。

三、屋—物体系

（一）梁

砖瓦房中堂厅屋顶下方，有一原木横梁，必须是椿树材质。椿树不仅质地坚硬，不易变形，且纹理优美，颜色红艳，树气芳香。椿树之"椿"音同"春"，"春"有伊始、开端、万物复苏之意。古代传说中"大椿"有长寿之意。唐朝诗人牟融《送徐浩》一诗中有"知君此去情偏切，堂上椿萱雪满头"之句。"椿萱并茂"比喻父母都健在。由此诗句中演化出"堂上椿萱并茂；家中双亲延年"的祝寿联。

"梁"在房屋结构中并不起受力和支撑作用，其价值在于象征性。房屋立地，向上迎天，需要一根横木象征闭合、封顶、镇宅，明确了人间屋舍在天地之中所占空间有明确界限，上不拱天庭，下不捣地界，仅仅是人间居住之所。梁的形状似龙，而龙有着吉祥如意、紫微高照的寓意。按照当地一位木匠师傅的说法，梁是一栋完整家宅的"主心骨"。除了要对梁的材质、架梁时间严格约定，对支起梁木两端的砖头、具体方位及水平程度都要求平正、对称。如此严格要求不只是出于审美，而是基于梁以上象征性的功能。对梁、架梁的要求体现出对规矩的遵守，家之规范性崇尚。良好有序的家规、家风从"梁"中内在地被诉求着——"上梁不正下梁歪"。

梁一般是由母舅家送来。送梁时由两人抬着,梁上挂着红绸布。富裕人家送梁队伍中还伴随礼乐。梁有着沟通、关联的意思,之所以由母舅家送来,是因为在当地观念中,经和合二姓之好、在婚姻基础上方可"成家",家联结着母系和父系两个家族,通过母系家族送梁,在婚姻基础上进一步肯定和巩固父、母族系关系。

新房竣工在即便架梁。架梁是一个很严肃的事情。梁的非正面刷上红色油漆,正面正中由油漆工绘制太极图或者太阳,与之对称的两端绘制腾飞的龙、凤图案,有龙凤呈祥、龙凤朝阳之寓意。架梁前,在堂厅中间两侧位置摆上两个方桌,梁面朝上。公鸡是当地民俗中的辟邪之物,在很多庄重场合,都用公鸡冠血祭祀,称为"点光"。盖房子临近封顶之际,开始祭梁、上梁活动。木匠立东头,一手持斧,一手握住公鸡。瓦匠立西头,一手持泥刀,一手拿酒壶。事先确定的祭梁时辰一到,鞭炮一响,木匠拿斧头在桌子上轻磕一下,一人一句开始吟唱祭语:"东边一朵乌云开,西边一朵乌云来,两边乌云来相会,鲁班师傅下凡来,复喜复喜,天地开张,天有四角,地有四方,鲁班赐我,月斧一张……"吟毕,木匠取公鸡冠血点在太阳中心、龙凤眼中,抑或太极图类似鱼眼睛的两点上,瓦匠同时向天空撒酒三遍,祭梁完毕。

接下来是架梁。堂厅相向两侧墙上各放两架木制云梯,瓦匠和木匠抬着梁的两端,且手中各执相应工具——泥刀和斧头。鞭炮齐鸣中,瓦匠和木匠同时起步,逐级上梯,同时嘴里吆喝着一套吉利语,称作喊梁:"八宝地上起华梁,吉日吉时来照梁;梁头发得千年富,梁尾发得万年长……"每喊一句,旁边的人都会应和着喊一声"好!"上梁和盖房子筑地基一样——家基深厚渊源久,都是神圣且喜庆的事件。出嫁女、母舅、姑姑、伯父等血缘紧密的亲属都需要特意在上梁时制作米糕,以示庆贺。上梁时远近亲邻可能都会在场一起庆祝。尤其是孩子,因为有糕点吃,更是早早就来守候、凑热闹。"糕"音同"高",有步步高升之寓意。梁架上去后,云梯上的木匠和瓦匠依然需要吟唱吉语,一人一句。大致是:昨日黄龙地下眠呀(好!),今日把你竖上天呀(好!),好时好日登梁位呀(好!),荣华富贵代代传呀(好!)……每喊一次,木匠、瓦匠都会用斧头、泥刀在梁上轻轻磕一下,制造声势。鞭炮、吉语与回应的"好"声连成一片,在亲邻在场的祥和气氛中,梁被架起来,象征性告示"华厦落成"。

(二)灶

灶是家的食之源。乡村中架锅起灶的材质是砖、泥、石灰。开灶燃料是来自大自然的竹、木柴。铁锅、柴、水、火、土灶对应着五行中的金、木、水、火、土,这五样元素合成生物熟食。五行中这五样基本的大自然介质结构性地将生食与熟食区分开来。生、熟食的转化是人类文化性发蒙的基本形式,也是常态生活得以可能的前提,在方村民俗中受到格外重视。

安灶时间严格按照民间信仰中天干地支历法来确定,体现出在方村"食"及其文化在家的形成与继替中被追赋重要地位和象征性。这是一家人"活"的世界,是一家人分享劳动成果、在家屋中最能体现出一家人亲密性和团结的场域。村子里人常说的"在同一口锅里吃饭"的人,如果不是一家人,也必然亲似一家人。"灶"是母亲在家内最重要的工作台,灶房是其重要的工作场所。灶台围绕灶膛呈扇形垒筑,形成一个有中心的开合状物。如此结构不仅有利于主妇围绕灶台围转式工作,也防止喜欢在灶台前馋嘴食物的孩子们磕碰到。扇形这一几何形状更容易让一家人沿灶台边缘形成围绕与环抱的集合状,围绕食物生成一家人的团体认同感。

孩子关于母亲最早的记忆,往往也是从"灶"开始,灶房是彰显母亲权力与魅力的地方,这里是一家人之爱的聚结之地。

灶台不仅是物质意义上食物操作的地方,也是灶神的世界。灶神崇高而地位显赫,自然会引发献祭仪式。《论语·八佾》:"王孙贾问曰:'与其媚于奥,宁媚于灶,何谓也?'子曰:'不然,获罪于天,无所祷也。'"意思是说,卫国大夫王孙贾请教,世人都说祈福者与其供奉西南角的奥神,还不如供奉灶神。《诗经·小雅·楚茨》:"神嗜饮食。卜尔百福……神嗜饮食,使君寿考。"献祭仪式的直接动机是为了获得神的护佑。在先秦七祭中,灶神原是管理餐饮的专业神,后来在民众的祭祀中甚至演变为司命的全能神。这灶神形象与功能的不断提升,恰恰也是餐饮神圣观念的巨大投影或意象化。① 方村家家户户灶台上树立起内空"屏风"——烟囱,"屏风"正面或者侧面往往都有灶神像———一般都购自农贸市场上,由模具印制于蜡纸的画像。画像右上侧竖列灶神全衔——"东厨司命九灵元王定福神君"字样。腊月二十四(小年)开始在鞭炮香火中送灶神,正月十五同样在香火中将灶神迎回。一年一度的一迎一送,仪式化传递着"人间烟火"对天庭开放、主动迎来检视的姿态,表达出朴素的小农伦理中躬耕于地、祈福于天的愿望与敬意。笃信的户主尤其是女主人,会在灶神画像下方的灶台上摆放香炉,几乎每天清晨时焚香祭神,向灶神双手合十,祈福五谷丰登、六畜兴旺,表达对赐予食物的感激之情。孩子们糟蹋饭菜时,大人往往会指着灶神,对孩子严厉地批评,"糟蹋粮食,灶神会惩罚你"。笔者有关童年的记忆中就有类似体验。顶着父亲严厉的眼神,同时抬头望着"浓眉大眼"的灶神,仿佛他正看着我,不寒而栗。孩子们珍惜粮食的习惯,在家长和灶神的双重"怒视"中,逐渐培育起来。

每当日暮,远远就能看见家屋灶房上空烟囱里冒出袅袅炊烟,饭菜、油烟的气味散出。伴随着中国式母亲"小明,回家吃饭——"的呼唤,撒野的孩子开始回家。在掀开锅盖的雾气中,在灶神的"凝视"下,一家人以食为媒的欢腾开始。

灶也是象征家的物化符号。在家长主持下的分家,往往以另起炉灶为标志,意味着新的家户已经出现。女儿出嫁之际,出门之前的最后一餐,需要与一家人在同一口锅里、同一个碗里吃饭,象征着在此之后女儿是别人家的人。两户人家发生纠纷,砸锅往往被视为最恶毒也最无力的对他人的报复,象征着铲除人家的食之本。如此行为是严格禁止的。

---

① 张志春:《祭灶:餐饮神圣的意象与仪式》,《西安晚报》2014 年 1 月 19 日。

"砸锅"事件一旦发生,发生纠纷双方的两户关系就会出现不可逆的貌合神离的持久疏淡。

(三)床

装床"看日子"也是必不可少的。"床"不仅是栖息之工具,也是性、繁衍的地方。村子里的民俗赋予床神秘性、两性私密与禁忌。中国传统的性文化中,床笫之欢并非私人情感和生物性欢娱的表达,而是繁衍的手段,从而床获得了家繁衍的象征意义,是圣洁之所。安床,尤其是新房安床、备用婚房安床"看日子",就被视为很有必要,表达出对多子多福、生命繁衍不息的强烈渴望。择日安床,也是在心理上克服有关疾病(卧床不起)、死亡(永久性睡床)的焦虑。虽然如此思维有着类似于村民所谓的"生不下孩子(责)怪床"的荒诞逻辑,但"床安得好坏"(包括时间、空间方位等因素)影响家运的观念,却实实在在地被村民坚信不疑。

床是如此重要,对其材质的选取也是有所讲究的。至少,适宜做梁的椿树用来造床是大忌。梁属于屋顶用品,椿树被人睡在下面,这是对梁的一种冒犯。梁的象征性使得梁是不应该冒犯的,是超出人格的圣物。从象征物到象征物所用材质、禁忌,彰显出家有严格上下之礼的限定。

床在房子里摆放的空间位置也有严格规范。单是床无论如何摆放都可以,但床纵向方位与堂厅坐向平行却不允许。如果床的摆放与堂厅坐向平行,人在睡觉时的空间方位与堂厅香柜中供奉的祖先牌位方向一致,无异于子孙们"抢占"了属于祖先神灵所属的空间方位。这叫作"冲香柜"。祖先和子嗣之间是有尊卑的等级关系的,如果床的摆放方位冲香柜了,就好比于子嗣与祖先"平起平坐",这被视为大不敬而被禁止。

对家先的缅怀与敬重心理,在床摆放位置禁忌中充分地体现出来。结合床是繁衍子孙的圣洁之地这一寓意,床作为家的一种隐喻,赋予了家是连接历史、现在与未来的世界。"家屋、家先和人的生命是一种互构的关系。"①家屋不仅是生者一家人起居与生活的物理场所,也是文化上关联家先与后裔的精神空间。围绕床展开的意义,充分回应着"我从哪里来,我到哪里去"这一古老的哲学问题。以床为生命转轴,实现了由子嗣到祖先在代际传承中的轮回。诚如许倬云先生关于祖先崇拜文化所述:中国古代的祖先崇拜,可以说是从死灵崇拜发展而来的。这一转化,必须有对于家族血缘的认知和观念,才能经过家族系统,回头去祈求祖先的保佑。有了祖先崇拜,显然,也会有对传统的尊重,凭借宗族和婚姻关系延伸出的网络,也成为联结、合作的系统。于是,家族伦理和尊重传统这两个观念,数千年来建构为影响中国人行为的价值尺度。②

在床有关人丁兴旺与死亡禁忌的象征中,老床,尤其是被疾病者、非命亡者睡过的床往往被视为忌讳之物。迫不得已,只能是该家户成员睡此类床。同村"外人"都知晓这床的故事,不会轻易睡这张床,不希望自身与如此"不吉利"物件发生关联。通过对疾病、死亡、"阴气"的有意克服与规避,避免从共享物到获得类似命运的神秘关联中获得不吉利的生命叙述,达到确保个体命运及家运纯粹性的目的。

床所承载的家之历史以及与未来的意义关联中,将家内、家外人是否能"同床"做出了区分,以此来维护家运的纯粹性——隔离外面的不祥、不洁事件与家运产生相关性。在方村的观念中,床是生者最后理想的归宿之地——在家中常睡的床上自然死亡被视为床主人的福气;同时,床又是未来家先生育之地——怀孕以及子嗣繁衍都应该只与家里的床相关。有关祖先与子嗣的文化关联,一定程度上是通过性隐喻来完成的。儒家礼俗中男女有别,性欢娱被禁止,非自家人在自家床上的性欢娱更遭到抵制。为了维护自家床上只生产自己家人的纯洁性,户主不允许非自家人的夫妻在自家留宿时同床。即使女儿回娘家,与女婿同床也被禁止。出嫁女在情感上与娘家人依然是一家人,但是"出嫁随夫"的观

---

① 何海狮:《家屋与家先:粤北过山瑶的家观念与实践》,社会科学文献出版社 2015 年版,第241 页。

② 许倬云:《中西文明的对照》,浙江人民出版社 2013 年版,第 32 页。

念中又不再是一家人,父母会有意捍卫父系家族的正统性,维护男系的利益。这一民俗不仅在方村,皖西南传统观念中都有类似禁忌。当今村落社会正在与"外面的世界"发生密切关联,尤其是来自城市的"现代人"客观上需要留宿于方村时,作为外来者的夫妇容易陷入不可避免的不便与尴尬之境。

祖先们面对生活的首要问题,是如何确保人种繁衍。这客观上需要增进劳动技能满足物质需要,也需要创制出一套文化法则确保人种繁衍的有序与文化绵延。按照列维-斯特劳斯的人类学观点,人类社会和文化是以"性"和"食"为两大基本内容,以二元对立的基本模式,在人类语言和人类思想同步发展的过程中被建构起来的。[①] 家屋作为提供家人食物和繁衍功能的场所,被赋予满足自然和文化这两大基本诉求的功能。"灶"是满足人口基本物质需要,以及一家人共享食物欢腾的场域,在灶神的庇护下建构起家之神性与凝聚力共生的场所。确保家族血统的纯正,"床"必须具有文化上的封闭性,如此封闭性只对家人才开放。无论是灶还是床,都是自然向文明的转化中介,这一转化的边界就是强调一家人空间的不可分离与精神的共享。家,而非具体的某个家庭成员构成村落社会中最小的文明单位的观念,慢慢扎根。对家这一共同体的捍卫与许诺,正是保全个体意义呈现的最好方式。

(四)堂厅

奠正是由民间道士在堂厅内举行的法事,旨在对家屋空间驱魔辟鬼,确保家屋处于神灵的保护中。具体做法是在准备砌堂厅后墙之前,在堂厅背墙正下方,也就是家屋布置有"天地君亲师"、祖先牌位空间的正下方挖一凼,埋上一瓦罐。瓦罐里装有从待盖成堂厅的东、南、西、北、中五方位地下取出的一点泥土,还装上金、银、铜、铁、锡——象征五行中的金。金为火性,司"阳"。道士画上一方符咒封住瓦罐口,对之作法后埋入事先准备好的凼中。当地人认为奠正是"奠土",意指这方待盖房屋

---

① [法]克洛德·列维-斯特劳斯:《妒忌的制陶女》,刘汉全译,中国人民大学出版社2006年版。

的土地为某家族一家户所有,是这户人家与天、地、四面八方神灵就宅基地使用权达成的神约。一旦堂厅被奠正,不能将已经委托神灵看管的地方随意改作他用,至少这户人家要坚守此约定。此地被该户人家迎请过神灵,是受神灵垂青的文化地理空间。即使房屋被拆,裸露的土地依然属于神灵掌管之地,属于神圣地带。重新在旧址上盖房子,堂厅原有空间不能用作卧室、猪圈、厕所等用途。卧室是行夫妇之欢的空间,猪圈、厕所是污秽之地,曾经受到神灵监护的空间如果改成这些用途,可以视为是在没有受到神灵默许下单方毁约,是对神灵的亵渎。如此之后果,该户人家可能会激怒神灵,遭受惩罚。如果不想永久性地与神灵签订如此誓约,可以通过被视为通神的中介——风水师等人举行法事解除与神灵的约定。解约后的宅基地方可变更用途。方村被奠正过的家宅,尚没有户主主动解除与神灵誓约的案例。主动解除,意味着主动放弃来自神灵对家的保佑,同样可以视为是将与神灵之约视为"儿戏"的大不敬,反而会加剧居民内心的不安。

堂厅是一个神圣的世俗场所,是神灵、祖先、人共享的庄严空间,在家屋结构中处于中轴对称的核心位置。除非家人去世,否则棺材不能放在客厅里,那是象征性死亡。粪桶等污秽物品放在堂厅也是禁止的。作为一种神圣、洁净的秩序空间,堂厅一直被家人怀着崇敬之心"供养着"。

（五）"天地君亲师"与香柜文化

神堂是进行祈祷的特殊空间,祖先牌位和神像乃至简单的吉祥图案的存在使不可见的神灵世界变得可见,使这里成为和看不见但又密切关联的世界沟通和交流的神圣空间,成为不同的世界重叠、交融与流动的空间。① 如果想最快捷地了解某户人家的历史,观察祖先牌位上的字样是最佳的途径。香柜台正中间摆放有木制祖宗牌位,牌位上竖书有标识家源、姓氏等字样。如方姓祖宗牌位上写着"河南郡 恩深显考（显妣）方

---

① Turner Kay, *Beautiful Necessity: the Art and Meaning of Women's Altars*, New York, N. Y. : Thames & Hudson, 1999.

氏历代祖先之神位"。河南郡指的是方村方氏祖先发源于河南。有些牌位下半部分横列列祖列宗名字。"记忆不仅是为了理解过去,而且必然和当下我是谁相连"①。通过祖先牌位,家在时空上的久远以及不能忘祖的使命被树立起来。即使如今楼房取代砖瓦房,未必再坚持中轴对称的房屋结构,堂厅依然必不可少,祖宗以及"天地君亲师"牌位依然不缺。

香柜台上一般还摆放着香炉、祖先画像与已逝长者照片、香烛等。

与家谱系有明确关联的符号陈设在香柜中,该空间成为家屋内最神圣的空间。

香柜台内后墙上,绝不会只是裸露的白墙壁,而是粘贴着竖书"天地君亲师"(常见的均是繁体汉字)字样的红纸。"天地君亲师"之"君"字如今也有人用"国"字取代,也算是与时俱进。红纸两侧书有对联,无外乎彰显该姓氏历史、丰功伟绩的对联语。当地不同姓氏通用联是"'孔孟文章孝悌慈(抑或'频繁蕴藻酬先德');礼乐诗书启后昆"。万涧杨姓家族聚居的"老屋"以及杨家祠堂在万涧村也是最气派的建筑。万涧杨姓家族香柜两侧对联常见的是"清洁关西夫子②弟;正宗宋世大儒风";抑或是"当兵要学杨家将;做官不收四知金"。大门对联是"弘农世泽远;太尉家声长"。杨姓后裔将东汉名士杨震、北宋杨家将民间传奇故事在对联中反映出来,取追古颂远振家声之用意。

以上红纸中文字意涵,其精神来自传统儒家,包括敬天尊地、忠君保国、孝亲礼师等儒家文化要义。关于"天地君亲师"的由来,余英时曾经做过详细的考证。③ 他认为中国传统的价值系统是以儒家为中心而形成

---

① Liliance Weissberg, Introduction for Dan Ben-Amos and Liliane Weissberg(eds.), *Cultural Memory and the Construction of Identity*, Detroit：Wayne State University Press, 1999, p. 10.

② 关西夫子、下文中的太尉以及"四知金"与东汉名士杨震(公元 51—124 年)有关。杨震为东汉大臣,今陕西人,博览群经,当世誉"关西孔子",历任司徒、太尉等职,为官正直清廉,多次上疏劝谏安帝无果后自杀。杨震在荆州当刺史时,有人深夜行贿其家遭拒,并告知"天知、神知、我知、子知,何谓无知?"(参见《后汉书·杨震列传》)杨震的四知说成为杨姓堂号"四知堂"的源头。

③ 参见余英时《中国思想传统及其现代变迁》,广西师范大学出版社 2004 年版,第 71—74 页。

的,汉代以后有佛教和道教的崛起,许多民间的价值观念往往依托在佛和道的旗帜之下,但是整体地看,儒家的中心地位始终是很稳固的。[①]"文革"时期"扫四旧",祖宗牌位被视为"旧封建"遭到集体焚毁。"文革"结束之后,短暂消失的神龛文化又很快复兴。如果仅从方村至今依然坚守着的香柜文化来看,儒家中心主义的思想依然没有丝毫衰退迹象。

"天地君亲师"的序位中,天传达出一种人不可控的命运观,敬天也是对人间世俗生活及人主观能动力有限的理解。村民世界观中,人不能违背天的意志。假借于天意的不可知、权威、公正,在"天下"开拓属于人间的世俗生活即是村民的使命。这种朴素的天意观传递出村民乐意在敬天的基础上不抗命这一躬卑生存心态。敬天顺命中不失赋予生活强烈的主观实践感,生活的开拓与实现福报的生活,唯一能仰仗的资源就是土地。土地,成了生活者一定程度上可控的唯一的生存资源——只要乐意俯首勤耕,土地就会赐予其生活之希望。躬耕于土地是村落社会中主要的、常态的实践,它对生活中一切期待阐明的要素做出解答,让生活变得真实、清晰可见。土地对生活的安顿感予以明示,就是亲近土地。"敬天尊地"的天地观,将命运的不可知性与生活的可阐释性结合到一起,表达出生命、生存、生活这一复杂又不失去秩序的"三生"哲学。

君臣、夫妇、父子、兄弟、朋友这五伦在香柜文化中得到了充分展示。钱穆认为,夫妇、父子、兄弟三伦限于家,君臣一伦限于国,唯朋友一伦在全社会中有选择之自由,有亲疏远近之斟酌余地,而其影响亦至大,有非前四伦之可相拟者。[②] 朋友并不属于家庭成员,在香柜文化中依然体现于家之仪中,以"师"表达出来,暗合了"三人行,必有我师"的儒家主张。可见家之观念并非只对天地、君臣、家人开放,同样考虑到了家之外的社会关系。不将"社会人"放到陌生人、外人序列,反过来对其事之以礼、尊之为师,是五伦不可缺的一环。如此五伦如钱穆所论证,并非只是由上

---

① 余英时:《中国思想传统及其现代变迁》,广西师范大学出版社 2004 年版,第 47 页。
② 钱穆:《晚学盲言》,广西师范大学出版社 2004 年版,第 225 页。

而下的等级制,同样具有平等性关怀。① "中国全部文化传统乃尽在此五伦中"②。

香柜文化符号表达出家不仅是儒家伦理的高度浓缩,维护与再生产着社会的礼制秩序,也是生活者理想的生活图景:崇尚至高的天意命运观,认定土地上劳动的人间生活实践,忠君又期盼开明政治的道德诉求,注重血缘关系的仁爱,尊师重教贯穿于社会关系之间的相长与进步。简而言之,以上五点分别对应着天意(命运)、土地(劳作)、国君(政治)、父母(仁爱)、师友(社教)。家的文化与结构都蕴含在这五点诉求中,是儒家理念的实践体系;"经由天子的君主王权与儒家的文化权力,整合了社会文化规范与国家价值准则,继而直接建构出了一种超社会的神圣崇拜形式"③。香柜文化期待的家的体系中,大传统、小传统的明确分野消失了。不仅仅是满足于家国同构的秩序建构,它紧紧围绕生活的真实性、可能性、实践性展开。"天地君亲师"是君主制意识形态成功地渗透到平常百姓家,更是生活者在宏大历史与平常生活实践紧张关系中获得的一种均衡结构,让一切阐释都服务于家为中心的生活阐释。

第二节　从家屋到村落空间

一、"老屋"为中心

家族血缘纽带和互相帮扶的福利观有着很强的连续性、稳定性、封闭性。浸染于受家族影响的环境,安土重迁,授其家业。不论农村还是城市,常有大家族累世聚居而形成的以"姓氏(+家)+地理特征/行政单位"命名的地区或社区。④ 方村及周边村落有类似刘家茅屋、方家老屋、

① 钱穆:《晚学盲言》,广西师范大学出版社 2004 年版,第 220 页。
② 同上书,第 222—223 页。
③ 张晓艺:《传统文化复兴中的知识分子与国家》,《华南农业大学学报(社会科学版)》2018 年第 4 期。
④ 张国钧:《家族主义:中国传统伦理文化的基本精神》,《中国人民大学学报》1990 年第 3 期。

陈家大屋等的祖居老屋。这些老屋冠以姓氏往往又成了一个地理称谓，指代着某一姓氏、家族长期聚居的地方。

以方村为例，其左边的村落是杨氏聚居地，一山岗之隔，右边的自然村落是刘氏聚居地，一河之隔。方村所处位置是一个狭长的山谷。如果不考虑近 15 年来借助挖掘机等开采机器拓展出的空地，方村最平整的、适合人居的空间正是方家老屋所在位置。

方家老屋，村民记忆中，从他们记事起就已经存在，几代人的童年都在此度过。方家老屋并非系方姓所建。在老人代代相传的记忆中，该老屋前身是汪姓的山屋，具体建设时间已经不可考。山屋就是大户人家防火、看山、护林所用的工棚屋。在老人的叙述中，定居于方村的方姓籍迁一世祖是"可怜人"、"挑着箩担"来的穷人，"躲灾躲难"来到此地。

以方家老屋为中心点，散落的不同家户彼此相邻。邻近者按照同一家族不同房系聚居原则，形成一个个小的聚居地。多兄弟户分家后，不同家户往往合力将房屋盖到一起，围绕老屋散落开来，形成一个个聚居地。一般遵循儒家文化中东边为尊、为大的原则，哥哥住东边，弟弟住西边。如果兄弟超过两人，就会出现体量更大、中央有天井的住宅，当地称为"大四水"型房屋。雨水为天水，天井有四方，四方天水顺着各自屋檐流下。天水归宅，象征风生水起、吉祥如意。"大四水"里不同住户，依然依照由东到西、由前到后的区位原则，住着从大到小的兄弟户。

成家之后由父母主持分得的小家庭住屋空间方位，表面看来是由父母决定的，其实父母的决定更是根据地方民俗中的文化约定来分配的。如此一来，即使是一个外来陌生人，只要了解了住宅地理区位与同姓房头、宗派之间的对应关系，大致就能推断出邻居之间的血缘关系。

以上由姓氏冠名的老屋往往占据村落的中心位置，也成为该姓氏祖辈在当地最早的生活区域。靠近老屋东边的住户，往往是祖辈长房长子及其子嗣逐渐开拓出的小聚居生活区，西边则是次子后裔通过分家形成的小聚居生活地。方村老屋东头有河、西头是山，地形地貌之囿增加了东西方向拓展生活空间的难度，后裔们就想办法在这狭长地带中向上、向下拓展。

方村家户住屋并非离散无章的布置,内嵌着家族亲疏远近关系网,这一亲缘与地理区位上的家户分布相叠合,更有利于促成地理区位上的亲属关系与差序格局的一致性。从而可以得出这样的认识:以老屋(同姓氏祖屋)为中心的家户散落开来,是一个家族秩序内在要求促成其有规则地辐射的过程。正如日本学者尾形勇所指出的,乡里社会是家族的集合体,因此,其社会秩序是家族秩序的延长,①这无形中增强了村落社会形成家族共同体的可能性,促成村落社会空间中的家户布局即礼俗秩序的空间化。

老屋在村落社会中不仅仅是祖辈生活地,它还具有很强的文化和象征功能。家族重大祭祀活动,或者具有民间宗教色彩的娱乐活动等,约定俗成地都必须在老屋中进行或者举行开基仪式,如方村春节的戏灯这一民间娱乐活动。

老屋在这里逐渐成为一个高度抽象的家之文化符号,是同姓家族共享的"大家"发祥地,是家族成员情感认同的地理空间根据地,也是家具有号召力和凝聚力的空间文化符号。"在老屋集合",是村子里遇到需要大家参加的重大民间活动,彼此奔走相告时经常用到的召集语。老屋成为有号召力、归属感且令人敬畏的地方。这一切的源头,都来源于人们对同宗同族之"家"的心理默认。它集合着民众的家族认同感和地方团结精神。

方家老屋正门前 100 米有两棵千年古枫树。老人们经常说这两棵树长不大,因为从其记事起就是那么粗。15 年前其中一棵因为太老,在一个寒冻冬天粗壮的树枝抱冰脱离树干,老树死亡。这一事件给村里人尤其是老人们蒙上心理阴影,将其视为家族衰落的征兆。

---

① [日]尾形勇:《中国古代的"家"与国家》,张鹤泉译,中华书局 2010 年版,第 45 页。

二、大集居、小聚居

费孝通提出可以从空间距离来测量社会关系的亲疏。"居处的聚散多少是有关于生活上的亲疏,因之,空间距离给了我们研究社会联系的一个门径",这是社会区位学的研究方法,可以用其来研究亲密的团体生活。① "地域团体是社会单位不是建筑单位。"② "在农业社区中,非但不需要时常移动,而且若是有需要的话可以较多的人口聚居在一地,形成一个村落。家庭和家庭在空间上的距离可以大大地减少。"③

空间区位分布是如何与社会关系亲疏发生关联的呢?费孝通对村落社会家户聚居形成的原因做出了两点解释。其一是农耕经济中劳动分工不细密,通过聚居在人力和物力资源上更便利于共享。其二是在没有完善社会保险制度的中国农村,类似鳏寡孤独者更需要在地缘上依傍完整家庭谋取生活。④ 其中第一点,是基于乡村之家巩固与发展的需要,确保家在家计营生上能够实现社会继替。第二点指出了完整之家通过聚合效应对乡村社会进行必要的整合,在道义上充当着邻里帮扶与社会救助功能。通过对方村的了解,除了以上两点,村落社会更容易聚居还有自然环境因素制约。

人们在农村生活的过程是伴随着改造自然、适应自然的过程。面对大自然的恶劣条件以及劳动技能低下,合众形成在一起的力量更有利于将自然改造成适合人居的面貌。人化自然容易在生活区域中心带拓展,每一次对土地的整饬与完善都是居住区拓展和巩固的过程。不同家户的扩散,大致遵循着对自然改造获得更多适合人居的环境这一路径——一代代人的艰辛劳动和代际积累完成。在获得的适宜安家的地理空间盖房,当初的团体合作往往是在父子、兄弟之间进行。不同家户在地理

---

① 《费孝通文集》(第四卷),群言出版社 1999 年版,第 71 页。
② 同上书,第 78 页。
③ 同上书,第 76 页。
④ 同上书,第 77—79 页。

空间上的扩散,伴随着同姓同宗的子孙繁衍,逐渐实现家族的空间拓展。村落社会中的邻居住户在地理区位上,呈现出以祖居为中心的辐射趋势,而拓展的边界又往往受到自然环境的制约如河流、高山阻隔等,以及不能轻易拓展到其他姓氏默认的地理空间。

村落空间上依照血缘关系由近及远,同姓聚居,异姓杂居,大杂居小聚居。地方势力和能力相对弱势的住户往往距宗祠遥远,抑或处于零星分布状态。这意味着往往靠近宗祠的地方依然被认为是家的源头,这里不仅是情感上的聚结地,也是权力核心地。因为老屋往往是在一代代中开拓出来的最适宜安家的地方,只要可能,没有人愿意住"独自家"。熟人和最亲近的、有着血缘关系的人在空间上按照差序格局的方式形成空间上的邻近性。兄弟户分家之后,依然可能共享同一个大屋或者在父辈主屋基础之上拓展出聚居房屋。分户后的兄弟尽管并不共享同一法律上的家户,但是各自家屋共享着同一大屋,尤其是共享着同一公共堂厅,因此很难将不同家户私宅在空间上做出明确区分。或者白天老大到老二家厨房弄点水,或者冬天到兄弟家灶里取点火种等,各自生活空间无须请示的相互暂时借用等都是很正常的事情。只有夜晚各家各户关门就寝后,彼此才归位于各自私人空间。

三、"出场""家门口"与半开放公共空间①

如以上所述,方村家屋在空间选择上并不具有任意性。它深受风水文化限定,以及有着以老屋为中心的家族社会关系空间差序化特点。在风水文化与空间差序中确定的家屋,正门前方有一个相对开阔的空间——"出场"。出场作为家屋不可分割的一部分,不只是私人化活动空间,也被视为一个精神空间,同时呈现出半开放的公共性特点。

---

① 本文的"公共空间"是指人们可以自由进入并在其中进行各种思想交流的场所,以及在这些场所中产生的一些公共性活动。

(一)作为物理空间的"出场"

"出场"作为一个物理空间的功能包括容纳、堆放、劳作空间。家庭联产承包制之后,村里属于集体的公共生产领域消失。除了不同家户在各自山上、田间、地头的生产活动区域,唯一能够提供适当的原材料加工、手工业劳作及家计必需物品堆放等的空间,只可能是自家室内及房前屋后。如此"出场",当地方言音通"稻园"或"稻床",具体写法并不清楚。如果"出场"本意是稻床,说明出场的主要功能就是晒稻谷等农作物的必要之地。方村人均拥有水田面积不大,加上山地气候不利于水稻生长,稻床的晒稻子功能并没有充分发挥。加工竹笤帚、竹桠、柴火堆放等是稻床主要的物理功能,包括晒衣、物等。

家屋前的"出场"在当地不称为场院、庭院。"出场"是裸露、开放的,并没有如北方四合院结构的封闭围墙,既无"庭"也无"院"。

"出场"没有庭院式的封闭围墙,原因有几个方面:

在皖西南的家居观念中,室内敞亮、门庭开阔——高门大户、"出场"充足是一户人家富足、"有面子"的一种物理见证。这里的生活观念中,在风水层面并不希望大门前有任何遮挡,因此在一户人家场院之前邻近出现其他家户房屋是严格禁止的。空间上前后两户,前方家屋大门高度超过后方家户大门高度的情况几乎不会发生。前方户主如此行为不仅挡住了后排家户的通风与采光,更是断绝、阻拦后方家户风水的不义之举。在此意义上房屋选址时有意识地在前后空间方位上保持家屋间适度距离成为不成文规范,在民俗中被充分承认。方村取址依山,前后不同家屋在空间位置上可以自然地呈现出高低之势,这一地形地貌有利于不同家户同一种居家心理的满足。

在雨水充沛的亚热带气候地带,加上农活需要清洗的物什较多,"晒"在生活中必不可少;为确保"晒"能够充分实现,就需要拥有面积相对大且没有围墙遮挡的空间,这在客观上有了"出场"不要围墙的要求。尽管在短期内可以借用他户稻床,但有些东西只能在自家大门前晾晒。以晒衣物为例,内衣内裤一般是不可能晒到别人家门前晒衣杆上的,这是对他户冒犯的无良行为，也会催生如此行动者的羞耻感。

农村即使盖砖瓦房也是集家庭财力最多的大事，积蓄加上"东拉西扯"的熟人借款，好不容易建好主屋之后往往也是精力和财力到了极限之时。被视为可有可无的围墙，出于节约家庭开支考虑，一般不再对其有所期待。

（二）作为精神空间的"大门口"

婚丧等必要的人群聚集与仪式化活动，不可能使用他户门前"出场"，这是一种约定俗成的生活秩序，也从不会有人对此依照方便原则行动。出场空间区位在风水上与该家户成员形成对应关系。丧葬时各家户在大门前举行的死亡仪式只能在自家大门前进行。大门前的"出场"不再只是一个独立的物理空间，其所承"家之仪"的符号功能也让其成为一个灵异空间。家风、家运等复杂的文化、生活、生命系统相关的家之空间外界，除了坟山，就是"大门口"。充分发挥"出场"的生产、生活功能，同时又有意识地保持其圣洁的空间属性是理想之家内在的文化诉求。"各人自扫门前雪，不管他人瓦上霜"这一为私不顾公的地方谚语，在此有着新的文化阐释：为了家的精神与道德诉求，家在空间上与家人产生灵异的空间交互感，以上两点约定了行善应该适度，在他人家户场域空间前终止。这是对他人之家的尊重，也是家所有意保持警惕的。如果"好事者"仅从喜善乐施出发，没有征求其他家庭成员意见，扫雪扫到该户人家门口，即使不被视为是一种空间冒犯，也可能引起不愉快的体验："怎么了，你认为我家人连自家大门前都弄不干净？"如此乐善之举弄不好会招致"坏人家运"的联想。

笔者在家时习惯下大雪时出门扫雪，不仅扫自家门前雪，还喜欢顺着门前的路清扫，扫不远就到了邻居家大门前。该户人家大门前场地同时是村子里常用通道，我就接着扫。一次扫累了我将笤帚随手放在该户人家靠大门的地方。正巧户主起床开门寒暄。他刚开口打招呼，顿时又打住。他发现了我的笤帚，沉着脸将笤帚拿到被视为是他家"出场"以外的地方。我不解他如此行为，静心想了一会，赶紧知趣地扛着笤帚走了。

笤帚在这里是与污秽紧密相关的物件。村里的观念中,"大门前"是洁净与威严之地,容不得污秽、污秽象征物存留。清晨是每天新气象之始,谁愿意清早就在自家门前遭受不适的心理体验呢? 还有一类似之事。我扫雪扫到一户只有留守老人的家门前,他尚未起床。碰巧此时扫帚散架了,我就随手将其丢在他家大门前"出场"附近。回家后母亲了解情况,立即严肃地叫我赶紧将散架的扫帚收拾回来。老人、大门前、散架的扫帚,三者关联到一起可能被视为不吉之兆,一旦被该户家人知晓,我则背负"罪过""害人""灾星"之名。

(三)作为半开放公共空间的"大门口"

彼此都在对各自家户风水、生活便利考量中互相承让,推己及人,无形中约定了各自家屋门口的空间地带属于该户人家所拥有。如果不同家户共享同一老屋,则"出场"属于这些住户共享的大门口,具有小范围公共性,任何一家不得独占。村子里的路连通各家户,不同家户大门前的"出场"既可能被视为私人领地,又可能是贯通村子的必经、惯经之路。"公"路与"私"地叠加,也导致如此大门前具有公共性特征。拥有如此"出场"的家户是路人容易在偶遇中聚集之地,公共性越发明显。

如果从家族出发,最具有公共性的大门口应该是方家老屋前的"出场"。祖辈开扩门庭的能力有限,方家老屋大门前的"出场"空间并不开阔。除了方姓家族集体活动,如祭祀、戏灯等民俗活动主要在此举行之外,此处大门口空间的公共性仅仅体现为村子里的一条大路而已。

小留家的大门口是方村最具有公共色彩的场地。方村家户空间布局 1980 年代以前以方家老屋为中心辐射开来,1980 年代因为分田地、分家等因素,需要另盖房屋以及可作为宅基地的地方逐渐发生变更,大致形成以小留家为圆心的一个圆形家户辐射状村落。小留家大门前成为村子里家户被经过最频繁的地方。小留父母是性格敞亮、热情的人。人尚在屋里,透过窗户见到大路上有人经过,过路者就可能听到其"到我家门口了,来坐坐呀"的邀请。小留兄弟俩属于那种幽默开朗的人,用村子里人常说的话,就是和老人小孩都能戏耍到一起的人。住在大路边加上一家人的热情开朗,这里的大门口常年都是闲聊人口最集中的地方。大人在这里聊天或者打牌,小孩在这里戏耍,成为村子里的常态。

大门口的公共性得到充分发挥,不仅要求该"出场"开阔平整,适宜聚众,更主要的因素有二:该大门口在村子里所处空间位置;拥有该大门口家户与村子里社会关系的亲和度。大路旁住户在村子里的口碑、性格等因素也影响着大门口的公共参与程度。性格开朗、积极参与村子里人际互动的人获得更多会话机会,加上其家还在大路旁,这里的大门口在功能上必然充当着村子里公共活动领域的空间,聚众谈话更容易在这个开放空间呈现。有学者指出,中国所谓的公共领域实际上由私人领域扩张与转化而来,或者受到私人领域的支配,从而使得中国社会公共性供给在相当程度上依赖与取决于处于差序格局中心的某个个体或某一批个体的道德性。① 就方村而言,住户在村子里社会关系空间序位中所处的位置以及住户人格特征共同决定了村落社会中公共空间。公共性借助此私人空间被强化和进一步辐射、放大。

大门口作为村子里少有的能够充分实现社会关系再生产的公共空间,尽管发挥着公共性功能,却依然属于私人化场域。在此公共空间的胡作非为,如吵架、耍酒疯是被该住户严格禁止的。尤其是涉及非该住户主导的民间禁忌行为和言论,不仅被视为是对该户人家的挑衅,更会遭到整个村子里的舆论谴责。村子里一位已经去世的大大咧咧的老人,曾经经过某户人家大门前的石阶时不小心摔了一下,他回头对该户主说他家这大门前的路要修一下,免得"抬重"时滑倒。该言论顿时遭到作为老人同姓晚辈的户主的严厉批评。"抬重"在皖西南民俗中是一专属表述,指称抬棺出殡。"抬重"与死亡有关,属于日常言语禁忌,只有实际发生死亡事件的场合才可能允许表述。大门前属于与家福关联的一个圣洁场所,一旦其充当公共性的功能突破了如此家福忌讳边界便会遭到阻止。这不仅没有限制公共性功能的发挥,相反确保了公共性自由的有序

---

① 张江华:《卡里斯玛、公共性与中国社会有关"差序格局"的再思考》,《社会》2010 年第 5 期。

与规范。

由以上来看,当地生活对"大门口"的心态比较复杂,如此复杂还体现在邻里关系的微妙中。村子里有两户人家关系处得一直比较融洽,彼此走动频繁。十年前的一个春节,奶奶抱着孙子串门,走到对方门前,有意到该户人家"坐坐",就是闲聊。大家都很知趣,如果仅是可有可无的、出于闲聊到人家"坐坐",户主会呈欢迎姿态——如此欢迎一般只需要用称呼加上"进来坐"的话语,以及泡茶、敬烟举措即可。对方大门洞开,平日里户主见到这位奶奶非常热情的表现消失了,没有"进来坐""大稀客"等家常用语,也无出门迎接。该位奶奶感觉不对劲,逗着孩子自言自语地走了。随后该奶奶得知,其儿子欠对方儿子装修房屋购门的钱没有及时还,买卖双方两位年轻人已经达成暂时欠款口头协议。对方儿子从事门窗销售生意,尚未收回欠款可能遭到父亲不满。老奶奶思来想去,认为就是这个原因没有被欢迎。一环套一环的不满产生,在"大门前"所具有的微妙空间—社会关系的作用中展开。

"大门前"在空间使用权限及灵异空间阐释上优先属于大门的所有者,在实际社会关系中所担负的作用可能又会被家推到不属于家的大门外,视为不属于家的范畴。相对于家人的外来者一旦在"大门前"出现,又期待获得"到你家"的承认。"大门前"此时作为社交发生空间,究竟属于私家范畴还是家外? 对其最终阐释只能在二者的关系状态中找寻。在此意义上,"大门前""家门口"构成社会关系确立、承认和发生的一个微妙空间节点,是家内—家外、家人—外来者共同阐释的空间地带,具有一定弹性的公共性特征。它是公域,可是如此公域又不同于村里的"大路上"。它属于私人范畴,可是又有别于家屋的屋内空间。公与私在"大门前""家门口"的明确边界消失了,显得模糊不清。如此在社会关系呈现中显得可以清晰、有些情境下又不希望其清晰的空间地带,将公与私复杂地结合到了一起,私属与公共性一起在这里表达着村落叙事。表演、诉说、议事、抗争、娱乐、仪式等具有社会关系色彩的叙事都可能在此展开,其中蕴含着貌似简单又极其复杂、微妙的权力、人情、象征性符号互动关系。私与公的界限在这里终止,终止中包含着可能最大化实现公共性、私人化的故事的上演。如果从家出发,"大门前"所承载的社会关系功能,依然可以理解为是由家主导的连接公私的缓冲带,是从私家到纯粹公域如大路的过渡状态。对"大门前"家的文化心态依然是有限度的开放,期待在获得承认中再主动接纳、包容。承认其是私家不可少的外围,在此基础上它所承的公共性就会得到充分发挥。如此发挥又只对常态的、友好的商谈社交开放。

第三章　家计、生产方式及其精神意义

　　波兰尼对亚里士多德的"家计"（householding）做出了简单明了的解释。为了使用的需要而非为了图利而生产是家计经济的本质。[①] 村民具有传统财富观念中的经济，并不高深，也不复杂，"够吃、够用"即经济。囤积粮食是"居安思危"，腌制咸菜是储存大自然的恩惠……"小富即安"中只可能有得不到满足的物质短缺，却不生成物质满足之外的欲望。"够吃、够用"的家政观中没有"发展"的位置，只有"持家"的智慧。

第一节　"持家"与"在一起"

一、家户为单位的劳动分工

　　1980 年代家庭成员包括爷孙三代家户比较常见。普遍而言，爷爷辈是 1930 年代人，户主集中在新中国成立前后出生，孩子们是 1960 年代鼓励多生政策的产儿，集中在 1960—1970 年代。一户有三个孩子，长兄、长姐年龄处在谈婚论嫁期，最小的弟弟、妹妹还处在童年期的家户比

[①] ［英］卡尔·波兰尼：《巨变：当代政治与经济的起源》，黄树民译，社会科学文献出版社 2013 年版，第 125 页。

较常见。方村如此人口结构,注定了家户生计需求与缺少必需的成年劳动力之间处于高度紧张之中。从最大的孩子到最小的孩子,在父母的引导、严厉要求下,逐渐参与到适度的农活劳动之中。家庭联产承包制实行之后,充分激活一家人的劳动参与及合理劳动分工,是"过日子"的内在要求。"穷人的孩子好当家"成为会"持家"的一个结果,也是保证。老人们同样也是在参与适度家务活中度过晚年。

　　勤劳节约、精耕细作是中国人普遍的过日子智慧,方村也不例外。充分发挥单位时间内劳动效率迫使劳动强度提高;有意延长劳动时间需要"起早摸晚"。田地到户,家家户户都养有家禽、家畜,无外乎鸡、鸭、猪。人丁多的家户养猪还不止一头。这需要大量的饲料以及做成熟食喂猪的柴火。寻找适合猪吃的野菜以及砍柴是必不可少的事务。这些事务往往是由孩子们来完成:女孩田间地头挖野菜、上山打猪草;男孩上山砍柴。一般年满 8 岁的孩子就会被哥哥姐姐们带着开始干类似农活。清早天蒙蒙亮,村子里砍柴的年轻队伍就开始出发,到了山上时正好已经天明。大约一个半小时的工夫,每人扛着一捆棍子柴回家,此时母亲已经烧好早饭。吃完早饭开始从事菜地里、田里的农活,如挖地、除草等,抑或将竹子扛到 15 公里以外的山下集镇,回头再挑粮食上山回家。爷爷奶奶们往往负责洗碗、洗衣服、晾晒、劈柴,并顺便照看尚不能干农活的孩子。阴天,女孩子挖野菜,下雨天干适合在屋内干的农活、家计,如做鞋、修补农具、农作物分类等。一般是父亲负责山上田里农务,母亲负责菜园地里农务,孩子们机动地协助父母完成各项工作。家庭成员合理劳动分工,时间上充分使用且看天气情况做出适当的农活安排,整个1980 年代都是在如此紧张有序、劳动为主的过日子中展开。

　　"循环经济""低碳经济",类似观念在村民看来了无新意。他们一直尊崇着如此生活原则——它并非改进生活的方案而是生活本身。一件衣服,先是父亲穿,接着哥哥穿,再由逐渐长大的弟弟穿。衣服实在穿烂了也不能扔,母亲会用剪刀将衣服剪成布片,充当制作布鞋的主要材料。食物能量同样循环着用,人吃剩的给鸡、猪吃,人畜粪便充当有机肥挑到田地里用来追肥,长出的粮食、蔬菜再来喂养人畜。生活废弃品,几乎没有什么塑料成分,也没有多少必须扔掉的,那是浪费。废铜烂铁、鸡鸭鹅毛、酒瓶,有人上门收购。即使小小的香烟盒,拆开摊放平整,也是农民常用的记事用纸。在如此节约、循环利用中,浪费是一个寡闻的概念,"垃圾"也并非彻底无使用价值的废弃物。

陈旉《农书》记载,"土敝则草木不长,气衰则生物不遂。凡田种三五年,其力已乏"。为应对"地久耕则耗",保持和增进土地肥力,人畜粪便在城里是污秽无用的垃圾,在农村却成为农作物生长的重要肥料。清初学者张履祥在《补农书》中记载,"人畜之粪与灶灰脚泥,无用也,一入田地,便将化为布帛菽粟"。历史上的农事经验在方村的农业中得到充分传承。

将碎屑烂鞋、稻草菜禾等与泥土、木坯、竹叶堆放在一起慢慢文烧,再拌上粪便、草木灰,制成上等有机肥——火粪。火粪主要用于菜地追肥。水田则是"抄包"追肥。"抄包"是当地一种说法,先将烂树坯和牛粪一起包裹到稻草中,在田里依次排放,将稻草点火后,再用耙锄拢起翻过的泥块封住稻草包,使其在里面慢慢文烧。文烧之后平整好的泥块与灰烬的混合物就是上等肥料。后来有人尝试用化肥追肥,次年田里的泥土就会板结成块,不利于耕耘。抄包尽管费力,却依然是给田里追肥的主要方式。

为了便于收集粪便,家屋不远处会挖坑置池窖,窖上方用木板搭起,方便如厕,粪便顺着依窖壁斜靠的竹棍顺势入池。粪窖一侧则是猪圈,猪圈地面朝粪窖方向稍微倾斜,便于猪的粪便随势滚淌,被粪窖蓄纳。再在粪窖和猪圈上方盖上屋舍,便是农村的厕所。初入乡村的城里人往往掩鼻如厕,却不知道如此厕所与农业经济之间有着密切相关性。晨起,女孩的第一件事往往是扫地,将屋内外家禽随地排泄的粪便清扫到厕所,男孩子则抬着晚上备用的马桶到厕所,清理晚上生产的洗浴污水和夜尿。将二者混在一起桶装,一方面缓解尿液气味,另一方面避免其危害,"人粪虽肥而性热,多用害稼,暴粪尤酷"(《田井心农话》)。从而村子里有这样的说法：要想了解某家户成员是否勤快、精神面貌以及人丁状况如何，无须深入其家屋，在该户人家厕所里方便一下，再看看就近田地里农作物长势就能略知一二。厕所与田地微妙的相关性，隐藏着该家户整体状况如何的秘密。

新年伊始，万物复苏，土地开始呼唤村民的滋润。每年元宵之后，一年的农业活动随之开始。迎来晴和天气，村里会出现男劳动力们的一幕劳动场景——出粪，挑一个春节积蓄的粪水到田地里。外在看来，随着春风，这是每年村子里污秽之物、污秽之气被集中清理的一次集体流动。在村民眼里，他们挑的是一年的希望。每年的侍农活动，从出粪开始。人被视为生态的一部分，与土地、农业、生计联系到一起，开始了一年的生态循环。

村落社会无论是基于耕耘的土地农作物、闲暇，抑或物物交换或者有限市场买卖所得，都具有一定的共性。分配原则简单明了，家长做出必要的决定，最大化满足各取所需。饭桌上，大家无非就是分享所得而已。没有哪个人的食物是确切地依据他的贡献而分配给他的，尽管家长可能获得最大的份额。每个人都是按需而获。[①] 这意味着家庭生活状况的差异，主要是由家庭人口与劳动力人口比例来决定的，也就是村民常说的以家庭为单位，对"有多少做的、多少吃的"的计算。至于勤俭节约、持家智慧等，大体一致，不造成贫富两极差别。某户人家"吃的多、做的少"，往往也只是代际年龄上的差异。如孩子多且尚小，主要劳动力就全靠夫妻二人，只要第一个孩子大致有 10 岁左右，可能就被当成一个半劳力来使用。一个个孩子长大，都是在大的带小的这样"拖拉"中成长，从而形成了"穷人的孩子好当家"的意识。男孩子一旦稍微可以从事劳动，他就从"吃的"朝"做的"转变，家庭经济能力由此逐渐上升。至于女孩子多的家庭，家庭整体的劳动能力相对较弱，但这也只是暂时的。同样，女

---

① 参见［美］丹尼尔·贝尔《资本主义文化矛盾》，赵一凡等译，生活·读书·新知三联书店 1989 年版，第 278 页。

孩子也是在什么年龄适宜做什么事就干什么家务中成长的,直到出嫁。女孩子出嫁,属于她人口名下的山林、农地的使用权依然属于其原生家庭,只是可耕种的田被划分出去。因为出嫁,人口少了一个,而林地相对多了一口人的,人口与土地资源的一减一增,成为促成家庭生活状况好转的一个因素。因此,"家庭相对困难"(家户消费者和收益来源之间的关系)是在变化中相对稳定的。伴随着家户人口的生命周期变化,家庭经济从困难到好转,总体呈上升趋势。这种相对稳定的上升趋势最终点,被后来流动人口带来的家庭收入的差异性打破。

家里"吃的多"与"做的少"这一紧张关系缓解,除了以上无论老幼都力求当成劳动力用,还有一个缓解机制就是"分家"。由于当时孩子年龄集中在十几到二十岁,从而整个 1980 年代村子里结婚这件事几乎每年都在发生,有的年份还不止一起。父母主持着帮孩子成了家,接下来对生活的谋划,就需要已婚儿子通向独立门户之路——分家。

儿子分家与女儿出户这两种方式,客观上缩减了家户人数,一定程度上缓解了家户单位中"吃的多、做的少"的情况。同时方村家户数也在逐年增长,到了 2000 年前后,1970 年代出生人口基本上都能独立成户。1980 年代的户主,逐渐成为如今村落里的留守老人。户主、家庭权力、生产方式开始整体性完成代际转移。2000 年,方村户数从 1980 年代初的33 户增长到 42 户,每户平均人口也由 6 口人缩小到 3.5 人。由于女孩子出嫁、通过上大学进城工作导致户口迁移等因素,1980 年代以来的户数并没有呈现激增趋势。到了 2000 年之后,受到计划生育政策影响的年轻人步入成年,分家历史性地终结。方村内部人口结构向度的叙事逐渐开始与家、传统要素渐远,在现代性的叙事中更容易获得合理阐释。

二、村落为单位的"在一起"

家户作为最小经济单位,并不影响村民劳作呈现出非制度性"在一起"的特点。

山、田、地等土地资源空间都连在一起。山以人工埋的界石、河、山沟为界标示隶属不同家户。田呈梯形分布居多,上下两级梯田可能就分别属于两户。地呈条块状,各家各户以地垄为界。同一片山、同一片菜园地、同一条必经之地主干道,形成阡陌相通、田地相连的劳作空间。如此劳作空间分布,除了获得的经济报酬以户为单位满足不同家庭所需之外,同时类似活动制造了一种村落集体感。以扛竹子为例,村里的林地家家户户是成片连在一起的,所去集市及其路径都是一样的,这意味着从竹子砍伐过程到人力运输过程,外在来看,都是在一起劳作的。尤其是人工运输竹子过程。村里作息时间高度一致,早饭之后,路上就出现成群结队的扛竹子人。走同一段路程,再在同一地方"歇火"①休息片刻,竹子贩卖后再一起步行原路返回。聊天在其中必不可少。聊天内容天南海北,包括正经议事,也包括调笑、恶搞等幽默。有了小伙子参与,他们充沛的精力以及"不安分"的话语,平添劳动欢快感和村落认同感。

菜园地主要是妇女劳动时间所耗最多的地方,妇女在这里边劳动边聊天。山、田主要是男劳动力的地盘。当半劳力用的孩子一起去砍柴、挖猪菜。年幼的孩子们围着妇女在房前屋后、田间地头戏耍。老人们做好闲杂家务,如洗碗、搬柴火等,然后一起背靠南墙晒太阳。农忙时节,各家户又轮流帮忙,实现小范围互相帮工的在一起劳动。阴雨季节、农闲时,妇女们在一起边纳鞋底边聊天。夏季收获时节,村民围绕着某一家石磨,互相帮着碾石磨辣椒酱;年关时,大家同样聚在邻居家石磨边碾黄豆制作豆腐。

以上涉及农活、家务活范畴的劳作,都具有季节性特点。季节性、民俗、天气等特点综合,使劳作同质性格外增强。一户种萝卜、收获水稻之时,差不多也是全村从事同样劳作之时。劳作户外性、季节性,以及随时随地串户的喜好,注定了随时可见劳作在一起的特点。任何涉及村落里人的事都可能成为一边劳作一边聊天的谈资。甚至扁担不卸肩、嘴里不停歇的场景亦时而有之。有时候,很难分清楚人们究竟是在闲聊还是在

---

① 方言,停下来。——编者注

劳作。劳作与休闲的模糊性,意味着生产性活动同时也是社会关系再生产活动,二者质地不同却共同构成某一事件且赋予其意义:劳作中的辛劳与同时缔造的社会关系一起构成生活本身。在长期的劳作和社会关系中生成的高度统一性,以及同类饮食结构,不妨用当地村民一句重口味的话语作为注脚:怄气、放屁都是同一种声音、同一种味道!

至于村子里有人家操办红白喜事时,更是几乎全村男女老少齐出动,一是图热闹,二是在一起帮助"大事圆满"。

如果将以上劳动类型化,那么方村的劳动有三种:经济性劳动;家务性劳动;礼俗性劳动。经济性劳动对应着扛竹子到集市卖,属于市场交换行为;家务性劳动包括种菜、砍柴、纳鞋底等,劳动成果仅满足家里需要;礼俗性劳动体现于红白喜事中,搬桌子、做饭、抬棺、抬嫁妆等。以上三种类型劳动各自所呈现出的意义很难做出哪个更重要的明确区分,三者一起构筑起村民们所认同的生活完整性。以红白喜事为例,户主"礼节性邀请帮忙"与同家族村民"应该去帮忙"是互为结构的,任何一方缺位都会冒着"不懂人情世故"的舆论批评风险。要是应该去帮忙者因为生病等不可控理由不到场参与礼俗性劳动,是可以获得谅解的。要是不到场的事由是"我需要扛竹子、劈柴"之类,极可能导致发出帮忙邀请者当场痛骂:你的眼里只认钱,不认人! 你家以后老人(老人去世)你自己扛出去! 如此极端结果尚未在方村出现过。村子里人都明白,积极参与不同类型劳动,蕴含着社会关系的再生产;拥有良好的社会关系,一定程度上意味着更容易获得村落社会中更优势的集体福利。

第二节 林地资源活性与有限市场

一、槽场与造纸业经济

(一)造纸业复兴的动因

英国科技史学者李约瑟说中国是一个"竹子文明的国度"。东汉赵晔的《吴越春秋》中记载了一首先秦民谣,用"断竹,续竹,飞土,逐肉"八个字描绘了原始狩猎的场面。殷商时期甲骨文中以"竹"为部首文字出现,说明我国竹制器具很早有之。《史记·货殖列传》记,"渭川千亩竹……此其人皆与千户侯等",说明竹子的实用价值和经济价值早被古人广泛认可。万涧村的竹资源丰富,这里祖祖辈辈的村民,充分挖掘这一资源制作生活工具。包括筷子、畚箕、篮子、吊筲、筲箕、筲帚、蒸笼、扁担、捆扎用的篾、烟筒、吹火筒、碗柜、凉床、席子……都是用竹材料制成。竹子为当地居民生活提供了最重要的本土物质资源。

竹子的另外一个用途——取其物化形态表达出生活的精神需要,就是造竹帘纸,俗称纸钱。汉族丧葬文化中"烧纸钱"的历史久远。据高承《事物纪原》卷九:"汉以来,葬者皆有瘗钱。"《史记·酷吏列传》中也有关于瘗钱的记载:"会人有盗发孝文园瘗钱"。文献中明确提到以纸钱做冥币代替的最早始于唐代。唐代封演的《封氏闻见记·纸钱》记录:"今代送葬为凿纸钱,积钱为山,盛加雕饰,舁以引枢。"唐代诗人白居易《寒食野望吟》一诗中有着"风吹旷野纸钱飞,古墓垒垒春草绿"的诗句。北宋欧阳修等所编《新唐书》之《王玙传》中提道:玄宗时,太常博士、侍御史王玙充祠祭使。专以祀事希倖,每行祠祷,或焚纸钱,祷祈福佑,近于巫觋。综合以上说法,汉代有埋钱币的习俗,后来民间改用纸钱。一般认为,纸钱是在魏晋之时出现,唐宋之时开始盛行,明清已经稳定,成为中原汉族祭祀风俗中必不可少的一部分。本地村民就有以经营竹帘纸维持生计者。

万涧村造纸业始于杨家,杨家从鄱阳湖迁移到潜山境内,带来了造纸技术。杨家正是靠着兴办造纸业逐渐兴旺起来。据老人回忆,当地竹资源在新中国成立以前基本上都是杨姓地主家的私财。万涧村至今唯一由姜(当地人称"小老婆")所生的后裔,出自杨姓靠开办槽业兴家的地主后代。据《潜山县志》记,清末民初,潜山后河造纸业相当发达。潜山境内70%竹林在后河皖河流域,开办纸槽业者居多,因此后河自近代以来一直是富庶之地。万涧属于潜山境内后河流域。万涧村的竹帘纸在近现代史中远销到桐城、舒城、六安、合肥等地。尚健在的八九十岁高龄老人记述,他们在年少时曾有挑纸去六安的经历。六安到方村所属的天柱山景区,按照如今高速公路里程计算,大约160公里。沿着大别山脉由南向北,依靠挑夫搬运形成了一个相对稳定的竹帘纸有限市场。万涧的竹帘纸到了安庆就不再会过江,江南的市场属于贵池(如今池州市)、休宁一带的造纸业。交通不便,导致市场与产地之间形成稳定的区域化特征,不担心没有销路,也不担心垄断和跨地域竞争。

历史逐渐从"文革"时的"扫四旧"中走出,丧葬和祭祀活动中烧纸钱的风俗逐渐复苏。纸钱需求旺盛,市场供给严重短缺。村民对此的解释是,一度受到抑制的民俗情感需要释放,通过烧纸钱这一行为,重建起人与鬼、生者与祖先的精神联系。万涧造纸业在1950年代到1970年代沉寂30年之后,又迎来其辉煌。

造纸有着严格的工序,包括砍麻①、剖麻②、腌麻③、洗麻④、剥麻⑤、碾

---

① 选取快要长出竹桠的竹笋,从根部砍伐,再将适合制造麻纸的竹笋切割成1.5米左右笋段。
② 由体力充沛、技巧娴熟的小伙子由上到下将一个个笋段快速顺势剖成条片,然后由捆扎工将笋条扎成直径30厘米的捆束。
③ 将捆扎好的笋条搬运到麻塘边,沿梯而下放到麻塘底部,由工人依次按照顺序平放在麻塘内,再将捆扎的藤条去掉。铺设一层撒一层石灰,同时逐渐放水腌渍。直到整个麻塘装满笋条,再均匀洒满石灰。麻塘上口铺设厚厚的茅草,一为保温,二为防止雨水漫塘。
④ 竹麻腌渍大约三个月之后,竹纤维逐渐变松软,石灰可能板结,热量散尽,需要重新洗麻。洗麻是很繁重的活,先由工人将麻搬运到塘口,用水清洗,借助日光曝晒。约一周到半月后,再由工人站在塘口边,用条锄勾住麻条顺着梯子滑到塘底,同时用力来回借力踹,通过震动清洗掉竹麻上残留的石灰垢。竹麻二次沉塘,再过三个月甚至半年之后,竹笋纤维越发松软,生麻逐渐成为熟麻。接下来就是等待开塘剥麻。
⑤ 熟练的中老年工人坐在麻塘里手工撕剥竹麻,将撕剥成碎片的麻纤维搬运到槽场的碾棚。

麻①、捣浆②、捞纸③、脱水④、晒纸⑤、切毛边、点数、折叠、捆扎。由此可以入市的竹帘纸最终制成。

（二）造纸经济

1980 年代初，我国城市化的发展尚处于缓慢的上升期，城市建筑所需的竹木资源用量不算太大，"交足国家的，留足集体的，剩余的都是自己的"。造纸，成了当地森林资源最主要的消化渠道，由造纸带来的地方产业成为 1980 年代方村家计的主要来源。最兴旺的时期，方村有 8 口腌渍竹麻的麻塘，包括家庭槽场在内有 6 个槽场。槽场是制造竹帘纸的室内工作间，包括纸浆碾压、竹帘纸捞制、烘烤三大功能空间。

1980 年代初，属于集体的槽场是那个时代村子里人流量最大、最热闹的地方，也是孩子们的游乐园。这里的人员主要是同村相互熟悉的工人，买纸、挑纸的邻村人，或者与村子里有着密切稳定合作关系的外地挑夫。无形中，槽场成为方村信息的集中和传播地，是连接和沟通城乡两个世界主要的信息转换地。正是因为槽场制造业成为当地生计的主要

---

① 碾棚里立一高度 1.2 米、厚度 0.3 米的石碾，由石匠在整块石头上雕凿而成。麻纤维堆放在石碾下，借助牛力转动石碾碾压麻纤维，直到麻纤维成粉末状，大功告成。

② 当地有一种被叫作香叶的树，树叶自然发出芬芳。该树叶片汁液较多且黏稠。将香叶叶片摘下来，放在一敞口铁锅里用水煮三天三夜，锅里逐渐呈现黏稠物。将此黏稠物与碾碎的麻纤维一起搅拌，以增强麻纸的韧性。

③ 捞纸的工作台是一个 3 米长、1.8 米宽、1.2 米高的盛水水池，被称为槽桶。纸浆均匀撒在水池中，通过搅拌将纸浆与水混合在一起。师傅通过双手抓住竹帘边来回在水面做出舀的动作，借力让纸浆均匀上帘，再顺手将上浆的竹帘平置于地，然后借助巧劲向上提拉竹帘，纸张顺势平整地脱离竹帘，麻纸初步制成。

④ 麻纸堆放到约 1 米厚时，借助杠杆原理，撬起一个被称为龙棍的长木杠挤压麻纸，达到脱水目的。

⑤ 接下来，尚未全干的麻纸进入焙龙。焙龙是一个用砖砌成的内部中空表面平滑的烘烤间，长条状。通过在焙龙口塞柴捆让焙龙两侧的外壁升温，晒纸师傅快速地取出尚未全干的麻纸，一张张借助麻纸自身黏性贴到焙龙上，然后通过经验判断干湿程度适时揭下纸张，平整叠放好。至此，麻纸制作算初步完成。槽场造纸工具喜欢以"龙＋"冠名，指称那种长条形造纸必需工具，如托住捞纸竹帘帘背的两根细竹棍称为龙骨，挤压纸张所需的杠杆称为龙杠，龙杠受力需要的两个粗木桩支架称为龙角……龙在华夏文明中有着功成名就、吉祥如意、大气象等寓意，而所造纸张是祭祀活动、寄托哀思中所用物品。如此物品的意义与祈福、平安、保佑的文化心理关联，从而以"龙"生义，与麻纸使用的象征意义关联到一起。

渠道,所以方村经济状况在造纸业变迁中显得格外清晰。

方村以及邻村最老的造纸场,在 1980 年代初开工时,类似大厅的空间内墙上挂着一副白纸上着墨的蔡伦画像,当作蔡伦的牌位供养。蔡伦被造纸从业者尊称"老师傅"。画像两侧书一副对联:竹君子千年不朽;蔡老师万古风流。悬挂此画像配上如此对联,表达出手工业者对造纸鼻祖的感激之情,认为是蔡伦赐予了他们造纸技艺,在代际传承中获得生存的机会。每逢农历初一、十五集体会餐前,工匠们都会对着"老师傅"牌位鸣炮、焚香、烧纸钱、跪拜。这种朴素的技术偶像崇拜,传达出村民如此生活理念:生活以及"师"的意义获得了高度承认与敬畏;对传统和历史的追赋一定程度上就是对未来的良愿。

一旦完成竹麻下塘腌渍这一工序,造纸业稳定员工需要 8 到 10 人,包括将泡软的麻从石灰中分离出来的剥麻工人,依靠牛力在石碾中碾制麻的工人,在槽桶内借助竹帘将纸浆捞取出来的工人,在焙龙屋里烘烤纸张的工人,再加上一个切割、捆扎纸张的人。槽场一旦开工,往往一个月为一个周期,以上 8 到 10 人一般是每个工序都由两人换班或搭档进行。每个月整体休息 6 到 7 天。

私人槽场中,熟练工人可能所得工资每天约 2.6 或 2.7 元,最高到 3 元。计件工资,多劳多得。砍窑柴等非技术工工资,平均每天有 2.5 元收益,是 1980 年代木匠日工资的双倍。据当地从事木匠的农民回忆:1980 年瓦匠、木匠上门做工一天的工资是 1.2 元,1984 年是 1.4 元,1988 年是 2.5 元。1990 年收入翻倍成每工每日 5 元,且逐年都在上涨,到 2005 年木工日工资是 40 元。大致 2005 年之后,木工工资每年平均上涨 15 元,如今日工资是 200 元。槽场中,私人老板提供菜但是不提供饭,每逢农历初一、十五,每位工人还能享受半斤猪肉、半斤面条"打牙祭"的伙食,集体共享一瓶白酒。1985 年之后开办槽业私人老板增多,打牙祭差不多一周一回。

1980 年代初方村只有一个属于集体的槽场,生产的纸张品质好,但是利润有限。原因在于计酬方式依然是按日计酬,一日计一个工分。

"窝工"导致生产效率低下。村民看到造纸业的商机,有头脑的当地人开办起家庭造纸槽场,整个村子里的人的主要劳动围绕造纸展开。如今村子里50岁以上的男人,其在体力健壮的小伙子时,基本都有过参与造纸业中某一工序的经历。

从方村一位从1983年到1990年一直从事造纸业的村民那里得知,当时常见的最大的票子是10块的那种,收到的买纸钱很少见到10块的。一担纸被卖出,换到手的往往是一大把毛票,合计大约20到30元。私人开槽场,正常情况下,经营收入每年有7000元到1万元。当时人们谈到的"万元户",是对农村富人家的常见表述,如此一来,开办槽场家户基本上都是万元户富人。不考虑商品丰富程度以及科技对生活品质的影响等因素,他认为方村人1980年代的富裕程度并不比现在低,而且幸福感可能还要高,至少不用出门打工,在家就能挣钱。

在追问私人老板剥削情况以及劳动强度如何时,这位村民告诉笔者:尽管是给私人老板打工,但是当时并没有类似如今在私人企业里打工被剥削的意识。造纸业中主要工种尽管需要一定劳动强度,但更需要技术。从业者都是老板眼里的"师傅",属于专业技术人员。在村子里私人造纸老板增多的情况下,师傅相对较少,成为抢手的人才,一不敢得罪,二谈不上剥削。工匠挣技术劳动工资,老板挣管理和市场差价收益,且彼此都是熟人,相安无事。如果村民做人苛刻,一旦传开,他做老板的日子也就到了尽头——技术工都不会在他家打工。在如此熟人社会离土不离乡的雇佣关系中,所谓的老板也并非是职业包工头、经理人,他们的经济收入以及生活水平与不开办槽场的家户相比,谈不上具有明显的阶层差别。诚如黄宗智认为,如此商品化"是谋求活命的理性行为,而不是追求最大利润的理性行为"①。在本土资源与熟人社会的亲密性中生成的劳动关系,既不能产生垄断经济也不能培育起偏离生计需要的唯利之求。彼此都共享着同一熟人社会的礼俗、行事习惯以及舆论机制。

---

① 黄宗智:《长江三角洲小农家庭与乡村发展》,中华书局1992年版。

"你知我知"的信任关系,合作机制中有着共享和彼此需要的紧密性。类似没有合同也无人身依附的雇佣关系,表面看来显得脆弱且缺乏保护机制,在实践中却具有相对较强的稳定性。雇佣关系无论是存续还是解除,劳资纠纷的状况并未出现过。

造纸业中,晒制匠早上 5 点就得起床,忙到晚上 12 点都有可能。起早摸黑地干活,工人并没有加班加点的意识,而是和老板一样认同造纸业的自然属性、生产周期和市场特点,在劳资关系中形成了一种相对透明的、默会的集合意识——各司其职。合力协作不仅是做事之道,也是做人之道。

就地取材造纸,给方村村民带来了不错的生活机遇。一方面销售市场稳定,没有竞争,基于商品自然属性、使用用途、运费等因素自发形成稳定市场。传统乡村生活中具有商品色彩的产品,诚如梅因在《东西方的农村社区》中对印度的洞察,受到某种传统的价格准则制约,很少偏离传统价格标准。[①] 1980 年代竹帘纸每刀 3 角钱,每刀 36 张。工人日工资相当于 8 到 9 刀纸价格。一刀纸能换一斤大米,而且对应的是市场高价大米。市场高价大米当时每斤 3 角钱左右,政府限购供应的大米每百斤是 13.6 元。当时猪肉价格是 1.1 元左右。竹帘纸是农村必需品却不是日常用品,它的价格受市场波动影响不大。1980 年代物价涨幅逐渐攀升,竹帘纸的价格一直处于相对稳定的状态,并没有因为劳动力工资和普遍性物价上涨而大幅提高。这一状况导致造纸投入逐渐增多、效益相对减少,开办槽场的积极性一定程度上受挫。一旦市场逐渐放开以及物流更加便利,如此地方性市场将进一步失去边界保护,竞争这一现代市场要素充分参与其中,影响到供求平衡。

1986 年方村一位村民开始从县城里买来一旧柴油机,在山村里办起了碾米厂。这也是机器动力进入山村的最早时间,比靠近县城的乡镇运用机器动力差不多落后 15 年。1990 年前后外出打工者开始增多,农田

---

① [英]梅因:《东西方乡村社会》,刘莉译,知识产权出版社 2016 年版。

逐渐抛荒。直到 1996 年,这家小型家庭碾米厂不再对外开放。由于耕地面积有限以及实际土地逐渐抛荒,先前作为农业动力的牛在当地也逐渐减少,这导致造纸业碾麻需要的动力出现困难。

1988 年又一台柴油机进村,被搬运到山上属于集体的造纸场中,作为牛的替代动力碾纸。现代工业动力与汉族人古老的丧葬文化用品——纸钱开始吊诡地关联到一起。

（三）礼仪经济的意义

与衣食住行等基本需要密切相关的社会再生产,既包括生产、生活资料的物质再生产,也包括诸如命、福、报、面子、风水等象征资源的文化再生产,从而彰显其"礼仪经济"[1]的历史实践趋向。竹帘纸的功能及需求是一种典型的礼仪经济,是传统民俗社会中必不可少的物品,构成生活的历史面向与民俗面向。村里一位 1989 年去世老者的礼账中记录,送 15 刀帘子纸充当礼金的居多,折合成人民币约 4.5 元,送现金的 5 元居多。尽管 1 斤大米与 1 刀纸的价格相当,在物质相对短缺的时代,人们并没有在优先满足物质需要中减少纸钱的必要支出。丧葬活动中给逝者、祭祀活动中给祖先、视为鬼节的农历七月半烧纸钱敬鬼所用纸钱不会奢侈,也不至于减省。在当地生活观念里,天地、祖先、神灵、鬼魂都是围绕着生活必须发生关联的一部分,与日常的物质生活一起构成生活完整的意义世界。烧纸钱被视为是正当的,属于维护生活完整性必要的文化性支出。"纸钱成了祖先灵魂依附的体……每个先人的纸钱不能混合,必须严格分开。这可能是人间'亲兄弟明算账'的写照"[2]。针对不同对象,依照先人辈分和血缘亲密程度分成不同份额堆放地上烧纸钱,尊者、与生者血缘关系亲近者获得纸钱份额最多。鬼节烧纸钱,不但要烧纸钱给家先,还需要专门烧给与家户无血缘关系的孤魂野鬼,好比来自阳间对无家游魂的福利救助,以免家运受其牵连。在堂厅之外场院空地

① 杨美惠:《"温州模式"中的礼仪经济》,《学海》2005 年第 3 期。
② 阎海军:《崖边报告:乡土中国的裂变记录》,北京大学出版社 2015 年版,第 69 页。

上,用火钳圈出一个个朝大路留有敞口的环形空间,其中堆放纸钱,烧给不同祖先神灵。画圈目的是防止野鬼抢钱,留口目的相当于开门,以便游魂进门取走钱。与人间社会关系相对应,借烧纸钱让阳间生活感应到阴间亲属魂灵的保佑。纸钱在此成为一个阴阳沟通的中介,隐藏着民俗中注重家福观的秘密。

天地、神鬼与人一起构成生活意义完整性。如此具有强烈精神色彩的物质性消费是必不可少的,并不会因为物质满足困难而压缩精神性需求的空间,从而一定程度上丰富了生活系统的意义感。如此意义感的阐释并非来自外部,而是来自生活自身。当时靠近县城的畈区人挑着自家产的粮食走 15 公里左右山路,以及邻近的岳西县人挑着猪肉走 10 公里路程到方村换回竹帘纸,他们从不会思考如此物物交换是否等值问题。生活所需的物质产品与所需的精神产品之间的交换,使生活内部物质和精神一起塑造出以家为本的意义叙事。

二、靠山吃山

(一) 竹木业与城市化

1980 年代兴起的小城镇建设,为当地竹木资源提供了另一个广阔市场。造纸业不景气的同时,竹子的价格得到重新评估,且比卖竹麻造纸的价格略有攀升。这也是当地造纸业萎缩的原因之一。

造纸业萎缩,意味着竹笋成林的机会增多。城市化建设中盖房子,早期所需脚手架以及上面所铺设的跳板主要取材于竹子。1980 年代末,城市对竹子的需求明显增多。据村民讲述,当时一根围长一尺左右的杉树能卖到十几块钱,而苗竹每百斤能卖到六七块钱,1990 年代以后能卖到十几块每百斤。换言之,不需要施肥,不需要人工护理,就地取材,小的三根、稍微大点的两根、更大的一根,毛竹扛到 7 公里之外的乡镇公路上,有人坐地收购,交易完毕,就能挣到 10 到 20 元钱。甚至,在 2000 年前后,每百斤竹子能够卖上 20 元钱。

竹子作为在家者主要经济来源,其辅料加工后也具有市场价值。竹桠与竹梢合到一起制成竹笤帚,运输到皖北以及山东一带。北方的麦农需要笤帚扫麦子,将麦粒和外壳做出适度分离。邻近2000年之际,竹笤帚价格最高时每把5元钱。对竹笤帚的需求,是南北两个农业区域农业发展的一种协作关系。如果彼此农业生产方式不变,以及没有其他技术替代竹笤帚扫麦子的功能,那么这种分属不同地区的两种农业形态的协作将会持久。随着中国2001年加入WTO以及全球化的加速,中国农业生产的自主性以及稳定性都受到很大影响,总体上北方的小麦种植面积在减少,且年际变化不太稳定。这一变动因素微妙却又直接影响到方村竹笤帚的销售情况。这一状况一定程度上影响了中间商贩卖笤帚的热情,以及当地农户制作竹笤帚的积极性。

加上乡村空心化严重,在家劳动力渐缺且老龄化,方村以及所属的万涧村的竹笤帚行业也逐渐呈现萎缩状态。包括竹子砍伐下山再搬运到车子上,都随着劳动力衰减日渐困难。这一状况直接影响到当地丰富的竹子资源的充分利用。

另外,农户在1980年代到2000年之前,还会就地取材开办家庭竹木业。用杉木制作锅盖,将竹子加工成冰棍签子。由于都是家庭手工生产,不具有规模效应,最终都逐渐被淘汰掉。1990年前后,村民也尝试过用机器加工竹凉席、筷子,这些乡镇企业最终经营不超过五年,都因为管理、运输、技术等因素制约而倒闭。

与竹子资源类似,方村有限的林木资源也曾经在1980年代带来不错的经济效益,这同样与城市化有关。1980年代的城市建设中,门、窗除了玻璃之外的用材主要取自杉木。如此建筑是当代城市化中的第一代房屋,也是1980年代建造、如今遭遇拆迁的房子。方村头脑灵活、路子广的村民,他们砍伐杉木,就地加工成订货所需规格的条块木料,再请人工挑出去,这是一笔当时相当可观的收益。那个需要大量木材门窗料的时代,也是方村以杉木换取生计的黄金期。

(二)土地资源活性

方村土地资源按照用途被分成三大类:地、田、山。

　　地是菜园地，用来种植蔬菜等食物。地是围绕家屋周边逐代、逐年慢慢开荒整饬出来的。地的形状无规则，依照地势地貌、使用权和方便原则开垦，且都是比较小的条块。1980 年代初土地使用权下放到户之际，菜园用地并没有细致地重新分配，只是简单地丈量一下，将家户菜园地偏多的地块做出适当调整，补偿给较少的家户。这一微调情况并没有在方村划田地的历史文献中有明细记录。老人们如今对此的解释：都是熟人，家家户户就近开垦出来的菜园地都差不多，且都彼此清楚，够种一家人吃的菜即可。即使开垦出许多地块，也没有足够的人力料理，种植的蔬菜也是浪费。因此，"菜园地的调整并没有让生产队费脑筋，大家也没有放在心上"。按家户实际需求开垦土地种菜，不至于导致地块的过度开垦和扩张。从而如今出现这样的局面：方村各家户周围非林地与粮田的土地资源，一般都属于该户人家的菜园地。按需取用、乡里乡亲的默认，确保了菜园用地就近原则，这给生活带来了很大便利。尤其是农村种菜的主要肥料是人畜粪便，这类肥料来自家户中心的生活区。以家屋为中心，屋前屋后空间默认属于该户人家的菜园用地，这一状况拓展了家的空间地带，呈现出家屋－鸡栅－茅厕－猪圈－大门前－菜地的空间辐射。一家户菜地的外界就是邻居家菜地、村落小路以及林地等。

　　菜地里种植的都是季节性蔬菜，由家庭成员协作分工完成。安庆黄梅戏《天仙配》中"你挑水来我浇园"的劳动场景很常见。丈夫挑粪水、用锄头挖地，妻子打凼、种苗、浇粪。年幼的孩子可能就在地头玩耍。蔬菜用途根据需要会做出合理使用，优先满足人用，再是家禽家畜用。种植什么蔬菜、种植多少也会针对家庭实际需求做出合理安排。如果家里养有不止一头猪，就可能多种山芋、玉米等适合人畜共享的蔬菜。猪肉分成自家吃、卖两部分，家禽、蛋是日常补充营养的主要来源。如果家里开办有槽场，蔬菜消耗大，不仅需要满足家人食用，还需要满足工人需要，那么青菜、萝卜等就会偏多。土壤过于贫瘠、背阳、地畦偏小等都会因地制宜地种植相应作物。如贫瘠地块适宜种植芋奶、当地特产的莲花姜等，偏小地块可能会种植麻，搓麻为索，纳鞋底。孟德拉斯在《农民的终结》一书中指出,杰出的农民的全部艺术在于能够尽可能地发挥种植业和饲养业的作用,把它们并入同一个系统,这个系统可以最大限度地利用每一类生产中别人眼中的副产品,并且通过各种精巧的计算,使人们在恶劣气候和收成不均的情况下具有生活保障。[1]

方村在1980年代初,先分山,再分田。前后持续时间从1981年春季起到1982年秋季结束。

方村所属万涧村为后河竹资源覆盖最广之地,该地竹资源又集中于方村及周边邻村。竹子喜阴,山阴和两山之间洼地排的竹子长势旺盛、粗壮。这意味着洼地竹子密集、品质好,单位竹子所占土地面积相对小;反之,竹子品质差的山地间距大,单位竹子所占面积大。同时林地与村落生活区尚有远近之分。田也有类似林地差异性的特点。

方村林地多,可耕地少。家庭联产承包责任制中分田地到户,意味着方村居民分得山地资源相对较多。分山时每个人头300多根竹种,每人0.12亩田。

方村在分山、田时充分兼顾以上自然特点,坚持公正原则,结合民间智慧,没有造成冲突地将田地划分到农户。具体做法兼顾几个原则:其一,将所有的竹子做出数量统计,折算出人均应得竹种数和每户应得的竹种数。其二,以口为单位,所有生者包括未出嫁女每人算一口,1981年秋季之前怀孕的腹中孩子视为半口人,拥有获得半个人山的权利。其三,每户确定一名户主抓阄。抓到阴洼林地,意味着该户所属竹子品质好、山地面积小;反之山地面积大,竹子品质差。山地面积与竹子品质之间保持适度平衡中获得一定的公平性。近一点的山地竹子多、杉树为主的林木少,反之杉树相对较多,而单位重量杉树的价格在当时比竹子价格要高。原因与竹麻纸需求同理,山里山外棺木需求量大。山里山外村民盖砖瓦房和所用家具,杉木也是必不可少的建材。如此一来,远近不同的山地,通过竹子和杉树不同的单价差获得了平衡。分田同样根据土

---

[1] ［法］孟德拉斯:《农民的终结》,李培林译,社会科学文献出版社2010年版,第47页。

地特点,依照分山思路划分。

村民如此分田地的方式,充分运用了马克思主义政治经济学原理中对土地的解释,注意到了级差地租和绝对地租的区分,只是其作用对象不是资本以及剥削,而是确保分配的公正。无论是阴洼地的竹子还是高山阳排竹子,其长势都是大自然塑造的差别,竹子的生长从不需要人工付出。以山地划分为例,并非依据土地的肥沃程度来评估土地的价值,而是以林地主要自然资源竹子当时的使用价值为依据,对土地价值做出评估。反过来说,如果竹木自身的使用价值得不到充分承认,那么远离城市的高山山地价值也会降低,林地资源在其他用途获得类似于级差地租收益的可能性也较小。

如今当地竹子销路并不景气,村民普遍认为林地没有什么价值。土地的自然禀赋与林地作物被追赋市场价值,二者关系中获得了当地林地价值认定。另外,如此分田地体现出对人的尊重,尤其是尚未出生的腹中胚胎,获得了半口人的承认,"多一口人多一碗饭"。婴儿尚未降临世界,其作为人需要资源供给的状况就获得了村民的充分考量。分山时,有被分到半口人田地的婴儿降生时即夭折的案例,村民们视其为该户人家的不幸,没有人对该户人家因此获得了超出实际人口的山地资源而不满。如此熟人社会中,"你好、我好才是真的好"这一集体意识在"外面的世界"——进城务工与城市化的关联——没有参与到村落生活中时,从没有消失过,也从没有异化过。

山、田、地到户的农业政策,让农民获得了原生的生活方式。拥有土地使用权,激活了土地的资源要素,以及农民与土地的天然情感。土地劳动这一人力资源及其热情被激活。兴旺且稳定的村落面貌逐渐呈现,在家的驱动下确立起土地与人的密切关联,乡村社会基本经济形态得到保证。这为随后的城市化发展提供了良态的乡土社会秩序和农业资源保证。1990年代快速发展的城市化之得以可能,是在乡村土地为中心的生产秩序恢复基础之上乡村稳定性的获得。此时乡村生活物质需要和文化呈现都是主要由乡村内部满足,包括如今已经高度工业化的生活用品如水桶、鞋子、家具、农耕用具等,曾经都是通过农户自家制造以及村头的铁匠铺、村里自发农贸市场等满足的。此时乡村社会稳定的生产与物质生活体系,融入了小农经济独立经营的自主性,以及村落社会中互相扶助的公共性协作关系。由此,村落社会很大程度上实现了不需要依赖城市及自由市场,就获得了稳定性与自助性,最终实现了乡村的自主性。

如今村子里种植水稻不足半亩。大自然再次成为曾经的良田的主人,茅草在田里疯长,淹没了人类开垦过的痕迹。

第三节　乡村百工与商业

一、手工业

"自给"是小农经济的一大特点,"自给"且能"自足"更是农户最大的愿望。囿于生产方式、自然环境等因素,再加上单个家户的生产能力也很有限,日常家计需要的必需品由手工业来补充。费孝通曾经指出,传统的中国农民大多是身兼农夫与工人的双重身份,除了进行农事活动外,"每个自给单位,家庭、村落,或是庄园,必须经营着一些基本工业,不论如何简单,用来满足他们生活上的需要"。[①] 手工业从业者正是广大村民中的一员,具体人、家族掌握某项劳动技能的精进,专业化却未必是职业化的手工业者在村落社会中必不可少。集家庭成员之力而无法实现的生计,就可能请工匠来弥补它。工匠在此承担着一个生成虚拟市场的功能——按照具体家户需求按需生产,需要一旦得到满足这个市场自然终止。这一虚拟市场并没有垄断乡村经济生活,而成为家计和礼俗社会维护不可缺的补充机制。手工业者生产主要是物的生产,物的生产得以可能的两端是各自家计需要。以物为中介,围绕各自生活需要的临时雇

---

① 费孝通:《云南三村》,社会科学文献出版社 2006 年版,第 198 页。

佣关系生成。雇佣关系中彼此拥有的人格、权利是对等的,在实现物的
生成中联结起了村落社会人与人的关系。

乡村百工从业者,依然属于农民。当地有个说法是"荒年饿不死手
艺人",凸显出村落社会中工匠这一必不可少的组成者特殊的地位。
1980年代,父母都期望考大学无望的儿子能学会一项手工技术,女儿能
嫁给工匠。手工业者具有两种谋生能力:纯农业活以及依附于小农经济
的手工技术活。村落社会中的"能人",最初主要指的就是工匠。工匠所
展示的并非只是个人创造力,而是嵌入到村落文明中不可缺少的技艺,
且获得农耕文明高度承认。

与这里生活有关的传统乡村手艺人包括弹匠①、裁缝匠、锯匠②、木
匠、桶匠③、漆匠、篾匠、拗匠④、袋匠⑤、窑匠⑥、瓦匠、铜匠⑦、锡匠⑧、铁
匠⑨、皮匠⑩、阉猪佬⑪、杀猪佬⑫,以及杂货郎⑬等小贩。方村从事手工业

---

① 弹棉花制造棉被的手艺人。
② 锯匠是专职将粗大的树木切割成所需长度、厚度板材的匠人。
③ 桶匠专职制作木制圆形容装家具。桶匠与木匠的区别在于前者以制造圆形甚至椭圆形容装
　家具,技术重在木板的无缝隙拼接。
④ 拗匠的"ao"音据Z村人介绍,被认为有不同的写法。一为"咬",当地人将"咬"读成"ao",有
　咬合的意思。有人认为应写成凹,有嵌合被打孔的竹筒之意。拗匠与篾匠的不同在于制作
　工艺中有许多需要在竹筒上开圆孔,再插入稍细的竹管,如制作竹凉床、竹椅子、竹碗厨等。
　竹篾匠专于竹篾编织农具。
⑤ 袋匠就是理发师。
⑥ 窑匠是从事烧制瓦片、建筑用砖的匠人。
⑦ 铜匠在1980年代初出现后很快就消失了,被锡匠取代。他们从事制作旱烟杆前端的铜片打
　磨和包裹,以及铜质炊具等器皿。
⑧ 锡匠主要制作用来温酒的锡酒壶。临近1990年,市面上的瓶装酒逐渐流向农村,锡匠逐渐
　消失。
⑨ 铁匠在1980年代初曾经成为一个重要的辅农的乡村手工业,如制造犁铧、锄头、镰刀等铁器
　农具。2000年前后,靠近县城的一个铁匠铺依然尚在,专门为农贸市场供应铁器农具。
⑩ 皮匠在Z村的出现非常短暂,是修补皮质鞋、靴的人。
⑪ 阉猪佬专门阉割公猪、公牛,且充当兽医。
⑫ 杀猪佬在1980年代到2000年前后生意非常火爆,尤其是年关时最多一天可能会屠宰7头
　猪。到2016年该所属行政村没有一户人家养猪;据杀猪佬统计,所属乡2016年一共只有
　3头猪需要宰杀。
⑬ 杂货郎是经常在村里游走叫卖针线、头饰、糖果等小物件的人,兼顾收购制作羽绒服的鸭毛、
　鹅毛。

的农民也不少,包括木匠、油漆匠、石匠、拗匠、桶匠、袋匠、铁匠。

　　手工业者一般都是做"上门事务",当地称为"手艺人"。"上门事务"是当地习惯的说法,意味着手工业者做工一般都是到请工者家里去做,就是"上门"的意思。类似的,人们将入赘者也称为"上门女婿"。"门"在乡村是一种重要的隐喻,既可以指家的实际住所,也可以象征家的社会资本、社会声望。如常说的"门面"是指一户人家在村落社会关系网络中关系网的大小及家庭声望。古语中"门当户对"中的"门"就有家户影响力的意思。"上门",户主有能力请工的优越感溢于言表。1980年代,非家庭成员住在自家,时间最长的往往是手工业者。制作日常农产品,工匠住三五天不等。如果是做嫁衣裳、结婚家具,工匠可能会住上十天半月。有工匠入户,在孩子眼里是最快乐的时光。这种快乐包含着对工匠技艺的神奇感,也是增添油水、改善伙食,抑或有新衣服穿的最好时机。

　　主人往往是以待客之道来对待手工业者的,匠人也会还之以礼。市场经济中,消费者与店家最直接的对话往往从"多少钱"开始,买卖中即使有礼的成分,往往也只是一种商业营销策略,目的不是服务,而是促成购买行为,实现获利。这种状况在通过雇工获得物品的关系中并不会出现。每当收工之际,请工的户主往往都会主动叫工匠收工,敬烟、沏茶,连声说"辛苦、辛苦",陪坐休息片刻,然后一起吃饭、聊天。工匠在接过工资时,往往会谦逊地说"我小气了""事情没有做好不要责怪"之类的话。这种相待以礼的形态贯穿请工、做工、完工这一事件始终。

　　有必要将手工业者请到家,一方面意味着该户人家某一类生活物品短缺,另一方面说明其当前尚有弥补这种短缺的经济能力。短缺意味着常态生活可能受到一定妨碍,弥补短缺成为日常生活实践的一个目标,生活在消耗—弥补中反复进行。

　　手工业从业的准入方式一般是在熟人社会内部完成。1980年代初的手工业者,师傅与徒工之间的关系有着明显的家族印记,不是父子关系,就是兄弟关系,抑或叔侄关系。这种根植于小农经济内部又不完全属于小农生产方式的技术活,不轻易传授给家族之外的人。即使是超出家族的师承,一般也是舅甥关系、姑(父)侄关系、表兄弟关系等,抑或是邻居关系。家族集居有着稳定的区域独占性特点,手艺人的职业分布由此也具有明显的地域差别。某一家族、村落不太可能有木匠、篾匠等乡村手艺行业俱全的情况。如方村有传统手艺人桶匠、拗匠,整个万涧其他村落几乎无此从业者。如此职业传承有着"靠山吃山",长期实践、做事成艺的特点。桶匠、拗匠技艺所需原材料是树木、竹子,方村出此类匠人与方村竹木资源丰富相关。裁缝、铜匠、铁匠等工业化、机器生产技艺,均是来自安庆一带,怀宁人最多。安庆是中国近代史上资本主义兴起较早的地方之一,怀宁在历史上长期为安庆辖县,且靠近安庆城。

通过请手艺人上门做事,会完成两层社会关系的关联。第一层是师徒之间,"师徒如父子",师徒关系得以可能本身就是熟人社会促成的一种业缘关联。第二层次是通过请工上门,完成了不同村落甚至更远一点的社交关系互通,超出村落的网络社会形成。尤其是来自远方的手艺人,充当着信息大使的功能,①沟通两个表面上没有社交关系、空间上有所隔离的地方的民俗、奇闻逸事。发现、请到手艺人,又可能是通过上一请工者获得工匠信息。这无形中增强了乡村社会熟人内部、化生为熟的关联。

不属于本地的手艺人,一般来到某一户人家做工,意味着该手艺人短则半个月,长达几年都可能会在这一带做工。1980 年代,长期在方村及周边邻村做工的工匠,有徐裁缝父子、余木匠师徒,以及人称"麻猪"的瓦匠,他们都是来自邻近县城的畈区,还有来自邻县的王窑匠。犁铧、刀具、锄头等物品的使用周期较长,包括制造锡酒壶的锡匠、补锅的铁匠。在笔者的记忆里,1980 年代以来在村落里见到这些人两三次后,就再也

---

① 1980 年代前后有一位外地姓徐的铜匠每年会到 Z 村裹烟筒,就是在细竹竿子顶端配上打磨好的铜片。至今,尚有 70 岁左右村民记得徐铜匠曾经说过一个有关天气的快板:六月炎天下大雪,分不开东南和西北。东边塘里冻死一塘鱼,西边塘里冻死一塘鳖。鱼是鱼,鳖是鳖,稻床上石磙冻得几大截。匠人与当地人之间谈话社交的亲密性可见一斑。还有一位好热闹的瓦匠长期在 Z 村干活。他喜欢唱地方戏、说大鼓书。夏夜,村民会凑在一起,架上脸盆当成鼓,让他用竹筷子敲着"鼓"说传奇故事。

没有出现过；相关物品可在逐渐兴起的农贸集市中购得。

二、村子里的时尚

村落社会家庭收入具有一定的共性，当某一家某一日常生活用品短缺时，可能也是其他家户都相对短缺之际。他们将手艺人进村视为是一种弥补短缺的机会。以裁缝工为例，某一家请来了徐裁缝，几天后徐裁缝可能就出现在邻居家。从而，村里人新年穿的新衣服，更可能是上一年的，都出自徐裁缝之手。布料、花色、款式、做工技艺都具有高度一致性。丹尼尔·贝尔认为，"在古代世界中没有现代意义上的经济原则。家庭经济的生产目标是为了使用，为了自给自足，它不需要花费精力去盘算专业化或劳动分工是否会使人们更为富裕。手艺人和工匠根据定货进行生产，服务的对象是某个特定的顾客。他们按照顾客要求的尺码和形状制造产品，而不是为抽象的'顾客'或市场生产大众化的产品。"① 时尚在这里主要被裁缝工的眼光和技术掌控。追求服饰的时尚性，在村落社会里却以反时尚的方式呈现。即使一些年轻人希望缝纫工满足其"刻意"的时尚追求，往往也是通过"我要做成某某穿的那样"的类似话语表达出来。时尚追求、个性化内在冲动的结果，只能由追求一致性获得。新衣服传递着光鲜和新款的信息，新款是在不知不觉中逐渐改变的。"新"，在村民眼里就是最时尚的表现。

类似畚箕、笃箕等家居生活用品，一旦做得与众不同，不可能被视为是时尚，而是丑。生活日常必需品所承载功能与乡村生活、生产方式密切相关。工匠能做的样式及所需材料，被视为是长期积累和实践中物品的最佳呈现。如需要蒸笼蒸的食物主要是面粉、米粉制作成的糕点，以圆形为主。蒸笼比锅口稍小，骑在锅口边沿，用柴火把水加热形成蒸汽，催熟糕点。比锅口大或者不够圆的蒸笼，都可能导致使用不方便和柴

---

① ［美］丹尼尔·贝尔：《资本主义文化矛盾》，赵一凡等译，生活·读书·新知三联书店 1989 年版，第 278 页。

火、材料浪费。再如筛子,妇女用双手抓住其边沿顺时针轻巧旋转,将里面盛装的稻谷、荞麦等农作物进行物理分离和净化的工具,是不可能制作成方形的——违背了使用时的用力规律,导致使用不便。从而工匠制作的生活用品并不要求创新,贵在坚守传统。只要所属的传统的生活方式、生产方式没有很大改变,那么生活用品的外形和制作技艺就不会有所变革。手艺人制作的物品,不仅承载着单一物品的使用功能,更是能够将单独的物围绕日常生活形成一个完整的物体系,实现人与工具有机联结到生活系统中。物近乎一成不变的形态,承载着村落社会中生活形态在结构上的稳定性和传承上的历史性,这些都是围绕日常生活得以可能及其理想状态展开的。

手工业具有典型的区域性特征,它内在于地方性生产和生活方式,对维系地方性的整体生活体系担负着重要的功能。

三、商业

滕尼斯认为,无论是动物性还是心灵,如果它们分别聚集在一起,就绝对不能理解为商品的待价而沽和出售,而是它们只能由共同体的意志有机地来保持、滋养和维护。从而滕尼斯大胆地假定,村落社会中是没有职业商人的——职业商人在同其他人竞争中迫切要抛售他的商品,也没有作为垄断者的人——垄断者期待他的买主的需求变得迫切和随之可向他们供应商品,以尽可能地抬高价格。这种情况是可能的,但是只有当中介的非劳动者控制着物品的时候,才越是有这种可能性。[①] 不仅方村,包括方村相邻村落,都没有出现类似职业中介。需求与供给信息不对称,偶然因素可能充当了信息互通有无的角色,如行路时所见、口耳相传的信息交流。此时的信息传递者将买卖双方关联到一起的行为只属于"帮忙"性质,主动索取中介费的情况与乡村礼俗伦理相悖不太会出现。类似介绍无论是否促成买卖,都促进乡村社会关系的团结。必要的

① [德]斐迪南·滕尼斯:《共同体与社会》,林荣远译,商务印书馆1999年版,第83—84页。

答谢,加强了互相走访的亲密性。或者以馈赠物品、请吃饭表示答谢,方村人称这种行为叫"呈情"。呈情,就是恭敬地献上感激之情的意思。

熟人社会中,亲缘和熟人共享的友谊被格外珍视。手足之情、乡里之情,成为熟人社会共同体得以形成并能持久的必要机制。尽管契约理性逐渐深入到乡村熟人社会,类似情谊一定程度上依然活跃。主动在信息不对称中"穿针引线",如同非职业媒妁那样,能够关联信息,互通有无,被视为是一种能耐,这一行动会获得积极的道德评价。信息中介人在积极评价中获得"好人""善人""能人"的愉悦感,这是在社会参与中获得社会认同、自我实现的表现。

通过家长里短的聊天,就可能催生出一位非职业媒妁。"牵线搭桥""撮合良缘"等玉成他人姻缘之事,被视为是积德之举,福报、良好声誉兼收。促成买卖关系达成与促成良缘,在当今支配性观念里二者本质上不同,在村落传统认定中二者却并无差异,都共享着同一种道德伦理:积德。在乡村社会中,获得积极认定、善人形象,相对于获得经济利益更会被优先承认。村落社会的再分配机制,互相庇护关系等生存伦理具有典型的"道义经济"色彩。[①] 本质上,如此行为是道德行为,并非经济行为。

重农抑商的农耕文明传统在方村有着明显烙印。同村人内部的买卖行为没有被明确禁止,却几乎难以发生——不道德避嫌。同村人中"帮""换""送"等社交行为中并不缺乏物-物流动,也不缺乏劳动力在村落社会内部的合理流动,却很少看到买卖的印迹。即使需要手工业者做工的准市场行为,也是在"请-呈情"的礼节性互动中展开。诚如滕尼斯所言,在传统乡村社区中,来自不同家庭的成员的关系,不是用契约来说明的,"而是像家庭的关系那样,用默认一致来说明的······如同一种唯一的、没有分开的家政"。[②] "在这样的一个社群里利润的念头是被禁止的;

---

① [美]詹姆斯·C.斯科特:《农民的道义经济学》,陈立显、刘建等译,译林出版社2001年版。
② [德]斐迪南·滕尼斯:《共同体与社会》,林荣远译,商务印书馆1999年版,第88页。

讨价还价会受到责难;慷慨地施舍则被视为美德。"①支付手工业者劳动报酬,以及与在村口不时出现的卖杂货小贩的钱货交换,是村子内部少有的被视为正当的、具有商业色彩的交换行为。村民之间公开就某一物品商品化议价,难以启齿,"谈钱情分就疏了"是村民涉及类似事情时常说的一句话。

来自土地的生活物品,如果不考虑生产力水平、环境因素,需求量、实际产出往往和劳动力人口数量和质量相关,而且基本上趋于一致。土地资源供给过剩的情况并不多见。家户作为生产单位,各自按照自家实际需要进行合理的劳动分工和土地利用,以减少某一产出剩余所导致的劳动力资源浪费。这是持家智慧与生计需要之间的有效平衡,也是村民的生存之道。物质严重短缺具有共性,而不只是某一家户常态生活的短缺。如方村作为主食的大米短缺,一直具有历史性和山区普遍性特点。共性的物质短缺无法在村落社会内部流通中得到有效平衡,外在于村落社会的生产方式、社会关系中形成市场,成为唯一能够生成买卖行为的方向。村里涉及"买"的事件,往往意味着只与市场发生关联的行动已经完成,或者期待实现。

无论是土地产出还是请工匠制作物品,抑或通过市场购买商品,都是为了满足家户单位的实际生活需要,既没有能力富余,也不会囤积着等待二次交换。向邻居家购买商品,往往被视为一种生活失败和"无志气"的表现,这也蕴含着"君子不夺人所爱"的道德自律要求。村民的逻辑是"既然想要,那就去市场买,干吗在邻居家买。人家买回来也是他家需要的,干吗喜欢属于别人家的东西呢?"对于村落社会内部发生商业买卖行为,农民是纠结的:如果要价太少自己吃亏了,利益受损,"划不来";如果要价太高,他人吃亏了,极可能有被村里人认为"死要钱"的不道德风险。对自身物质利益与社会名声的双重维护,导致村落社会内部极可

---

① [英]卡尔·波兰尼:《巨变:当代政治与经济的起源》,黄树民译,社会科学文献出版社 2013 年版,第118页。

能会两全其美的货－币交换无法实现。兄弟情谊的坚守，以及小农经济中对有限资源的珍惜与维护，抑制住村落社会内部市场发育。在此意义上，"重农抑商"不再是前现代社会的宏大农政，而是维持常态农耕社会生产方式、生活方式必须坚守的原则。"抑商"不但不是愚蠢行为，反而是务实理性的发挥，确保大家共享同一种道德规范，为生成彼此认同的生活伦理开路。货－币－货交换的禁止确保了家本位的伦理生活能够继续，村落社会共同体中的情谊、民俗、文化才可能基于生活本身而非在唯利是图的欲望中稳定展开。结合重农抑商的伦理，以及"不夺人所爱"的本分生活伦理，共享同一区域共同体的农民之间无法实现体系化规范市场。"买卖"，只能是在村落与集镇、城市之间展开。

"买卖"并不占据生活的核心。一家人合理分工、团结协作是满足生活最根本的仰仗，再就是期待于请工匠制作家人无法实现的生活必需品。当二者的努力依然无法满足日常生活需要，国家计划性政策所得福利也已经耗尽，"市场"，作为一种不得已的选择，才可能走进村民的生活。

购买行为被视为"下下策"，使得村民并不具有强烈的商业意识。恰恰相反，回避市场实现"自给自足"才是生活的目标。他们的购买驱动力只会从实际所需、商品的使用价值以及支付能力出发，考量商家获取多少利润的思维并不成熟。对商品制造环节、流通成本及品牌效应等信息的了解是非常匮乏的，这无疑让他们在商业活动中的议价能力处于劣势地位。一旦买回的商品通过邻居多方评估后被视为"买贵了"，往往也只是进行义愤填膺的"（做生意人）黑着心"的道德批判。商家利润驱动与村民满足生活需要两种不同议价取向，折射出两种不同的生活伦理，前者是资本化的欲望，后者是小农经济的本分生活。如此交换不只是市场是否公正的问题，而是两种不同生活价值是否能够发生交换的问题。显然，在如此物品流通中，资本欲望与小农生活短板之间在矛盾中形成的互补机制，成为农民与商人之间发生市场关系的重要驱动。当农民对物品的理解不具有明确的商业意识时，即使土地为本的产出有着很好的市场经济效益,他们也无法培育起从物品到商品的转换中获得利润驱动的思维。过一种有道德的、本分的生活,这一生活期待无法让他们将生活价值与唯利是图发生关联。如此一来,一旦农民的生活伦理没有质的改变,其日常生活又需要更多地参与到市场中才能实现,就意味着表面公正的商业交换中农民总是处于被剥夺和受伤的地位。对农民如此不利的生活处境与市场繁荣结合到一起,农民对此的回应往往只是最简单又很无力的话语:现在东西怎么这么贵!挣黑心钱!

第四节　20世纪80年代的城乡差别

方村及周边山区村落,有着出嫁女从山外畈区流入的历史。就方村而言,20世纪50—60年代,有8位如今的城镇及郊区女性出嫁到方村,没女性外嫁到畈区的案例。"山里山外通婚,只进人不出人"的状况在1980年代末期被打破,呈现反转之势。

1983年,方村历史上迎来第一位入赘的上门女婿——本书中的胡木匠。胡木匠"娘家"在靠近县城的丘陵地带,与方村大约18公里路程,属于"山外人"。"山外"在当地特指与山区相对的畈区、城镇。胡木匠1977年高中肄业后开始做木匠徒工。胡木匠口述,1979年他开始到方村所属的龙潭公社做工,"当地人说万涧十六队是龙潭公社首富地方"。通过联姻方式,从贫困地区嫁到相对富裕地区生活,是民间通过跨地域人口流动方式改变命运的一种理性选择。到"龙潭公社首富地方"生活,身为男人的胡木匠唯一可能的办法就是入赘。胡木匠在同时代青年中,是拥有相对较高的文化知识、有一技之长的年轻人,这两点成为其入赘方村的资本。

他告知,"在大集体时代,山外修渠修塘修水库比较多,在其中混日子的人也很多。那时候,尽管山外田地多,但是水稻品种差,还没有杂交稻。亩产四五百斤,还要交公余粮,剩下的口粮加上微薄的分红,日子不好过。东山大队枫树队当时分红只有0.27元每个工分,我建军队大部分在 4 毛钱左右每工。山里当时能分一块多,十六队能分到两三块,肯定山里好于山外。这也是我愿意到山里生活的主要原因。"他的这一说法在方村原住民那里得到印证:1980 年代山里竹子每百斤五六块钱,稻谷每百斤卖 11 块。山里人只要出工,不是砍树就是砍竹子,那就是钱!而且竹子不需要任何人工护理,需要钱的时候只需要拿刀子砍,而粮食生产费时费工。山外种田交公粮,相当于交了农业税。另外,山外人进山私下买竹子、树回家做家具,也能增加集体收入。靠山吃山就能过上比山外还好的日子。山外人辛辛苦苦种的水稻,从畈区挑到山里,每百斤差不多两根大点的竹子就完成了等价交换。畈区村民连柴火都需要从山里挑出去,消耗了很多工时,而方村满山都是柴火,无须花钱、取之不尽。

以上村民提到的"砍竹子就是钱"的情况指的是"任务竹子"。大集体时代,万涧大队的工分红利主要来自需要向国家交的任务竹子。任务竹子依据各生产队林地资源多少计算,分摊到不同生产队成为硬性任务。国家免费获得竹子资源,以货币补偿一定的"驮力"。驮力工资成为分红的重要来源。十六队每口人每年 30 多根任务竹子,每年任务竹子是 2800 多根,运费是一笔可观的集体收入。1983 年取消上交任务竹子。

当时的十六队"日子好过"的缘由,还有一个戏剧性的插曲。

每年各生产队都有砍伐和搬运竹子上交国家的任务,村民多少对此有所抱怨。十五队队长为了减少该生产队这一任务,同时希望获得更多可耕种水田,主动与十六队协商,希望他们大队田分多点,山分少点。当时十六队队长是共产党员,当地人称为"积极分子",属于政治觉悟高的人。十六队队长同意了此意见。结果十六队辖区的山林面积较大,竹木资源丰富,竹子需要上交国家的任务较重,这意味着年终分红相对较多。至于可耕种的水田,因为是山地小块水田,日照并不充分,产量有限,来自种田的红利最终反而比上交任务竹子带来的红利要少。

据当地人回忆,1970 年代末期的大集体时代,成年劳动力一个工分红所得 1.8 到 2 元。1981 年分山之前的最后一次分红最多,是 5 元。分红是将年终红利与成年劳动力工分总量相比计算而得,每年年终统计,分发一次。成年男性劳动力每日计1.3个工,成年女性劳动力每天计1个工。

不同生产队年终红利多少取决于两个因素,其一是林地竹木资源品质及数量,其二是出工人数和质量。不同生产队大致都共享着同一种生活心态与生产环境,林地资源的特点注定了工分计算更容易实现准确的量化统计。砍伐、搬运竹木往往不需要多人合作,一个人就能够独立完成。"一个和尚挑水吃",构不成"搭便车"的劳动情形。当时山外修渠、插田等劳动,难以如竹木砍伐、搬运那样便于计算劳动品质,容易出现"混工"现象。山里、山外两种劳动的不同属性,注定了在集体化大生产时代,畈区更可能比山区贫困。

1970年代末80年代初,随着国家注重小城镇发展的政策调整,国家建设用竹增多,这无疑给十六队带来了更多获得年终红利的机会。当时城乡交通尚不方便,货运以人力搬运为主。村民对此记忆犹新:畈区人挑粮食进山,返程挑竹子到山外。这些人满山跟着他们要竹子。头脑灵活的人,发烟给他们砍竹子的人。天黑时收工回家,口袋里的散烟满了!

1980年代的方村,私人企业、家庭经济都主要依托土地要素展开。土地深深嵌入到日常生活中,土地资源与人力资源合理分配运用,塑造出基于村落社会自身相对封闭又不乏活力的生活形态。这一生活形态在当时成为城镇羡慕的对象,如今如此状况被彻底扭转。无论采取何种生产经营模式,唯独土地要素获得充分承认、合理利用,才可能实现基本的乡村生活。

关于地区差异,除了上述经济因素外,相对应的观念也有所体现。由于方村有着山里山外通婚史,涉及类似城、乡的表述不可避免。如路上偶遇,"你背着包去哪?"答曰"到山外去。"这可能是类似当今进城最常见的表述。无论是从畈区还是从山上远眺,能够映入眼帘的"远方",山里有山,山外有山。山成了物理空间行动最大的障碍,也成了想象力的边界——"山里""山外"的称谓应运而生。以山为疆,山区、畈区各自以所在生活区域为中心构建起对世界的想象与区分。相应的，"山里人""山外人"也随之出现。充其量，互相戏谑地称谓彼此"山里佬""山外佬"，抑或山里人被山外人称为"山猴子"，山里人则回敬山外人为"水蛤蟆"。1980年代初，"农村""城市"的观念在生活会话中尚未出现。此时的城市与非城区在生活会话中并没有密切的相关性，似乎是与乡村无关，也激发不出想象力热情的"局外"。"畈区""城里"的人一律被山里人称为山外人。畈区、郊区，一定程度上与"山里"更加密切，彼此都属于同一种生活类型：农耕文明。

　　传统型农耕文明繁荣的关键要素在于生活与生产资源的丰富。山区地形地貌复杂，有利于生物多样性。如此丰富的生物多样性被反复经验性地合理使用，最大限度地让山区的人种与文明得到延续。"穷乡僻壤""闭塞落后"的山区村落反而为村落文明哺育提供了肥沃的土壤与安全屏障——"里面"中蕴含的中心意识被带出来。从地势海拔来看，山区村落普遍要比畈区高，一定要以大自然为界称谓不同的生活区域，应该用"山上""山下"而非"山里""山外"更贴切。文明中自带着一种机巧的炫耀与中心意识，从不放弃"我与众不同"的机会，山区居民将"山上""山下"的机会给了海拔高度不同、同属于"我们"的"山里人"。一山之隔，畈区、郊区、城市，一律被严格地划入外面、边缘地带。"山里"，才是世界的中心。

　　"山里"为中心的世界，在1980年末由外到内被打破——城市突起——"里"表征的中心从山区转移到城市。1980年代的小城镇建设，国家主导着生活的中心朝城市聚结，在政治上确保城市的中心地位。1990年前后市场经济给城市带来的活力，以及相应的新意、时尚文化，逐渐让城市挣脱了先前模糊的风格，新锐、活力、时尚、开放的形象在"单位制"政治保证、搞活工商经济市场准入中逐渐突起。如此有生命力的新意现象率先在地缘上从畈区中区分开来。笼统的畈区依然带着"三农"色彩，这让城市不堪忍受。"我们城里人"的城市主体意识被城市肯定与强化。畈区、郊区居民开始朝城市靠拢，习惯性用上"进城"这个词。作为城乡过渡地带,畈区、集镇、郊区居民的生活关联,逐渐由"到山里去"转移到"到城里去"。"山里""山外"开始分离且逐渐遥远。县城居民出城,只要不是到其他城市去,都可能是到"乡下去"。"下乡"则成为单位人工作常用语。畈区乡村居民不甘落后,则将"到山里去"加上修饰语——"到老山里去"。"老"在此意味着行动的迫不得已,以及"山里"的闭塞、偏远。1990 年代中期以后,包括畈区乡村居民在内,凡是到山区村落,都被视为是"下乡"。"城里""乡下"作为一种新意识形态开始扎根,顽固地将城市与乡村等级化并对立起来。随后即使是山区居民,也自觉顺应剥夺主体的话语,在与城市相关对话中,自觉地用上"我们乡下人……"一旦只涉及乡村内部的对话,他们依然坚守着习惯,"我们山里人……"主体无意识中渗着对"三十年河东,三十年河西"的无奈。随着农民批量进城务工,所有农民都成了城市表征的世界的局外人、外来者。

第四章　家户关系

第一节　分家与家族

一、由分家到"天下一家"

方村呈现出的大集居、小聚居的家户空间格局,主要是通过分家来实现的。

费孝通在《生育制度》中指出,大家庭数量在中国传统家庭中并不高,尤其是农民家庭中更加不高,反而在城市里更容易出现大家庭。[①] 方村的情况与这一认识相符。在老人的记忆里基本上都是三代同堂,四世同堂比较罕见。

家族主义[②]的事实主要基于大家庭的联合。在分析构成大家庭的传统标准时,更使费孝通觉得中国士绅和农民生活的分化。传统伦理,尤其是见诸经典的,是从士绅们的生活中"长"出来的,我们只有了解了他们的基本生活事实才能明白这套观念的作用,若是用和士绅的生活不同

---

① 《费孝通文集》(第四卷),群言出版社 1999 年版,第 80 页。
② 如何理解家族主义、宗族制度,至今依然是学术界热议议题。本文注重于城乡关系维度,回避思想史的争论,只取能与田野调查相印证的理解。

的农民生活来看这些观念不免有格格不入的地方。① 在费孝通的论述以及方村的调查中,农村并没有扎实地形成家族主义的土壤,大家庭联合机制尤其是财产共享未出现,很难形成某一家族势力格外强大到独霸乡里的现象。

女儿一旦出嫁,原生家庭就成了娘家;儿子一旦结婚,很快就要被分离出去独立门户。给儿女操办婚事是为人父母者最后受到伦理压力的分内使命。非独子家庭,父母如此心态非常迫切,他们还面临着为另一个儿子操办婚事的压力和任务。另外,一旦有一子成家,一异姓新人便成为其中一员,处理好"婆媳关系"是一个新事项。团在一起的家庭,不仅容易造成儿媳妇对父母利益分配不公的质疑,也不排除父母担心这样会对尚未成家的儿子不公——"娘疼末头儿"。两代人出于各自亲子关系的优先性利益考量,使分家成为父母、已婚儿子、未婚儿子的共同期待。分家是村落社会重要的家庭政治,其伦理依据是父母完成儿女大事、维护家族绵延这一身份使命。尽管分家可能导致父母情感上暂时的失落,但同时也会被视为一种解脱——需要自己操持的一件人生大事完成。伦理观念本身是一种维持社会结构的力量,②与已婚儿子分家,父母方可集中精力、财力投入到为尚未成家的儿子"办大事"的准备中,又免除了大家庭内部更容易造成摩擦的烦恼。

只有一个儿子的家庭,在方村没有出现过分家的情况,原因在于同样受到社会伦理的制约。"亲密生活既不易决然加以隔离,于是社会不能不在另一端施加重压。"③因为儿子有赡养父母的义务,只有独子还要分家,社会舆论不再将矛头指向父母而是儿子,认为其有不孝的嫌疑。因此独子家庭没有分家的,即使儿媳妇非常在乎家庭利益算计(主要担心的是父母是否偷偷地对出嫁女偏心)。不分家也意味着不分产,已婚儿子所属小家庭还可以在老人那里获益。父母可以协助其料理家务、看

---

① 《费孝通文集》(第四卷),群言出版社1999年版,第79—80页。
② 同上书,第80页。
③ 同上书,第92页。

护孩子等。如果不止一个儿子且都已成家,父母的住屋往往更靠近最晚成家的儿子——一般是小儿子。小儿子刚结婚不久,包括抚养孩子,更需要父母"搭把手"。至于赡养父母的方式,往往是轮流赡养,兄弟达成协议,按月、隔天,不同兄弟提供父母饮食;或者父母常住一家,其他兄弟以一定经济方式做出补偿。

分家中涉及物态财产重新认定以及财产所有权的代际转移。方村的分家依据是家产均分原则。均分对象只针对儿子。未出嫁女依然和父母生活,财产由父母支配。女儿一旦出嫁,私人生活必需品可以带走,作为家庭成员其名下的田产随之出户,归属到村社集体财产中。女孩出嫁,其田归到集体的情况在 1980 年代是严格执行的,大致在 1995 年之后伴随着大量人口外出务工、田地逐渐抛荒而不再执行。出嫁女曾经的劳动收入、财产由父母托管,受其支配:要么分给已婚儿子,要么留着"防老"。从而,在方村所属的行政村内部通婚的情况中,女儿嫁给姊妹多、兄弟少的家户无疑是一致性期待。待姊妹出嫁后,家庭兄弟就可能在分家中获得更多家财。

1980 年代是方村分家行为最后的活跃时期。计划生育政策实施之后,随着子女数量减少,分家失去了实际必要性。中国的家产均分,是为了使每个儿子都有能自立门户的物质基础,主要着眼点在于家人或家庭,而非财产。在宗法意义上,也不单单是一种财产继承和转移,而首先是一种宗桃继承,是一种维护血缘关系和家庭延续的重要手段。[1] 门第香火延续的意义要远远大于家产继承。[2] 分家中被分得的财产,一般而言,包括儿子名下的田、小块菜园地,住宅方面分得一间卧室、一个厨房、一个小型吃饭厅,再加上锅碗瓢盆等食器——象征家的生活必需品。分家伊始的小家庭,过日子从艰难开始。分家尽管涉及家户财产所有权重新分配,可是极其有限的财产并不能让独立成户的家庭获得多少物质利

---

① 白中林:《反馈模式考论》,见吴飞主编《神圣的家》,宗教文化出版社 2014 年版,第 196 页。

② 邢铁:《家产继承史论》,云南大学出版社 2000 年版,第 127—128 页。

益,仅仅能满足开始新生活的基本条件。

分家尽管实现了家户在裂变中增生,实现了"不同财"的经济分离与独立,"同居"在一起的情况依然普遍。分家后依然可能住在父母当家时盖起来的家屋中。"大家"与"小家"共享同一大屋堂厅、门前场地。一日三餐做饭时,表面上属于整体的家屋屋顶上,有几处烟囱冒烟,就意味着有几口灶,由此可以推算出这里住着多少"分食""不同财"的小家庭。从而,分户中暂时会出现"同居不同财"的情况。在同一不可分割的家屋内开展各自经济独立的生活,共血缘又不同财,一定程度上依然呈现出"一家人"的特点。这是家族形成的雏形。如此分户的父子、兄弟之间及各自对外表现,都会有意识维护"一家人"的集体形象,不至于将彼此关系扩大到只是"属于同一家族"的分类中。家庭、户、"一家人"、家族的明确分野在此显得模糊,由此对家的认同与分类也显得复杂。现代组织化的家庭分类在此受挫。血缘所依的文化与情感认同的集合意识,才是以上"一家人"的特质。家庭经济独立又不失合作,灶与起居室独立又不失共享日常生活、礼制需要的堂厅与"大门前"。在表亲礼尚往来的活动中,"一家人"呈现的集体面貌更加明显。如春节走亲戚时,兄弟们会集体去舅舅家拜访。分家和分家之间的经济合作不能完全解释为经济上需要[1],更多的是麻国庆所指称的文化需要[2]。以承载着中国人文化与情感的"家"而非组织化家庭来理解如此现象,更符合"兄弟族"家户的生活意图与意义实现。

分家事件包含着三个要素:

其一是至少有兄弟两人。只有一个儿子的家庭,孝道等伦理因素决定了无家可分,也不能分,在代际继替中失去同辈亲属横向拓展条件。姐妹成年后往往是以出嫁的方式导致他姓家族分家。出嫁在民俗中是出户而不是分家。

---

① 萧楼:《夏村社会》,生活·读书·新知三联书店2010年版,第113页。
② 麻国庆:《家与中国社会结构》,文物出版社1999年版。

其二,分家是由父母给成年儿子主持的必要事务,与成家这一事件有着紧密关联。分家中涉及婚配、与他姓结为和合之好这一关系系统,涉及两个家族通过结儿女亲,在"亲家"的缔建中实现不同家族之间社会关系再生成。这为村落社会由家族到不同家族之间形成熟人社会注入共享的亲戚关系及伦理,有利于熟人社会跨越家族排斥这一障碍,形成村落社会稳定的、共享的地方性伦理。两个人的婚姻,往往被视为是两个家族的联姻。这无形中促使家族系统维护必须通过族连族、亲叠亲的方式呈现,从而为家族再生产到村落共同体的形成注入了"家"的要素,再进一步推广到地方性社会。从家—家族—地方性社会形成中,逐渐看到"家国同构"的影子。"天下一家"的观念通过成家、分家等事件获得了伦理及认同依据。

1980 年代,有一位不定期上门的杂货郎,年龄 40 岁左右,姓查,怀宁人。其一旦出现在某家门前的路口,放下箩担之后就会做同样的事情:摇响拨浪鼓同时大声热情地呼喊,"老表、表嫂耶——我老查来看你们咯——"这位喜庆的杂货郎充分发挥了"天下一家"这一被广泛认同的文化观念,努力尽快融疏成熟,消除自身外来者的形象,在类表兄弟伦理中展开其小本生意。家的如此伸缩性,费孝通也曾提及:"家里的"可以指自己的太太一个人,"家门"可以指叔侄子一大批,"自家人"可以包罗任何要拉入自己的圈子表示亲热的人物。自家人的范围是因时因地可伸缩的,大到数不清,真是天下可成一家。[1] 只要家的文化系统不受到质性破坏,"家—家族—地方性社会"这一模式通过成家、分家的反复再生产在历史中得到了循环与持续,实现了乡土社会熟人社会的超稳定结构。在此意义上,乡土社会中的社会关系体现出梁漱溟、钱穆、费孝通等人理解的"人伦关系",也回应了潘光旦提出的社会学是关于"人伦关系的学问"这一命题。翟学伟将其总结为"中国人之思想与社会的共同基础"[2]。

---

[1]《费孝通文集》(第五卷),群言出版社 1999 年版,第 334 页。
[2] 翟学伟:《论中国人之思想与社会的共同基础》,《社会》2016 年第 5 期。

现代社会强调契约与法理精神，殊不知"伦"并非契约化基本精神，在实践中却又进入到对社会关系的建构中。

其三，与成家、分家关联的下一步生活事件就是生育、抚育。这一平常的生活事件，不仅构成日常生活意义的来源之一，也为家的生生不息提供文化继替必需的人口保证。《礼记·昏义》曰："昏礼者，将合二姓之好，上以事宗庙，而下以继后世也，故君子重之。"婚姻在祖先和后世之间发挥着承前启后的关键作用，相应的婚姻之价值就在于：延续家族，对祖先和后代负责。① "昏义"之义，转化成社会学阐释，如费孝通在《生育制度》中提到的，婚姻在时间上虽然先于生育，但在逻辑上，生育却先于婚姻，即"婚姻的意义"。分家是家之连续性的一个转轴，它提供新家这一平台。同时，它给家历史性地提供了强刺激，每一代传承家的使命都需要横向地将家进一步拓展。家对纵向传承与横向扩大的内在需要，通过分家，得以在家族历史与地方性社会结构相统一中确保实现。

由此看来，分家、"多子多福"观念与家族是三位一体的关系。社会层面制度性福利相对匮乏与生活的实现主要依托于体力劳动的条件下，即使要承受抚养更多下一代的艰辛，村民依然会看到希望：不止一个儿子的家户更可能通过兄弟帮扶实现家庭间的团结协作，确保小家庭不至于在家这一文化系统中"掉链子"，同时为小家庭进一步融入家族、扩大家族提供必要的人口再生产要素。唯有向家族匡约的社会文化系统输出更多能够独立门户的人口，在保证家族人口壮大的同时才可能增进家族福利密度。生活在对家族的忠诚与期待中展开，家庭生育中的"多子"与家族人丁兴旺，可能呈现更多的同姓集体福利——"多福"统属到家的再生产与对生活的意义阐释中。"小家"与"大家"共享同一种人口结构、社会伦理的生活趋于形成。

---

① 白中林：《反馈模式考论》，见吴飞主编《神圣的家》，宗教文化出版社2014年版，第195页。

二、邻居

日常会话中常说"他是我的邻居","我是他的邻居"。如此表述仅仅是基于会话习惯的对居住空间上靠近的强调,只是一种静态空间确定,无法甄别比邻而居的亲密性。邻居引申的功能远远不止于此。邻居的意义并非是对作为邻近家户的地理区分,而是作为一种社交类型,构成齐美尔所谓"抽象的一类"的形式化社交。邻居概念的理想型由强调空间的邻近与邻近中发生社会关系两个向度构成。在会话习惯中过分强调邻居空间上的邻近性,反而将邻居概念的内涵——社会关系状态忽略了。

没有日常的、重复的、体现亲密性的社会互动,如此乡邻生活难以构成中国人所谓的"地缘"。"缘"是对友好、互动、亲密性、认同的神秘化表达。将其神秘化是基于人们对由缘生成的关系状态的认同,有着一种可遇不可求的欣喜感。

人们更愿意追赋其地缘上的亲密性期待与承认,如此追赋在内生着互动的邻居之间展开。当方村人向第三方表述某两人或两户人家关系时,喜欢用"屋檐搭屋檐"这句话,而且认为已经对二者关系如何做出了清晰的评估。"屋檐搭屋檐"字面的意思指的是生活空间的邻近,会话者用此表述的意图是表达其引申意思,指的是邻近中生产着亲密性关系。方村人的理解中,空间上的距离内生着一种社会关系亲疏程度的认定,蕴含空间邻近即亲密性的价值期待。如此一来,费孝通所谓的"熟人社会"生于地缘,由邻居关系网络化拓展。

从老屋到大集居、小聚居,形成了一个以家屋为接点、"屋檐搭屋檐"的人居空间场域。两屋相邻,且具有日常性社会关系,邻居便产生了。受地形地貌的自然环境制约,1980年代田地确权后各自拥有的可置宅基地空间有限,以及兄弟分户时依然以从父居老屋为中心邻近辐射开来,加上风水限制、自然环境不宜造房等因素,方村小聚居中相邻户呈现出家屋空间相邻、血缘上相近这一特点。如此空间与血缘的二重性特点注定了邻居在方村促成社会关系的再生产中具有重要的地位。

埃利亚斯在其关于"定居者与外来者"的研究中发现了"邻居"。他指出邻居的历史是邻居结构的一部分,①这使得乡村人通过邻居获得了城市社区所没有的权力资源,即社会凝聚力和与熟人为邻的安全感。邻居之间不仅藏着世俗乡村生活的秘密,也成为非陌生人社会的一种关系场域。团结与共享精神中蓄积的凝聚力,作为乡村社会的一种权力结构,内在于乡村社会且构成乡村社会不可分割的一部分。血缘上的家族性与地缘上的邻近性二者高度重合,邻居被塑造为乡村社会熟人空间中集约、强化的权力。

邻居成为村落社会表达家与家关系最常见话语之一。家户成为邻居形成的最小单位中介,而邻居是一套完整的有关家与村落社会的关系体系。有关家与村落社会的情感、叙事,不但生成于叙事者与家庭成员关系中,而且从与家亲近的、就近的人、环境和物开始也有所体现。"我家门前……""我邻居家……",类似表述往往是呈现"我与村落社会关系"的一种惯常话头。作为村落社会关系一员中的"我",一旦被表述,家与邻居便共同构成话语中介。邻居不再只是家庭成员之外的一种社会关系联结,而是家得以呈现的一种形式。家与村落社会的关系内含于邻居的历史和结构中。乡村外来者对邻居的冒犯,可以视为是对整个村落社会的挑衅。邻居,作为村落社会的一种隐性权力,一直被践行在日常生活之中。

方村人口少的芮姓,并不能视为是另类的那部分,与人数上多的方姓共享着同一地缘文化认同。日常接触中,除了家人之外,最多的便是邻居。彼此之间未必和谐,亲切感却从不缺乏。邻近家户的空间设置是相对稳定的,这确保了邻居作为中介的社会关系及邻居权力结构也具有相对稳定性。这一状况伴随着方村 2000 年以后陆续重新选址盖楼房的

---

① [德]诺贝特·埃利亚斯:《论文明、权力与知识》,刘佳林译,南京大学出版社 2005 年版,第22 页。

出现逐渐被打破。

同宗族邻居更有助于生成合作与团结。农耕礼俗的共性是,村民往往会在同一时间做同样的事情。春种、夏养、秋收、冬藏等农事,具有典型的季节性与共同特点自不必说。若某家举办婚事,邻居们可能会一起去随礼参加婚宴,这样在农耕事务之外依然有着在一起的感觉。邻居们甚至包括作息规律也具有一致的稳定性。夜晚一家休息了,邻里谈话自然终止,一天的社会交互活动就此结束。随着成片的邻居们息寝,整个村落差不多在同一时间迎来一天社交终止之时。尤其是夏夜,一旦某一户人家依然灯火通明,抑或尚有说话声,不远处的邻居就可能在大门前路口纳凉、守望,闲聊哪户人家正在发生什么。邻居家的亲戚除了家人之外,往往首先也是被邻居先熟悉,"一回生,二回熟"。随着有来有往地走亲戚,亲戚往往与邻居也会展开互动。如此一来,邻居之间就可能形成一个发散式、开放的对外社会关系,为上文提到的"天下一家"观念做出了地缘上的保证。

当然,只要是有人的地方就有利益,有利益计算就不排除有冲突。这一点也反映在邻居关系中。

邻居之间造成冲突的主要原因在于比屋为邻,容易出现争用大门前等公共空间,以及抢占邻近家屋田间地头、房前屋后的土地资源引发的纠纷。如甲家的后院边界可能就是乙家的山界,抑或田、地界。山界边的竹笋可能会被甲家摧毁,理由是竹笋成林后造荫,影响其家后院或者菜园地采光。摧毁一棵笋子相当于一棵竹子的价值受损,必然引起笋子所属家户抗议。再如,村民农事需要,容易在场院前堆放柴火、稻草、竹木等杂物,而且堆放季节、周期邻里之间都差不多。如此争占家屋前公共空间的一个结果就可能是暂时导致资源紧张,引发矛盾。

并非所有资源紧张引发的不愉快都会爆发出来,"抬头不见低头见"的熟人社会强化了自律约定,或者自觉主动与对方协商。大度者干脆睁一只眼闭一只眼,"吃小亏,求大福"。抑或与其他人聊天时,愤愤地说,"他比我狠,我让着!"另外,村子里内在地有着一套化解矛盾的机制,依然主要是通过邻居、家族成员介入。迄今,如此化解机制,只在农村社区出现过。

熟悉与积累道德资本促成主动避让矛盾与自我克制。邻里之间并不陌生,彼此都知道对方的脾性、行为习惯和为人处事态度,如此知晓有利于避免矛盾升级的必要克制。争吵往往是在足够的耐心与回避锋芒都失效之后。无论是非对错,吵架总是被视为一种情绪上不愉快、面子上"丢脸"的事情。常年三番五次自认为被挑衅、被欺负者,可能认为当年家事不顺,甚至会求算命、测卦风水先生明示化解神方。本分做人、小心行事,忍让、避祸、消灾、求平安的行动风格与生活良愿,抑或是对抗小农经济风险,避免矛盾,获得更多邻里、村落社会互助福利最有效的保证。积累良好口碑等道德资本,一定程度上有利于其获得广泛的村落社会承认。

不理智的财产侵占、独占公共空间等损人利己行为极容易遭受到同类报复色彩的行动。比如如果认为对方侵占了自家门前"出场"而骂对方,那么下次自己需要堆放物品时就可能失去便利的机会。为了自家生活更加便利,与人方便就是与己方便的原则开始发生作用。即使自觉权益被侵占、受损的家户,往往也会出于面子而做出适当承让。这一过程可能是委屈的过程,但是极可能为自己未来行事获得更多便利机会。至少,在村落舆论中会获得更多普遍性道义支持。

"好男不跟女斗"观念一定程度上对邻里矛盾升级有所抑制。争吵闹得沸沸扬扬极容易发生在妇女之间。一旦有一邻居妇女故意大声引起公众舆论注意开骂他人,被骂方出来迎战的往往依然是家庭主妇。男性户主一般依然坚持说理,找人论理。男人与女人吵架被视为是很没面子的事情,从而会力求回避与女人吵架。如果男人主动用争吵迎战妇女,容易制造出男人欺负女人的道德风险,反而容易激发对方进一步情绪化,梁实秋说的女人"一哭二闹三上吊"的情况可能发生。如此一来,矛盾激化,耍泼妇女的丈夫便会迎战,造成矛盾进一步升级。村子里的男人深谙此类世事,会力求不与妇女争,这一定程度上促成了男尊女卑观念微妙地成为一种化解矛盾的机制。遇到"不要脸"的妇女,要面子的男人采取的策略往往是回避正面交锋。被妇女破口大骂,不但没面子,还被认为很晦气。妇女对邻居男人耍泼,在村子里被人劝说时,后者容易获得被不涉事的邻居以"随她说几句,消消气就好了"的安慰。从而,村子里吵架最凶的往往是两个扯着嗓子叫骂的妇女。妇女耍泼属于一种情绪释放,按照社会冲突论的原则,给予其谩骂式释放,一定程度上反而促进邻里和谐。流于情绪的抗争是弱者低级的抗争,村子里许多经验证明,促成矛盾转化最终依然是由如乡贤在内的第三方在场、传话协商完成,抑或干脆是两家男性户主在兄弟情谊的框架下冷静地处置纠纷。

邻居之间没有不可化解的仇恨导致老死不相往来的案例。即使心不和,面子上依然会礼节性互动。抬头不见低头见,共享同一地缘空间,发生矛盾的双方不言语交流、无社交来往只能是暂时的,因为这样的僵持状态只会导致双方利益受损。同时,田间地头、红白喜事、村口有其他人在场的偶遇式闲聊会经常出现,增加了彼此口头打招呼、闲聊的机会。矛盾从口语交流开始,逐渐化解。

礼俗社会需要村民主动放弃前嫌,积极参与必要的社交活动。如婚丧嫁娶等红白喜事,缺少村里人互相帮扶是无法完成的。"无法完成",不仅是缺少大家帮扶导致事情功能性难以实现,更是民俗约定中少了其他人参与导致事件意义不完整。家家户户过日子面临的如此一致性情况,增强了化解矛盾、尽快恢复常态社会交往的必要性和积极性。乡村礼俗中,尤其是老人去世,按照礼俗的内在逻辑,与该户有亲属关系的,抑或有礼节往来社交关系的人,应该力求到场与临终者辞别、送行,帮助筹办丧葬事宜等。农村社会重生也重死,"死者为大",如此礼俗社交增加了有矛盾家户化解矛盾的机会。

三、兄弟情谊

分户的兄弟在家计上各自独立成户,在血缘与情感上又属同一父系家族,依然是"一家人"。家族中呈现出的兄弟情谊、叔侄情谊成为维系与实现常态生活的重要机制。

江来有兄弟三人,其排行最小,是该村大龄未婚男青年,34岁尚未结婚。年迈的母亲非常着急,认为是其这辈子唯一没有"落愿"的心事。后来经过同村一外地媳妇介绍,认识了一位苏北农村女孩,比他小13岁。他们很快结婚了,结婚不久生有一男孩,总算满足了老人的心愿。接下来的事情就是想办法挣钱盖楼房。可是这位远方的媳妇不事农活,有点懒散,用当地话说是"身子重"。让人失望的事情还在后面。孩子差不多一岁的时候,年轻的妈妈突然离家出走,杳无音信。70多岁的奶奶和姑姑成为孩子长期的看护人。其父亲需要常年外出打工。在老母亲的期待下,大儿子一家盖新房时,也决定要其弟弟江来参与,一起合盖楼房。给暂时生活困难的弟弟给予适当的救助,兄弟俩一起住进新房。

同样是盖房子。一位同辈习惯称为四哥的人,生育有一双儿女;儿子(哥哥)智力有点障碍,四哥本人也没有很好的持家智慧。日子过得不贫困,也算是该村困难户。四哥其他兄弟家除了一位一直未娶、年轻时患有精神病的弟弟之外,侄子们都很能干,算村子里很有钱的那种人家。眼看只有为数不多的几户人家没有盖新房,他们这个血缘亲密的小家族一起协商,筹资帮助四哥盖了新房子。包括侄子、外甥都资助,最多的一位侄子资助了五万元。表面上说是借钱给他盖房子,可是看四哥的家庭情况,还钱的日子可能遥遥无期。这位侄子告诉笔者,他们不缺这个钱,也没有打算催逼其什么时候还,"有钱就还我,没有钱就算了"。同样,上文提到的犯精神病的男人,更是仰仗他们已经早就分户的兄弟们救助,合理分工,轮流安排起其生计问题。

村子里10年前有一位大学生被诱骗到传销组织里,该大学生父母除了以泪洗面别无他法。想报警害怕适得其反,人身不测。最终,这位大学生的两位叔叔和其他被视为见多识广的亲戚全部出动,费尽周折找到人的下落,自费一起去解救,想办法和传销组织头目通电话。后来这位想办法逃出来的大学生告知:那头目亲口告诉他,还真的没有遇到过如他家人那样义气的。2011年,同村一位小伙子透支银行卡后遭到银行

追债,有意躲债而"失踪",包括和其父母也没有任何联系,银行只好报
警。四年后被武汉警方抓住,要求尽快还清银行欠款,否则有步入司法
程序的可能。乡村社会家族共同体精神再次发生作用,大家想办法在五
天内筹款 10 多万。该小伙的两位叔叔、堂哥、堂弟几次去西安(持西安
某银行信用卡透支)、武汉等地,与警方、银行商议办理相关事宜,最终在
走向司法程序之前还钱后将人带回。

　　以上由家族兄弟、叔侄们齐心协力促成事情朝所愿方向转化的案例
还很多,这些事项构成了村落社会家户克服重大困难的主要途径之一。
如果将以上的家族团结精神视为是家族主义内涵之一的话,那么正是经
由家族主义才确保遭受重大挫折的生活逐渐步入正轨。

　　《礼记·大学》有言:"一家仁,一国兴仁;一家让,一国兴让。"家庭是
联结个人和社会的纽带,完善自身道德修养,经营好家庭乃是治国平天
下的必要前提。钱穆在论述家族在传统中国的作用时提到人道应由家
庭开始。若父子兄弟夫妇之间尚不能忠恕相待、爱敬相与,乃谓对于家
族之外更疏远的人转能忠恕爱敬,这是中国人所绝不信的。家族是中国
文化一个最重要的柱石,我们几乎可以说,中国文化全都从家族观念上
筑起,先有家族观念,乃有人道观念,先有人道观念,乃有其他的一切。①
乡村社会共同体精神的社会基础是依据家、家族的精神联合呈现出来
的。乡村社会对相对弱势和经济困难住户的帮扶实际上起到了一定的
救助作用。国家层面的乡村社会救助制度长期匮乏的情况下,晚清名士
劳乃宣的一句话令人深思:"若我国今日遽言破坏家族制度,则多数老弱
惟有转死沟壑一途"②。落后偏远农村那些家庭不完整者、家庭应对社会
变迁能力弱者,理应是社会、政府优先扶助的对象,但这些需要国家福利
制度介入的对象,实际上往往成为在国家福利中获益最少者。他们作为
弱者,不具备直接争取而获得国家救助的能力。国家即使有类似救济,

―――――――――

① 钱穆:《中国文化史导论》,商务印书馆 1994 年版,第 50—51 页。
② 沈云龙主编:《桐乡劳先生遗稿·林氏辨明国家主义与家族主义不容两立说》,台北:文海出
　　版社 1969 年版,第 992 页。

由于乡村社会基层社会组织、民主组织中的村干部在执行国家政策时未必真的能贯彻国家救助精神,救济款的去向可能是一个谜。从而,父权制的兄弟情谊便开始发生作用,不是互相救济就是帮助他们向基层政权要说法。

滕尼斯认为,强质性乡土村落社会,父权家长制性质(由生育来阐明的一切威严都必须集中在这里)和结义的性质(情同手足)相互混杂着,统治的性质与志同道合的性质相互混杂着。正如在家族社区里主要是父权家长制适用,在村庄社区里是情同手足发挥其作用。然而,在家族社区里也不缺乏手足情谊的精神,正如在村庄社区里不缺乏父权制式统治一样。① 库利也认为,"家庭在爱和兄弟的情谊方面是一个缩小了的理想社会"②。不幸的是,在中国有关父权制和家族主义的研究中,树立起父亲一种封建的、宗法的糟粕形象,是需要改造和革命的对象,却忽略了父权制度在村落社会里"情同手足"一面对乡村社会治理、维护的重要功能。村落社会中"情同手足"的社会交互作用及团结机制,毫无疑问,并非是西式济慈会等具有宗教色彩的社区互助,也不是大力倡导公益与培育社会组织的结果,而是父权制的另外一种体现。秦晖将传统中国民间的公益组织分为宗族、宗教寺院系统及行会、同乡会、社邑之类的民间互助团体。③ 方村的"帮""送""看"等互助机制具有清晰的"社邑"自助色彩,超越了家族界限又没有超出默认的区域共同体地域空间。

鲁迅先生所谓的"吃人的礼教",将对父权制的批判推到了极致,可是强质性乡土社会如果没有"情同手足"这一由父权派生出来的兄弟之情对村落社会的维护及平衡机制,村落社会不可能在等级制的"父权高压"下绵延千年。父权一定程度上正是通过"情同手足"的帮扶机制来执行的,父权的执行中并非只是一个具体人格化的权威由上向下单向输

---

① [德]斐迪南·滕尼斯:《共同体与社会》,林荣远译,商务印书馆1999年版,第85页。
② [美]查尔斯·霍顿·库利:《社会过程》,洪小良译,华夏出版社2000年版,第59页。
③ 秦晖:《从传统民间公益组织到现代"第三部门"——中西公益事业史比较的若干问题》,见《传统十论》,复旦大学出版社2004年版,第149—151页。

出,其中不乏在"兄弟们"中呈现的父亲的集合意识。谭同学认为扩大的家既是齐家的保证,也是维系地方社会秩序的民间资源。① 如果方村曾经拥有的体系化的、至今依然延续的"情同手足"的帮助机制可以视为是一种父权实践,那么父权遭到一边倒的批判就需要重新反思。村落社会实践中的父权形象,比起思想史脉络里的父权恶人形象,更值得关注。父权制中并没有一味追求等级制权威,而是包含着横向的社会联合和儒家"推己及人"的仁爱成分。

第二节　互助与共享

互惠原则渗透于农民生活乃至整个社会生活之中。它根植于这一简单观念:一个人应当帮助那些帮助过自己的人,或者(按照最低纲领主义的表达)至少不损害他们。② 涂尔干认为,这种平等交换的观念是在一切文化中都能看到的普遍的道德原则。马林诺夫斯基、莫斯等人类学家发现互惠准则是传统社会中友谊和同盟得以建立的基础。③ 村落社会是村民熟悉的世界,共同的价值标准与社会调节相结合,相互间帮助更可能发生。亲戚与邻居,成为互相帮助的主要关联。家作为"过日子"、日常生活的主轴,对其维护不仅需要家庭内部成员通力合作与适当的劳动分工,也需要充分运用村落熟人社会中内在的救助与帮扶资源,主动将家融入村落社会中。村落社会不同家户之间的常态社交通过"借""帮""换""送""看"等方式展开。

---

① 参见谭同学《双面人:转型乡村中的人生、欲望与社会心态》,社会科学文献出版社2016年版,第364页。
② 转引自詹姆斯·C.斯科特:《农民的道义经济学》,陈立显、刘建等译,译林出版社2001年版,第215页。
③ [英]马林诺夫斯基:《原始社会的犯罪与习俗》,原江译,云南人民出版社2002年。[法]马赛尔·莫斯:《论馈赠:传统社会的交换形式及其功能》,卢汇译,中央民族大学出版社2002年版。

一、借

家的呈现,由日常生活中不可缺少的物质与仪式化生活事件结合着进行。二者都可能涉及物品需要,家户暂时又无法自给自足这些物品,"借"就会发生。

借的物品对照着生活呈现方式,有两个范畴。一个是满足日常生活物品的短缺,包括食物类、劳动工具类。

食物类中无外乎米、油、盐、酱、醋、茶。以上六项食物类别中的必需品米、油消耗最大,市场价值也相对更高,因此食物类用品的借主要集中是借米、借油。方村常见计量米的器物不是秤,而是一种带节竹子打磨制成的叫作升子的量器。升子家家户户都有,农妇煮饭前也将其当成舀米的器具。有经验的农妇针对用餐人数及对其劳动力消耗做出准确评估,用升子计量用米需求量。一升约为 1.6—1.7 斤。1980 年代邻居之间借米比较常见,尤其春夏之际,当地水稻尚处播种季节,秋收冬藏的粮食此时差不多耗尽。拿升子借米、量米,不需要称重,交易是否公平全在眼里。共享同一种土地环境与同一种农耕习惯,以及不同水稻品种情况都差不多,各家米的品质大致没有什么区别。在粮市籴米,村民往往也都是在同一市场、同一商家购买同品质大米。加之饮食习惯和食物口感趋同,村民借米只需要在借、还之中取量即可,米品质的细微差异可以忽略不计。

村民做菜所需的油主要是猪油,配合一点菜籽油,两种油都主要是自给,配合少量的市场购买。为了便于保存以及最大化榨取油,村民将猪油切割成半个拳头大小的小块,炒菜前用筷子夹起一块猪油放到热锅里润锅熬油。针对菜的特点、多少,确定熬油时间,然后将油渣再放回油罐以备下次所用。那些放在泥制油罐里被切割的猪油块,借的时候往往是借没有熬制过的,一块到三块不等。还油的时候同样论块数还回来。盐借比较少见,偶尔也会见到村子里炊烟袅袅之时,邻居农妇跑来急促地说,"快,二嫂,借一勺子盐给我,锅灶里还有火"。短暂的嘻哈中,解决了生活平淡无味的问题。

大米、油、盐，以及自家耕种的蔬菜，满足生活的物质需求基本齐全了。

借农具时常有之。如扁担、梯子、抬石头的木头扛子、石磨、杀猪需要的大木桶等。村落里没有任何一家农具完全齐备，各家针对自身实际需要可能会准备相应足够的农具。如此一来，彼此都在自身拥有某些农具的优势中，通过被借的方式来获取主动借到的可能性。这种交换显得轻松平常，邻里之间往往会配合随意的闲谈，就完成了一次借农具的合作。

还有一种借是仪式化事务中需要的必需品。村落社会中最容易聚人的事件主要是婚丧嫁娶。就具体的某代家户户主而言，一辈子的大事可能只有那么几起，为父母送终，为孩子嫁、娶。以嫁娶为例，在情感上属于个人事务，由父母"操心"角度看属于家庭内部事务，在姓氏上来看又属于一个家族事务，在民俗角度看是一个地方性文化礼仪。短时间内聚众到同一家户，包括桌子、板凳、碗筷、茶具、装糕点礼盒等的需求量骤然增大，没有哪一家能够将以上所需物品准备齐全。日常生活不是庆典，这些用品不必齐，可是仪式化庆典各家户又必不可少，缓解庆典中物品短缺的方式唯有向邻居、家族借。所借物品牵涉到的家户可能三五家不等。为了防止这些用品在借用中弄混，碗底、桌子、板凳的背面容易看见户主的名字。庆典一旦散去，所借物品又会还出去，配合主人的答谢可能会送来喜糖、香烟等随赠礼物。家户主持的大型活动就是在这样的互帮互助中进行的。

人们认为借出去的不仅是工具，而且是人情。人情是指在熟人社会中长期生活在一起的人们彼此之间倾心经营的社会关系，人情联结了人际网络，并且造就了一个文化网络和意义系统。[①] 人情，需要在"还"中实现再生产。方村口语中有着"呈情""还人情"等表示答谢的用语。知晓

---

① 宋丽娜：《熟人社会是如何可能的》，社会科学文献出版社 2014 年版，第 70 页。

人情是村落社会中的常识,是教育子女以及评价他人的一种重要话语和
标准,就是村民常说的"晓得事"与"不晓得事"中追赋的感恩意识。"小
气的人""将一根针看得比命还重要"的村民,被认为是"吃不开""混不开
事的"人。即使可能他家很有钱,由于缺少合作意识与帮扶之心,往往会
获得不好的名声。常见的村民评价,就是"他家鬼都不去"。如此评价意
味着该户人家在村子里相对独立的同时也更容易被孤立。如果有可能,
村民"宁愿借穷,也不愿意借富"。在村民如此强悍的生活心态中,获得
承认与尊严感,并没有因为物资匮乏而被放逐。相反,有善心、"好搭伙"
的邻居,哪怕与自身一样的不富有,更可能形成集合力量,一起面对与克
服困难。

二、帮

帮忙在村落社会中是常有的事情,任何家户之外人员参与的有利于
生活需要的行为都可能被视为是一种"帮"。即使请工匠到家里,请工主
人也会习惯性地从"某师傅,能否帮我几天……"等开始请求、协商式
谈话。

"帮"主要由三种方式展开。第一种帮是请有一定技术之长的工匠
来完成。第二种指的是获取劳动力的帮,如盖房子、砍伐竹子需要人手。
针对不同的劳动方式,貌似只需要"力气"的体力活,依然需要一定的技
术性和熟练性。

以砍伐竹子为例。竹子具有稳定的生长周期、生长规律,是砍还是
留全靠经验。方村山势坡度较大,竹子修长,砍之前需预测好朝哪个方
向"倒箎",便利于竹子"下山"。这些要求决定在哪个方向下斧以及下斧
力度——都是技术活。当地砍伐竹子的能手是绪字辈的"二哥"。他眼
睛一瞄,就知道第一斧头该在哪里下手,用力多少次竹子更容易依山势
自然倒下。请工不仅有劳动技能的要求,还有对劳动力务实程度的考
量。技术好、"不出货"的帮工依然不是最佳首选。劳动技能如何,做人
做事是否务实,大家都心知肚明,村子里受欢迎的帮工大致就那么几个

人。这些人在村子里无形中有一个有利于他们的优势市场,只要他们愿意帮忙,常年都可以不出村靠"帮人"为生。另一方面,他们也未必是有求必应便出工,不同雇主以及与他们之间关系亲疏程度,都可能影响他们劳动的愉悦感与参与程度。

帮工是计日工资。但即使请工者不能及时支付工钱而缓期支付,既不会遭遇拒绝,也不至于出现主动讨要才会兑现工钱的情况。

考虑到劳动力的技能、劳动者的劳动德性以及请工家户为人处事习惯,二者之间有着微妙的关系,最终在愿帮、请帮的合意下才可能完成一桩请工劳动事件。促成此类请工事件,如果单纯用现在的市场理性思维来看会令人费解,它兼顾了雇工劳动需要支付劳动报酬的"理性",同时要求必须在熟人社会"情分"的微妙关系中展开。请工总是在请—帮关系生成之前,在礼俗、人情世故中达成。此类具有市场交换行为的行动并不完全由市场契约理性决定,结合村落社会的熟人关系、情理来看,它更是一种具有市场色彩而非市场行为的人际交往活动,是"情本体"在不同家户之间劳动关系中的体现。正是因为如此,雇工与"老板"之间有着无形的道德约定:"老板"会给予帮工足够的人格尊重、休息权及丰富的伙食保证——香烟、酒、肉必不可少;帮工一般也会认真地对待他需要履行的职责,提供必要的技术建议。

与其说同村帮工现象以个人需要在被雇佣中获得家庭经济收入为驱动,不如说这是村落社会得以可能的一种内在机制。愿意不出村帮别人打工者,未必是物质生存处境糟糕者。他们愿意帮人未必是生计所迫,而是在获得尊重和承认的基础上适当地提升家庭收入。获得承认与尊重的优先性,成为愿意出工的道义基础。村民们对某户人家不满,往往会这样说:即使讨着吃,也不愿意帮他!这种做人的尊严感及其维护能力与进城务工那资本主义雇佣关系中的处境完全不能同类而语。

第三种帮属于不计工资报酬的劳动帮忙,这类帮忙在村子里不但常见,而且被视为常态。1980年代的一个夏夜,劳累一天的村民在熟睡中被狂风暴雨夹着闪电惊醒。同时,人们隐约听到雷雨声中有人大声呼喊的声音:快来人啊,大伙来帮忙啊,生根家的砖淋雨啦! 村民闻声而动,冒着大雨朝喊声传来的方向狂奔。原来这位生根家盖房子打的土坯砖还没有干,裸露在户外。土砖面临着被大雨淋成泥巴的危险,这将是很大的财产损失。村民没有怨言,聚集一起,帮忙搭雨篷防止砖坯被损坏,自己却浑身湿透,再回家洗澡,已近天明。

与方村方姓联姻的邻村一位姑爷,开三轮车在村子里搞货运,深秋时节开车不小心连人带车栽到公路下方的田沟里。人严重受伤,车子直到次年春节依然没有拉起来。如果请吊车进村那是一笔不小的开销,唯一的办法就是召集众人合力拉车。春节是人口集中的时期,不顾天寒地冻,一个人召集,所有村里在家的青壮年劳动力全部出动,在没有联系车主的情况下协力将车拉到公路上。车主康复后,事后送给参与拉车村民每人一包香烟以示答谢。常年在家的一位村民告知,自从村里出现了公路后,参与人力拖车的事情他干过不下五次。

公路修通后,车运成为沟通村里村外物品的主要方式。尤其是腊月置办年货,打工者带着大包小裹回家,以及盖房子需要的物件等都是货运回家。只要村口汽车喇叭一响,一般不需要到停车场就能判断出是谁回家了,谁家的货品到了——村民在闲聊中就知晓将会发生什么。闻声而动,在家村民、就近邻居、亲属会不约而同地到停车场,主动帮忙卸货、搬运到家。这是打工村民回家时第一次与村子里的亲密接触。那种亲切、欢欣的氛围体现着唯乡土社会才会有的熟人福利。

以上事务完毕,在主人邀请"到家坐坐"、敬烟的答谢中,往往会获得"家里人客气什么""只是搭把手"的回答。"搭把手"具有机动性、便利性,洋溢着满满的人情味。某一家户、个人暂时出现生产、生活上的困难,通过"搭把手"便会得到缓解。长期的如此互助实践让村民知晓一个道理:主动对别人伸出援助之手,有利于在互助中让彼此的需要最大化满足。

"搭把手",也是缓解有矛盾邻里关系的一种微妙机制。村里人"抬头不见低头见",有矛盾双方偶遇抑或主动"碰巧"出现在需要"搭把手"

的场合,参与到许多人一起帮忙的情境中,显得自然而亲切。矛盾随之
化解于无形、不尴尬之中。

　　还有一种帮忙主要集中在家族内部,未必需要多大的劳动量,却不
可缺位。与需要帮忙家户之间血缘上的亲疏关系,直接影响着帮忙的参
与程度。如此帮忙一定程度上是在家本位社会中个人需要约定履行的
职责,具有人格化色彩,难以由他人替代。有学者将此类帮忙总结为“仪
式性人情”①。血缘上的亲疏远近关系以及个人禀赋与能力的综合,决定
了某一事件在发生之前,主动需要与被动需要帮忙的意愿的一致性就已
经完成。类似情况主要发生在同一家族的红白喜事之中。这时的帮助,
包含着对独立人格与人格主体担负的家本位关系中所处角色的双重考
量。如堂妹出嫁之日,堂兄弟到场参与仪式是其先验的职责。如果故意
借故不出席,不仅是对待嫁姊妹情感的伤害,更是对整个家族情感的冒
犯。举行红白喜事的时间一旦确定,相关家族成员有明确分工的帮忙就
已经开始,承担自己需要帮忙的事务,履行家族共同体仪式化生活中应
担职责。

　　以举办婚礼为例。乡村举办婚事是一个复杂的村落系统工程。参
与婚礼者可分成两拨人,一波是“自家人”,一波是客人。按照不同家户
“门面”大小,如此仪式往往有 100 到 200 人参与。正式的婚宴一般只有
一次,新娘家客人如果路远,需要在此留宿,婚礼第二天早上还得宴请客
人。相关准备事务提前就得进行。需要家族内“自家人”参加的事务包
括:筹备餐饮工具,如借桌子、凳子、碗、筷。料理厨房事务等。此外,还
需要代收礼金并登记账目人员,主宴前饭桌上的糕点、茶水供给与配送
人员安排。随时来客,需要呈上香烟、提供茶水服务。不同客人座次安
排,需要懂礼数的家族尊者、乡贤参与。喜事对联撰写及洞房装饰。宴

---

① 农村中的“仪式性人情”是指农民在办人生大事时举行的仪式和演习活动,是各种人物关系
　和各种事物关系的“总体性呈现”。仪式性人情中有人物关系的组织与协调,仪式性人情的
　场合就是人物关系分工合作、表演观望、建构人情关系、延续社会生活的场域(参见宋丽娜
　《熟人社会是如何可能的》,社会科学文献出版社 2014 年版,第 59 页)。

会开始时需要临时充当服务员人员。由两人(喜事成双)组成的登门宴请随礼客人的迎宾人员。还需要组建到新娘家迎娶新娘的团队,他们既充当礼仪队功能,又要在交通尚不便时抬嫁妆。以上这些事务及人员安排,都需要事先安排好。

婚礼一般在腊月或者春节举行,时值严寒季节,有时候会遇上风雪。日子一旦确定,便会风雪无阻,各自有序地担当起各自事务。

婚礼举行前天晚上,主人就会宴请相关人员,商议次日事务安排并拟定分工名单。举办婚礼,主要就是按照一定约定俗成的礼仪,"自家人"宴请客人的过程。这里的"自家人"指的是同一个家族的人。既然是自家人,参与事务就需要一定的主动性,尤其是琐碎杂事如擦桌子、扫地,更需要自觉与合理分工。社会互动论代表人物戈夫曼将社交活动视为一种表演,成功的表演就是前台、后台通力合作的结果。而后台的意义更体现在为前台完满的呈现做出相匹配的服务。宴席上每桌一般是10—12盘菜,每桌十人。一个不能多,一个不能少——"十全十美"。堂厅同开四桌宴席,吃完同时再开第二班。上菜的次序有着严格规定,最后一盘菜是整条没有破损的红烧鱼。"鱼"音同"余",是"年年有余"的隐喻。后台最重要的服务就是司厨,包括洗菜、切菜、配菜、做菜、做饭、洗碗筷等。这些事务往往是举行婚礼家户的妯娌、侄媳妇、姑姑以及家族内厨艺佳者担当。需要担当厨房事务的女性,有时候半夜就需要起床准备伙食。

帮不仅体现在以上村落社会中家家户户都可能遭遇的普遍性事务上,在特定的情境中帮也成为家族内部特定人员的分内事。有一户人家娶媳妇,按照地方民俗迎亲那天早晨新郎父亲应该与迎亲队伍一起去新郎家迎亲。但此时遭遇两种比较特殊的情况:新郎父亲已经去世;新娘已经有孕在身。按照民俗,迎亲队伍中家长不能缺席。同时,未婚先孕在农村礼俗中对于娘家家族而言是不光彩的事情,可能在迎亲那天需要新郎家族给一个说法。新郎家长可能会遭到新娘家族的责难和刁难,以此挽回尊严,也就是说此时迎亲可能会遭遇"脸难看""话难说"的局面。

事实家长不存在、迎亲可能遭遇困难,二者成为新郎家的心事,该难题最终只能在家族层面得以解决。新郎家族年纪长且辈分高者一致同意推选一位新郎父辈长者,这位长者必须深谙农村礼俗且善于社交,"会说话"。最终,公选出一位合适的家族成员充当新郎家长角色,带领迎亲队伍去应对。该"家长"也不负众望,通过他的个人威望与话语智慧,既满足了新娘家族的尊严和门风维护,又请动了新娘父亲、伯父在内的男性家长按照婚嫁礼俗到新郎家做客。如果新郎家族没能做出智慧的替代方案,这门亲事可能就暂时搁浅抑或会遭遇许多曲折。家族义不容辞的力量在此充分发挥了作用。

张佩国将村落社会中基于村落内部非生产性事务的互相帮扶视为一种福利。他指出福利的供给与需求既包括生产、生活实践中诸如水利灌溉、修桥铺路、灾荒救济等物质性产品,也包括帮工搭套、民间借贷、社区防卫等互助体系。祖坟风水、神明绕境、驱鬼仪式、婚丧嫁娶等礼仪,对于当地民众来说,甚至是更为根本的福利。如此一来,福利实践几乎囊括了衣食住行各个方面与生老病死等生命礼仪的诸多环节。[①] 差序的伦理距离成为家族事务分工的一个基本准则,同时在此基础上又具有整个家族成员都参加的团结精神。无论是家族成员获得何种分工,哪怕是走30多里山路到新娘家抬回木制柜子等家居嫁妆,都没有任何工资性报酬,充其量不过是和在本村接客的族人一样,获得礼节性的一包香烟馈赠。这种劳动分工,一方面具有很强的伦理性,另一方面又具有因人而异的合理安排。劳动分工的组织原则和家族伦理原则结合到一起,有效保障了促成一项复杂的仪式化庆典活动顺利完成。领受任务的人,并不要再三请求,更无须反复督导,便能欢快又具有责任感地完成任务。这种欢快的责任感,是基于长期互相帮助的家族伦理获得的。每个人都会认为这不是在帮别人,而是在承担自己作为家族成员应当的责任。

[①] 张佩国:《"业"与"报"——明清祁门县善和里的公产与福利实践》,见庄孔韶编《人类学研究》(第七卷),浙江大学出版社 2015 版,第 85—86 页。

村里老人过世的丧葬事务中,人员分工与婚嫁喜庆事务遵循同样原则之外,更强调个人的自觉性,彼此默契一致地领取自己应该扮演的角色,肃穆又不失默契地配合丧葬仪轨开展仪式。

丧葬与喜庆事项有别。失亲之痛往往让这户人家沉浸在哀伤之中,户主是六神无主的状态。而且,丧事具有突发性,一旦某户老人去世,甚至无须主动告知,恸哭声会让邻居第一时间做出判断并且迅速将死讯传播到乡里。此时,村子里一切生产和娱乐性事务不约而同地终止,大家都朝发出恸哭的家户奔赶。具有惊人效率的事务分工很快出笼,村落成员各自按照其与户主、与亡者的亲疏远近关系,对应到自己身份中自觉领命而去。如此不同行动角色担当的快捷性,不仅是对亡者家属的帮扶,似乎更是响应亡灵的召唤,兑现与亡者生前共享生活的情谊。

亡者家族成员给远方亲属传递死讯——"把信",有着惊心动魄的故事。两名壮年村民举着火把在雪夜穿越天柱山,夜奔 30 多里山路,与野兽脚印为伍,给亡者在天柱山工作的儿子把信。俩小伙夏夜打着手电筒骑自行车行 40 多里,中途电筒无电,一人连人带车栽到河里,彼此帮助着再摸索前行。中途电筒无电、遭遇暴雨、到达目的地时人不在家等情况时有发生。盖棺前需要亲属到场,让死者瞑目、生者安心,而亡者亲属与死亡地遥远的情况使把信的任务格外艰巨,且没有任何经济报酬。如此艰难的事情在电话没有开通前是常态。村里电话开通时已经是 2000 年了。

那些本该担当而因为人外出务工无法到场者,回家之后不仅会尽快到这户有老人去世的家户去坐坐,表达对死者的思念和对家属的抚慰之情,同时需要表达出当时不能到场的内疚和歉意,请求死者家属原谅。梁漱溟对伦的匡义,认为"伦者,伦偶,正指人们彼此之相与。相与之间,关系遂生……随其相与之深浅久暂,而莫不自然有其情分。因情而有义。……伦理关系,即是情谊关系,亦即是相互间的一种义务关系。"[①]这

---

① 梁漱溟:《中国文化要义》,上海人民出版社 2011 年版,第 81 页。

一切,都是在共享着同一家观念的内在认同感中得到表述。伦理尺度的话语及事务参与,生成了乡里乡情的文化性。伦理成为村落社会的一种基本精神。貌似松散的分工、组织因为拥有共享的伦理,使得村落社会呈现出有道德的生活品格,实现了梁漱溟所谓的心性秩序与组织秩序的高度一致。在此意义上,村落社会貌似零散、无序的个人化生活,是基于地方性伦理的一种整体性道德生活呈现。他者在这里消失,每个人内心深处都坚守着同一混沌又能在言行中标示规范的观念——家。

三、换

"换"尽管需要类似于"帮"得以实现的情谊这一社会关系为基础,其使用范围又没有帮的意义广泛。换一般并不指物—物交换,而是劳动力价值之间的交换。在 1980 年代初,那种典型的以小农家庭经济为核心的生活方式,并没有培育起如今社会清晰的市场意识。如果需要长期通过"卖工"才能获得基本经济保证,这往往被视为家庭成员合作经济的失败,如此失败可能会让出卖劳动力者获得一种污名感。劳动力主要集中于家庭联产承包责任制下有限土地资源的充分利用中,没有多少剩余劳动时间与精力出卖劳动力。即使在槽场中帮开槽老板干活,往往也是在"帮忙"的情谊中进行的。如此帮忙获得的实际物质回报,加上能干技术活的尊严感,不至于有家庭失败的体验和舆论。同村内具有明确市场意识的出卖劳动力的"打工"及常态实际需要的生产机制并不存在。即使如此,不同家户之间的劳动力互相协作依然是需要的,劳动力价值之间的交换由此发生。

换工往往是劳动力价值被认为大致对等的状态下进行,一般是男工换男工、女工换女工。在盖房子、种田的生产环节中容易发生换工现象。假如邻居甲帮助乙家盖房子搬砖了,而甲拒收货币报酬,那么乙就欠甲家一个工分。可能在半年或者一年后,乙通过帮助甲家和水泥、砍竹子等方式帮工一天,如此换工就算两讫。如果甲家农妇帮助乙家割了一天稻子,乙家的女性劳动力就需要用同样方式或者对等劳动强度、劳动技能的方式还回这个工分。在换工这一行动中,彼此的情谊、劳动强度、劳动技能、劳动时间的综合考量,共同促成了换工、再换工的实现。换工中是有时间差的,如此时间差并不担心恶意拖欠工分,只要有需要及还工的条件,就会及时兑现还工的承诺。如此交换是劳动价值之间的交换,更是熟人社会关系中一种道德和信任的互惠,并没有货币的影子,也并非纯粹的契约理性支配的市场交换行为。

如此换工只会发生在具有一定亲密性的熟人之间,且往往只是在同一村落内部进行。如果换工双方跨村,则双方往往都有转弯抹角的亲戚关系,如此换工就不再是劳动力的交换,而只是一种情谊的见证,借此行动表达未来继续情谊的期待。货币回报在这里容易遭到拒绝,被视为是对彼此情谊的玷污。如此具有时间跨度的劳动力交换前后都以信任与道德为依托,一个人是否兑现换工的承诺并主动在帮忙的名义下期待还工,不仅是村落社会中做人必需的品格,也是村落社会对个人的期待。一旦赖工并且从不主动提请帮助他人,他不仅会获得不好的名声,更严重的是他得到熟人社会层面帮助的可能性会降低,这无异于为其需要实现的常态生活自我设置了障碍。主动参与和信用成为村落社会中一种约定俗成的确保生活维系的必要机制。尽管不具有制度性规范,但其中内隐的权威机制比正式制度强制对人的规范更加严厉,这印证了儒家的一句古训:得道多助,失道寡助。在此意义上,村落社会的生活,无论其以什么面相呈现,过的都是一种集体默会的道德生活。道德在村落社会中显得相对隐蔽且没有明确的知识性规范,却无处不在。

四、送

方村中的"送",可分成地方性民俗与私人情谊两种。

民俗型的送是由地方民俗约定的亲戚关系中的送礼。皖西南民俗中礼物流动最为重视的节日是春节、端午节、中秋节。出嫁之女送给娘家的这"三节礼",必不可少。外公外婆、舅舅舅妈各得一份礼物。礼物一般是糕点、糖包、营养品和猪肉这几大类。2000年入村公路尚未完善之前,每逢这三节,路上能看到许多拎着礼物流动的人。人与礼物一起流动成为这种送礼的特点。即使山高路远,步行十几公里送礼,也很少听到抱怨之词或敷衍之行。"走亲戚"的民俗在当地的主要意义并非是礼物的价值,而是社会关系在走动中所呈现的亲密性。

亲戚走动减少,往往是亲戚关系变得疏远的表现,严重的就是不再有任何社交来往,当地人的说法就是"不上下"。

"上下"在这里有双重意义。其一,因为自然环境限制,只要走出家户,依山势向上或者向下走动就不可避免。上山、下河、入户是村民身体呈现的主要物理空间移动。溪流成河,依水势的一河两岸行人反复走动形成下山之路,因此下河就有着下山之意。其二,亲戚往往是围绕姻亲派生而来,包括舅甥关系、姨侄关系及其代际之间的扩展。反映亲戚关系的"上下"之意包含着对本是同根生的母系血亲关系代际之间永结好合的期待。无论属于哪种意义的"上下",都是依靠"走"来扭结。主动的走亲戚包含着对亲属关系的认同,以及身体上期待共享同一物理空间的情谊与亲密性,这有利于村落社会共同体的范围超越父系家族的局限,而扩展到母系家族的社会关系。父系共同体的维护主要是通过帮来实现,而母系共同体则是通过携带礼物的送—走这一行动得以实现和强化。交通不便以及能够成为礼物之商品的有限性,加上家户可支配的经济因素限制,在亲戚来往需要靠"走"的时代,由母系派生出的亲戚关系呈现出的亲密性主要是依照血缘关系中的差序生成,受其他外在因素影响较少。因为如此礼物的流动中呈现出一种均衡性,并不至于因为与某一亲戚实际生活处境差异巨大而改变。

公路入村、入户伴随着打工潮同步展开,家户经济水平发生很大的差异性,二者双重地导致本源意义上"走亲戚"的终结。其一,可以以车代步,身体在走亲戚的物理负荷中解放出来;其二,属于同一母系亲属体系的不同家户经济状况同质性减小,差异化增大。走亲戚对于维护缘、代际关系中的"上下"情谊流动的使命感渐弱,而越发体现出对礼物市场价值的在意。"穷在深山无远亲"的状况逐渐出现。打工、城里购房、不同地方工作等因素导致亲属关系内部人口流动增大,坚守"三节礼"物理性礼物流动的密度大大降低,电话、礼金、托人捎带送礼的情况逐渐出现。

传统意义送礼的式微与变异,意味着与母系共同体的关系先于与父系共同体关系衰落。即使希望亲戚走动的老人,逐渐地也不得不面对一个事实:一代亲,二代表,三代了。亲戚关系缺乏实际走动导致的涣散,验证了"远亲不如近邻"的说法。尤其是常年在家的老人,他们常说,"我也不吃什么,不喝什么,那些花里胡哨包装的礼品我根本不稀罕,而且有些东西我还不知道怎么个吃法!""亲戚吧,是有念头,可是都老了,走不动了,只能在电话里咕噜咕噜一下。""孩子来送礼,开车来,还没弄明白是哪家哪家的孩子,丢下东西就走人……这个社会,哪里有什么亲戚呐!"在老人们的感慨中,亲戚间的送礼不仅严重物化,而且其中不再有亲戚意义上关系的存在。在物质相对短缺、出行不便的时代,送礼不仅不是一种负担,而且是一种欢快的节日聚会,如今表面上与以前没有什么不同的送礼,本质上却终结了送礼的意义,成为对社会关系的一种"打发"与个人炫耀性消费。强质性乡土村落社会内部的馈赠机制已经"现代化",充斥着物质归并、炫耀性消费与个人成功的自我揭示,深深打上了市场与利润所支配的经济和伦理代码烙印。

还有一种"送"在村落社会内部进行,送的对象主要是老人、孩子、病人。打豆腐、熬糖、杀自家养的年猪,都是一家喜庆之事。尽管不同人家大致都会有如此喜庆,但是时间未必一致。送豆腐脑、熟猪肉给老人是必不可少的邻里行为。女人用手帕兜住10个左右鸡蛋看望坐月子的妇女、生病的老人也很常见。什么人喜欢吃什么村里人都非常清楚,如果谁家南瓜丰收,知道一位长辈喜欢吃南瓜饭,村民可能就会挑上一只南瓜送给该长辈。知道谁喜欢吃糯米饭,可能就会留一碗让孩子送过去。村落社会里孩子在家里待不住,往往都是在不同的邻居家度过童年,老人们将过年时剩下的糕点、糖果收集在一起,甚至藏着防止自家孩子贪吃完,留着等待邻居孩子来时分发点,用好吃的哄孩子是常见的事情。

带着孩子到任一邻居家,一旦大人坐定,孩子的手掌可能就被撑满了主人拿出的糖果。

以上豆腐脑等物品并非是生活必需品,也未必是对方物质短缺的一种救济,而其作为礼物配合送这一行为在村落社会担负着重要的礼仪功能。如此行为的发起者往往是家庭主妇,家庭主妇如此行动很巧妙地增强了村落社会人与人之间关系的弹性和亲切感,让大家感受到共享在同一种舒适、自在、有人关爱的社会关系之中。它是社会关系的润滑剂,往往在送的过程以及送的行动终结之后,围绕所送礼物的评价性谈话作为话头可能就开始了一场轻松的社交:这豆腐做得好,嫩;你家那个南瓜真甜……村妇耕作成果或者准备的礼物获得了承认,也让她们在言谈中获得了愉悦感,劳动的价值在言谈中得到呈现。类似互动呈现出费孝通观察到的中国人传统生存心态中"推己及人"的生活体验。

波兰尼认为,园艺经济及家庭经济都构成于优秀的耕作技艺及良好品德相关之社会关系的一部分;"互惠这个广泛的原则有助于保障生产及供养家庭两者"①。共享,不仅是让社会关系软化的机制,也担负着一定的社会福利功能。尤其是礼物流向老人、孕妇、病患者的送,汇聚来自更多邻居的礼物,向同一被送对象流动,聚少成多,一定程度上能够缓解暂时的危机。通过礼物表达出友好、关爱、责任、恻隐之心。由家出发的团结姿态与村落社会高度自发整合的能动性一并强化了"一种团结姿态,是社会自身减少非正义、隔离和忽视而进行或必须进行的整合"②。强质性乡土社会按照法国人类学家莫里斯的观点,是一个"由礼物赠予支配的经济和伦理代码"的社会,礼物流动中表述着对慈善精神的赞美及社会团结。

村落社会中随时发生的谈话,是一个及时传播与共享信息的过程。彼此口耳相传中获取某些信息之后,对于下一步需要实现的行动可能就

① [英]卡尔·波兰尼:《巨变:当代政治与经济的起源》,黄树民译,社会科学文献出版社 2013年版,第 116 页。
② [法]莫里斯·古德利尔:《礼物之谜》,王毅译,上海人民出版社 2007 年版。

会做出反应。充当社会救助功能的送尽管微薄,至少它反应快捷、按需供给、没有任何烦琐程序,类似社会救助是政府救助在实践中难以达成的,却部分地实现了政府的职能。

五、看

"送"这一行为与鳏寡孤独的老人、妇女坐月子联系在一起,与"看"同步进行。村子里无秘密,生老病死、鳏寡孤独、迎新嫁女、生育"坐月"(即坐月子)等事件更是村落内部的公共话题。事关这些,妇女们乐意单独或者与邻居结伴到当事人家串门聊天,这就是"看"的行为。"看"包含着对所看对象的关心、祝贺等情谊,嘘寒问暖、彼此谈论病痛或生育体验,以及看小孩子长得像谁、健康状况等都是谈资。由此一来,被看的对象往往被视为弱者或者需要关心的对象。看、送、聊天一起构成意义完整的事件,是村落社会中最有效的非制度式共享福利。

无论有事无事,村里人不太喜欢长期"闷"在家里,即使农闲时,也习惯在田间地头闲逛,看看庄稼长势,制造路遇和经过邻居家门口顺便串门的机会。闲逛与干农活时遇人必搭讪的社交形式促成村子里信息流与人流同步展开。"他"或者"他家"发生了什么的征询与好奇心往往是闲谈的主题,最终汇聚多种信息,"弄明白"是注定的结果。如果几天没有见到特定老人、寡居者,"到他(她)家去看看"便成为行动。尤其是寡居者,一旦一天没有开门,或者早晨其烟囱没有冒烟,村民闲聊中往往会形成"某某是不是哪里不舒服了"的判断,接下来便是"去看看"。"看"不仅是对被看村民的一种关注,促成社会关系反复互动,也是对有着"看"之动力者的一种自我安抚,缓解对他人事务不知晓的紧张感。如此往复活动,使得村里的社会关系、各家"难念的经"在村落社会中基本都处于透明状态。成年人的生活世界里,共享和知晓村落事务被视为一种必要的社会运作机制和应担的职责。有意逃避公共舆论或者不主动关心他人,村落社会的经验告诉人们,如此行为是生活的冒险——主动孤立于村落社会未必是与村落社会为敌,但至少获得村落社会安全防范与福利机制的可能性会大大降低。为了充分融入村落社会中,让自己所了解的与村落社会正在发生的事件同步并且高度融合,是村民有意呈现的生活品格,这大大降低了那种偏好独居者、偏执型人格发生的可能性。

清晨各家户大门一旦打开,往往直到天黑之际才会关闭。防范熟人是多余的;陌生人在村里又极少出现。开放的大门,表达出一种姿态:随时走出家户融入村落社会;随时保持着对村里人的欢迎。随时走出、随时欢迎进来,"坐坐""聊聊""看看",一种畅通无区隔的社会关系随时在门内外的进出中发生。

如老人赡养之类的家务事,当其进入村落家族的道德评价体系中,就具有了福利实践的公共性意义。① 如果不考虑国家制度层面的福利供给,乡村社会的福利事业就在封闭的家体系内部进行。对"家"的结构和意义的认识更有助于理解村落社会的福利实践。家的伦理性福利在父系家族内部流动,也适度地对母系血亲关系开放;其地域性空间福利与家的空间边界重合。家所属和默认的村落社会,包括非同姓的邻居。同姓家族聚居的特点,保证了乡村福利事业中的血缘因素与空间因素在共享的人群上具有高度重合性。如此重合性使得乡村社会福利实践貌似无制度保证又随时可能出现。费孝通在论证乡土社会的"差序格局"时,指出家作为一个事业组织,其团体界限不甚严格,沿亲属差序向外扩大。② 汤艳文顺着"差序格局"的思路,对乡村社会的"福利供给"做出了进一步解释,认为乡村社会的这一非正式制度的文化安排,"旨在通过收入再分配,使团体成员间保持大体均等的生活质量与福利机会,使团体成员在年老、疾病、婚丧嫁娶及其他困难发生时能够得到有效帮助,而这种团体以家为中心不断扩大,进而这种制度安排与群体内的各种公益事

① 张佩国:《传统中国福利实践的社会逻辑——基于明清社会研究的解释》,《社会学研究》2017年第 2 期。
② 费孝通:《乡土中国 生育制度》,北京大学出版社 1998 年版,第 39 页。

业联系在一起"①。故在国家正式的福利救助缺失和有限的情况下,村落社会中积淀的历史、惯习与村民的行动道德结合在一起,确保了暂时受阻、偏离常态生活的状况能够得到及时福利救助,整体性村落社会秩序得到实现。

村民非常清楚,什么时间、什么事件中该以何种方式介入,在互相帮助的实践中体现出"一家人"的真正意义。这一低成本却非常有效的福利供给并非是日常生活的附属,而是日常生活不可缺的一部分。家户为单位的日常生活具有行动与经济上的相对独立性和自主性,通过日常性的彼此福利帮助,加上"在一起"的集体劳动形象,呈现出费孝通对乡土社会所察的团体性特征。孤独、焦虑、缺乏安全感在如此生产、生活双重共享式团体生活中消失。如果从村落社会团体生活出发,并非是父权压制了个性,而是父权保证了不需要个性发挥就能对个人做出终极关怀。在此意义上,张扬个性对村落社会团体不但多余而且危险。个性的强调和呈现,无异于在村落社会中的自我隔离和对村落社会团结的冒犯。如此团结不是别的,需要在一致性中生成。

---

① 汤艳文:《福利供给与士绅权力——费孝通绅权思想研究》,见李友梅编《文化主体性历史的主人——费孝通学术思想研究》,上海人民出版社 2010 年版,第 66 页。

第五章　乡贤、在家与家乡

第一节　人格化乡村治理

一、乡贤①回归动因

新中国伊始,国家政权在乡村治理中对家族主义总体上持否定态度,生成乡贤的制度性土壤彻底消失。地方上的"能人"——生产队长,这一具有政治色彩的角色,情感上却与村民疏远。20世纪80年代初,实施家庭联产承包责任制后,土地使用权回到村民手中。村民自治组织的涣散让村民失望。从村落系统内部培养村落代理人的因循思维,配合着村落传统需要传承、家族情谊需再缔造,乡贤开始回归。

方村历史中的村民都是农民,文化程度、生活方式、价值观、经验与见识、物质生活水平大致处于同一状态。1980年代初,国家工作方向出现历史性转折,但先前遗留的国家意识形态对日常生活的影响并没有很

---

① 在乡村社会中具有一定权威、文化及人格魅力且能积极介入乡村社会治理的人,有不同的表述,如士绅、乡绅、乡贤、新乡贤、乡村精英等。以上概念的表述对应着具体的历史时段且有着不完全相同的内涵。本研究中涉及的"贤人"不再生活在"绅"的历史语境中,这里注重其是否对乡村治理、乡村建设发挥着村民认同的正功能,对应着"新乡贤"概念。"乡贤"是本乡本土有德行、有才能、有声望且深受本地民众尊重的人。文章针对不同叙述语境,使用相对应的概念。

快消除。1980年代,"公家""集体""生产队""大队干部"等话语依然经常出现在村民口中。除了各家户的"一亩三分地",家族色彩的红白喜事,其他一切涉及村落的事务都被视为是"公家""集体""干部"的事情。"干部"要求干什么就干什么。抽象的国家在村民观念中是缺席的,他们所谓的"公家""集体""干部"等概念对应着的就是对国家的表述。人民公社化、"文化大革命"时期国家强权的震慑力,在村民观念中树立起一种"国家"是不能随便介入、唯需服从的形象。

家庭联产承包责任制,明确了"公"与"私"的界限。在"私"之领域谋求物质短缺的补充成为日常生活的重心——家庭成员合理地劳动分工,过着欢快、忙碌、紧张有序的山上、田间、地头生活。"公共事务"在1980年代的村落社会中并没有什么实际内容,村民也不会积极主动地去关心和表述。村委会成立不久,能够让村民获益的公益几乎为零。这一点除了无须上交公粮之外,与阎海军《崖边报告》中所记录的状况相似:在1982年至2003年,村"两委"班子最大的公事就是帮助乡政府催讨公粮和收集摊派款以及抓计划生育。① 随着人民公社体制终结,生产队组织的村庄治理失去了政治正当性,村庄内部事务治理遂出现了某种"真空"。1982年《宪法》明确把村委会界定为基层群众自治性组织,村委会既不是要恢复乡土中国士绅所主导的传统的地方自治,更不是要发展西方以个人为本位的民主权利。农村组织结构的软弱、涣散与国家意志在农村中的基本贯彻,似乎就构成了一个悖论。② 村委会无作为可以用一件事情辅证:村委会所在地前面是一条6米宽的河,河岸高度约3.5米。曾经连接两岸的是一条25厘米宽的石头桥,旁边配上一条已经腐烂的木头段子。如此危桥不仅是一河两岸居民来往的主要通道,也是对岸小学生往返学校的必经之路。这一危桥直到2005年实施"社会主义新农村建设",政府下拨了专项资金后才进行整修。

---

① 阎海军:《崖边报告:乡土中国的裂变记录》,北京大学出版社2015年版,第79页。
② 应星:《农户、集体与国家——国家与农民关系的六十年变迁》,中国社会科学文献出版社2014年版,第64—70页。

20 世纪 90 年代以来,西方政治社会学关于"国家—社会"二元对立的理论分析范式在我国学术界颇为流行,不仅被用来作为解释传统中国的一种分析工具,而且被用来作为构建未来"市民社会"的一种政治诉求。其中最有代表性的一类观点,温铁军以五个字概括:"国权不下县"。秦晖拓展性地解释为:"国权不下县,县下惟宗族,宗族皆自治,自治靠伦理,伦理造乡绅"①。正如美国学者吉尔伯特·罗兹曼所说:"在光谱的一端是血亲基础关系,另一端是中央政府,在这二者之间我们看不到有什么中介组织具有重要的政治输入功能"②。在"山高皇帝远""皇权不下县"的社会治理中,村民并没有历史性地获得国家在场的体验,"乡村以其自身的运作逻辑而保持了社会体系运作的有序化"③。相反,一旦国家权力强制性从文件中突然要下沉到乡村内部,村民很大程度上会有所不适。国家不在场的村落社会维系,强化了"祖荫下"④农民对自身生活的认同及由此维系的村落秩序。村委会不能有效实行其功能时,学界主流地认为这使宗族组织有可能操纵和把持村委会组织。⑤ 方村所处的万涧村,属于不同姓氏家族集居的村落社会,并没有形成一家独大的强势家族,村委会组织也并没有呈现出家族化特点。不同家族内部秩序一旦能够有效维护,很大程度上意味着村委会维护乡村秩序这一功能已基本完成。杨国枢认为,"家族不但成为中国人之社会生活、经济生活及文化生活的核心,甚至也成为政治生活的主导因素"⑥。强质性乡土社会中的宗族礼法担负着村落自治功能,才使得人民公社制废除之后村落中一度出现国家权力的真空却能确保乡村社会秩

---

① 秦晖:《传统十论——本土社会的制度文化与其变革》,复旦大学出版社 2003 年版,第 3 页。

② [美]吉尔伯特·罗兹曼:《中国的现代化》,江苏人民出版社 1988 年版,第 272 页。

③ 赵旭东、朱天谱:《反思发展主义:基于中国城乡结构转型的分析》,《北方民族大学学报(哲学社会科学版)》,2015 年第 1 期。

④ [美]许烺光:《祖荫下:中国的亲属关系、文化人格和社会流动》,台北:南天书局 2001 年版。

⑤ 沈延生:《村政的兴衰与重建》,《战略与管理》1998 年第 6 期。

⑥ 杨国枢:《家族化历程、泛家族主义及组织管理》,见《海峡两岸之组织与管理》,台北:台湾远流出版公司 1998 年版。

序惊人地得到恢复,这为后来城市化主导的国家快速发展奠定了稳定的乡村秩序基础。家族内部秩序维系并没有仰仗多少基层政权与自治组织资源,而是依照传统的路径依赖,由村民自觉和不同家族内部的"乡贤"一起来维护。

政治精英缺席、地方自治组织不作为,并不意味着礼俗涣散。村落事务中支配性观念除了满足日常生活所需物质——"各家顾各家",还会自觉过着传承传统的地方文化生活。1980年代初,并没强大的外来文化导致乡村重大变迁,也无脱离土地可以带来高物质回报的生存机会,聚众于传统,又逐渐兴起依照礼俗秩序展开的社交生活。方村复苏传统除了体现于槽场造纸业的兴旺,还有一个象征性事件是始于1986年的玩狮子灯——当地人称作"戏灯"。这是继人民公社化时代集体活动终结之后迎来的自然村落为单位的村社活动。二者不同之处在于前者是响应国家政策号召,后者则遵从于村民自发的集体精神。随后每隔三五年,方村就会在春节戏灯。

戏灯作为一种历史久远的地方性民俗传统在1980年代中期复兴,一方面是家庭联产承包责任制成功落实,乡村生产有序复苏、物质生活水平提升的成果已经有所体现。另一方面意味着乡村物质生活水平有所改善之后,相对应的村落精神文化需求逐渐显出匮乏危机。戏灯是与地方性、农耕性传统密切相关的具有娱乐色彩的民俗活动,它将那些对此活动有经验且知晓其仪轨程序与意义的老人们推到乡村文化活动的权威位置。继1949年以来,老人们作为传统型知识的传播者,以戏灯为代表首度集体亮相。经由他们的传播与参与,融现代组织行为与民俗情感于一体,具有自主性的平民化活动开展中激活了"乡贤"精神,村社共同体精神获得了珍贵的实践淬炼。

戏灯的豪情和集体感至今依然是人们闲聊时的重要话题之一。这一间歇却不间断的大型民俗活动,迎来了古老"乡贤"精神回归。戏灯活动融入仪式感、娱乐性,村民集体参与中沐浴共享与奉献精神。开展集体活动的能力在号召、组织中得到锻炼,一些具有精英气质的村民逐渐脱颖而出。邻村在方村带头下,也曾经开展过戏灯活动,最多的玩过两次,最少的一次,最终"自休"了。他们并不是不想玩,原因是"心不齐"。

戏灯由两部分组成,耍狮子灯与唱黄梅戏。它融集体精神、民俗文化为一体,属于村落社会共享的乐感文化①。

方村从 1980 年代以来,平均每隔五年就会在春节举行戏灯活动。该活动需要集全村人之力,村民依照年龄和能力被分配到该活动中的某项任务。

戏灯时所用的狮子,用纸、竹等材料为主扎成狮子头,狮子头连接一整块布匹制成的狮子身,头尾各一人撑起狮子玩耍。方村狮子头面相并非影视中常见的那种喜庆、讨巧、俏皮样,面相极其威严凶狠。黑布成面,棕榈成耳,箔粉描眉,团纸成眼,麻索制须,嘴巴能够开合。以上狮子依据"老班辈"记忆中新中国成立前"狮子大神"形象设计。

在皖西南民俗中,戏灯中的狮子被视为是一种极其威严、威震四方、守护地方的山神——猖神。基本工具、人员及分工准备好后,耍狮子活动从"起猖"开始。"起猖"——通过道士主持法事唤醒猖神。起猖必须在方家老屋堂厅进行。用表纸折叠树立成一个牌位,牌位上写上"猖神"等字样。摆上香案,焚烛点香。鞭炮一响,钟、磬一敲,道士开始念念有词。大致一个小时候,起猖活动开始涌向高潮——公鸡血点上狮子眼睛,即"开光"。开光过的狮子被视为有神性。耍狮子中所有被分派任务者需要喝公鸡血酒,尤其是耍狮子人,腰扎红布条,高举血酒,对着猖神行跪拜礼。在歃血为盟的民俗中,村落共同体意志开始弥漫出来,"集体

---

① "乐感文化"由李泽厚于 1985 年春天在一次题为《中国的智慧》讲演中提出。其基本思想是由于氏族宗法血亲传统遗风的强固力量及长期延续,以及农业家庭小生产为基础的社会生活和社会结构的稳定,决定了中国文化具有一种"实践理性"或"实用理性"的倾向或特征。乐感文化并非是享乐主义,也不是肤浅的感受,而是配合周围人,在共同体中的某种境界或者生活方式。它主要在日常生活中,而非超经验领域中产生;主要是在人际关系、家庭关系中,而非独立的个体中产生;它通过社交礼仪影响人的生活方式。

欢腾"①开始呈现。该活动被赋予极强的神圣性和神秘色彩,唯有起猖活动完成之后,耍狮子的娱乐性才能充分表现出来。

耍狮子融娱乐和神圣性于一体,在起猖对狮子大神的唤醒中,古老的村落共同体精神同时被激活。

戏灯是夜间进行,正月元宵前开始。玩灯要不只玩一年,一旦玩了两年,就必须要玩足三年,否则被认为会激怒猖神,不吉利。三年一周期居多。本村戏耍需要 3 夜,家家户户堂厅必到。如有邻村"接灯",时间更长。最长的一次 6 夜,"出境"到杨姓、芮姓、刘姓集聚地。身强力壮者担负耍狮子头的使命,个子矮小的小伙子负责狮子舞尾,共计 8 人,两人一班。女性与不能贡献技术活的年轻人负责扛着竹竿挑起的花灯,一共 48 盏,需 48 人。报灯 3 班,共 6 人。以及锣鼓嚓钹乐器班手,共计 8 人。

狮子被道士作法念咒、眼睛被公鸡血开光,加之不怒自威的形象,伴随着鞭炮礼乐,肃穆神圣的气场顿生。按照礼俗狮子耍到人家大门前时,全家人需要烧纸钱、鸣鞭炮,且不分老幼磕头跪拜。

耍狮子在堂厅内进行。村子里的家户散落在不同地理位置,这要求牵头与主持者需要严格规划好线路,熟悉不同参与人员特点进行合理秩序维护与分工,力求秩序在个人内在自觉中生成。

引导狮子队伍的有两人组成的三班"报灯"组,依据前后两家距离确定报灯组间隔时间,大致依照每 20 分钟一班的原则,两人轮流到下一家举灯汇报。第三班报灯组与狮子队伍同行,在前方引导行进路线。狮子在前,紧跟其后的是两人组成的一对排灯,依序是花灯,最后是一对宫灯。礼乐队、观灯人员随后。行进路线需要严格按照一定礼范进行,狮子不走回头路,不走断头路,沿村落小路逶迤而行。高高举起的花灯在竹林间羊肠小道上蜿蜒而行,夜晚光亮成龙行,远观更是好看。行进时,

---

① [法]爱弥儿·涂尔干:《宗教生活的基本形式》,渠东、汲喆译,上海人民出版社 1999 年版,第285—289 页。

礼乐不得停歇，成"行路乐"。

狮子队来到某家大门前，当初要求大门紧闭，狮子跪伏在大门外摇头晃尾地等候。耍狮子活动中所有成员不时一起大声吆喝"喂喔——"形成喜庆的叫阵之势，宣告狮子大神已经驾到，请开门迎接。大门缓缓打开，鞭炮齐鸣，从未停歇的锣鼓声开始从"行路"声韵转换成狮子戏耍时的声韵。打开大门之后，外面的人会发现堂厅靠大门内侧正中已经设置好几案。烛火立案，摆放有敬请狮子大神的鸡、鱼、肉。户主率领全家逐个对着门外的狮子大神跪拜。如果此时有闲着的与该户人家有亲密关系的亲属如伯父母及其他姻亲、血亲，也会跪拜请神。此户家属如果年内有着某种家愿希望实现，会另有敬神之举，包括用崭新绸布缝制在狮子背脊上"加彩"，抑或将所有灯里面的蜡烛全部换成没有用过的蜡烛，象征着"满堂亮"。家人或者临时派人给所有在场人员包括观灯者敬烟。

迎接狮子大神的礼仪完毕，狮子队伍依序入堂。各灯组分两路靠堂厅两侧而立，狮子缓缓而不失威严地步入这户人家，开始戏耍。戏耍中包括拜祖、走四门、绕柱、爬壁、打滚、衔糕点等花样。甚至，户主用红包包好钱放在地面，期待狮子只用嘴巴叼起来作乐，这要求耍狮子者有着高超的技巧。如果该户人家有高寿老人，狮子还会玩"拜寿"花样。每当耍狮子玩了一个技法，都会获得由狮子队伍组成成员带头响应的喝彩声，增强喜庆感。

狮子戏耍完毕，接下来就是在该户堂厅唱地方戏曲黄梅戏。

耍狮子与唱戏一武一文，是阳、阴结合的乐感文化。耍狮子将民俗性、神圣性、娱乐性、群众性、地方性结合到一起，融过年、祈福、娱乐为一体。在熟人社会的劳动分工中，大家很辛苦但是很快乐，共享着同一种意志追求——"十六队"人够团结，"十六队"有面子，"十六队"一直受到山神守护与保佑。

如此活动，通宵达旦。

耍狮子活动临近尾声的最后一夜，也就是各家各户都被山神光临过之后，狮子队再次回到起猖之地的老屋。首先一个活动是唱戏，接着就是由道士或者唱戏者主持一个叫作"张三请菩萨"的寓乐于礼的一个活动,大致是以说唱形式诵念类似祈福、对狮子大神答谢内容的经文,前后持续时间约一个半小时。礼毕正值黎明。狮子队伍、尚无睡意的全村老少、外姓外村好事者一起出动,沿着山路蜿蜒而下,来到老屋大门前临河的一棵千年古枫树下举行圆灯仪式。该仪式事先依然是道士颂唱经文一番,然后所有灯具在灯杆上摘下,堆放在一起焚烧。燃起大火之初,每位狮子队组成人员轮番从火焰上方跳过去。"跳火"的寓意是与阳气、力量、团结永远在一起。

由跳火出发,开始又一年新生活。

可见,村落社会中并不缺少培育、组织文化活动的自主意识。文化活动总是与特定的生活方式、民俗习惯、文化审美相关,是总体性生活呈现的内在反映,根植于特定生活本身。对比,"送文化下乡",外来的由上到下"送"的文化是什么文化?应该是被国家承认的都市主流文化,如此送文化"下乡"无异于由国家主导的都市对乡村的意识形态灌输,是抹去乡村主体的城市化。"送文化下乡"的行为主体不再是当地民众,而是官员,民众只是无须组织参与的看客,难以在文化审美中建立起人与人的关系联结和一致性认同感,更难成为乡村生活中不可分割的文化的一部分。相反,发源于安庆地区的地方戏曲黄梅戏却依然受到村民的喜爱,其中许多经典桥段当地中老年村民都耳熟能详。原因在于此类文化并非是自上而下的外来输入,而是本土的具有历史的文化积淀,具有普遍性群众基础。村里的年轻人喜欢的流行歌曲等源自都市的时尚文化,也并非是被送进来的,而是他们进城务工自主引发而来。

1980年代初期,村里的集体事务主要是家族内部事务。家族内部事务按照血缘上的差序原则,围绕"伦"最核心的"父子之情"、兄弟"手足之情"、叔侄家族之情展开。如此差序流动网络的组织化行为,对应着费孝通在《乡土中国》中所述的"长老统治"①。1980年代中期,以"戏灯"为契

①《费孝通文集》(第五卷),群言出版社1999年版,第368—372页。

机,是新时代乡贤得到培育的起点。方村邻村李家湾、芮家老屋如今已呈空心化状态,一河之隔的"十七队"所在村落正呈空心化趋势。通过对周边村落及方村村民的访谈,大家一致喜欢用"方村人心齐"这一说法来解释方村与周边村落以上不同状况的原因。"心齐",戏灯培育起的共同体感功不可没。

二、乡贤与村落社会

方村及周边村落同样是围绕"戏灯"展开活动,却有着不同的结果,还与方村拥有具备现代文化认知能力的人相对较多有关。个别化的乡村精英,一旦对村落社会有着高度的主体意识,在熟人社会中,他们的影响力会通过话语权威、人格魅力、行动干预等方面直接地作用于村落。"见贤思齐",在潜移默化中对村落产生重要影响。

乡村社会几乎每个村落或者家族都有"能人""说得上话的人",方村乡贤突出的特点是拥有相对优势的现代文化知识。余英时、张朋园等学者强调绅士阶层的知识分子内涵,认为他们虽不一定等同于知识分子,却是中国知识分子阶层的主要社会来源。[1] 有学者认为,"士绅"强调了"绅士"概念所忽视的"绅"的文化特征和功能,或可理解为,由"士"而"绅"是一个逻辑上的递进顺序,"士"是第一层要素,或称为知识分子。正是在这一意义上,我们可以将乡绅理解为乡村知识分子。[2]

1980 年代以来,方村出了 7 名教师,其中有两名"出嫁女"——她们各自是两名该村教师的女儿。尚有 2 名教师外地教书,主动介入村务较少。另外还有两名在 1990 年前后做过短期代课教师,都具有高中学历。就近在本乡从教的方村老师有 3 名。其中小学老师两名,分别是生根、绪国老师,初中老师是人们常称作三哥的人。

以上老师的经济能力在该村并不突出,也并非因掌握了优势的经济

---

[1] 马敏:《官商之间——社会剧变中的近代绅商》,天津人民出版社 1995 年版,第 21 页。
[2] 徐祖澜:《历史变迁语境下的乡绅概念之界定》,《湖北社会科学》2016 年第 6 期。

资本而获得乡村话语权。当时乡村教师工资长期被拖欠且工资水平不高,这是全国范围内乡村教育的通病。他们的配偶也都是农村妇女,日常生活实践与其他村妇没有什么不同。

三哥18岁开始成为代课老师。他说他年轻时非常珍惜这个代课机会,他所代课程的学生成绩在县考中向来比较突出。1983年至1991年,三哥是所在乡中学的教导主任,1992年成为乡教委一名行政官员。2016年在本乡中学校长位置退休。方村如今50岁以下的原居民,都跟绪国老师读过小学,40岁以下原居民,都跟生根老师读过小学,其中上到初中的又都是三哥老师的学生。围绕孩子读书情况,成为村民遇到以上三位老师常见的话题。三位老师的回答在很大程度上决定了家长对孩子的态度。尤其是腊月或春节,有孩子读书的家长,宴请同村的老师必不可少。如此家庭宴请,往往都是一桌子同村人,包括户主视为来往密切的邻居、家族血亲最靠近又被视为有能耐的人。宴请活动在村子里被视为一种正式社交,围绕教育、读书以及外面世界的话题,往往成为餐桌上重要的闲话。

三位老师在遇到家长打算不让孩子读书时,都会严肃地希望家长放弃念头,尤其是对男孩子这种期望更高。严肃地规劝一方面是出于同宗族的互助意识,另一方面是基于教师对教育的在意。这无形中加强了村里对教育的认同感和重视。共村落、同家族尊师重教的氛围下,相对于邻村而言,方村村民的学历整体上偏高。其中如今50岁以上的,读过高中的有4位。50岁以下读过初中的有22位,读过高中的有9位,大专学历及以上的有7位。长期打工的男性成员,读过初中的占到70%以上。一定的知识水平加上进城打工获得的眼界,以及尊师重教的熟人社会关系,无形中增强了文化要素在方村社会关系、处事方式中的分量。村民整体上相对良好的受教育状况,与以上几位教师构成村落内部活跃的文化符号分不开。

村落社会中的日常生活,不需要多少文化知识;在红白喜事等重大村落事务中,"文化人"的角色又必不可少。如写对联、按照当地民俗在举行宴会时安排客人合理席位座次等,都需要一定的文化水平和对民俗礼数有着准确的理解。乡土社会中文化人被视为属于村落的优势文化资本及象征资本,极容易被推举到村落事务中接送、议事、主持等重要位置。尤其三哥长期担负着教育部门的领导岗位,被视为最有见识、信息源广、拥有优势社会资本的人。三哥的个性中有着师者威严又不乏诙谐、幽默的一面,在闲聊、餐桌上是话题的源头,也是同辈家族兄弟们开玩笑的对象。长期如此村落社交,逐渐树立起三哥如此形象:一个熟悉村落社会事务的秩序权威,又是村落社会世俗话语联结的中介。礼、理、俗被这些人有分寸地拿捏,乡贤自然有其一席之位。礼符合村落社会传统价值,有利于村落共同体感生成;理的强调中注重了礼与时代变迁的适应性及理性精神;俗中塑造出"乡贤"与大家没有什么不同的群体性认同,一定程度上抑制住权威人格对追随者内心造成的压力与距离感。

在方村对外重大活动或者复杂纠纷中,乡贤们往往成为一个家族的权威代言参与其中。邻里一旦发生纠纷,尤其是家庭内部夫妻、父子之间发生争吵,当暂时无法平息一方愤怒时,将"长老"与文化精英找来"评理"是惯常的事情。自我认为理直气壮的势弱者,希望获得帮助的第一思维就是找这些人。被诉求的贤人们往往也不负众望,获得诉求信号后会主动介入。将"家事"在家族内部消化,如此调解纠纷是村委会成员不具有的一大优势,确保了最大化实现"家丑不可外扬"以及事务处理的及时有效性。此时的"家"应该扩大到"家族"层面理解。一旦矛盾需要村委会介入,那已经不再是民事调解,极可能涉及民讼。村里罕见如此情况。

一旦自然村落利益有遭受村委会权力入侵嫌疑,村民激昂的言论,最终又可能将这些贤人推向村民集体利益代言人的位置,与村委会斡旋,据理为村里争利。如对孤寡老人、五保户等弱势群体利益的争取,农田水利工程款、扶贫救灾款落实情况等,往往都是三哥等为代表的乡贤去村委会质询。他们是这些信息的灵通人士,也是村委会在潜规则下分配利益时必须"给面子"的人。

这些老师们的青少年时代都是在乡村度过,其重要的亲属基本生活在本村,不可避免地他们成为村落事务必需的关注者、参与者。其生活观念、民俗认知,在长期的村落生活实践中已经习得,对一方风土人情有强烈的认同感及维护意识,对传统家观念有着深厚感情与忠诚。

家族行事风格的历史记忆,主要源自曾经是生活事件的旁观者和直接参与者。在老人的回忆中,生根老师的父亲算得上是村子里家教最严厉者之一,是家族、父权制的坚守者。被家长打骂,是村落社会具有普遍性的教育方式。生根老师的父亲,到同一家族同辈兄弟家闲坐,户主正在严厉批评儿子。在问清事情缘由之后,其并没有劝阻和予以制止,而是用随身携带的旱烟管直接击打孩子的头部。旱烟管最长的近乎一米,最短的也有 30 厘米,由连根细水竹制成,根部装烟的部分包裹上黄铜。被击打的孩子头部瞬间流血。而孩子父亲在旁边说,"打得好!"严厉说教甚至打骂孩子的目的只有一个,就是经辱骂造成人格伤害和造成肉体上的痛感记忆,让孩子懂得守规矩的重要性。规矩,是乡村礼俗对一个人期待的言行规范。礼俗、言行规矩,通过家长、家族尊长者反复严厉地说教,以及身体力行的实践逐渐习得。

以上这几位老师,在人格上一定程度上都承袭着对"老规矩"的坚守,无形中将老派家族长老权威承袭到他们的言行中,不同之处在于运用得更加灵活。

对于大多数文盲、半文盲乡民而言,一方面礼是一种社会关系及实践,这是他们表达礼的主要方式;另一方面礼属于儒家经典,在书中,从而"知书"才能"达礼"。这里的"达礼"不仅强调守礼,而且还需要有对体系化礼数进行阐释的能力。被期待能够"达礼"的人,只能是受过一定教育的文化人。传统乡贤概念中的知识与我们现在通常意义上所理解的知识有所不同。后者是一种广义上的知识,在性质上包括自然知识和规范知识两类,而前者则仅仅指规范知识。① 方村的老师们是同时掌握现代知识和礼俗知识的人。他们在反复的乡村生活经验中获得了家族集

---

① 费孝通:《中国绅士》,惠海鸣译,中国社会科学出版社 2006 年版,第 34—44 页。

体认同感以及注重规矩、礼仪规范操作的重要性；借助自身的文化知识能够顺利地理解、领会世事，有助于他们对传统、礼俗的认知。他们不仅成为传统的继承者，也成为对这一继承必要性做出解释的人。无形中，他们兼备村落集体人格与传承传统的乡土情怀。乡贤品格脱颖而出：有意识地维护家族尊严，带头传承礼俗，积极参与村落事务。

教师这一职业身份强化了他们言行的风范性，构成村落精神的一个隐性标杆。这种标杆能够形成不仅在于他们对强质性乡土礼俗的熟悉和感悟力，还包括他们自身因职业生涯获取了对社会变迁相对更开放、包容的心态。他们的言行比起传统长老权威而言，更容易获得年轻人的心理和文化认同。他们成为传统礼俗的坚守者，又是其中一些陋习的监控者；是年轻人的指路人，又是年轻人习得村落规范的教育者——成为日常生活中沟通传统礼俗和现代社会价值的桥梁。

村落社会尊师重道的传统在"天地君亲师"的香柜文化中可见一斑。以上老师们在村落社会中无形中拥有三重身份：传统的继承者、现代社会价值的积极理解者，以及年轻人学堂老师。传统、社会、师承这三重关系融合到家族这一体系中，在礼、情、理与老、中、青之间互相沟通和斡旋。将传统礼俗整合到现代社会结构变迁中，确保乡土社会并不因为时代变迁而失去传统性，也不至于捍卫传统而涣散了年轻人的村落认同感——方村的"文化人"对此做出了特定的贡献。

中青年群体中不乏有文化且对礼俗社会"世事通明"的人，逐渐跻身于家族事务、村落公共事务的牵引中。综合这些因素，在频繁的村落社交中，方村的决策能力、行动原则、贯彻措施等理性思维和共同体互融成为可能。

第二节 在家

一、"在家"的意义

家是在实践中展开的生活系统，也是生活的阐释系统。家需要拥有特定的、稳定的地理空间，以及需要获得对"安土重迁"进行文化阐释的能力,二者赋予"在家"成为一种理想的生活哲学观,暗示着长期定居于稳定的地理空间/情感认同中的生活才是值得拥有的生活信念。

英语世界中"在家"分别对应着 at home 与 in home。前者中的"家"是一个抽象概念,at home 属于固定搭配。后者中的"家"指的是具体物理空间,强调在房子里。俨然,作为一种生活哲学的"在家"应该属于 at home。有关家哲学本源性的探讨,海德格尔赋予家存在的地位。他在《返乡/致亲人》一文告诉我们:在这里,家宅(园)意指这样一个空间,它赋予人一个住所,人唯在其中才能有"在家"之感,因而才能在其命运的本已要素中存在。这一空间乃由完好无损的大地所赠予。大地(于是)为民众设置了(空出了)他们的历史空间。① "在家"不只是反映生活者与家的空间关系,其深层次意涵是生活者身心统一于与家密切的关联中所获得的意义感。布尔迪厄认为家庭房屋的建筑结构、功能区分、家具物品安排,通过人们在其间的日常生活与仪式实践对人们的世界观和惯习有深刻的形塑作用。身体与家之空间结构性生成的意义辩证关系中,导致身体体现出世界的结构。也即是说,"世界对于身体的征用,能够使身体征用世界"②。身体在日复一日的日常起居和仪式实践中,始终处于与生活空间的不断互动之中,也就在身体中最终内化了其世界观与宇宙观,成为惯习。家在哪人就在哪,家是先于人而存在的。家得以可能的前提是生活者与家的不可分离性——在家。只有在家,才可能实现家的生产与再生产。同时确保乡村社会实现。在家得以可能的条件在于要遵循家的自主性——人不需要离开家就可以再生产生活。家成长的过程是一个有选择的沉淀过程,包括环境选择与文化适应。安家于某地是祖辈慎重考虑并在反复实践中获得认同。安土重迁,不仅只是生产方式成熟并且习惯,而且是对家之历史的缅怀、对祖先的追赋。

过去,人们将家庭置于伦理学的范畴内来对待,将家庭看作一个伦

---

① [德]海德格尔:《荷尔德林诗的阐释》,孙周兴译,商务印书馆 2000 年版。

② Bourdieu Pierre, *Outline of a Theory of Practice*, translated by Richard Nice, Cambridge: Cambridge University Press, 1977, p. 89.

理有机体，一个血缘关系和夫妻关系的居住结合体。[1] 家，从现实的维度，是指同居的家人和家人们共同生活的空间等。从历史的维度，主要从信仰和观念上看，家包括已故祖先和未来子孙……"家"是不可分割的概念，不能贸然把任何家人包括家长、家属，从"家"这个概念中分裂出去[2]。"在家"表层意义指的是身体与居住场所之间的空间关系，这一平常却容易在口语中出现的语词背后有着深刻的文化意涵。传统农耕社会相对封闭，对外联系较少，其主要的活动区域不仅在居住场所内部，而且还包括前庭后院、鸡栅猪圈、房前屋后、田间地头。这些物理空间上的构造属于家不可分割的一部分，都是围绕家的实现功能化设置，且与堂厅为核心的主屋的距离一般都不会太远，在这些场所出现都可视为是在家。空间扩散开来，如果没有跨出那个熟人社会村落，相对于村落之外而言，因为家所特有的伸缩性，依然会被视为是在家。

空间上判定是否在家的外围边界，可以拓展到人们心理默认的熟人社会的村落外沿。一般而言，文化心理上默认的家的空间区位分布，小到具体的功能空间如灶房、堂厅、卧室，大到默认的村庄共同体空间边界的村口。另外，被视为珍贵的物品或者与人之间有着复杂情感或者精神关系的物化符号等，往往也被视为安置在家里是唯一正当的物理场所，甚至拥有屋舍内哪个具体的空间、方位都有严格约定。诸如祖先牌位、床安置的空间方位以及污秽物如笤帚、马桶等的摆放，与家之间都处在特定的空间物体系中。因此，在家主体主要是人，又可以包括物品以及物化的精神符号。在家是一种空间关系，更是人理想的精神状态，是人类学家道格拉斯意义上的"洁净的秩序"[3]，维护着家必要的神圣性礼制和"过日子"的稳定性、秩序感。能够持续实现稳定的在家状态是家得以维系的常态，促成这一常态实现是乡村生活的方向。

在应对恐惧、疾病、死亡时，人类学家发现村落社会中的叫魂术，成

---

① 汪民安：《家庭的空间政治》，《东方艺术》2007 年第 2 期。
② 俞江：《家产制视野下的遗嘱》，《法学》2010 年第 7 期。
③ ［英］玛丽·道格拉斯：《洁净与危险》，黄剑波等译，商务印书馆 2018 年版。

为一种有效的心灵——文化安抚,强化了"人归属于家"的亲密性团结和村落社会凝聚力。叫魂传达的精神就是由家人出发对"漂泊者"的召唤——回家。方村所有的人都被"叫魂"过,尤其是小孩子戏耍、疲劳过度,或者遇到风寒、湿热、发烧说胡话等,大人,主要是母亲或者姐姐会在天黑之际,带着裱纸从堂厅正门出发,到门前的山岗、路口舒缓悠长地叫唤着"沾上邪气"的孩子名字,而且是生活中常用的小名,再就是拖着长腔——回家哟——跟着妈妈回家哟——回家来吃饭哟,如此反复。村落灯火已亮的夜幕之际,被叫唤者浑身无力地躺在床上,迷糊中听到母亲或者姐姐的叫唤,一切瞬间变得安静,似乎整个村子都在为病患者祈祷。叫魂者边叫边往家的方向走,且不许回头。与家逐渐靠近,叫唤声音也变得轻柔。一直叫到病患者的床前,再伴随更轻柔的声音,母亲用手抚摸孩子的额头,口唇轻吻孩子脸颊,由此感受孩子发烧程度如何。

"在家",符合中国人安土重迁的小传统观念,人活着需要开扩门庭,期待人死后能落叶归根,日常生活期待在房前屋后、田间地头进行。"家"是人的一种隐喻,祖祖辈辈小农经济中生成的在家生活,让生活、意义本身都具有与家不可分割性的特点。在家,内生于家的哲学体系中。

以上情感结构中有关家的空间认定,家具有原生性,对应着本源世界,属于现象学范畴,而并非一个被高度结构化、组织化的社会。生活者对"回家"的欢欣中指明了家文化中不生成别离于家的意识。家是意义矢量,要求所有"从家出发"的离开都是暂时的、且必须返回。离开家的意图是"为了家",才能获得家的应许。一住户成员长期不在家,在传统乡土社会中,往往就是"家破人亡"。日子可以过得贫寒,家不能破。分家是被家默许的一种扩大方式,并不构成对家的破坏。人的生离死别等家不可克服的生物性因素也并非是家的死亡。逝者成为家祖、家先,精神性地支撑起家的文化继替。堂厅的祖先牌位象征着逝者永久性的被安放在家,被后代怀念和供养着。死亡并非对家的放弃与别离,逝者的坟墓在空间上并不会与其曾经生活过的房屋太远。方村祖先的坟墓就在方氏祖屋附近的山上,人们称之为"埋公山""祖坟山"。

这里的民俗，会为逝者举行两次与乡邻告别的仪式。第一次是逝者入棺之后被送上山时。在逝者生前住地与厝棺①安放地之间设计一条亡灵告别路线，路线的选择依照先下行再上行的原则，取代代相传的顺风顺水与追思慎远的"往上"之意。另外一个原则，众人抬棺最大化在村子里与逝者生前最亲近的、私人关系最"得意"的家户门前大路经过。被经过的家户一家老小迎门朝亡灵跪拜，捧着亡灵牌位的长子领头带领亡灵家属向这户人家相向跪拜答谢。厝棺三年后被永久性入土安葬之前，如此仪式将会再举行一次。该仪式庄严而肃穆，绕村沿路在本村不同的人家前停歇，沿途放鞭炮、撒纸钱。按照当地老人们的解释，如此意图是：村子里的人与亡灵做双向最后的告别。一方面生者对逝者的最后告别，在家门口送走逝者；另一方面逝者向他生前的亲人、邻居做最后的告别。每一起村里的死亡事件，通过举行并参与亡灵告别仪式，集村整体伦理与村民合意都获得仪式化增强；家园意识、团结精神是亡者之灵对"家"最后的答谢与忠告。村民在哀伤中迎来集村合意的庄严肃穆场景，宣告着通过一个人死亡见证村落集体情感与行动一致的神圣性与重要性。

村民们几乎都相信人是有灵魂的，生者灵魂与身体不离，逝者灵魂缺乏有形身体无所寄，但是有所依，其以非物质形态的精神一直存在于乡村——在冥冥之中注视、保佑着他的子孙、守护着他生活的地方。灵魂因为死亡可以脱离身体，不会游荡出其曾经生活的故园。逝者精神性的并没有离开家，而是获得了在家的永久性。在方村有关死亡仪式及对死亡的理解中，蕴含着死亡并非是离开家的观念。从而，人与家永久性的在一起，是家对人内在的期待，同时也是人赋予家维护人意义的一项不可置疑的神圣使命。家——人构成的精神性使命对生活者的约定，就是让"在家"这种日常生活获得最本源的阐释——过上安定有序的在家

---

① 皖西南地区传统中亡者不能血葬，尸体入棺后要在野外土面厝放几年（厝棺），用茅草或者砖瓦为棺材修葺一个类似小屋遮风挡雨，然后入土安葬。厝棺年限约定比较复杂，往往依照本地风水，考虑死者死亡日期、坟山山相以及死者家属生辰八字冲合情况综合考虑，一般年限不超过三年。

生活。

这种秩序用现代民主、科学的眼光看来,可能是专制的、甚至是迷信的。如此理念培育起的村落文化形态,其核心与家紧密相关。围绕家的意义实现正是以上容易遭到现代社会理念质疑的形态。如此形态在过日子这一日常生活呈现中无时不在。村落生活表面上那些与神圣性无关的琐碎事件及行动,也许都深含着宗教、民间信仰、家族禁忌等意味。从外来的异文化视角对其做出准确地阐释是艰难的事情,更可能只能就行动本身在理性的框架下对其做出解释。在强质性乡土社会中种种表面看似简单的行动都具有一定的意义性,不仅行动本身以及行动所暗示的意义同时是村落社会有意识维护的。难以被外在理解的神圣性让乡村传统生活充满了一种不可理喻、神秘主义色彩。从村落文化本身来看,这些正是生活的常态,将神圣性无处不在地融入到日常生活中。乡村社会充满了神圣和宗教禁忌的成分,与其说过的是一种常态的世俗生活,不如说追求的是一种有意的生活。日常和世俗中确保了反复性实践中生成秩序感;要想实现它,就创制出一套生活体系,每天去面对它,而不能将其在生活的日常性中被隔离、深藏或者抽象成一种玄奥的理论。神性、意义感是乡村生活追求的精神,世俗的日常生活对此做出保证。即使方村正屋客厅背墙贴有"天地君亲师"牌匾,以天为尊,也是"常纳之于人事之中",中国文化只有"一个世界"①,这一世界就在现实生活世界中实现。这种"近于宗教"或"特殊的宗教",其实质乃是一种道德的信仰,"尊德保民"。② 这一家观念与儒家思想倡导的生活具有一致性,谋求情感、秩序、幸福,而这一切并不会因为死亡、失败而失去意义。如此意义最好的维护,家被生活者注入了持久的期待和时代相续的信念。

---

① 中国文化之"尊天",连带着"尊地"。《尚书·泰誓》,云:"惟天地,万物父母。"《周易·说卦》,云:"乾,天也,故称父;坤,地也,故称母。"《中庸》,云:"郊社之礼,所以事上帝也。"朱熹《中庸章句》,注云:"郊,祭天;社,祭地。不言后土者,省文也。"因尊天亦尊地,以天地为万物之父母,天、地、人并称"三才",故此"天"或"上帝"与地、人、万物共处于"一个世界"中。
② 李存山:《先秦儒家道德的信仰、情感和理性》,"比较视野下的先秦儒学"国际学术研讨会论文,新加坡:南洋理工大学孔子学院,2016 年。

滕尼斯认为,原始的迷信崇拜是家庭性质的,因此,凡是炉灶和祭坛在开始时是同一个地方,家族的迷信崇拜也最蓬勃发展;"迷信崇拜本身就是一种艺术"。为去世和受崇敬的人所做的事,采取深思熟虑的方式,气氛热烈而严肃,而这还适于保持这种气氛,因此也适于唤起这种气氛。令人不快的、无节制的、违背传统的东西在这里是被厌恶和鄙夷的。儒家主张的中和之道要求生活本身需要有张有弛、动静结合、劳作与休息与共,彰显出一种节律与生活相谐的节奏。滕尼斯进一步认为,陈旧和习惯的东西固然可能会妨碍在迷信崇拜中追求美,但是,这仅仅是因为它本身对于习惯和敬畏—虔诚的心情来说,包含着一种固有的美和神性。原因在于宗教在开始时首先是奉献给对死亡的观察,它在乡村生活中作为崇拜大自然的力量,同生命建立了一种更为快乐的关系。魔鬼作为祖先只不过是一些被安抚了的幽灵,他们过着地狱的生活,他们把各种神看作是自己的复活,升入到天上。① 传统乡村生活中无论是在聊天、仪式还是具体的行动中,都能感受到神灵、魔鬼的存在。对神灵的虔诚、对魔鬼的恐惧,如此观念一直笼罩着乡村生活的每一天,每一个人。宗教性持久地被乡村生活所感知,无形中将乡村日常生活上升到一个神界、地狱的边界。正是因为对这种边界的清晰认识,追求生活的神性、摆脱生活的魔性成为乡村生活内在的铁律和人人需要秉承的自律文化。人们感受到生活的欢欣感:只要努力按照传统和情理的规范来设计自己的生活,就能有效克服死亡给生命带来的紧张感,并且让几乎一成不变的生活本身充满意义感。当有规矩的日常生活能够安顿自身并且让个人充满意义感,生老病死的焦虑逐渐消失了。以家为中心的生活开拓,成为乡村生活中人人必须遵守的天职。

由于定居农业和祖先崇拜,中国的文明进程长期"在家"。② 家的意义性生成于对生活的意义维护,而生活的意义是通过生活者与家不可分

① [德]斐迪南·滕尼斯:《共同体与社会——纯粹社会学的基本概念》,林荣远译,商务印书馆1999年版,第92页。
② 徐勇:《天下一家:人类命运共同体的家户起源》,《南国学术》2019年第2期。

割性日常生活呈现出来,家只有通过生活者对其处于存在的状态才获得意义。安土重迁、落叶归根的生命观正是对"在家"无别离、不舍弃,是生活者与家不可分割性的肯定和追求。Arthur Kleinman 曾经指出,"道德体验总是个人在特定的本土世界内的实践经验,这个本土世界是个包含着特定文化、政治、经济意义的空间"①。在家状态过得不仅是物质生活,更是一种道德生活。生活者与家共享同一稳定的物理空间中,围绕生活的日常性、世俗性让生活获得了神圣性。生活的要义不仅是物质性的满足,更需要让人与物的关系中获得伦理正当性,就是不要远离家去谋取生计,同时谋得物质上充裕的生计后也不能离开家、放弃家。家观念中,没有离开,所有暂时"从家出发"的离开,都预设着必然的返回,否则不是对家的背叛就是不可克服的对家的破坏;无论哪一种,都是家的禁忌且是伤害。

按照家文化演绎的逻辑,不可能在家内部生成不在家的生活;一旦人与家分离才能获得生存论意义上家的保证时,意味着生活者实为以然的生活正遭受外来威胁,家观念自身不足以抵挡强势外力逼近村落——城市中心主义突起导致人与家直接分离——这是包括方村在内整个万涧村居民历史上从未有过的事情。当只有离开家才可能为了家的社会结构出现时,在物质保证上社会结构为村民提供了一条生路,在精神层面,村民也许正遭受死亡威胁。

二、"在家"与伦理社会

村民的"在家"状态让家的伦理性社交关系得以生成,"在家"是伦理社会的保证。这一过程让家朝世俗生活开放,完成家观念中的世界朝社会的转换。家作为一种伦理性社交关系,有两层意思。其一,伦理性是其基本内核;其二,伦理性是通过日常生活中的社交来呈现。日常生活

---

① Arthur Kleinman, "Experience and Its Moral Modes", in Grethe Peterson(ed.), *The Tanner Lectures on Human Values*, No. 20, Salt Lake City: University of Utah Press, 1999, p. 365.

中的戏耍、嘻哈,很难判断方村人与人之间究竟是什么样的伦理关系,仅仅只能从称呼中判断出辈分关系,如叔侄关系、兄弟关系等。这些称呼中暗含的伦理关系,在方村人的观念中是笼统的"一家人"。同一"祖荫下"的根系关系、差序格局中演化出来的亲疏远近伦理,成为社交关系的一个测量尺度。

村落社会中辈分的派系等级暗含在名字当中,按照当地方氏族谱中严格挑选出的标识派系的字,一共有 80 个,按照序位排列依次是祯、聂、崇、真、绪、诒,谋、裕、后、记……如今属于方村的方姓男丁在人口数量上以绪字辈、诒字辈为主体,二者共计达到 90％以上,真字辈尚有两位老人。健在的、中年及以上的男丁姓名,基本都是依照姓氏＋派序字＋名字来取名的。其中的派序字是确定其辈分标识的重要依据,从而在方村,以绪字辈为例,名字叫绪苗、绪高、绪红……很常见。当外人进村,发现两个人的名字中都有绪字的,毫无疑问,二者是同一家族同辈的兄弟关系。诒字辈的人主要是 1980 年代以后出生的,由计划生育政策实施之后的合法或者非法人口组成。他们的名字显得多元化,名字中带辈分字逐渐减少,由名字很难以判断彼此的辈分关系。即使如此,方村在与死亡、丧葬有关的文化中,需要标识名字的媒介中,名字中嵌上辈分必不可少。如墓碑上需要刻上直系亲属下一代男丁名字,法定名字中不带辈分的,往往处理方式是:将名字的第一字以其辈分字取代。如姓名叫做方刘送的人,如果是绪字辈,那么需要其承担"孝子""孝孙"文化符号时,在其已故长者墓碑上的名字就会是方绪送。

在比较正式的家庭宴席尤其是婚丧宴席上,彼此的座次将会严格按照辈分大小来排列。其中堂厅东边为尊者席位,对面次之。八仙桌上下座次,以大门方向为准,面朝大门方向即"上横头"为大,背朝大门即"下横头"方向辈分席位最小。

有时候会出现这样的情况,即辈分小的如侄子辈其年龄大,而叔叔辈的人年龄小,甚至差一代人年龄,二者在同一桌吃饭,其中就会出现辈分之尊与年长者为尊的冲突。这种情况的席位座次按照老人的观点,依然是辈分大者坐在尊者位置。一般情况下,年龄小辈分大者并不会以辈分为尊而不会谦让,会主动请辈分小年龄大者坐到其认为相应的尊者位置。最终座次结果往往是在二者以及同桌其他人关系状态中微妙又轻松地解决。一旦遇上辈分小年龄大的老人,又近乎固执地坚守传统,他们依然会按照辈分坐到其认为应当的位置。以上情况说明,在同一家族内部,血缘上的辈分之尊比年龄上的长者之尊更加予以重视,强调了血缘关系内嵌在社会关系中的重要性。名字中带上标识派系的字,有利于让同一家族的人形成谱系上的根系关系并且容易辨认,与派系——辈分相对应的空间伦理,有利于身体流动、空间呈现不至于导致家族伦理序位混乱。不是同姓的同村、邻村人,彼此之间总是会扯上转弯抹角的亲戚关系,由姻亲为基础缔建的亲戚关系同样会对应到相应的人伦空间序位中。

空间在这里不再只是一个物理概念,而是内嵌着对人伦的空间序位和家族谱系双重认定。人伦的空间约定生成"在家"的秩序感。个人在村落社会中的呈现,既非抽象的个人,也非单项度某一方面的个人,而是一直处在纵向历史、横向社会关系中的个人。村落中的社会关系,一定程度上呈现于涂尔干所理解的集合意识之中。先验的集合意识中蕴含着共同体成分及秩序的神圣性,个人需要做的就是寻找其对应到如此秩序默认的序位之中。个人寻求自身与礼俗期待的序位对应关系,内嵌着家族企业组织与分工的萌芽。如有年龄长抑或辈分长的老人从事某项事务需要旁人"搭把手"时,与这位老人血缘上最亲近的年轻晚辈如果是在场者,应该主动介入帮忙,这是礼数。婚丧事务中,按照民俗约定需要不同的人承担不同的事务,也会充分兼顾在亲属关系中所处的序位与能力相结合考虑。这种组织化分工,在行动展开之前就已经具备了一套成熟的行动原则及确保行动实现的机制。如此组织行为方式却并不在现代理性主义脉络中。个人作为社会关系的一个接点,先验的礼俗伦理已经指导性的帮助其完成。担负起个人在社会关系中应尽的职责,不仅是主观能动性的体现,也是其在村落社会中的使命。无形中,有一个强大的、又难以捉摸的一种场域——家的实践感——正在召唤着个人对其无条件的忠诚。这种忠诚，并非出自现代意义上利己主义者的自我保护，而是共同体成员对共同体的忠诚。忠诚于共同体，即是实现自身意义的再生产。

第三节 家乡意识

一、情感结构中家的空间边界

当空间成为有关社会思考的一个维度时，与其说是在研究业已"存在"的空间，不如说是确定这一拟定空间内外的边界以及空间之内的关系。如果没有"边界"，空间就是一种无内容的抽象形式①；如果不具有关系的视野，空间内部的内容也无法被表述出来。齐美尔追认康德有关空间的界定②，认为它是"事物待在一起的可能性——这也是社会学意义上的空间"③。可能性是空间分析需要阐明的，关系向度的把握是获得可能性的路径。家的空间分析，涉及家屋内部空间以及不同家屋关系中的空间，以及情感上默会的地方性空间。前两种空间是家的结构性空间，后者则是家的心理空间。家的结构性空间已经在上文中讨论过，这里涉及家的心理空间。几乎每个地方的人都倾向于认为他们自己的家乡/故乡是世界的中心，"家是宇宙结构的焦点"④。放弃这样一种具有至高无上价值的地方概念，是难以想象的。

---

① 张柠：《土地的黄昏：中国乡村经验的微观权力分析》，中国人民大学出版社 2013 年版，第 36 页。
② 康德认为，"空间"的概念，既具有"经验的实在性"，又有"先验的观念性"。从"经验的实在性"角度看，只有通过对从外部向我们显现的事务"相互并置关系"的感知，才能理解空间概念；同样，只有通过空间，事物成为我们的外部对象才是可能的（参见康德《纯粹理性批判》，人民出版社 2004 年版，第 27—33 页）。
③ ［德］盖奥尔格·西美尔：《社会学：关于社会化形式的研究》，林荣远译，华夏出版社 2002 年版，第 461 页。
④ ［美］段义孚：《空间与地方：经验的视角》，王志标译，中国人民大学出版社 2017 年版，第 123 页。

人类学讨论的空间是需要一定的自然或人为实体为媒介，而非抽象的理论探讨。更进一步，空间是依人的各种活动而不断建构的结果，比如空间被视为行动之媒介；思考模式的必要结构；生产和控制的工具等①。同一空间结构因为行动者的目的及意义需要多维呈现，从而经由方位、高低、内外或距离等普遍的自然条件被赋予了不同的文化意涵，借此表达出生活需要多重空间秩序。

每当我从城里返回家乡在村口出现时，遇到熟悉的人时少不了一场礼节性谈话。村子里的人对我的回应因为辈分不同对我的称谓也有所不同。长辈对我直呼亲名，同辈的兄长们亲切点的，称呼我"老弟""老小"的都有。称呼之后，几乎一致性会对我说"（你）回家啦！"或者"（回）家来啦！"即使是同村不同姓的邻居，依然会用以上"回家"句式拉开偶遇开场白。乡亲们在这里对我招呼的回应中，看不到明显的家族成员与非同姓人的区别。"家"在这里构成对包括我在内的一种空间认同，如此空间认同不是按照家族、姓氏来定位的。

我曾经在县城下车后遇到同村人，乡亲用的是"回来啦"的句式，很少用"回家"。当我到了行政村、也是到方村必经的一个商户集中地时，"回来"与"回家"句式都能用到。而经常提到"家"字的则往往是我已经到了村口或者村内部。

无论哪一种表述，都绕不开"回"这个字。"回"在这里有着对归来的认同而非去、往、到达。"回"字在这里表达出的不仅是一种空间位移，而且将身体的空间运动视为是一种文化矢量，暗示着返回的方向是本源的意义空间。这一空间拥有并且认同返回者是其中一员。返回的表述，其深层次是对归来的默许，是精神上的一致性——在应该存在的地方。返回的不仅是物理空间，更是大家在一起共享的精神空间。这一物理和精神空间的统一体是由"家"来担负的。"回"与"家"联系到一起，是"回"字

---

① 黄应贵主编：《空间、力与社会》，台北：台湾"中央研究院"民族学研究所 1995 年版，导论第 2—4 页。

最具有文化性、情感性的应用;也是最频繁的关联性表述。如果将"回"常用的宾格"家"替换掉,我们很难用一个更合适的字眼替代。

如今笔者长期不在方村生活,和方村人的电话联系必不可少。电话交流时,彼此的身体都处于匿名状态,身体空间的不确定不禁造成谈话双方的紧张感,为进一步深入交谈设置着隔离感。突破这一紧张与隔阂状态,电话里交流的开场白往往是,"你在哪?"这样的问话经常在笔者与母亲之间出现。她更多的回答往往是"我在家里"或者"在菜园地里""在某某家"。即使在家屋内,她不会说"我在厨房里""房子里"之类回答,而习惯用"在烧饭""在洗衣服""在看电视"这一表述行动的话语。因为谈话方是非常亲密的同属一个家庭的成员,因此彼此之间有着对家的另外一种默认,就是以家屋的物理空间为边界,在屋子内一律视为在家,在屋子外又即不在家。在家屋内时,不再会告知具体在哪个功能空间,因为如此回答无异于将彼此默认的整体的家做了切割,这是"一家人"情感上不会接受的。

当笔者在远离家乡的城市与方村非家庭成员通电话,问对方在哪里时,获得的回答可能是"我在家里"。这里的"家里"的地理空间包括在其自己家内,在大门口,在邻居家,或者在村口、村里的集市。甚至,即使他们在与家所在位置有30公里远的县城里,也可能会用"我在家"来回答。

结合以上笔者和母亲之间的谈话,以及和邻居的谈话,不难发现家在空间上具有很强伸缩性。伸缩的依据有二:其一依据家的叙事双方之间的亲属关系;其二依据谈话双方实际的空间位距。位距在这里是一个空间——情感矢量,通过彼此与家的距离来确定双方如何表述其实际所处空间。家随着谈话一方与家距离的遥远在空间认同上也会扩大。反之,当谈话双方与家实际的位距都小时,在家者一方也会缩小对家空间范围的默认。当交谈双方都处在情感默认的家的空间内部时,往往又以我在某某家或者我在哪里干什么来回应。

电话那头曾经有方村村民问笔者在哪里,回答是"我在家里"。他很惊讶:"怎么?你回来了?"其实笔者想表达的是在城里的住屋里。还有一次一位堂兄问笔者在哪里也是这样回答,他顿时补充问道,"你在杭州的家啊?"他的补充话语是对笔者回答中家的确认。一次笔者与正在南京打工的姐夫通电话,他依然问笔者在哪里,回答是在家。他的回答更加唐突,"什么? 你什么时候回来的?"其实我指的"在家"依然是指在城里的住房里。相对于笔者这样长期不在户籍地生活的人,老家人并不认为笔者在城里是拥有家的人,充其量只是拥有家庭的人。在他们看来,笔者的家应该是与他们的家在同一个地方,即方村。可见,在方村村民的认知中,对城市人的家庭视为是其理解的家尚有一定困难,这无形中默会了一种如此有关家的认识:家有着非家庭成员长期"在一起"的体验,它深藏在一个具有集合意识的情感结构中。与家有关的叙述,以外在的空间区位呈现出内在的情感集合,并对此情感进行意会式评估,最终权衡叙述中的社会关系。

一方面他们认为家具有原生性,就是空间上拥有本源的地方。家只从这一本源地为中心在有限空间中辐射,超过一定情感限度的空间不再被家所承认。村民默认的空间界限,从村落社会稳定、频繁的社交关系边界来看,应该是方村主要通道的出口。在这一空间内部,谈话中如果不必强调私人性的家庭,就村落社会内部的公共事务表述,其主语更频繁地会用到"我们"这个词。当涉及村落之外的如邻村事务,"我们"消失了,而是用"他们"。

"他们"作为非同村的表述也并不常见,村子里的人更常用地名+人的称谓,如"杨家老屋人""四队人"。村民尽管有意用"我们"强调主体身份,但是并不有意将"非我们"塑造成他者,给予对方足够的承让与尊重,为保全商谈的伦理性提供了可能,确保在不同村落共同体之间就某一事件交涉中,有利于更大的共同体、"大家"话语形成。

村落和屋舍空间对家里家外的确定,类似里外之分与有关粤北过山瑶族的人类学研究具有相似性①。该过山瑶社区如同方村一样,也属于

————————

① 何海狮:《家屋与家仙:粤北过山瑶的家观念与实践》,社会科学文献出版社 2015 年版,第 81—86 页。

山地区域,山地叠嶂,山势高低起伏,山势的高低空间结构更容易转换成具有文化色彩的里外表述。方村以默认的自然村落边界之外为家外,不仅表达出对家所处村落的集体认同和归属感,并认为在此认同的村落内部——家里更容易获得安全感。将集体意识、身份认同与安全庇护统一转换成空间的"家里"表述,强化了对"家"作为一种混沌又坚韧的生活安全保证的认同。包括政治、经济、民俗以及社交关系都可能在由家塑造的空间中,获得身份属于与被属于的统一空间秩序感和保证。家成了心理安全与归宿的据地,在家是实现这一心理安的理想状态。

家屋是整体性的家不能再细分。房屋内部的不同空间在日常表述中往往以其功能属性作为家的构成被表述,如客厅、卧室、厨房等。村落边界是村民共享的一种精神性之家的最大边界,是相对于家外面的空间做出的限定。同村人只要身体都在村落内部,都是"在家"。除非需要强调特定的去情感化的村落地理空间,如在哪里修路等,否则村落物理空间在村民眼里,更愿意将其理解为一个共享之家的共同体空间。这一空间的公共性中,包含着家庭住户这一私人化空间。私人化空间与公共空间并非西方社会中那种明确的二元分界,恰恰相反,私人空间被包围在公共空间内部。村落社会的私人空间并不具有现代法理精神上的严格限制,在其一定的开放性中才可能生长出非私人化的村落社会公共性。上文阐释过的"大门口"就是例证。同样,戏灯时穿堂入户,私宅内部的堂厅也临时具有了公共性特点。

空间是从社会方面建构的,反过来,社会的东西必然有着某种空间内容或形式①。家不乏伸缩性又具有稳定边界的空间,说明家的呈现需要可折叠的空间,也需要可打开的空间。家的意义一旦被追赋,家的空间呈现就是"计划好的空间"。家的空间安排在不同程度上是有意做出的,这种安排是对结构的建构。基于生活完整性需要,家可变的空间结

---

① [英]多琳·马西:《劳动的时间分工:社会结构与生产地理学》,梁光严译,北京师范大学出版社 2010 年版,第 345 页。

构中实现了一种有序性;不同的空间区位对应着不同的文化解释,服务于总体性生活需要呈现出不同空间面向。在不同参照系中可能获得不同文化阐释的家之空间,对应着一个基本要求——家得以可能,需要一个超乎政治又不去历史的、稳定的地理空间。唯独如此,在家与特定地理空间的持久关联中,才可能培育起家乡的文化与情感,以及扎根于乡土社会的地方性知识。

二、从家到家乡

(一)以土地为本

家有两个重要的维度,时间与空间。围绕家展开的日常生活中生成时间、空间的统一生活体,这种统一生活体的情感结构中生成家乡。家乡观念一旦形成,它不再属于个人,而是属于"我们"。施宾格勒说:"人自己变成植物——即变成了农民。……敌对的自然变成了朋友;土地变成了家乡。在播种与生育、收获与死亡、孩子与谷粒间产生一种深刻的因缘。"[1]村民长期在同一个地方共同生活,面对共同的土地、熟悉的人,自然、人之间产生一种密切的关联,家乡的观念扎根。村民没有现代意义上的历史观念,实际上就是没有"现代性"支配下的线性物理时间观。他们的历史就像是稻谷和草木的历史,从生到死,从播种到收割,循环往复。他们的历史同时也是自然意义上的身体生长史[2]。这一表层的经验看来是那么的经不起推敲,对家乡观念的生成却是那么可贵。在人与自然密织到一起的世界观、人生观中,获得了一种很平常却牢不可破的观念,"我是这个地方的人"。并非是生活者创造了这块土地,而是这块土地养育了生活者。生活者在共享同一地理空间中生成情感转换,从"这里有我的家园"的个人权力意识到"我属于这片土地"的认同感生成。

---

① [德]奥斯瓦尔德·斯宾格勒:《西方的没落》(上册),齐世荣等译,商务印书馆 1995 年版,第 198 页。

② 张柠:《土地的黄昏:中国乡村经验的微观权力分析》,中国人民大学出版社 2013 年版,第 3 页。

"土地是他们生长的基础和死后的归宿"[1]，在对土地的拥有和归属中，家乡生成。

家乡与土地的关系，作为一种集合性地方认同感，体现于不仅只是私人化土地产物的一家人劳作与共享，且受自然制约、反复生产着"在一起"的劳作关系。劳动，作为共向的土地资源转化形式，由生产方式衍生出生活方式的稳定性。田间地头、上山下河、房前屋后，只要活动涉及劳作，可能就会出现在一起体验的艰辛以及借助于闲谈的欢快感。为了各自家计在土地上的活动，不仅生产着土地产物，也同时生产着村落社会关系。

（二）依托于特定的文化礼俗

家乡生成的过程，不仅是依据海德格尔上升到哲学高度"大地"——涌现着—庇护着的东西[2]这一自然情感基础之上，同时家本位伦理与情本体勾连到一起培育起扎根于家乡的文化情结。家乡不只是个人与土地的情感关联，同时充满了属于同一片土地上人与人伦理性的网络关系。家乡一旦被表述，表述者拥有、属于家乡的双重身份被带出来。拥有中表达出捍卫家乡的权力意识，这种权力意识并不是基于个人化的私人生活，而是体现出集体所有权的情感对应到特定地理空间。来自任何力量对家乡的破坏，都可以视为对村里所有人情感的伤害。如果在进行科学研究时，脱离了对伦理与道德的把持，这些生活者们的生存心态不但没有得到应有的尊重，而是通过技术设计有意将它们忽略。家乡并没有在社会学中得到明晰呈现，而是被近乎中性概念——乡村、村落——取代。

家内在地生成着共享的地方性文化和情感冲动，文化在乡村指涉礼俗，情感关乎人情。礼俗先验于个人，人情却需要主动建构。这二者是方村人理想生活范式的基本诉求。几千年的文化变迁存在着这样一条

---

[1] 张柠：《土地的黄昏：中国乡村经验的微观权力分析》，中国人民大学出版社 2013 年版。
[2] ［德］海德格尔：《林中路》，孙周兴译，上海译文出版社 2004 年版。

规律,即外显行为模式和表层结构的变化比较容易、迅速,内隐行为模式和深层结构的变化比较困难,比较缓慢,而家文化正是中国传统文化的内隐行为模式和深层结构①。家在特定空间的扎根,是对有文化和人情味生活的向往。这是乡野之家与西式小家庭的区别之一。城市小家庭居家生活的文化性并不由家庭内部培养,而是深受外围的都市文化影响,具有时尚性、流动性、易变性。都市小家庭处理的是与陌生人的关系,陌生人关系是契约性互动,缺乏人情味。有确保家实现的礼俗文化,才可能培育起家乡观念。家乡是连接地方性与社会、国家的重要场域。故乡,是家对生活者最后的挽留,是生活者肉身离家出走后家温情又不失严厉地精神性忠告。

(三)家乡萌发着主体捍卫意识

家乡,是生活化语言中并不常用的概念,又是一种根深蒂固、活跃的情感。涉及有关家乡的总体性看法时,村民喜欢用"我们家"作为话头。村里有几位子女在城里有着稳定工作和房产的住户,其父母是穿梭于城市与乡村的人。每次一下车出现在村口,他们习惯性地舒一口气,"总算到家了。"他们的子女希望老人们在城里养老,还能帮助做做家务、带带孩子,这一子女尽孝名义下的期待遭到老人拒绝。拒绝的理由无外是抱怨城市人多、拥挤、出行不便、"没人说话闷得慌"等。接下来的话题就转到在家是多么地好:我们家山好水好空气好,人也好。一下车,头脑就清醒了。我们家就是弄点吃的,一出门到哪里都不怕走错了路,不怕遇到不认识的人。出门,门都不用锁。睡在硬板床上,腰都不疼!旁边的人接过话头,"是啊,金窝银窝不如自己的狗窝"。在这种有关家乡的谈话中,除了乡村环境没有受到严重工业污染破坏,比起城市更宜居之外,其主旨是强调乡村熟人社会气质更容易让人的心性放松。入赘方村 30 多年的胡木匠,他说来到"山里"五年后就获得了深深的认同感,视方村为其家乡。他说随后再返回老家已经很不适应,最多住上一夜就要回家。

---

① 孙隆基:《中国文化的深层结构》,广西师范大学出版社 2004 年版,第 38 页。

理由无外乎如以上老人的回答，自然环境、风土人情、熟人……一句话，这里自在。同宗族的一位伯父，曾经在邻县岳西县工作，在那里生儿幼女，却拒绝在那里落叶归根。十几年前去世，后人尊崇其生前意愿，送其骨灰"回家"——安葬在其父亲、伯父、兄弟安葬的坟山。"家"在这种观念中，不仅是应当的生活之地，死来也应是长眠之地。有关家乡情感，连接生死。出生地注定死亡地，是在对家乡的阐释中完成的。

　　叙述到此，我想到十几年前在陕北佳县农村做调研时，当地一位中学校长和我们聊起其见识：去过上海、杭州、苏州。我问感觉如何，他说风景很美，但是那里不好。放眼望去几乎不见一棵树的黄土岗，以及进门即是逼仄的窑洞……他的回答让我一脸疑惑。他进一步解释说南方潮湿，不舒服。"可是你们这里偏远、相对落后、雨水少、风沙大。"我回应道。他沉思了一会，"习惯了，好歹这里是我的家乡！"在人文地理方面，优越感是每一个独立发展起来的民族在想象其他民族时总要出现的一种初始情感①。与此类似，那种注重人性、人情、历史及生活方式的愉悦感、优越感最终以家乡、家园情结反映。长期在熟人社会的乡村生活，它让人们对所熟悉的世界充满自信。不仅自然环境——无论雨水充足还是干旱炎热地——都改造了居民的感觉结构并获得了很大的适应性；同时都身处同一种乡里熟人社会并追赋其生存美学的一致性道德褒扬。"家乡美""家乡好"成为一种永恒的观念，塑造出对特定地域长期共同生活的生活美学。崇尚如此美学的观念至深、坚信不疑，形成一种爱的秩序。基于家乡爱的秩序在于它关乎物理空间—情感空间价值取舍的统一性法则。如 Kelly 指出，爱的秩序不仅关系到人的情感的整体结构，而且关系到人心所向的价值事实的客观秩序②。家乡，不再是纯粹的物化自然，也不只是人—人关系的依恋，而是生活者通过对二者的主动参与，涵养出一种地方性生活品格及其认同。家乡的至善与心性结构的互通

---

① 唐晓峰：《还地理学一份人情》，《读书》2002 年第 11 期。

② Eugene Kelly, *Structure and Diversity*, Kluwer Academic Publishers, 1997, p. 123.

感,赋予了不同的乡村共享同一种道德。这种道德是在生活者参与其中的名义下获得。家乡观念一旦形成,意味着围绕着家展开的生活不仅追赋拥有长期特定区域生活的正当性,而且在这种正当性中开辟出基于地方性的生存美学。对家乡的强烈认同—归属感,理应成为乡村延续的精神资源,它内在地赋予了特定地域的文化性,以及长期生活于斯的情感应有的尊重,也是乡村建设的精神动力源和正当性的依据。

家乡,就是有家的地方。长期围绕家过日子,开始出现"家之家"的观念——家园、家乡。家园是以家为核心的特定稳定区域生活中形成的集合意识。家乡有着生活本源、生命本真的意识,由本体之家发蒙。对家乡的破坏,就是对整个生命意义所寄的时空场域的破坏与挑战。世俗的神圣性蕴含在家中,对家乡的维护,是对生命本源与生活意义的维护,而生活意义的终极归处是落叶归根。人文地理学者段义孚认为,地方意味着安全感,空间意味着自由。我们都希望既拥有安全,又有自由。"没有什么地方能够与家相提并论。"①从家到家乡的地方性生成中,"爱的地理""亲地方性""乡土情"得到培育。由此,区域性共同体和地方性认同感形成,文化人类学知识谱系中的乡村得以实现。

---

① [美]段义孚:《空间与地方:经验的视角》,王志标译,中国人民大学出版社 2017 年,第 1 页。

中 篇

离家与留守

第六章　家与人口外流

常态过日子的一个结构保证是由村民与家的空间距离/精神距离的融合状态来决定。张祥龙认为家的本根在身,因为身是我与我的父母和子女之间原本的时空联系。这里的身是具身化的家庭人格,包括我和家中的他人。① 村民与其心理认同的村落社会物理—精神空间的不可分性,才可能培育起生生不息、扎根乡土的家观念、家乡观念以及乡土文化,这些都需要"在家"才得以可能。

"五四"以来到 1980 年代初,作为中国的一个村落,尽管方村受时代裹挟,总体上并没有将扎根于小农经济、历史性的在家生活体系彻底破坏掉,日常生活一直在以家为中心构成的村落社会生活圈中进行。无论是地理区位还是精神空间,生活的意义尚能在家实现。新中国成立之后实行人民公社化运动,国家政权深入到农村,生产方式的组织形式很大程度上受国家权力支配。尽管如此,村落社会作为一个相对独立的系统依然确保着在家的实现,稍微不同的是村落社会乡土文化系统逐渐以集体化大生产为中心。就方村而言,1980 年代以前村民生活的困境主要是物质短缺与人口实际物质需要之间的矛盾,村落社会中乡土民俗一度受

---

① 张祥龙:《家与孝》,生活·读书·新知三联书店 2017 年版,第 43 页。

到政治制约却并没有导致总体性村落精神危机。集体劳作的欢娱与在家物质生活的困苦构成 1949 年到 1970 年代方村的叙事底色。物质生活困苦带来的生活伤害并没有彻底破坏掉在家生活的系统性与坚固性。户籍制度的限制扼杀了村民走出村落谋生的梦想,努力挣更多的工分换得年终更多的分红维持家计,是村民养家唯一的出路。

1949 年到 1970 年代,方村村民响应国家支持边疆、矿区的号召,离开过家乡者有 5 人。一位远走新疆,退休后在县城定居。老人的记忆里,这位支疆者是"大字不识的癫好人,在家混不下去"。有 3 位进入邻县岳西县成为林业工人,其中一位是村子里"调皮捣蛋者",另 2 位依然属于"癫好人"。还有一位曾高寿老人,年轻时到岳西县修毛尖山水库,到淮北矿区做矿工,前后离乡不足 3 年,最终回家。除了这位回乡者,其他 4 位村民都在"干部"位上退休,这让这位回乡者——留守老人后悔不已。从 1960 年代到 1970 年代,方村尚有 4 位村民当兵入伍,退伍后依然返乡务农。1980 年代以前,以上 9 位有过远离家乡经历的村民,都是政治性获得人口流动机会,且只有 4 位最终"跳出农门"。

1980 年代初开启小城镇建设,1990 年前后的城市化已经遍地开花。计划生育政策内在地导致基于家文化的生育权受到严格限定;城市化的推进导致村民必须离开家才能"为了家"。前者在时间上限制了家传承需要的人口再生产的伦理实现,后者将人从与家不可分的结构性空间中带走。急剧变化中的"外面的世界"——城市,彻底改观了方村村民历史性的"在家"生活。家国同构、计划性生产—消费的国民经济模式逐渐外在地转移成乡野之家与城市化、市场的关联。村民发现了城市表征的社会时,"在家"这一相对独立的生活系统正遭遇危机。1980 年代以前方村物质短缺的困苦在 1980 年代逐渐缓解,随后超出小城镇建设的大城市化、国退民进的市场化,开始制度性瓦解"在家"生活。

第一节 "靠山吃山"的衰变

斯科特认为视生存为目的的农民,"安全第一"是生活必须遵守的基本原则。如何充分挖掘本土资源满足家计需要是农民精于考量的。当传统的再生产不再能提供稳定的生活保障,继续依托本土资源过着守在家里的生活注定变得艰难,"这就再次使得冒险变得有意义了;这样的冒险是有利于生存的"。[①] 农民不会轻易做出道德放逐的冒险。方村造纸业的衰败、城市建设所需竹木产品逐渐被其他工业产品替代,成为村民拓展谋生空间的一个转折点——进城务工。进城务工未必会使家计好转,但又无其他选择。

1990 年前后,湖北、江西不同区域造纸业市场兴起,动力、交通、技术要素充分融入到造纸业中,方村造纸业很快走向黄昏。进城务工获得的就业机会以及收入回报在 1990 年前后开始超过从事造纸业带来的收入。进城从事木工、油漆工,一个人一年带回的现金收入 3000、5000、8000 元不等,这彻底终结了依然在槽场坚守的年轻人的耐心。万涧村最后一个槽场——芮家老屋槽场,1992 年停业,彻底终结了万涧村造纸业的历史。

由于竹子大量运输到城市作为城建必需品,虽然造纸业衰落,村里的生计依然没有受到太大影响。1988 年中央"物价闯关"的经济政策出台,实践层面导致的结果是物价大幅上涨。同年,国家先后取消粮票和购粮本,粮食纳入市场调节。2001 年,政府首次宣布全面放开粮食市场。"计划"托底的方村家计不再获得硬性保证,放开的粮食市场与物价上涨两个宏观政策因素波及本村。村里人如果继续努力砍伐毛竹输入城市市场,必然导致两个结果:坐吃山空;缺钱少粮。未进城务工、主要以卖竹子原材料为生的状况维持到 2000 年前后,再也无法实现日常生计正常运转。

2000 年 5 月份外连的公路修到村口,汽车能在山脚成批装运竹子进城。农户开始批量砍伐竹子,各家户一砍就是一三轮货车,便于竹子下

---

① [美]詹姆斯·C. 斯科特:《农民的道义经济学》,陈立显、刘建等译,译林出版社 2001 年版,第 32 页。

山。村民对竹子的需求远远超过竹子成林的再生能力。自 2006 年起，农业税才真正取消。物价上涨、粮食全面入市、农业税尚存，方村村民"在家过日子"的安定感逐渐被焦虑取代。

从 1978 年到 1998 年，是整个中国农村经济繁荣的时期。[①] 1990 年代前后，方村村民的生活出现 1980 年代以来前所未有的拮据。有一定手工业技术者如木匠、油漆匠，都获得了出门打工的机会。他们的技术更能适应城市市场需要，也是最早进城打工从业者。至于那些没有一技之长只有"蛮力"的劳动力，成为在家扛竹子养家的主力军。砍竹子、扛竹子，日复一日，年复一年，成为在家劳动力的日常生活。这种状况从 1980 年代中期到 2005 年左右逐渐萎缩。大家一起出发、扛竹子的队伍规模逐渐减小。有一技之长者率先撤离扛竹子队伍，随后是拥有"蛮力"的村民逐渐消失于其中。1990 年代初，我读书放学归来，在路上遇见的零星扛竹子者，主要是老弱之人。随着进城务工者增多，媒体对农民工追星式的持续报道成为新闻热点。那些并不具备进城谋生能力、家里男丁少、老弱病者家庭的日子，依然只能艰难地靠扛竹子为生。由于其成员不会在城市出现，这些家户在媒体与学术的关注视野中消失了。

钢筋窗条、模具浇筑的水泥门框、窗框逐渐取代木制门窗。新盖高楼大厦里的门窗用原木门窗的逐渐减少，取而代之的是塑钢等现代工厂生产出的材料。城市建筑业对竹材需求减少，导致方村最主要的林地资源再不能为村民生活做出重大贡献。竹资源开始在闲置中浪费，直到老死。

就连方村本地人对竹木使用的需求也因为现代化的冲击逐渐减少。2002 年方村第一栋楼房所需的门框材质不再是就地取材，而是由工厂生产线上制造的塑钢替代。就地取材、环保节能的建筑材质为什么得不到充分使用？村民意见中的主要原因是"划不来"。2000—2005 年当地每位成年劳动力日工资在 20—30 元之间。即使自家山上的杉树不计成

---

① 陈文胜：《中国农村改革的历史逻辑》，《中国乡村发现》2017 年第 5 期。

本,一位劳动力每天从砍伐到搬运到家,最多能够搬下山 5 根杉树。接着,雇车下到 5 里以外的村里集镇的锯木场切割成木框粗料,然后找木匠用手工刨刨光,油漆工砂纸打磨,刷上油漆,最后由木工组装成成品门框。一副成品窗户,前后成本总计大致需要 120 元钱。当时市场上普通的塑钢窗一套 70 元左右,而且实用美观,且便于安装。当时进城从事木工行业的日工资平均在 100 到 150 元之间,相当于出工一天其劳动报酬就能够换回两套窗户。如此一来,适宜建筑的木材,无论是在城市,还是在该材料的原产地,考虑到成本都会首先放弃。

方村村民"靠山吃山"的历史,走向尽头。土地要素一旦失去价值,农民就缺乏安全感。

有学者在对历年中央一号文件的解读中,指出 2004 年中央一号文件形成了关于中国社会经济发展阶段的重大判断,即从 2004 年开始中国进入了"以工补农、以城带乡"这样一个全新发展阶段。"那就意味着 2004 年以前都是以农补工、以乡补城的阶段。"[1]如果对照村里经济变迁情况来看,2004 年中国政策性进入"以工补农、以城带乡"的状态,正是乡村被高度市场化纳入到城市的起始节点。先前"以工补农、以城带乡"的城市化,依然尚停留在区域性、中小城市发展阶段。这确保了除了吸纳乡村流动人口之外,一体化市场与城市中心主义尚没有足够能力全面入侵乡村。"如果说农民是生活在一个自给自足的社会中,那么这个社会不是村庄而是基层市场社区。"[2]施坚雅的见解提醒不能忽略超越村落单

---

[1] 曹锦清在湖南省社科院农村发展研究中心举办的"历年中央一号文件回顾与展望"研讨会上的发言,《中国乡村发现》2017 年第 6 期。

[2] [美]施坚雅:《中国的农村市场和社会结构》,史建云、徐秀丽译,中国社会科学出版社 1998 年版,第 40 页。

位的民间贸易体系来理解乡村。比照着黄宗智的研究①,方村 1980 年代以来在有限市场中出现的商品买卖行为,验证了其商品化并没有打破小农经营体制而是进一步强化了它,不同之处在于不再是"剥削推动的商品化",而是"生存推动的商品化"。城乡之间,乡村的价值除了为城市提供源源不断的廉价劳动力,再就是将农民培育成别无选择的城市化、工业化商品的消费者。

城乡关系的转折,对劳动力价值的认识发生了根本性转变。先前的劳动力价值只是根植于乡土社会的劳作能力和农耕技巧,以及掌握一定的可以在乡土社会消化的技术活,如会在槽场造纸的各种工序。对从事农活的劳动技能以及扎根乡土的专业化技术的重视,在父母替女儿找对象时希望找到有一技之长的匠人也可以作为例证。伴随着城市化加速与国家发展战略重心转移,对劳动力价值的评估逐渐发生转变。市场经济对人价值的评估是注重其经济向度的效率,且如此效率是非农业的工业化与城市化的高度结合。村民对其劳动力价值的自我评估必须由农业转移到工业、由乡村转移到城市。尽管如此,他们自我评估的主旨依然没有改变,就是最大化满足家计,不同之处是评估的参照系逐渐由市场来主导。如果不考虑科学技术因素,同样的劳动支出并没有因为市场的出现导致单位粮食收成有所变化,单位劳动力价值却发生了变化。农民感受到市场的存在,并不得不将以前从没有的市场思维培育起来,评估自己的生活处境。

---

① 黄宗智认为明清以来,在人口的压力下,中国的小农经济逐渐变成一种"糊口经济"。几个世纪以来中国农村经济的商品化并不是"资本主义的萌芽",而是贫困的小农为了生存而不得已的选择,商品化并没有打破小农的经营体制而是进一步强化了它。他认为有必要对几个世纪以来的农业商品化做出区分,为了以现金或实物向不在村的地主缴租而从事的市场行为可称之为"剥削推动的商品化",为了支付生产和维持生活的直接开支而从事的市场行为可称之为"生存推动的商品化",为牟利而出售满足租税、生产费用和消费需求之后的剩余农产品可称之为"牟利推动的商品化"。黄宗智的研究及国内学者研究都表明,无论是华北还是长江三角洲地区,"剥削推动的商品化"都是农业商品化的主要形式。这种商品化"是谋求活命的理性行为,而不是追求最大利润的理性行为"(黄宗智:《长江三角洲小农家庭与乡村发展》,中华书局 1992 年版)。

村民感受到劳动力价值的变化,首先是从手工业者进城开始。农、工、商观念逐渐逆转,实体经济逐渐向掮客经济、虚拟经济方向流动。并不具有优势经济资本、社会资本、文化资本的农民,体力加掌握低端工业技术,成为农民进城获得家计的唯一依凭。

城市商业的繁荣与时尚元素吸引着年轻人,祖祖辈辈"靠山吃山"的小农模式不仅不再能够维持生计,"在家""种田"是一种无能的表现这一社会意象逐渐被强化。由维持家计出发促发的生活意愿直接窄化成挣钱冲动。此时最有想象力与创造力的村民,他们不得不将未来连接到城市去思考。思考的结果就是不清晰的、遥远的、陌生的城市成为他们急切希望融入的地方。人口向城市流动,开始成为千年不变的小农经济、乡村生活的一个历史性转折点。背后一种强大的主宰村民生活及对其阐释的力量正在生成,将乡村吸纳。

融入城市,就可能拥有希望,这一认识在获得文化知识与拥有城市需要的劳动技能两条轨道展开。无论是受过高等教育者,还是具备体力加技术的人,最终实现其价值的地方主要是在城市。这两种人往往是乡村社会中"最现代的人"。"最现代的人"却是最早离开乡土的人。

1980年代以来,以方村来看,当初是接受过传统工匠训练的人获得进城务工的机会,接下来是能够从事体力劳动的青壮年劳动力,以及几乎同步的具有一定文化知识和社交能力的人进城。再就是以上这些人的妻子进城,他们的子女成年了进城,最后是他们的父母进城。如此一来,农民在整体上都获得了进城的机会,却并没有获得与市民对等的城里生活待遇。家庭成员在不同的生命周期中分散在不同的空间场域,直到进城务工构成乡村的主要叙事——如此趋势至今依然没有改变。

第二节　文化人与乡村

受"学而优则仕"的影响,乡村不乏尊师重教的传统,乡民充分认识到读"圣贤书"的重要性。当地老人流传下来有关读书重要的说法择其一二:"没有饭吃的时候,只有挑箩借稻的,没有挑箩借字的";"分家时什么都可以分,就是肚子里的墨水分不掉"。承袭古训,加上1980年代初国家短暂实行"顶职""招干"政策,再次让村民看到读书是改变命运的机会——有文化极可能拥有"铁饭碗"和"衣禄无忧"。"念书很重要"的认识在1977年高考制度恢复后再次被激活。以读书孩子家长的身份介入聊天,是村子里严肃聊天的主要内容之一。对孩子教育的重视,并非基于对"知识即力量"本身的理解,而是间接地表达出权力、财富对于生活很重要的认识。家长们希望通过教育让孩子获得更多教育资本进入到国家体制内,再在体制内获得有助于家庭建设的资本。如此认识一方面承袭了学而优则仕的传统观念,另一方面也可看出土地劳动朝不保夕的危机感正在出现。体制内工作的稳定性和某种身份的优越感,成为家长为孩子付出教育心血的动力。

1985年,村里出了第一位大学生——一村民被大专类师范院校录取。彼此奔走相告,村民用一种复杂又不失振奋的心情来对待这一喜讯。大家一致认为,"家族出了人""祖坟冒青烟"。当时大学生毕业还是由国家包分配,这也就意味着村子里有了第一个凭着高考"吃皇粮"的人。"吃皇粮",意味着可以不伺农,有了国家供养的衣食无忧的生活。"出了人"可不是小事,与该家户有社会礼节来往的人都来祝贺。在堂厅摆上八仙桌,宴请宾客,那种彼此洋溢的喜庆感是村子里视为风光喜事的头一回——与民俗喜事无关。

这大学生进入大学的第一年暑假,开始成为村子里的时尚青年。为了满足其愿望,家里买回村子里第一台卡带录音机。几盒有限的流行歌曲卡带反复播放,流行歌曲的声音开始在村子里回荡。

1988年该大学生毕业,被分配到乡中学教书,每个月能拿到140元的工资。寒暑假"在家戏耍都还有钱",村民对其如此评价中包含着复杂的情绪,他更是家长教育孩子时常提到的榜样。在实际的家务劳动中,这位大学生确实获得了许多免除参与繁重农活的权利。伴随着进城务工者增多,不时传来财富神话。比照起打工的收益,乡村教师稳定却迟缓的工资涨幅,远比打工工资涨得慢。打工一年,年终能带5000元回家时,这老师的月工资依然在300元左右徘徊。在2000年前后,同村同龄人,整体上年收入开始超过这老师的收入。

村里教育投资的回报,没有一起有着明显改变家庭经济状况的案例。在村子里几位老师的引领和教育下,对教育的重视却并没降低。一位邻居1994年考上高中中专,毕业后被分配在镇粮站工作。工作三年后遭遇粮食改革,工作失去体制保障后开始艰难的创业之路。1999年,村子里出了第一位本科生。随后五年里,出了4位本科生。1999年高考扩招之后,大专生在村子里的认可程度逐年下滑,如今沦落到令家长失望的程度。村子里的这些职校生,没有一个进入"吃皇粮"队伍,从事销售、服务以及子承父业打工的居多。

这几位本科生参加工作之后,给家里带来反哺式的家计补偿微乎其微,更让父母头疼的是他们工作之后,面临着找对象、买房子的问题,"都需要花钱!"这几位家长在聊天中不止一次一致性地谈及:如果不是给孩子读书,早就盖上楼房了。确实,那三位本科男生的家庭,是村子里盖上楼房的最后一批。经过他们细致地算账,给孩子读书的花费,完全可以早早盖上楼房,"而且还是一栋好楼房"。

曾经的村落社会的一张文化名片——"大学生",这种微弱的社会资本在渐兴的拜金主义、市场经济中逐渐消失;拥有知识的优越感逐渐在打工者逐年带回的录音机、音响、彩电、买车的狂欢中寥落地沉落。家长希望孩子多读书,结果与家长的期待背道而驰。年轻的大学生一旦在城市获得了稳定工作机会,就开始投入到自己的小家庭建设中。这些人面对的竞争对手不再是同村同龄人,提升城市居家生活竞争力成为他们艰巨的奋斗目标。父母"为了家"的激励,使考上大学的孩子获得在城市建立起小家庭的准入资本。这些受过现代大学教育的村民,成了家的背离者。家、家乡与他们渐趋遥远。

身体不能够扎根于乡村生活内部的"有文化的人",成了家愈发削弱的一个因素,这应验了葛兰西的一句名言:农民培育不出属于自己的知识分子。一张大学录取通知书，从此以后，父母只剩背影，故乡只有夏冬。一旦他们工作了，只是重大节日时才偶尔在村头露面。他们并没有带走多少乡村资源，而是因为在城市里获得了"工作"的名分，大大减少了与乡村的紧密联系。邻村靠"读书"在城里发展得很有起色的人，有成功地将父母带出乡村在城市永久性生活的案例。他们与家乡的乡情、礼仪经济往来逐渐减弱。身处浙江一上市公司高管职位的大学生，就地帮助妹妹找到工作，父母也随之在那里生活。当初父母在那里做保洁工，其结婚后父母帮着带孩子。每当父子意见不合时，父亲就会大声喊着"我要回家"。这位父亲告诉我，他到城市生活，差不多花了 10 年去适应，"梦中经常在家里"。

邻村有一户人家，儿子培养成大学生、博士。儿子在新加坡定居已经超过 10 年，中途回过老家一次。2014 年父亲临终之际，家族的人认为总该回家看望父亲最后一眼。直到父亲安葬，他也没能回家。他在电话里告知，"如果我回来，可能就会失业"。此事在乡邻之间流传很久，一位老奶奶对此评价，"没有办法，恩往下流"。失落的乡土、空心的乡村是农村人获得城市身份的代价。诚如王晓明所说，"乡村让城市更美好"①，乡村却在如此美好中逐渐失去灵性，挣扎着复生。2018 年国家乡村振兴战略实施以来乡村之困正在突围，乡村人才外流却依然是大趋势。

"读书人"并非是村子里最会挣钱的人。大学生们每年寒暑假回家，包括春节短暂地出现在村子里，他们在大家谈及挣钱、车的品牌与性能等财富神话时，获得了外围默默旁观者的位置。家长对教育的期望逐渐降低，"顺其自然""考不上（大学），早点出去打工挣钱，反而帮老子省钱了"。比起"上大学"，村子里那些不时开着私家汽车返乡的打工者，他们的成功故事如今已经硬核式地成为激励孩子的榜样。

---

① 王晓明：《乡村让城市更美好》，《中华读书报》2016 年 3 月 23 日。

第三节　农民工的生产与再生产

一、拥有手工业技术的第一批农民工

　　胡木匠入赘到方村后组建家庭时,只有两口人的土地资源——妻子和父亲的。姐姐在"田地尚未到户"前已经出嫁。胡木匠第一个女儿1984年出生。他一共生育三女。只有他一个男青壮年劳动力,加上有限的山地资源,他的家庭经济并不能在被视为"富裕"的方村福利中明显受益。村落社会的匠人在劳动技能上从传统农业中脱离出来,可是在从事手工业中劳动获益的机会并非常年都有。况且,属于乡村社会内部的匠人并不会严重缺少。对自然环境因利乘便之下,方村所属的万涧村一直有本土木匠。他们没有木匠活干的时候化身为农,从事农业劳动。万涧村主要的农业劳动是"上山",如竹木砍伐与搬运。胡木匠从小不属于山民,没有很好的林地劳动训练机会。无木工活可做时,他的劳动力就处于一种闲余状态。这一处境明显对他的家庭经济不利。

　　从清乾隆二十五年(1760年)到民国二十六年(1937年),安庆一直是安徽省省会和全省政治、经济、文化中心,是中国较早接受近代文明的城市之一。安庆市本身的历史文化以及在中国近代史上的影响,不可避免地影响到与之有着地缘关系的怀宁人,使其对现代、城市、商业具有敏感性。怀宁县与胡木匠娘家都属于丘陵地带,当时怀宁也面临着分红较少给家庭生计带来困难的情况。由于生计所迫以及邻近安庆优先培育起的现代意识及所获相关信息,靠近安庆市的桐城人、怀宁人成为安庆地区率先在1980年代将生计与大城市关联起来思考的人。这两个地区的农民,感受到国家发展政策有着从农村到城市转向迹象后,拥有传统手工业技术者成为第一批最有资本进城务工的人。

　　怀宁县与安庆市市区相邻,与胡木匠娘家余井镇相距约15公里路程,新中国成立初期就有简易公路相连。怀宁靠近安庆,余井靠近怀宁;

余井又与山区农村相邻。在空间区位上,余井镇作为城乡接合部,属于城市与乡村的过渡地带。属于城乡接合部的原居民胡木匠开始了他的村落定居生活之后,在城乡之间,他不仅成为一个观察者、两种不同生活形态的参与者,更是一位城乡信息传递者。立足村落,面向城市,成为胡木匠可能、必须关注的问题。拥有村落社会里的高学历、可以脱离农耕经济的木工技术,以及具备城乡生活观察、参与及信息优先获取等条件,胡木匠成为方村第一个进城务工的年轻人,也是万涧村进城打工的第一人。

胡木匠告知,1985年农历二月初,他开始跟随怀宁木匠去天津打工,从事家具制造业。

胡木匠第一年出门打工并不习惯,差不多每三个月就回家一次。每次回家有400元他就"高兴得不得了"。打工的前三年他并不是在家具厂做工,同样是入户做上门生意,每人每天的工钱是40元,还带有徒弟。这时期打工本质上与在乡村做上门市工没有什么不同,获得做工的机会依然是类似熟人社会中口耳相传和走街串巷主动询问。此时,"门市"从乡村转移到城市家户,直接将源自农耕社会的手工业对接到1980年代初期复苏的城市经济中家庭生活需要,资本市场和家具企业都处于相对匮乏状态。随后胡木匠的打工生涯,用他的话说,逐渐"打遍大半个中国",包括天津市、饶阳市、龙口市、佳木斯市、包头市、宝鸡市、南京市、宁波市等等。

胡木匠成为方村打工第一人,是"抱着试试看的"心态,作为怀宁打工者的追随者进城务工的。对未来的设想与城市勾连到一起,第一次拉近了城乡的距离。城市开始掺和进乡村生活。城市不再只是乡村露天电影中的画面,而是在一位大城市亲历者活灵活现的描述中。每当胡木匠打工归来,村子里开始沸腾,尤其是年轻人喜欢听他讲城市故事。在他的描述中,城市的形象显得非常复杂,具有江湖、现代、金钱、方便、堕落的耦合形象。他会说到老板脖子上的金链子,搭错车"多走冤枉路、多花冤枉钱",被黑中介诈骗,黑心老板扣工人钱并与之拿起斧头叫板,报复老板故意糟蹋材料,和女房东调情,到录像厅看录像……无论如何,在他的聚众话题传播开来之后的二次传播中,获得了村民几乎一致的认知:"在家千日好,出门时时难";进城还是有出路。他那种不失夸张又未必是虚构的打工描述,将冒险、年轻人在一起的快乐以及现代都市生活的歌舞升平描绘得淋漓尽致,尚未走出过村落的年轻人无疑受到深深刺激,体验大城市生活的时尚逐渐成为村落社会中年轻人向往的生活。

胡木匠将城市带入了乡村,城市在方村成为"极乐世界"的传说。这一传说大致直到 1990 年之后开始被更多人亲历——城市让人一言难尽。

1972 年方村实施第一次计生政策到 1982 年全面落实计生政策这 10 年时间,方村出生且存活者共计 15 人。加上 1970 年到 1972 年出生的 11 人,共计 26 人,其中男性 12 人。1990 年尚在初中及以上学校读书的有 10 人,平均年龄 16 岁,其中女性 2 人。10 人中一人考上中专,两人考上大学,且都是男性;其他 7 人中,2 人读过高中。1970 年代、1980 年代初出生人口叠加,1985 年到 1990 年前后是方村在校学生数高峰期。受计生新政影响,随后在校生数逐渐回落。

1990 年前后正是方村年轻人初中毕业或者即将毕业的时期。该时期也是农民进城逐渐形成潮流的时期。此时城市化对劳动力需求开始旺盛,同时方村年轻人占总人口比重份额较大,时间上二者高度重合。当时,高中录取率相对较低,1989 年到 1992 年,龙潭初中上高中的录取率每年都在 10% 左右徘徊。高等教育资源相对紧缺导致高中、大学录取名额严格受限,1980 年代初全面计生政策实施之前最后一批自然生产的人口此时正面临初中考和高考,二者在时间上又高度重合。简而言之,1990 年前后城市化劳动力短缺严重,中、高考形势严峻,方村具有初、高中学历的待步入成年、已经成年的年轻人居多,加上"靠山吃山"难以为继,四个方面因素一起挤压出方村第一批进城务工群体。

以这时期的小学、初中生为例,尽管生活在农村,却并没有受到多少严格的劳动技能训练,尤其缺乏高强度农业体能实践。这一状况让初中毕业就失去读书机会的年轻人在家里往往成为家长严厉抱怨的对象，"只会吃，不会干活"。手工业学徒成为家长对于辍学在家孩子首选的谋生手段。希望孩子从事手工业，一方面依然是坚持着"荒年饿不死手艺人"的认定，另一方面也是为进城打工做必要的技能训练。接下来的问题就是学习什么行业技术的问题。

传统手工业中，在整个1980年代，木匠与缝纫工是用工最频繁的两项职业。传统木工被视为是一门复杂的技艺，按照行业约定需要跟着师傅没有任何报酬地学习三年，方可出师独立门户。这一周期长、收益慢的学制并非是家长所期望的。尽管如此，方村依然有两位1990年前后初中毕业的年轻人学习木工，其中一位跟随其哥哥学，另一位送到怀宁县师从传统木工学习。两位木工学徒大致跟师傅做上门手艺各一年，就开始了进城市家具厂拼装家具的木工生活。

与木工密切相关、准入门槛相对较低的行业是油漆工。被熟人带到城市家具厂，配上一把刷子，在木板上"胡耍"上大致一个月，耍到第一个月的饭钱，第二个月就可能挣钱了。油漆工是方村第一批进城务工者从业最多的工种，至少有18人有过进城从事油漆工的经历。一般都是当地木工带上油漆工的方式进城。

潜山与纺织业、服装业逐渐发达的常熟、湖州等城市不太远，当时车程基本能实现朝发夕至。缝纫业对体力要求较低，是比较早就实现流水作业、计件作业的城市新兴产业。从事缝纫行业的培训机构开始在城里出现。这些培训机构开始成为方村在家青年进城务工的培训站。在类似培训站中并不要求对缝纫进行系统学习，训练三个月不等就可能被中介机构带到常熟、湖州等地开始为家里挣钱。随后甚至不需要任何培训，就逐渐被熟人带到城市，开始了从教室到服装生产车间的命运转换。

木工、油漆工、缝纫工这三种进城务工方式，不仅是方村进城务工行业主要方式，差不多也是整个潜山早期进城务工的主要方式。第一批有文化、有技术的年轻人逐渐靠以上谋生手段过着年复一年的打工生活。

据不完全统计①,这期间有 12 位携传统手工技术者进城务工。这一时间与学界统计的全国范围内"民工潮"起始于 1980 年代末、发展于 1990 年代初的判断相吻合.②1990 年后续几年,方村开始出现第一批民工潮。

综合而言,方村第一批进城务工人员呈现以下几点特征。其一是年轻人。家长一旦将孩子培养成十七八岁的年轻人,他们就不再属于乡村,完成了从村落社会的孩子到城市社会青壮年劳动力的转变。其二是有文化的人。乡村教育一旦完成了小学、初中、少数高中教育其使命就终结了,由乡村教育供给的有文化的人不能将其文化在日常生活中融入到农业经济、乡村民俗中,而是被城市带走。第一批农民工出现:上学失败的初中生、高中生,"不安分"于乡村生活,对城市充满期待。这些人未必是家庭最困难者,原因在于家庭困难者并不拥有经优势社会关系被带出去的可能性。其三,以上年轻人掌握的手工业技艺不再常态地服务于乡村,而是为城市工业化大生产做了一定的劳动力、技术积累。

第一批进城务工者开拓性将城市与乡村紧密关联到一起。他们经受的城市艰辛最多,也是最有故事的打工群体。拥有技术的产业工人理应是受市场欢迎且最可能在经济上获得优厚回报的群体,但出自方村的产业工人——第一波进入城市且获得生存机会的人,却并非方村最有钱的群体。相反,方村最有钱的人是在北京从事印刷中介服务者,依托于做市场掮客发财致富。

二、第二批农民工被"带出"

必须进城才可能满足生计这一状况,一定程度上促使村落社会"过日子"的团结机制增强。冒险,或者因为某种机缘而成为第一个在城里具备生财之道的人,往往是乡邻随后前往的引路人。弟弟带哥哥、侄子

---

① 这里的"不完全统计"并非是人数上没有精确统计,而是有些打工者可能进城一个月后就返乡,隔年再出去务工。每年,甚至每月进城务工人数都可能有所改变。这里统计的是 1990 年后续几年有过进城务工经历的人数。
② 姜国祥:《"民工潮"形成的深层原因及其对策》,《浙江社会科学》1996 年第 6 期。

带叔叔、舅子带姐夫、丈夫带妻子、邻居带邻居等,大致遵循着血缘亲疏、邻里由近到远的差序原则。这无形中增强了异乡"在一起"感和进城后"一家人"的亲密体验。有不同家庭成员在同一地方务工的在家家属,围绕在一起的孩子们的话题也会增多。率先进城获得某种就业机会的人,偏好将熟人介绍过去,一个人发"闷财"的情况并不多见。聚亲朋在一起务工,有效克服了举目无亲的孤独感、提升了抗风险能力。另一方面,"肥水不流外人田"。对于办厂需要雇工的雇主,更期望招到熟悉的雇工。未必是家族化管理,但一定有家族、乡邻员工。以家为核心的儒家伦理之道与现代企业文化的激励机制吊诡地具有了相通之处:大家在一起形成一个团队。

大致 2000 年以后,拥有十年进城务工经验的方村打工群开始成熟。他们熟悉了城市的生活方式,理解了他们在城市原居民眼里的自我形象,对他们各自所在的行业也相当了解。在打工队伍中,他们开始站稳了脚跟,接下来他们的哥哥、妻子甚至叔叔这些"没有出过远门"、没有一技之长唯有体力的"老实人",开始在鼓励与传帮带中走向城市。后者有第一批"见过世面"的打工者"罩着"——他们精熟于与老板、房东斡旋、议价,也是老板可能"给面子"的人。第二批打工者由第一批打工者带出,逐渐群体化,此时在家者主要剩下老人和给孩子陪读的妇女。

2000 年前后,城市化中的房地产业异军突起,那些当初从事木工、油漆工的务工者开始分流,一拨人进入房地产装修行业,挣"表面光"的钱。技术娴熟的木工、油漆工,不需要转行依然获得家具厂老板的欢迎。他们每月的平均毛收入随着物价逐年上涨,从大致 4000 元上升到如今的 6500 元。个别木工、油漆工,加班加点,月收入上万也有可能。

当初那些在家具厂、装修公司中的生手务工者,逐渐获得了零技术上手的生存方式,进一步拓展到相关产业的上、下游,包括制作服装模具、货架,开货运车,开油漆店,贩卖木材,帮人销售家具等。

房地产业兴起与第一批农民工成熟,二者结合推动第二批农民工出现。技术要求降低、文化水平要求降低,让那些独自进城务工几乎不可能的壮年劳动力有了可以进城的机会。他们相对于第一批务工者,有着更好的体力以及忠诚、老实和勤劳,有着"肯吃苦"的品格。后者年龄总体上比前者要大,第二批农民工平均年龄大致在 60 岁左右徘徊。

三、第三批农民工出现

2010 年前后,年龄稍大点的第一批、第二批打工者的孩子们开始结束他们的少年时代。这些"90 后"孩子从童年开始,成长于留守、隔代教育和"无父无母"的环境中。这些孤独的少年们迎来了九年制义务教育的好时机,随着高校扩招考上大学的机会也相对增多,考上本科院校的人却非常少。方村 19 位"90 后"年轻人,有 2 位考上本科院校的男生,6位上过职业技术学校,其余 11 位学历主要集中在初中及以下。家长、村子里的"成功人士"期待其继续学习、补习的规劝得到的回应往往是持久的沉默。从小通过电视机观看城市生活,父母返乡时带回只有城市才会有的衣物样式、零食,孩子对城市的向往由此而生。在他们的想象中,大城市有很多好玩的地方,时尚的生活方式,而且还有父母。这些孩子对海南、南京、合肥、北京等方村务工人员主要流入城市的认识不是来自教科书,而是来自对父母打工去向的认识。孩子们对这些城市名称的熟悉度远远超过其对邻村某一常见标识性地名的了解。乡村中、小学撤并之后,孩子们开始进城,在日渐繁华的县城里的中学读书。脱离孤独的童年乡村生活,孩子们已经知足;身处县城这种"大城市",他们童年的梦想已经实现。"北大""清华"遥远且抽象得超出孩子们的想象力。早早脱离中学枯燥的学习、校园寄宿、放假回乡只有电视做伴的"苦海",日渐成为他们清晰且强烈的梦想。

父辈们率先进入城市,给孩子们带来较低的进城务工门槛。他们在各自行业中已经熟练成"师傅";换乘于不同车站也是轻车熟路。城市低端工业化、流水线式生产对入门技术要求较低,市场销售业正在召唤年轻人,新兴的各种服务行业期待年轻人加入。"每次在电话里听到小丫头哭泣、说想妈妈,问我们什么时候回来。一听到这样的话我就揪心。"

城市对孩子们的召唤,加上父母心疼孩子,以上几项因素使父母与孩子之间生成一种合力心愿:一家人从留守与打工的分裂生活中早日解放出来。加速发展的城市化导致城乡结构性撕裂,根本体现是乡野之家在时空中脱嵌。村民无力缓解城乡撕裂给生活带来的困难,也不能摆脱进城务工的命运,努力早日解决一家人天各一方的局面成为村民追求的一个基本目标。最终,顺乎孩子的意愿,将他们从祖先开拓、父辈坚守的家乡中带出来,实现一家人在城市团聚,日渐成为一种生活理想。"不能苦了孩子"的意愿下,一家人团结在一起,开始了并不能融入城市的临时城市家庭生活。这无异于赋予城市乌托邦式的良愿,将"家"连根拔起,企图主动将"家"植入到城市结构与生活之中。作为村落社会意义之网中的一员,一个家庭完整地从其中抽离,乡野之家在一个个家庭之接点的脱离中逐渐显得松散、失去活力。

大城市的诱惑,和父母在一起的强烈愿望,伴随着他们的童年就已经开始。最终在仓促地结束初中生活、职业技术教育生涯之后,他们开始获得真正与父母在一起务工的机会。至此,一切有关都市的梦想瞬间成为幻觉,残酷的青春期伴随着他们对都市真实而深刻的体验开始。

这些年轻人不再希望追随父辈的劳动方式,就业方向除了女孩主要在服装厂、电子厂之外,男孩子们的逐渐多元化。除了少数几位依然成为父兄追随者,其他年轻人选择从事销售、货车司机、酒店服务员、调酒师、从事快递业、保安等,另有几位至今职业尚不稳定且神秘。他们在职业生涯训练中获得的经验如果脱离城市,将会一无是处。服饰、言行习惯、思维范式、时尚用品,在这些年轻人身上再也看不到本土乡村文化影响的影子。男孩子打耳钉、戴戒指、染头发,穿着膝盖有窟窿的牛仔裤;几个人聚众聊着"我们老板"、某品牌车格调档次的话题;抑或低着头在一个角落玩手机……这是暑季和春节时村子里年轻人常见的自我呈现方式。"乡巴佬""土包子"成为这些年轻人聊天时互相揶揄对方时常见的话语。他们不觉得如此表述是对属于其自我构成之一的乡土性的放逐,相反,"像城里人"这一虚假城市主体的获得更会让他们得意。除了尚会熟练使用方言,很难对他们的乡土性做出清晰辨认。如果暂时忽略其户口本中的农村人身份,也很难将之与本土城市年轻人做出明晰区分。从童年到青少年,其并没有获得多少乡土文化对其系统哺育的机会,有意识地自主争取对乡土性拒绝与疏远,过上从"像城里人"到"成为城里人"的生活成为其努力的方向。这些年轻人融入城市的能力以及对城市生活的向往远比先于其流向城市的父辈要强。这些人成为村落社会第一代对乡村坚决放弃、没有任何情感纠葛的人。从"像城里人"到"成为城里人",他们还有很长一段路要走。

当父母希望把并不宽裕的经济留着在家养老以及在老家盖房子时,他们往往成为类似决定坚决的反对者。一个具有代表性的说法是"老了都要到养老院去!在家里盖房子,还不如将钱给我付个首付,在城里买房子。"如此两代人、两种面对未来决然不同的心态,也许注定了老人们一旦去世,农村几近空巢的楼房必将成为方村最后的历史见证——这里是曾经有人生活的乡村,社会却从这里消失。

进城务工生出第一、二批农民工的乡愁,也生出第三批农民工对乡村的怨恨。一位村民借助 1980 年代初国有企业"顶职"与"招工"的机遇,想办法让两个适龄的女儿获得了天柱山从事旅游业的机会,工作清闲稳定且体面、收入有保障。随后计划生育中超生的唯一儿子,高中毕业后加入进城务工大军,比照着姐姐们的衣食无忧,儿媳妇对父母的不满情绪终于在争吵中爆发出来,认为父母偏心、不顾儿子死活,竭力排斥与父母一起生活,宣称弃养父母。乡村为城市贡献廉价劳动力,城市文明却将这些年轻的劳动力灌输成乡村文明的怨恨者、背叛者,又不接纳他们。城乡矛盾竟然由家庭成员代际间的伤害来承担。"拼爹"正在成为保护年轻人的一个重要社会机制,第三批进城务工者却无爹可拼,对父母、生在农村的不满意识逐渐滋生。城乡关系中微妙地生成代际间的反孝道伦理,加剧了小家庭出现与逃离乡村的冲动。代际之间双重的无奈,加深了现代社会中农民的悲剧感。

根据 2016 年国家统计局发布的《2016 年农民工监测调查报告》,我国 2016 年农民工总量 2.82 亿人,进城务工从业者正由"60 代"换为"80 后"的"新生代农民工"。1980 年代及以后出生的农民工占全国农民工总量的 49.7%,而且如此更替正呈上升趋势。历年类似统计说明,一方面城市发展期待的廉价劳动力会源源不绝;另一方面,被城市资本主义体系淘汰而非被其子女"前浪推后浪"式超越的老年农民工,被遣返回乡的日子不再遥远。"80 后"农民工——主要对应着方村的第三批农民工,是计划生育"一胎政策"的直接影响者。面对城市中逐渐被解除雇佣关系的老年农民工,"80 后"赡养父母的任务亟须兑现。不再有兄弟姐妹互相帮着谋生与返乡老人身边无子女照料的状况,极可能导致未来都有进城务工经历的"一家人",在代际中断裂的困难加剧。

学术界惯用代际视角对农民工分类:"第一代农民工""第二代农民工""新生代农民工"。对照方村农民进城务工方式,如此类型化一方面肯定了家庭户内代际传承带出农民进城的作用,另一方面遮蔽了家族、亲戚、邻居等横向社会关系促成农民进城务工的作用,忽视了村落共同体、家族共同体充当的为城市输送劳动力的正功能。更严重的问题是农民工再生产的主体被篡改。代际这一概念在生物学维度之外,还存在着社会文化维度——围绕着重大社会历史事件与相似的生活经验可以形成文化社会学意义上的"代",代际间的更迭、继承、断裂是历史在当下得以呈现的方式之一。[1] 作为历史在当代介入的一种分析范式,"代"的表述容易导致对"代"之主体误判,将"代"的生成因素视为代际主体。"某某代农民工"的表述给人一种错觉——被社会标签化的"农民工"父母是其子女成为"农民工"的培养者和主观期待者。从父到子获得"农民工"身份,并非"子承父业"的家庭事业追求,而是受到家庭之外、来自社会不可控力量支配的结果。父母成为"农民工"的奋斗目标,一定程度上恰恰是希望其子女摆脱再沦为"农民工"。"某某代农民工"被媒体与学术呼

---

① [德]阿莱达·阿斯曼:《记忆中的历史——从个人经历到公共演示》,袁斯乔译,南京大学出版社 2017 年版。

来唤去,不仅见证着农民进城奋斗的失败——代代儿孙被迫做民工,也意味着社会意向对农民主体性认知的集体无意识。

四、进城务工辐射行业及影响

方村进城务工所从事行业以油漆工、木工、缝纫工、装潢工为主。务工流向城市,从事家具行业的主要集中于长三角,以南京、合肥为中心辐射周边县域。服装行业主要在常熟、湖州等纺织业发达的城市。装潢工1990年代到2000年初,集中于珠三角一线城市。2007年左右以来,一部分装潢工开始回流到县城,工种日益分化成水电工、腻子工、电焊工、木装潢工等。近年来由于产业结构调整,国内纺织业趋于萎缩,先前以女工为主体的缝纫工从业者逐渐返乡在县城里进行辅料加工,或者就地转业。

与以上需要一定的技术和体力劳动不同,方村还有10多人在北京从事印刷行业,2000年前后最高从业人数达到30多人。这些人也是村子里先富起来的一批人,至今依然是相对富有者。近10年来北京印刷行业从业人员相对饱和,竞争压力大,收入锐减。这些人由于经常需要与各行业有印刷品需求的客户打交道,被视为是村子里见多识广、思维活跃、视野开阔的"能人"群体。他们的见解往往被视为村子里最具有价值的说法,主导着村落公共事务。

方村如今维持生计和发展的经济来源,用当地人的话语,基本上都是"外面的钱",指的是进城务工获得主要经济来源。村民的命运不再掌握在本土资源和传统生产方式中,完全由城市市场所掌控。随着城市产业升级,那些拥有传统手工业技术的打工者,逐渐面临着更加严峻的就业环境。他们比起年轻人,更难适应流水线生产和掌握机器工具加工的能力。

进城务工挣回的钱,带给村落的变化主要在于盖楼房。自2002年村子里第一栋楼房出现到2016年,除了2008年没有楼房建设之外,其他年份每年都有盖楼房的家户。2012年,迎来方村楼房建设高潮期,该年有 7 户人家盖房子。2013、2014 年分别有 5 户。2012 年到 2014 年时跨 3 年,共计 17 户住进了自建楼房,是方村村落面貌集体换装时期。2015、2016 年又有 4 栋楼房竣工,加上老家没有盖但在城里购房者,方村至今无楼房住户只有 4 户。其中一位独居精神病患者常年在家;另有 2 户常年在外地打工,很少回家还有一户有能力盖起楼房,因为独子被骗入传销已经 8 年,至今杳无音信。他说没有心事考虑盖楼房的事情,孩子回家是他最大的心愿。

除了楼房建设或购买,方村到 2016 年年底有 11 部私家车辆。

方村先前的砖瓦房兴建主要集中在 1970 年代中后期到 1980 年代初。砖瓦房建设是第一批农民工父辈们毕生最大的经济支出,也是其一生最大的事业。伴随着楼房替换砖瓦房,方村历史上最后一批从未离土也未离乡的农民——生活方式、生产方式深具传统性的最后一代农民,其毕生劳动成果在楼房集体呈现中终结。从 2012 年到 2014 年,方村密集盖楼房的行动,意味着最后一批终生伺农群体的权力,开始朝获得农民工身份的村民转移。方村开始迎来有进城务工经历村民实际当权的时代,他们成为方村真正的全职劳动者,掌控着经济来源。以进城务工者为中介,方村的村落面貌、思维方式、权力结构不再归拢于强质性乡土,而是面向都市逐渐获得都市气质。

以老屋为中心、砖瓦木结构的家屋构成的村落面貌,成为进城务工者子女的童年记忆。生活在楼房结构的家中是第三批农民工在空间上理解"家"的起点。

盖房子是每一代人的"大事情",相关费用支出也是户主一生最主要的开支。父辈着手盖砖瓦房,平均年龄大致在 40 岁以后,这与村里盖楼房的户主年龄相当。不同之处在于前者动用一家人全部劳动积蓄,盖房子所需欠债并不多,基本上举全家之力在三年内基本能还清债务。1980 年代,村子里几乎少有家户长期处于入不敷出的状态。"紧巴巴过日子",年收入略有盈余或基本持平。据统计,方村只有少有的 5 户无借款就盖起了楼房。欠款最多者有 16 万。还清盖楼房欠款的主要途径只可能是进城打工。

如果单纯从家庭衣食住行等物质支出占家庭收入份额来看,1980年代的贫困程度要高于盖楼房之后。当时家庭收入除了婚丧嫁娶、修坟造屋等重大开支,主要的就是满足养老、养小等必需的日常生活支出。有孩子读书的家户,学杂费等构成的教育投资也是一份不小的份额。毕竟村子里1980年代考上大学者零星可数,教育投资在整个方村经济支出中所占份额依然非主流。1980年代的方村,除了供孩子读书,几乎没有什么其他重大的文化类家庭支出。强质性乡土社会中,较少经济支出投资到文化中并不意味着文化生活不丰富。他们理解的文化并不在消费的脉络里,而是在场参与、不乏精神放松、有着愉悦感体验的民俗活动。戏灯、拜神祭祖、参与红白喜事、上梁、起灶等,甚至杀年猪时请"高老爷"举行的一个简单仪式,都具有文化色彩。这些文化参与如果被视为是一种商品消费,那这是对村民情感的冒犯。换言之,村子里的许多文化活动有些包含在衣食住行等物质需求中,有些反映在社交互动民俗中,以及特定的民俗文化中。娱乐,在村民眼里无处不在。不仅民俗文化中有着许多喜庆的要素,而且最常见的"娱乐"融于了密切的社交与劳动关系中。偶遇式闲聊、邻居劳作间歇时的攀谈、帮工时齐喊劳动号子等,无厘头的作乐、讲荤段子都伴随其中。

村民对美好生活的期待不再囿于基本的生计保证与民俗文化参与。盖房子、购车、西式婚礼、K歌、"喝茶"、旅游、网上购物、广泛朋友圈维护与礼仪经济支出⋯⋯曾经循环式的村落生活逐渐成为一种矢量线性生活追求。循环式指的是每天、季节性、一年一度的生活方式,伴随着不同年龄所承担的家庭角色、社会角色在代际中反复循环,生活的主人在代际中继替,而生活的内容并没有多少变化。矢量线性生活指的是从村民成为农民工作为起点,随后每一代都有着无尽头的消费诱惑,某种强大的力量导引着明确的消费方向——来自城市对农村的召唤。先前生活的意义逐渐得到改写——成为忠诚的、有购买能力的消费者即是生活本身。

如此一来,村子里表面上有楼房、有私家车出行的光鲜生活,背后隐藏着巨大的黑洞:仅仅靠着有限的打工经济来满足他们矢量线性的生活追求,导致的结果就是负债。第三批农民工群体究竟每年有多少经济收入、支出以及借贷,这是其父母与村子里的谜。一方面很难获得与其访谈机会,另一方面他们随时在消费的路上。村子里有一位已婚小伙子两年前买了私家车,当初村民以为其打工挣了不少钱,逐渐才明白是通过车贷购车。花钱的地方多,可支配的收入少,进城务工者这一愁苦困境几乎没有缓解过。哪怕是村子里的盖楼房无须借钱户,他们同样面临经济紧张的危机。他们对生活的期待更加遥远——换车、在城里买房、再买房。这些人是村子里最大的负债者。至今,方村打工者在家与县城之外分别有楼房者共计4户,其中北京有房产者两户,东莞一户,合肥一户。老家、县城同有房产者共计3户。"家里已经盖了楼房,接下来的心愿就是再给孩子付个首付,在城里再买一套房子","至于欠钱,我是还不起了,得让孩子慢慢还"。这是第一批、第二批农民工的普遍心声。代际关系中,逐渐嵌入了"父债子还"的下移关系。以父亲名义的举债,几乎全部目的都是"为了孩子"。储蓄,极可能只是暂时的,很快就会被下一波家庭计划所耗转化成举债。村子里光鲜的生活,建立在"我还能出门打工"这种视身体为本钱的评估基础上,精神性的家让其安静下来休息的可能性,还会有吗?

房屋盖好后,如果从入住时间来看,老人是楼房主要的受益者。他们不再担心砖瓦房破损,而在狂风暴雨的夏季面临"床头屋漏无干处,雨脚如麻未断绝"的烦恼。没有老人的家户,新房盖好后除了春节,基本上都是常年闭户。窗户紧闭,室内空气潮湿无法通风,墙壁、地板受潮逐渐脱落和鼓胀。村子里一户人家三口都从事缝纫工,常年外出务工,在2002年就盖上楼房,只是在春节前后小住,前后总计不足一月。2008年又在县城购房,春节不再回来。即使返乡省亲,也是当日返城,新房几乎从未住过。楼房在长期无人护理的闲置中显露出严重斑驳的墙壁。

打工对身体造成的伤害比较严重。村子里第一批进城从事油漆工的务工者,基本上肺部等呼吸系统都有不同程度损害,咳、痰多是他们的共性特征。其中两位从事油漆活不久就患上甲肝。有一位尝试换过多种工作后,又开始从事油漆活。原因很简单——熟练工,挣钱多！近10年来大家似乎隐约感受到"钱难挣"、进城打工"不好打"。在打工群体中,有3位临近40岁的年轻人,尚且单身且没有盖房子,也没有在城里购房。

一位属于第一批打工者的村民,由木工学徒到自己开办家具厂,其中有8年没有回家过年。开办家具厂已经超过10年,第一批办厂启动资金由积蓄加上亲兄弟担保的银行借贷、亲朋好友借款实现。第一次银行借款5万,每当还款期时都是其担保兄弟焦虑之时。后来他办厂不但没有挣钱,反而欠款越发增多。据不完全统计,他欠款最多时超过20万。我和他电话交流中,他说一天需要一包烟、一斤酒。约5年前他就说压力大,焦虑。2018年,他亲口用"怀疑自己有神经病"来描述自己。他的言语逐渐显得琐碎、重复,这是与他有着密切电话沟通的人一致性看法。在他办家具厂的这段时间,妻子和孩子一直跟随他,妻子要求离婚的传闻不时传出。2019年,妻子与他离婚。家里砖瓦房长期无人居住已经不适宜居住。在经济、精神与住所上,他成了一个"无家可归者"。

主动向这位难主伸出援助之手的是其亲兄弟——六哥。

六哥在北京从事印刷业务近乎20年。前10年挣得的钱除了一家人过日子,再就是盖上楼房。后10年伴随着北京印刷市场完善,挤压了他这种私人化业务员的生存机会,零星挣的钱全部用在日常家计需要为主的支出中。如今他先前的业务逐渐转移给他大儿子做,小儿子技校毕业后也开始了在北京不稳定的工作生涯。六哥大儿子2016年结婚,女方要求的彩礼是"城里有房,家里有车"。无奈之下,"咬紧牙关、蹭着老脸借钱"购房。在与他的交流中,他开始反思:养儿子的意义在哪？活着的意义在哪？没有人能对他的疑惑做出让他释然的解答。

六哥的疑惑,不妨用他自己的话展开。"老子努力挣钱,却怎么都觉得钱不够用。先前打工为孩子读书,他读不出来考不上大学不能怪我。

接着努力挣钱在家里盖房子,他(孩子)也慢慢出来了,会挣钱了,钱不多,至少不需要我倒贴了,心想这下子我可以回家种种菜园,过日子了吧。结果是孩子找对象还要钱,彩礼动不动上万也就算了,没想到对方还要求在城里买个婚房。老子一辈子都忙昏了,这些人却还要婚房!东扯西拉借钱,婚房有了,婚也结了,结果他们要生孩子了。孩子生完他们小年轻过自己的小日子去了,老了都快走不动了还要给他们带孩子。"

从封闭的山村到开放的城市务工,理应获得更多择偶机会,相反,村子里的光棍并不少。1990 年代以前,村子里只有一例精神病患者成年未婚。如今,方村 20 岁以上未婚青年有 20 人。

身体健康受损、自我陈述"精神有问题"、终生奋斗却面对儿子结婚高昂费用一筹莫展、中年患病去世、过度单身……围绕方村有关进城务工者的叙事,有两点值得深思:如果有某种可能性他们不需要离开家园、在家即可维护生活的整体性,他们的"坏运"会不会减少?付出同样的艰辛劳动会不会让他们的主观幸福感增加?另一个思考的维度:个人、小家户应对不可测的生活磨难及对抗社会风险的能力是否显得越发脆弱?兄弟情谊、亲属关系、村落社会团结逐渐成为一种积极力量,正参与到对抗现代性对个体的吞噬中。

熟人社会、家族主义与现代性对社会的诉求背道而驰,它又与现代性如此吊诡地结合到一起,对现代性的缺陷造成的生活破坏进行着必要的修复和拯救。乡土性不具备足够能力抵制住城市中心主义意识形态对其的入侵,乡土性并未因此放弃伦理层面对"属于我们""大家"生活的维护。乡村生活似乎是静止的,面对急剧社会变迁它保持着持久的沉默,对来自现代性的改造保持着足够的容忍。一旦乡土性遭受的外来碾压超过了其可接受程度,千年农耕生活方式中长期沉淀的乡土伦理不再会无动于衷,它总是会以相应的方式表达出来,捍卫依然在村民内心深处坚守的生活理想。村民作为长期离家者总体上并没有放弃过家。他们带着深深的家之情怀走向都市、远方,"美好生活"的构想却并没有跨出乡村。

第四节　农民工的生存伦理与道德主体构型

有关当代农民工身份的研究,学界从未中断,有些见解已近共识。王小章总结当代中国农民工研究,主要有"生存—经济""身份—政治"这两种分析模式。[1] 有关农民工的身份、地位界定和检视,"城市边缘人"[2]的认识获得学界几无异议的通识。如李培林认为,农民工群体是一个位于城乡之间和工农之间的边缘性群体;[3]陈映芳认为"农民工"是由制度与文化共同建构的与"农民""城市居民"并列的第三种身份;[4]"农民工"始终没有突破农民与非农民之间最为明显的阶层界限[5]。以上见解注意到"农民工"身份的复杂性与模糊性,将"农民工"从"农民"中分离出来;对"农民工"身份特殊性的建构中,二者的相关性暂时被悬置。此类建构中,"农民工"不再属于"农民"这一类别,二者构成非隶属性的并列关系,在此意义上"农民工"不是"农民"这一命题得以成立。毫无疑问,二者共享同一身体主体。对应进城务工个体,二者差异性则是共享同一身体主体的社会身份差异,如此一来,其在日常生活中又该如何呈现"共享身体主体的身份差异"?

一、身份构型与"农民"的文化阐释

当我们尝试对社会进行清晰辨认与群体区分时,身份成为社会地图绘制的坐标。身份有着将复杂、流动的社会指认显得清晰和可测量的使命。赋予身份以相对稳定性以及不同身份关联的意义生成,让社会变得

① 王小章:《从"生存"到"承认":公民权视野下的农民工问题》,《社会学研究》2009 年第 1 期。
② 史柏年:《城市边缘人——进城"农民工"家庭及其子女问题研究》,社会科学文献出版社 2005 年版。
③ 李培林:《流动民工的社会网络和社会地位》,《社会学研究》1996 年第 4 期。
④ 陈映芳:《"农民工":制度安排与身份认同》,《社会学研究》2005 年第 3 期。
⑤ 刘精明:《现代化背景下中国农民的职业研究》,见李培林主编《农民工:中国进城农民工的经济社会分析》,社会科学文献出版社 2003 年版,第 91 页。

可理解并且按照社会期待样态进一步通过身份塑造与阐释,确保社会结构的文化阐释具有可能性显得尤为重要。在此意义上,社会关系无外乎是不同身份的交际网络,身份构成社交的一种纯粹、基本形式,促使社会成为可理解的样态。鉴于相对静止的身份构成需求以及对其理解依赖于不易变的眼光,被理解的身份可能会产生偏差和错位,因为在固守的身份认知图式中,身份悄然的流动和变异会被不加思索地忽视。尤其在社会急剧转型期,身份的不稳定性需要重塑认识身份的眼光,这有利于矫正身份认知的偏差。在认识论与方法论意义上,我们需要提及与重申斯图亚特·霍尔的忠告:社会学中的身份认同是人、机制和实践之间交互作用的建构和结果;我们先不要把身份看作已经完成的,然后由新的文化实践加以再现的事实,而应该把身份视作一种"生产",它永不完结,永远处于过程之中。它绝不是永恒地固定在某一本质化的过去,而是屈从于历史、文化和权力的不断"嬉戏"之中。①

当代社会中,视为当然却被严重误解的身份,"农民"与"农民工"是其中之一。为了阐明这一问题,在介入相关分析之前,有必要对身份的构造进行剖析。身份有着政治、生活、社会、道德四维构成。政治构成权威性,对身份进行自上而下的权力评估,在权力关系中对身份进行定位。"农民"身份的政治构成是与"市民"相对的户籍制度限定。这是当今农民的同情者颇为诟病的一方面,诟病的主要理由在于农民在户籍制度中的国家承担与受益严重不对称。身份的生活构成是身份主体性呈现的重要保证,它是生存意义上身份的日常生活呈现。农民身份的生活构成主要是以自然为抽象对象、土地为具体对象的生产方式与生产关系的总和。就中国传统型农民而言,农民的生活主体是劳动者与熟人社会关系中角色丛的集合体,主要是通过父亲、母亲、孩子等亲属性角色呈现出来。田间地头的劳动场景中,大众传媒与知识化表述无外乎是"农民/村

① [英]斯图亚特·霍尔:《文化身份与族裔散居》,见罗岗、刘象愚主编《文化研究读本》,中国社会科学出版社2000年版,第208—223页。

民在劳动/耕种""劳动/耕种的农民/村民";而在农民生活主体的构成中,可能类似于家里的顶梁柱抑或"我父亲""我叔叔"在刨地等表述。如此表述注重于表述者与表述对象在同一时空中关系的塑造。会话中不仅描述行动,而且生产出行动与表述者的社会关系。村落社会中难得一见外来者,熟人/农民在行动—关系双重表述中同时呈现出事件,以及事件在社会关系中所承载的意义,更符合农民生活主体身份获得自我承认的日常生活世界;生活主体性一直没有被农业社会的文化阐释忽略。当"农民/村民在劳动/耕种"出现了,意味着生活主体的农民正在被他者他者化,二者并不共享同一生活世界,表述者与表述对象在会话中不生成彼此共享的伦理。身份的社会维度是来自社会对某一群体包括认同感在内的社会意象。社会意象是一种心照不宣的默会知识,是社会成员相互之间的正常期待感,也是有关集体实践和道德秩序的共识①。相对静止的社会因为身份的相对稳定性,无论是集体生活方式的深描还是社会结构的象征体系,抑或权力运作的话语支配,都具有相对静态的、获得大众认同的固化效应。有关中国传统型农民的社会意象总体上显得温和友善,不齐勤俭节约、忠诚老实、安分守己、淳朴本分之辞,当然也不缺乏具有悲剧意识的"哀其不幸、怒其不争"。类似评价作为一种经验性事实判断,已经溢出事实本身而构成一种道德话语,这与农民的道德主体被儒家伦理深深建构密切相关。乡土社会中活跃的伦理性使得农民的道德主体优先被地方化儒家伦理所支配。它们是经过经验化、仪式化、日常生活化的感性存在,是老百姓的日常生活秩序。②

农民身份的四维,彼此交织且张力饱满,结构性造成"农民"的弹性与开放性非常有限。"农民"只能是一个地方性概念,对其行动、空间、道德、权力阐释的想象力边界非常有限。历史中有关"农民"的社会意象一旦形成,似乎从来没有被篡改过,也几乎从没有被其能动地发挥过。类

———————————

① Charles Taylor, *Modern Social Imaginaries*, Duke University Press, 2004.
② 刘少杰:《经济社会学的新视野:理性选择与感性选择》,社会科学文献出版 2005 年版,第112 页。

似"王侯将相，宁有种乎"的质疑，也只是昙花一现于历史中，不构成总体性农民品格。有关农民的叙述只能局限于家族、村落、乡土这一狭小世界中。确实，历史经验地告诉世人，农民从不主动离开土地与地方，除了新中国确立起农民翻身当家作主的政治地位，生活、伦理及社会对其理解也几乎从无变更。"农民"概念逼仄得容不下足够的想象力发挥，反而导致与其身份有关的政治、生活、伦理相互嵌入，任何一方失去支撑都可能造成"农民"概念的坍塌，"农民"因此残缺不全而不再为"农民"。农民身份除了对应一个相对固化的群体，更指涉一套牢固久远的生活方式、文化阐释、社会体系的集合体。当集这些体系化的结构、观念与道德于一体时，在此意义上农民离开了地方便不再是农民。农民的世界中并不生成对远走他乡的文化鼓励；恰恰相反，安土重迁正是固化其文化与结构，推崇地方性的一种自我阐释与强化机制。农民一旦出走，意味着他已经或正在失去所属生活秩序的困境降临。农民不可能成为现代性的漫游者，他们拥有深厚的且被其认同的精神原乡——乡村。况且人类迄今最低限度的生存依然依托于大地，而农民正是土地忠诚的守护者。农民对土地的深厚感情，以及土地需要农民这样的守护者，二者互为结构地建构起人类的物质文明史。农民一旦离土、离家、离乡出走，并非农民与土地之间的长期形成的联系失去彼此的忠诚，而是人类理智正在偏离甚至背叛自然。农民被迫离开土地、离开家园，是人类过度理性的结果及其表征。20 世纪 90 年代前后，这样的表征在中国以"潮流"的方式开始。此处"潮流"的意义双重，它既昭示着城市化时代不可逆的方向，也昭示着如此方向正在裹挟批量农民离家出走。在此意义上，农民工成为末代农民；①总体性农民开始终结。

二、"农民工"去道德化叙事

从农民到农民工，遭遇着主体的重大转换。农民工能够"旅游式"介

---

① 杨思远：《中国农民工的政治经济学考察》，中央民族大学博士学位论文，2005 年。

入不同城市,从离家出走到不同城市、职业介入,不自由贯穿始终。表面上身体的空间流动与自由择业机会增多背后,都指向一个没有选择的当下与未知的未来。"农民工"身份并非自我追赋,尽管在工作伦理中他们与脑力劳动者、与先前的农业生计没有什么不同——以劳而获,可是处于社会底层与城中村,社会暗示那是其"应得的生活";"农民工"的工作伦理中无法生成与保全"农民"的意义世界。工作伦理中的身份既是一种角色,也生成对应的道德。在自我道德追赋中,进城务工只是一种谋生方式,其主体依然是农民。进城务工农民在表述主体身份时,弃用"农民工",而是更常用"我只是一个打工的",最终身份认定中依然落实到"农民"。"打工"多指临时的或非正式的雇佣劳动,正式的职工到单位上班一般不说"打工"。[①] 如果从个人生命史以及生存主体角度出发,"农民进城务工""进城务工的农民"是进城务工者唯一自我承认的表述,话语对应主体是"农民"。从"农民"到"农民工","农民"就收藏在家乡,抑或只对同样来自乡土社会的工友开放。践行"农民工"的道德而非"农民"的道德,成为其城市务工生存策略。

为了适应底层恶劣的务工环境,防范来自陌生社会关系的伤害,再加上唯物质主义、消费主义的影响,既非农民也非工人的主体身份逐渐被塑造出来。通过对 Z 村进城务工者长期追踪调研,发现这些人已经形成了稳定的双重人格与行动准则。

这些往来于城乡之间的周期性流动者,一回到村里,与村里人及周边熟人的社交呈现,总体上依然是农民本色。忠诚老实,喜善乐施,积极参与礼俗、民俗活动。在老人眼里,这些务工者即使年龄再大、很久不曾见面,二者攀谈起来他们依然是"邻家小孩"。哪怕是务工者中的翘楚,北京写字楼里的"方总",一回老家或者在电话聊天中,摇身一变,就成了村里人常叫的"小脸""小坛"。

这些农民在弃农为工的场域如何呈现自身? 在此呈现几个极端的

[①] 王志恺:《关于"农民工"的称谓》,《语文建设》2007 年第 5 期。

个案。

损人利己的抗争。北方的冬天阴冷,处于河北饶阳城乡接合部的家具厂内,取暖能源只能是被老板检视过、允许焚烧的废弃木头。工人们再三要求烧煤取暖,老板一直拒绝。村子里读过高中的"小坛",1995 年在此从事油漆工。他在村子里属于为人正派、敢于实话实说且心地善良的农民。小坛对村子里、邻村弱者一直有着救助义举,包括送他们旧衣物、适当的经济救助。当时这家家具厂生意火爆,尚未上油漆的床头柜、茶几堆放成山。在该厂务工的同村人共有三名。实在对抗不过寒冷与老板的"勤俭节约",趁老板不在场,看到铁桶里大火快要熄灭时,小坛就会随手搬出一床头柜扔到铁桶里燃烧取暖。

还有一起比较极端的报复性案例。几位同乡在天津搞房屋装修,装修户主是做生意的,家里经济条件不错。装修时老板不怎么在场,老板娘以及老板的妈妈成了忠实的监工。"她们喜欢啰里啰唆,没事就盯着看我们装修,说这里缝隙不合,那里腻子刮得不平整。刚歇息一会,一支烟还没有抽完,她们就要催我们干活。而且她们做人很抠门,腻子稍微多了撒到地上没有及时弄起来用,她们就叽叽咕咕的。烦得要死!不将我们打工的当人看!好吧,就得整整你们!机会终于来了,一暖气管处需要铺地砖,管头需要拆掉。正巧,当时不知道哪里窜出一只老鼠,当场打死。小杨盯着那只死老鼠看了一会,他突然拿起死老鼠,塞到暖气管里,用电钻用力顶进去。地砖铺好后,接上接头。房子装修好,结账,走人!"

1990 年代,按照当地打工者的描述,当时那些缝纫工厂、家具厂的老板江浙人居多。一如今在县城有房有车的打工者回忆起早年的打工故事:"说我是文盲,我好歹上了初中,他们(老板)几乎一个大字不识。他们腰上挂着 BB 机,那破玩意只要一响,我就知道老板要发烟给我抽了。他们压根就不会用 BB 机,叫我帮忙回复。一遇到订货签合同时,老板也会带上我,让我帮忙查看合同,核对账目什么的。我心想如此笨蛋的老板,很容易忽悠。一次年关结账时,好多工人围着他结算工资,他只顾在腰包里掏钱出来清点,叫我帮忙结单画字。趁他不注意,我将他先前登记好的、我工资中的"1"字改成"7"字,多发了我 6000 块钱。账一结清,连夜我就搭车回家。"

以上几起比较极端的行动,前两起是直接针对雇主的报复性行动,后一起是有心计地为自己获利动脑筋。访谈中,打工者类似抗争、谋私利行为远远不止这些,包括与老板吵架,聚餐喝酒时想办法将老板灌醉,挑唆老板夫妻关系,故意浪费材料,家具厂老板与工人各拿斧头对峙……

受访进城务工村民,在自认为遭遇不公正待遇时,没有一起求助于正式组织的案例,"没用"是他们对此的一致性回答。农民工虽然有较普遍的不平等感,但他们面对城市政府,基本上不表达(利益诉求)、不申诉(权益受损状况)。① 而且,至今他们没有一个人与用工单位签订过正式的劳动合同——"要是谈签合同,哪个老板还要你?"

以上这些发生在方村农民工身上的故事与同时作为 Z 村村民的他们很难想象是同一个人。如此道德不端行为,作为方村村民,他们的日常呈现在村落社会内部不会发生。有类似极端经历、经验,一旦回到村子里,以上行为充其量只是一个笑谈话题,更不会将类似手段用来对付熟人。描述以上类似经历时,他们的话语与神态中充满着英雄式欢快感,并不觉得这样做有什么不妥。斯科特在《弱者的武器》一书中提到马来西亚农民对雇主的反抗形式,以上受访的生活化事件与该书描述惊人地相似:偷懒、装糊涂、偷盗、诽谤、纵火、暗中破坏等②。此类斗争的大多数形式通过道义的自我放逐换取抗争的日常性与低风险,用坚韧的努力对抗无法抗拒的不平等,以避免公开反抗的集体风险。如此个体自助、小范围工友互助的反抗,不但会从中获利,还具有象征性。一油漆工年关时自认为被工厂主少算了几百元工资,又急于赶车回家,短暂的据理

---

① 陈映芳:《"农民工":制度安排与身份认同》,《社会学研究》2005 年第 3 期。

② [美]詹姆斯・C.斯科特:《弱者的武器》,郑广怀、张敏等译,译林出版社 2007 年版。

论争讨要工资未果,无奈之下离开时他仰起脖子朝着雇主家大门上吐了一口痰,表示愤怒与蔑视!借助类似活动,达到雇佣关系中被剥夺感、心理失衡感的适度调试,并由此获得想象式赢家的愉悦感。

在相互神飞色舞的各自经历描述中,他们对此类行为充满了一致性肯定的价值判断,认为"在外面打工,不像在家门口干活,明地里斗不过那些有钱人,暗地里不用点手段,那怎么混呐!肯定被人欺负得要死!"为免于欺负,保全自身正当权益,抑或作为正当权益受损的补偿,阴损的报复行动抑或极端的器械震慑就可能发生。如此抗争在很大程度上违背了其在熟人社会中践行的价值观,他们自身的道德、行动准则出现了二元性分裂:这些人在家乡限定的熟人世界里自我定位是农民,会遵守仁、义、礼、智、信等儒家伦理的修为规范;一旦跳出熟人社会关系,他们的行动一定程度上指向其内心信奉价值观的对立面。如此分裂却能统一到一个人身上的双重人格如何生产出来的?这里遵守着自我认定的"打工的"这一逻辑。进城务工,意味着置身介入雇佣关系、契约关系、陌生人关系,目的只有一个——挣钱!维护民工权益的法律、渠道等救助机制不健全,以及雇工与雇主都共享着挣钱这一工具性目标,再加上进城农民习惯性依赖的帮扶资源——熟人社会关系与礼俗不复存在,"社会歧视现象频繁发生且流动人口自身自我归类倾向颇为严重"[1]。道义上的孤苦无依与谋得生存机会的强烈意志,导致进城务工者走向其作为农民道德操守的对立面。先前的道德操守转化成有意识地去道德实践,本分、保守的顺民性格必须转化成敢于冒险、动武的凶狠。一个与农民、工人相关却又不属于农民、工人的新主体催生出来——农民工。杜润生2001年认为,进城农民没有受到国民待遇,最基本的权利也没有得到保证,"外来民工本来就是弱势群体,你再歧视他们,他们只能更加弱势。成为一个被主流社会抛弃的边缘群体,变成一种暴力犯罪的供应体"[2]。

---

① 王春光:《对中国农村流动人口"半城市化"的实证分析》,《学习与探索》2009 年第 5 期。
② 李昌平:《我向总理说实话》,陕西人民出版社 2009 年版,序言。

社会舆论中依然作为弱者的农民工群体形象,其背后有多少"英雄主义"叙事? 出自 Z 村的农民工,在返乡后聊天中有关各自对抗风险、获得私利的经验,既是一种快乐的谈资,也是一种经验互相学习的过程。作为底层政治意识形态的隐藏文本,弱者的武器不仅是一种话语、姿态和象征性表达,也是实践的依据。[①] "卑劣"与"凶狠"一起将农民工这一道义上孤独、孤立的主体塑造得"强大"起来。

三、"农民工"的道德谱系及流向

生活只忠诚于生活的主人;从"盲流"到制度化"农民工"的再生产,农民不再是"农民工"主要的道德供给体,乡村不再是"农民工"的道德源泉。农民的道德谱系在其甫一离乡时便珍藏于本土,"农民工"的道德构型在城市劳资关系中获得再生且已经分化。

"安分守己""忠诚老实"等不具有进攻性的语词,是中国农民道德群像的素描。当农民脱离于生产其自身的乡村场域流向城市后,一定程度上意味着都市社会里涌进一群相对老实保守的人。如果此类保守主义道德能够赢得都市社会惯习的普遍尊重,商业主义主导的市井文化中则融入了农民朴素的善良,这对于契约型社交为主的陌生人社会而言可能带来必要的道德矫正。不幸的是,市场交易的麦当劳化、匿名性以及丛林法则支配的意识形态,道德上无重大缺陷的农民进城之后容易遭遇"农夫与蛇"的体验。加之都市精英主义对乡村的排斥,农民总体上容易被市民社会中粗鄙的道德污名化。从而,那些最能代表至高农民道德的农民工,是农民工群体中率先也最可能受到伤害的人,他们成为农民工这一弱势群体里的弱势群体。显然,农民工中坚守乡村礼德者最不适应在城里长期谋生。方村最早返乡的农民工,并非衰老或缺乏劳动技能的人,恰恰相反,他们在村子里属于集体公认的最擅长各种农业技能者,也属于公认的"老实人"。通过对他们的访谈以及综合乡亲们的评价,这些

[①] 郭于华:《"弱者的武器"与"隐藏的文本"》,《读书》2002 年第 7 期。

人不愿意在城里打工的理由有几点。其一是他们都对土地充满着感情,热爱农业劳动,习惯乡村生活方式,推崇熟人社会关系;其二是坚守孝道与"夫唱妇随"的农耕伦理,不愿意离开父母、妻儿在城里"挣大钱";其三是反感非人化、冷漠的城市雇佣关系;其四是容易体验到"人善被人欺"的陌生人伤害,他们在村里更容易赢得认同感与存在感。村子里一名早年务工的老实村民,在建筑工地经常被人欺负,脏、累、苦的活都给他干,甚至遭受工头殴打,最终带着心理疾病返乡,从此变得沉默寡言,拒绝进城。这些最能够代表村落社会根本伦理的人,率先成为脱离农民工队伍者,却并非媒体上宣称的"返乡创业者"。

以方村的统计,那些文化程度相对较高——有初中或高中学历的人,是村子里最具有时代感的人,其中大都是"文革"中的孩子,即使在1980年代有着短暂务农经历,却并没有培养出全面的劳动技能,城市一定程度上是其向往之地。这些跻身于初期"民工潮"的农民,或多或少都有一定的手工业技能,如木工、油漆工,从而他们当初进城务工从事的均是体能加技术的工种。并非纯粹意义的体力活,使其遭遇雇主体力压迫的机会降低,加上他们对城市具有开放心态及渴望融入,以及文化程度相对较高,这给他们思考如何在城里更好地生存赢得了可能性。方村的这些人在2000年左右开始进入从打工到事业发展的时期,如办家具厂、开家具店、贩卖木材等。还有一些人在兴旺的房地产业中寻求到商机,从传统的木工、油漆工转换成房屋装修从业者。这些人如今是村子里打工队伍中收入相对稳定和富有者。他们具有生意人的头脑,默认市场正式规则,也主动伺机灵活运用潜规则,他们在村子里树立起精明、能干、善于变通的"成功人士"形象。用其中一位"成功人士"的自我评价,"我们属于心正且走在正道上的打工的(人);确保正道通畅,歪门邪道也不得不有"。所谓的"歪门邪道",包括生意人常有的利用信息不对称的"诈"及以次充好、偷工减料等。上文中提到的用死老鼠堵暖气管、偷烧家具成货取暖等行为,都属于村子里"成功人士"早期务工经历。

方村进城务工经历中有比较极端的、已经被公开的涉嫌违法行为,几乎都集中在"80后""90后"。他们返乡聚众聊天最多的话题主要是围绕"发财成功案例""生财之道""财富梦"展开。他们期待的身份蜕变是成为"老板"。这些人对车标的辨识能力以及不同车子性能的知晓程度给人一种很专业的感觉。豪车,是他们关于高科技最热衷的议题。苦于尚不具备成为富人的能力与经济实力,又急切于实现老板派头,借钱成为他们的应急之策。村子里有一起涉嫌套刷信用卡暂时失联后被警察追查的事件,还有一起有诈骗嫌疑的"老赖"被受害者报警的事件。村子里有此类行为者并不具有群体化特点,一定程度上却构成了一种农民工的生存逻辑和道德构型,即好逸恶劳、心术不正,一心做着"老板梦""一夜暴富梦"。如果这些人的行为得不到矫正,极可能成为流氓无产者式的社会犯罪供应体。

以上案例中隐含着农民工生存伦理的三类构型。其一,原生型伦理,指涉难以融入市民社会与市场化雇佣关系伦理,道义上依然坚守"农民"道德,对应的关键词是"老实"。其二,再生型伦理,指涉充分发挥主观能动性,积极融入都市文化,熟悉市场准则并获得高度适应性的生存伦理,对应的关键词是"精明";适应未必意味着价值认同。其三,次生型伦理,涉及具有犯罪风险的去伦理、反伦理倾向的城市生存,对应的关键词是"怨恨""阴损"。以上三种农民工的道德构型,除了原生型道德构型难以逆转,其他两种伦理具有流动性和可转化性,而且具有一定的隐蔽性与叠加性。

迄今,至少第一代进城务工农民并不认为城市是一种好的生活方式;如此判断贯穿差不多30年进城务工经历。依据一方面源自他们眷恋于青少年时在乡生活经历、情感认同,另一方面来自长期城市底层生活的经验性认识。他们获得的有关城乡差异的认识,贯穿着对历时性生活方式的评估。都市生活美好的一面,他们无法参与其中,即使持原生型道德的老实人,在都市社会也属于压抑性被动适应,并不具有如同在村落社会中那般如鱼得水的自在感,从而在体验上难以形成对城市人文生态的正面评价。

1990 年代的新一轮改革已经不再是 1980 年代从联产承包开始的经济改革的自然延续了······它要创造一个以效率为基本准则的新的经济秩序。① 无论是"留守儿童",还是"流动儿童",从小就受到美好生活源于城市,活着需要出人头地、发财致富的教育。新生代农民工从小在"新意识形态"②的狼奶中喂养,塑造出他们单向度的世界观。从底层出发、从城市出发,"天天向上",跻身于"富人"行列,是其对"活着"的诠释。新生代农民工成为有意识消解、隐藏农民身份的类城市人,他们的生活理想自始至终都在都市文明内部回旋,不再具有反思新意识形态的能力。历史向度、城乡不同生活场域的比较,在他们的世界中消失。新生代农民工开拓出农民欲望的历史,"满足需要便知足"的朴素家政观逐渐溃败。面对满足欲望与欲望难以满足之间的矛盾,比照父辈,新生代农民工的未来更可能生活在身体与精神高度分裂的折磨中。如此折磨不再是情系家乡、身在城市的折磨,而是现代性内部欲望吞噬能力的折磨。有学者指出,那些想回"乡"的新生代不是回"家乡"而是回"乡下",他们不想回去务农而是想务工。③ 他们即使谋划着返乡创业,也不再是精神高原的返回,而是尝试在农村寻求商机;"新生代农民工最大的利益诉求是融入并定居城市"④。如果如此返回能够如愿以偿,将来围绕农民工的叙事将会改写:一部分农民继续在城里务工,另一部分农民在农村务工。无论在哪里谋生,都与生产性农业无关。"休闲农业"的提法便是一个征兆。农业与乡村被景观化正在路上,迎来"产农业"到"看农业"转变的消费型后农业社会。如此一来,非天生而被时代创造的农民工即使返回乡村,也不再可能还原曾经的农民道德。农民工再生型、次生型工作伦理与行动逻辑将占领乡村。

---

① 王晓明:《九十年代与"新意识形态"》,《天涯》2000 年第 6 期。
② 同上文。
③ 段成荣、马学阳:《当前我国新生代农民工的"新"状况》,《人口经济》2011 年第 4 期。
④ 孙中伟、刘林平:《中国农民工问题与研究四十年:从"剩余劳动力"到"城市新移民"》,《学术月刊》2018 年第 11 期。

四、"农民工"行动的逻辑与生活的二重性

当今社会宏大叙事与急剧变迁中,具有很强的村落社会"在一起"意识及生活意愿不是被代理就是被忽略,村民越发过着一种无主体抑或主体难以实现的生活;村落社会也日趋成为"无主体熟人社会"①。农民进城务工后,物质生活水平总体上比 1980 年代有所提高,他们并没有因此获得多少值得欢欣的理由。农民工"双重边缘人"的身份迟迟得不到改变,过着一种无完善生活系统屏障的生活,两种从未有过的精神创伤一直贯穿于生活本身。

其一是置身于陌生的城市底层生活中,体验着被雇佣的艰难。都市生活"造就高度非人格化的结构","相视数分钟甚或数小时而不攀谈"。②工地、车间、厂房、出租屋等相对逼仄的空间与密织的劳动时间,时空双重维度以极端形式造成先前农民生活主体生成的情境只能依托于记忆与回想。人是一种有赖于差异而存在的生物,也就是说,他的头脑受到的刺激来自当前的印象和先前的印象之间的差异。③ 在城市工地、车间的劳动方式是一个被动的艰难的学习过程,如此劳动方式抽离了曾经在乡时劳动关系、情感关系、社会关系同步生产的状况。村落社会中由完整生活系统托底的农民的主体性无法在进城务工中呈现,个体在家乡所担负的社会意义不可能在进城后的雇佣劳动关系中带进来。农民在城市得以可能的唯一价值就是生产性劳动带来的市场价值及其边际效应。他们是如此劳动的直接介入者,却并非是劳动的主人,而是一个具有时代色彩的结构性被雇佣者。年复一年地流迁转徙,一旦进入城市,他们几乎都遭遇同一种被雇佣的命运——身体超负荷抗压,能力有限的无能

---

① 吴重庆:《无主体熟人社会及社会重建》,社会科学文献出版社 2014 年版。
② [德]本雅明:《发达资本主义时代的抒情诗人》,生活·读书·新知三联书店 1989 年版,第56 页。
③ [德]齐美尔:《大都会与精神生活》,朱生坚译,见薛毅主编《西方都市文化研究读本》,广西师范大学出版社 2008 年版,第 92 页。

感、无力感被生产出来。置身城市,作为"农民工"的"我"逐渐对其先前身在家乡的农民身份沉默,如此沉默是受外力诱导与胁迫,对农民遭遇的社会结构性压力的"命里认定"。

其二是进城务工的农民,开始饱受乡愁折磨。农民工与农民共享着在小农经济中反复受训与抗压的同一身体,城市务工的体能受压难以摧垮他们。他们在城市的苦痛比劳动强度带来的创伤更加深层次——"离开家才能为了家"的状态长期得不到彻底转变。情感上他们的世界在遥远的乡村——老家,身体上他们又必须深入远离家乡的车间、工厂。情感结构与劳动结构在空间场域、生产方式、社会关系中都被割裂开来,彼此脱嵌。舒茨认为,外来人"构成了一个准匿名、准亲密、准典型的社会世界"①。已成工友的零星同乡之间碎片化的交流与抱团式自我救助、安慰,编制出一个个想象的农民生活世界,隐藏在雇佣关系的深处。"为了家更美好"的生活信念迫使他们长期处于无依无靠、无法释放的情感压抑与精神孤独中——"想家想疯了"。

笼统的城乡关系对于进城务工者而言,无外乎家与工地等具象化的空间、事件关系。作为一种生活方式,农民在乡身份认同与归属感在其身份被置换之后,无论是被留守者还是进城务工者,都有共同的生活方向——与家人在家早日团聚。为了早日实现身体与精神重返家园,他们唯一能做的就是努力忠诚于资本的逻辑,以身体为本钱,主动承受着原始资本剥削,投入到时间、体力压力比伺农劳动强度更大的工作中。城市作为肉体与精神的双重绞盘,农民一旦进城,此绞盘就从未关闸过。生存权意义上"为了家"的生活信念支撑起长达 30 多年的农民进城生活,②试图通过年复一年的艰辛打工劳动,穿越精神、肉体与家分离的黑暗。最终,其中一部人可能会在迟暮之年实现他们最后的愿望——回老家生活,可这却是在家过着精神上孤苦无依的留守生活——"第二代留

---

① 转引自成伯清《奥格尔格·齐美尔:现代性的诊断》,杭州大学出版社 1999 年版,第 143 页。
② 周大鸣:《渴望生存——农民工流动的人类学考察》,中山大学出版社 2005 年版。

守老人"正在被生产出来。

理想和现实之间的关系复杂而微妙,吉登斯曾经试图以"双重诠释"来揭示其中的交互作用。[①] 正如布迪厄认为的,社会世界就像"过着一种双重生活",它以"初级客观性"和"次级客观性"两种方式存在着。[②] "农民工"与"农民"关系的复杂性中典型地反映出社会的二重性特点。

是否具有和自身一样的基本道德操守,是农民认识世界的道德准则。除了对他者同类化、类比化理解,他们的社会关系中实在没有其他参照和社交群体。以"农民"为尺度对社会做出评估,既是农民行动的基本依据,也是其社会评价的道德源泉。农民工的生存道德在建构农民生存伦理的乡村缺席的情况下开始反向运作,一般不会对"农民"行使。户籍身份隶属且来自农村的进城务工者,逐渐形成两种品格,针对具体情境必要时替换着使用。一回乡,还原农民本色,自我角色定位依然是农民,面对的是妻儿和父老乡亲。一进城,内心听命于"我是农民工"的召唤,坚守合法劳动;必要的时候,启动"陌生人即敌人"的社会观,"无公德个人"[③]无奈地成为他们捍卫自身权益的武器;抑或道德放逐,游走于犯罪边缘。这是社会并没有让他们获得完整意义生活机会与正义的反向行动。作为发展主义城市化的产物,社会并没有树立起进城务工者清晰的主体身份,他们既得不到村落社会的道德沐浴,也无法获得都市主流文化的接纳,更享受不到与市民对等的社会福利。社会并没有剥夺其农民身份,也没有培养起他们的无产阶级工人意识,他们被社会结构性地塑造成无主体群体。他们在城市只被分类却无归属的处境是城乡二元结构体现于个体层面上的异化,这不仅仅是一种体现在社会整体层次上的发展问题,更可能意味着流动人口个体生活意义上的迷失。[④] 农民工

---

① [英]吉登斯:《社会的构成:结构化理论大纲》李康、李猛译,生活·读书·新知三联书店 1998年版。
② [法]布迪厄、[法]华康德:《实践与反思》,李猛等译,中央编译出版社2004年版,第6页。
③ 阎云翔:《私人生活的变革》,龚小夏译,上海人民出版社2007年版。
④ 赵旭东、朱天谱:《反思发展主义:基于中国城乡结构转型的分析》,《北方民族大学学报》2015年第1期。

进入和融入城市生活有两个基本阶段,即以血缘、地缘和业缘等同质关系构成为主的"生存阶段"和以强关系为主、利用了异质成分和制度性因素的弱关系且工具理性在社会行动中逐渐占了主导地位的"发展阶段"。① 在城乡二元结构裂缝中悬挂的他们,通过从"生存阶段"到"发展阶段"的习得,艰难地自我诉求着生成主体。

---

① 渠敬东:《"生活世界中的关系强度——农村外来人口的生活轨迹"》,见柯兰君、李汉林主编《都市里的村民——中国大城市的流动人口》,中央编译出版社 2001 年版,第 44 页。

第七章　留守

家被结构性撕裂于复杂的城乡关系中。第一批、第二批、第三批农民工相继再生产,强化、固化了这种撕裂。

村落社会哺育出年轻人,培养出"有文化"、有一技之长的人,两种人都是长期不在家的人群。年轻人出去打工,老年人在家种地带孩子是中国当代农村最普遍的现象。① 方村也不例外。村落社会对进城务工者的期待,伴随着村口相送时的依依不舍,老人、孩子、妇女的祈祷就已经开始。面向天、地、神祈祷,命运最终却只能由老板、包工头、房东、中介、"黄牛"这些城市"好人"来安排。如果说群体的命运带有太多偶然性与随机性,群体的命运则在很大程度上是由权力结构设定的②,面对形塑命运的外部性无法洞悉,农民依然坚守神秘主义对深处吊诡现代性中的家人做着最底线的祝福。资本逐渐充当起形塑乡村生活的主宰角色,留守的祈祷者们依然坚信进城务工的亲人们自有吉星高照。新时代里,留守儿童成为有父有母的"孤儿",留守老人成为有儿有女的"孤寡老人"。

---

① 王开玉:《不一样的童年:中国农民工子女调查报告》,社会科学文献出版社 2016 年版,第 78 页。

② 熊易寒:《命运的政治学》,《开放时代》2011 年第 10 期。

第一节　留守儿童①

"为了家"而进城并且怀揣进城能够实现家计生活更有出路的憧憬，"出门"打工成为村民周期性的无奈，也是生活之希望。"出门"一旦付诸行动，相当于进城务工这一事件给家做出了一种许诺——离开是为了更好地回来，再让家更美好。村口停车场周期性出现如此场景：等待启程的车旁，后面追着歇斯底里哭喊的孩子，以及年迈父母迟缓地跟随其后，目送即将离开的孩子。三代人、两代孩子就此泪别。即将远行的母亲容易含着泪水，再三搂着孩子安慰：妈妈到城里会给你买回好多好吃的。"我要小熊饼干！"孩子泪水汪汪地哽咽着。"好，妈妈买很多小熊饼干给你吃！""我还要一个玩具……玩具小汽车！……还有奥特曼！"在喇叭的催促中，孩子的一切要求都会答应。当孩子稍微停止哭泣时，妈妈钻进汽车开始远去，暂停的抽泣又成为大声哭喊："妈妈——"随后年迈的爷爷、奶奶用同样口吻安慰孩子：妈妈会给你买好多好吃的回来……爷孙慢慢回家，在对远去亲人的祝福和守望中开始其留守生活。城市大发展最具有历史性的声音，不是从机器轰鸣开始，而是从乡村孩子的哭泣声开始。

留守儿童遭受身心伤害风险增大。1988年，寄养在方村外婆家的一位3岁女童眼睑被玻璃划伤落下终生疤痕。1992年一位5岁男童玩耍中扑入生石灰堆中，眼睛差点失明。2010年一位3岁多男童玩耍中手臂骨折。2013年邻村一位女童在村口的田埂上碰触到垂落的高压线身亡。据官方统计，2015年这个国家级贫困县近60万人口中，外出务工人员约12万，农村留守儿童比例达90%以上。《潜山县农村留守儿童现状调查》显示，从留守儿童管护的情况看，父母同时外出务工，由爷爷奶奶或

---

① 2016年2月，国务院印发《国务院关于加强农村留守儿童关爱保护工作的意见》，将留守儿童定义为"父母双方外出务工或一方外出务工另一方无监护能力、不满十六周岁的未成年人"。本研究中的留守儿童指父母长期处于分离状态，抑或父母都进城务工的在乡未成年人。

外公外婆管护的占总数的 52.6％,由亲戚朋友托管的占 6.5％,留守儿童自我管护的占 17.3％;此外,留守儿童与留守在家的父亲或母亲一起生活的占 23.6％。2013 年,安徽潜山一小学校长 12 年中先后对 9 名女童进行性侵犯,最小的年仅 6 岁;2014 年,一名 12 岁留守女孩被强奸杀害抛尸;2015 年,一名 11 岁的留守女孩,喝农药自杀……①

　　童年不能与父母长期在一起生活对孩子的影响深远。老人们迷信,有宗教观念,拿鬼故事来恐吓孩子让孩子学会"听话"是其教育孩子必不可少的手段。村子里留守的孩子,逐渐有了爷爷奶奶们的价值观,菩萨、观音老母、鬼等词语孩子们会熟练地运用。在村子里串门,一见到有类似蒲团、低矮的凳子,抑或见到类似佛像画幅,容易见到孩子们双手合十,一脸天真地跪拜。孩子如此玩耍的"肃穆感",以及与老人理解的礼仪规范相符程度如何,往往容易获得在场留守老人哈笑着赞赏或者矫正。不主动与人沟通交流、沉默寡言是留守少年的共同特点。常年生活在爷爷奶奶们小心翼翼的"喂养"中,他们并不需要多少沟通能力就能够获得物质供给。邻近餐点,"吃饭啦""起床啦"是老人们叫唤孩子最常见的声音。如此单向日常沟通,并没有培养起孩子与爷爷奶奶关系的亲密性。日久天长,彼此成为对方一个不耐烦的对象。

　　当孩子们逐渐获得了"欣赏"动画片的能力和好奇心时,电视成为其童年最好的伙伴。笔者尝试与一位如今已经成为第三批农民工的小伙子反复沟通,他提到以前看动画片中有妈妈、爸爸亲情之爱场景时,他会默默地流泪。他又说童年时不知道为什么会流泪。笔者问是不是可以解释为是想父母而流泪? 他沉默了一会,又很不自在地点了点头,不再说话。与有过留守孩子经历的父母交流类似话题,他们的话语令人深思。其中一位父亲是这样说的:我家细毛(孩子)刚出生,差不多是满月的时候吧,我又出门(进城务工)了。腊月回来,我是下午进家门的,当时

① 周畅:《留守农村的"花蕾"为何频频凋谢? ——安徽潜山县留守女童保护调查》,新华网,2015 年 8 月 8 日,http://news.cnhubei.com/xw/gn/201508/t3343808.shtml.

父母和老婆都在场,我坐下来和他们说话,竟然没有想到我还有孩子这回事。在我妈的提醒下,我才想到我还有孩子!我就连忙问孩子呢?老婆说孩子在困觉。我二话不说,就到房里去看。他捂在被窝里,细头细脸的。老婆跟上来叫我不要弄醒他。我低头看了一下,那就算了,等他醒来再陪他玩吧。随后我在我大父家坐了一会回来,见到老婆手里抱着孩子。感觉孩子好大了!我走的时候还没长成人样!我当时觉得好陌生,抱着很别扭,这可是我的孩子啊!随后我每年都出去打工了,每次回家见到他都不一样。他读书吧,又不争气,读到高中成绩又不好,转了好几个学校。前后送老师礼花了好几千,最终考个大专,叫他补习他不乐意,现在好了,和我一样,还是打工!据我对这位父亲的了解初步估算,儿子出生到与其住在一起打工之间,这位父亲和他儿子在一起的时间差不多 1000 天左右,平均每年 50 天。村子里进城务工者与留守孩子的状况大致都是如此。

家庭没出现留守状况,往往意味着临时失业,是在家赋闲"坐吃山空"的状态。反过来,一家人不长期待在家,意味着家计收入更可能增收。这意味着一家人共享"在一起"的幸福感随着家庭经济情况逐年好转而逐渐削弱。不仅常年、长期进城务工者渴望的在家的理想状况持续遭受剥夺,三代人双重亲子关系作为一种隐性成本,源源不断地供向城市。

受计生新政影响,孩子获得的家庭可支配经济投入逐渐增多;孩子被注入父母全部人生希望——"只有一个孩子"。"你好,我们做父母的活着才有意思,才有光彩。"这句话是村子里教育孩子最常用的话语。父母赋予孩子有关家之绵延及荣誉担当的期望,这份沉重的家之传承的使命往往又以溺爱、被社会结构塑造出留守、隔代教育的方式表达出来。留守的孩子们,成为乡村之家最后可能的传承人,结果又可能成为家实际的终结者。他们无法在"留守"的童年中获得来自父母亲自传承的家的精神。尽管童年生活在村落内部,这些人更多只是礼俗旁观者而非积极参与者。家之礼仪、家之神圣性的观念无法进入孩子的日常生活,也再难以在他们的内心生成系统性的有关家的情结。最终,他们中的更多人成为识字的新生农民工,踏上了父辈们曾经或者依然被雇佣的城市之路,却不再带有父辈有关家的使命。

第二节　留守老人

依据 2019 年的统计数据,方村非劳动力人口占到全村人口总数的27.8%,其中 65 岁以上老人约占到总人口数的 15.12%。[①] 同期全国和安徽省同年龄段人口数占比分别仅为 11.89%、13.00%,由此可见方村的老龄化程度高于全国和本省平均水平。方村的老年人口抚养比为 19.68%,同期全国和安徽省老年人口抚养比分别仅为 15.9%、19.1%。相比于全国和本省平均水平,方村劳动力人口的人均抚养人数更多、抚养负担更重。方村人口的年龄集中在 41—60 岁(尤其集中于 51—65 岁),假若其他条件不变,未来 20 年内(尤其是在未来 10 年内),方村整体老龄化程度高、单位劳动力抚养负担重的问题将会严重。

一、"天伦之乐"成为老来负担

城市建设获得农村青壮年劳动力,其内在的一个条件是传统的家之伦理依然发挥作用。老人们帮助儿女看护孩子,守着家,让子女们暂时离开农村成为可能。父母们这么做,无论是基于主观自愿还是社会结构性压力导致的无奈,都因为从家之伦理中获得了一份坚韧的力量,促使老人们担负起孙辈监护人和守家的使命。"没有办法""我们不带孩子,谁带孩子啊"之类的回答,成为留守老人们常见的话语。如此话语一方面透露出老来担负起如此使命的力不从心,另一方面又表达出必须这么做的使命感。如此使命感并非对现代社会契约理性的坚持,也并非理想的安度晚年,而是城乡关系结构性压力下,人伦在更大程度上坚韧地探

[①] 远高于联合国对老龄社会的定义标准,即一个地区 65 岁以上老人占到总人口的 7%。

底,间接为城市建设担负起劳动力供给的前提条件——确保农民"无后顾之忧"地进城。

帮助子女带孩子、含饴弄孙,在农耕社会是一种常见且常态的家庭成员协作模式。与儿孙们生活在一起,做些力所能及的家务活,包括适当地看护孩子,如此乡村生活图景往往被视为老人们享受着天伦之乐。爷爷奶奶帮助看护孙辈是老来闲适中体验着血缘关系的亲密性,而并非伦理约定的义务。老人们和孙辈一旦通过打工—留守结成在一起的关系,天伦之乐不再,看护孙辈成为老人们日常的且重要的一种"工作"。如此工作中的快乐感大大削弱,也更容易让年迈的老人获得疲劳感。如果不考虑进城务工子女返乡时的物质反哺,自从成为"留守者"以来,老人们晚年生活品质并不如农村人口允许流动之前。料理菜园、全程看护孩子成为老人们日常生活的全部事务。年迈的老人弯腰弓背地挑粪水浇灌菜园,同时嘴里不时吆喝着跟随的孙子或孙女不要乱跑;老人们在菜园里刨地,孩子在附近玩泥土;老人一手臂弯里挽着菜篮子,一手牵着蹦蹦跳跳的孩子……类似一老一小在一起的场景,在村子里随时可见。

进城务工的一个消极后果——家人之间的情感关系逐渐嵌入到经济关系中展开。打工者返乡用现金、购买生活用品孝敬父母是其对父母唯一能做的。孝的意义发生了转变,"父母在,不远游"、家教、亲子关系伦理彻底失去了其实践的土壤。养老与养小,处在同一不能在家的社会结构中逐渐获得了物化表征,孝道中所寄的精神性意义逐渐消失。

家的内在精神逐渐获得了契约理性的影子。村子里一位老人有两个女儿、三个儿子,都是农民。兄弟三人,老大早年进城打工从事油漆活,待了三个月就回家了。他说受不了喷油漆的气味、住着如猪圈的地方,以及整天就是干活、干活等,真不是人过的日子。他后来坚决不出门打工,想办法就地解决生计,买了一个二手拖拉机从事乡村货运很多年。他说钱挣的是少点,但是在家里很自在。尽管妻子要求他出门打工,他也不为所动。在其两位弟弟都举家出门打工的情况下,他守着年迈的父亲一起生活。在家生活的烦恼远远超过了他当初的想象,需要伺候父亲的衣食起居让他没有早出晚归务工的可能性。尤其是冬天以及父亲偶尔伤风感冒需要请医生、陪护的时候,更是耽误他出工。他逐渐获得这样的思维:不是我一个人的父亲,他其他两个儿子常年在外面挣钱,只顾自己小家庭,就不知道我伺候父亲的时候有时候错失挣钱的机会。尽管其他两兄弟每年会出轮养父亲的钱,可是伺候老人花掉了他完整的时间,"麻烦事多"。最终,兄弟情义在如何赡养老人这件事上,转化成了一种理性计算。2010 年他决定进城过"不是人过的日子",落下年迈的父亲一个人在家。随着父亲日趋衰老,生活难以自理。最终父亲无奈接受,被安排到养老院养老。这位老人并不愿意进城养老,但邻居们和其子女有着一致的说法——那怎么办?

愿不愿意帮助子女看护孙辈不再只是一种基于传统伦理的主观意愿,而是代际关系中微妙的权力紧张。在访谈中这位老人告诉我,除非死掉,否则怎么敢不答应带孩子呢? 他的意思是如果不帮助小儿子带孩子,即使儿子不抱怨什么,至少儿子媳妇会认为老人偏心。如此认定的结果一旦付诸实践,极可能导致小儿子赡养回报会主动减少。同时老人告诉我,明明知道老来带孩子很吃力,可是"手背手掌都是肉",真不给他们带孩子,他们不养我,也没有办法。旁边的邻居此时开玩笑地说,"谁叫你一开始就同意带老大的孩子"。老人接过话头,"如果一个孩子都不带的话,说不定三个儿子都不会养我的老!"

孝道看起来似乎是一件个人的事,但实际上,如果没有更合适、更有利的社会经济平台,儒家通过孝道来养老的传统模式无法得到落实。[①]以上这位老人如此感叹:"在农村生活了一辈子,快要入土了,还要到城里去坐牢(进养老院)!"这是村子里关于进城养老流传最广的一句话。在如此乡村养老格局中,那些尚生活在乡村内部的老人迟早将面临进城"坐牢"的命运。

[①] 方旭东:《中国人为何对养老院难以亲近?》,澎湃新闻,2015 年 7 月 12 日,http://www.thepaper.cn/newsDetail_forward_1351614。

二、进养老院

孔子对孝道有一个讲法,如果把赡养老人仅仅理解为使之有一种生活保障,这不叫养老,这和养动物没有什么区别。《论语》中的原文很尖锐,子曰:"今之孝者是谓能养。至于犬马,皆能有养,不敬何以别乎?"乡土文明观念里的养儿防老有两个层面意义。其一是等自身老来失去劳动能力后,可以依靠和儿子媳妇在一起生活,为自己提供一层出于家体系观念中的非制度化的养老防护,依托的是家文化中的反哺机制。这一反哺机制扎根的文化在于家理念中"在家"是一种正当的生活常态。因此养儿防老,不仅是出于经济因素考虑,还包括儿孙和老人共享同一种乡村日常生活——不仅满足衣食来源,还具有闲谈、居家照顾等具有精神色彩的需要满足。其二是为了临终安抚、送终以及死后丧葬事务妥善安置。一家人分隔城乡两地之后,"养老"和"送老"都难以实现。子女进城务工,经济上确保老人衣食无忧基本能够保证。子女常年不在身边,有能力的老人的日常起居只能是自己料理,包括冬天生火做饭。至于他们常态的日常生活,主要活动不是一个人在家静坐、看电视,就是到别的和他一样的老人家串门,过着老人陪老人的晚年生活。过年回家,青壮年劳动力并不愿意闷在家里,喜欢串门与从天南海北回来的人天南海北地聊天。老人成为一个备受冷落的群体。暑季到村子里走访,家里往往见到一到两位老人,不是在看电视打发时间,就是处理家务事。冬天由于天气缘故,老人就靠床或者在房屋的一个拐角,抱着火炉默默地养神。任凭小孩在旁边从一个电视频道换到另一个频道,依然是默默无语地看着。

见到村子里老人的机会越来越少。不是死亡,就是相继被送到养老院。

村子里共有12位老人陆陆续续地被送进养老院。这些老人主要是老到衣食不能自理者,以及无人在家照料的落单老人。2009年,第一位老人开始住进城里的养老院,直到2021年病危被遣送回村。分散于上海、浙江等各地的务工子女停工、歇业一月左右在家陪护到终。当初将老人送到养老院,一度引起村民私下有关不孝之舆论。几乎家家户户都有子女在外务工,随后相继有老人被送到养老院,类似私议淡去。养老院、护理等级不同,每个月需要交给养老院的费用从 600 元到 1200 元不等;自理困难的老人,每月需支付养老院 2200 到 2500 元。在子女眼里,这真是无奈之举:不忍心父母一个人在家,怕吃不饱、穿不暖;要是生病了更是让子女揪心,中途回家照料老人的生活成本又会更高。

和三位进过养老院的老人座谈,得知他们一致认为没有人真正愿意进养老院,更愿意在家度过晚年,只是这一心愿老来无法实现而已。青壮年劳动力,只有离土又离乡才能获得基本的生存机会,老人只能离土又离乡才能度过晚年,本质上二者共享着同一种社会结构:城市化和城乡二元结构剥夺了他们在乡村生活的机会。如果这种格局不能得到彻底转变,则青壮年一直在城里度过的农村人,父辈的晚年处境就是他们失去劳动力之后的命运——被动去城里的养老院安放晚年。农民一旦进城务工,注定了其拥有了一个逐渐与家、与乡土越发遥远的未来。吴飞曾说,这是一个崇高与鄙俗同在、文明与野蛮共存的分裂时代,人伦的解体正是这种分裂的后果。……我们仍然生活在人伦之网中,没有一刻可以回避人伦问题。如何为人伦生活重新找到妥当的位置,不仅是这个时代的重要问题,而且涉及对宇宙观、世界观的全面调整①。访谈中,那些依然常年进城务工者,在被问及未来如何时,他们几乎一致的说法是等孩子的事情落愿了(子女成家立业)就不再出去打工了。"即使在家任何事情不干,没事在家晒太阳或者每天逛逛大路,也比进城强。"他们的心愿真的能够实现吗?

三、"送老"困境

"送老"是皖西南民俗共享的词语,指的是老人临终时他人在场见证

① 吴飞:《人伦的"解体"》,生活·读书·新知三联书店 2017 年版,第 462 页。

最后的生离死别。尤其是老人临终之际，一家人在场是人伦结构中应尽的义务。如果还有乡邻、亲朋在场，那就是逝者在有生之年最后的福分。儿女在场，是代际之间最后的舍别离，是养儿防老观念中最后的精神关怀。父母临终，子女不在场往往被视为是无福死亡，会让子女有着深深的自责之心，这种内疚是永久性无法弥补的。无福死亡在强质性乡土社会是比较少的，人们的日常生活围绕着家距离并不会太远。当进城务工成为乡村生活主要的给养方式之后，孩子能够给父母送老显得异常困难。即使在县城打工，也需要一个小时的车程，况且方村进城务工者主要汇聚地是北京、合肥、南京、海南等地。1990 年代以来，方村有 11 位老人去世时至少有一个儿子不在身边。这意味着"送老"——传统家观念诉求的临终关怀在城乡二元格局中实现显得异常艰难。城市带走了老人的孩子，结构性让老人获得无福死的归宿。神秘的命运不再让死亡显得神秘，村民们心里清楚，下一个村子里的亡者孤寂地"走"，基本是定数。命运一旦被现代化、城市化冲刷得单薄而透明，村落里的人，只要还要面对衰老与死亡，注定现代性之恶让村民劫难难逃。一直被神秘文化笼罩的诡异的命运再也无法通过积善、"天赐"求得心安，从留守儿童到留守老人，反复轮回着有关现代性的诉说。大致 2000 年代以来，现代性版本中的村民故事其实都是一个故事——围绕家的生离死别。

在场"送老"困难，导致丧葬之事从简。比起先前举全村之力与礼乐之仪隆重厚葬的局面，如今的葬礼甚至可以用"草草"来形容。村子里老人去世，丧葬之事的参与者，如今主要是在家者和在县城打工的人。如果亲朋不算，能够到场参与丧葬事务的"本家"，通过对近三年来三起丧葬事件的统计，平均有 30 人左右，包括老人、妇女、小孩。抬棺上山往往需要有经验和力气的年轻人，如今从事此事的人平均年龄都在 65 岁左右。在县城打工者往往是闻讯之后骑摩托车回家，丧葬仪式结束又匆匆赶回县城务工。村子里老人去世，对于更多同村的进城打工者而言，差不多通过电话、QQ、微信等传播方式可以同步获得死讯却无法参与丧礼。养老院的老人，也只能是在子女电话中获得信息，"又一个兄弟走了"。村落里的死亡事件,从来不是一项孤立事件,而是一项集体事件,全村人都会主动参与其中。如今,村子里的死亡,逐渐成为一个无须打听、无须言语、无法在场的网络新闻。该新闻很快又会被微信里的八卦新闻替代。父母去世时不在家那曾是最严重的不孝的表现,如今却是社会常态。村落里的死亡逐渐成为一个孤立的事件,是一个逐渐独立于家之外的事件。农村老人孤独地死亡以及其子女们孤独地生活于城市在本质上是一回事,生命、生活不再能在家的原生意义中得到关怀。人们并没有抛弃家,家对人的关怀却无能为力。

第三节　从在家到留守

人天生崇尚自由,现代社会努力对自由做出最大承诺;人天性也渴望稳定,稳定与自由统一且能基于个体生存选择权才是正当的。物理空间的自由应以具有稳定的居住地为基础,长期稳定的聚居生活能在关系中形成共享的家园意识。空间上无根的自由见证了现代社会对人精神的冷漠,以及人的群体意识和扎根意识得不到文明的哺育逐渐荒漠化。身体自由反过来暗示着人心灵孤独和居无定所的荒芜感。

如果自由只是体现于物质意义上为了生存而能做出表面上的自由选择,那人是不自由的,现代社会人的自由似乎更多只体现在此,尤其是农民工。在鲍曼看来,"人类废品"现象是现代性剩余中最本质的现象。"'人类废品',或者用更准确的说法——废弃的人口的产生,既是现代化不可避免的产物,同时也是现代性不可分离的伴侣。"[1]在家,这一本源的乡村生活状态,在当今主流话语中遭遇逆转,"在家"成了"留守"。在留守话语下,在家成为不符合社会发展潮流和方向的那部分,是社会至今无法剔除的冗余。这一话语转换意味着主流社会观念里有对乡村之家这一文明形态彻底否定的倾向,将其视为是一种落后的、保守的、贫困

---

[1] [英]齐格蒙特·鲍曼:《废弃的生命》,谷蕾等译,江苏人民出版社 2006 年版,导言第 6 页。

的、需要革除的对象——这一社会意意象业已形成。在家者——祖祖辈辈常态的生活形态,属于现代性"废弃的生命",成为社会福利救助的对象,"有时还会被摈弃于国民基本待遇之外"①,获得拖社会发展后腿的名声。

在家者因为"剩余",成为被隔离的人。乡村生活是以家为中心的,但是如今在家者并不拥有完整的家庭生活。他们的生活表象是有正常的社会参与,实际上他们正在去社会化和被社会边缘化,意义感正在丧失。丧失的不只是个人意义感还有社会正当性。繁荣和表面常态的社会正在离散和解体,越发体现出虚无的个体特征。家庭成员疏离,本来属于家庭内部的伦理和风俗逐渐被国家考量,采取技术—社会的思维来运作,将其纳入到市场—社会中,以外包形式接管传统的孝道伦理必须考量的问题。养老院、养老金、商业保险行业介入生老病死的无常,将健康、生命转化成象征性不朽。技术治理与商业化服务接管了孝道等伦理,养老问题虚假地消失——只存在钱够不够养老的问题。死文化也被市场化公墓接管,临终子孙关怀与在家终老成为奢望。生老病死都被社会化了,作为社会基本单位的家庭被掏空了,社会还会好吗?传统中国家庭代际关系的核心是"反哺"。三十多年来,"家庭关系的主轴由父子关系向夫妻关系转化"②,再到个人主义的变迁③,只为此生的自我中心意识在失去家之依托之后在强化中异化,印证着马克思曾作过的一个著名判断:"自我异化的扬弃与自我异化走着同一条道路"。1981 年,卡莱尔借助对伦敦的描述感叹,"为了保护自己的安全,他们不能停一下看看彼此"④! 1887 年,哈代感慨,每个人都意识到自己作为个体的存在,却没有人意识到他们作为一个集体的存在。⑤ 观照家遭遇的分裂、留守的

---

① 邹诗鹏:《现代性与剩余》,《学术月刊》2016 年第 8 期。
② 贺雪峰:《农村家庭代际关系的变动及其影响》,《江海学刊》2008 年第 4 期。
③ 易松国、陈丽云、林昭寰:《从家庭主义到集体主义和个人主义:中国离婚模式的变迁》,《南方论丛》2005 年第 2 期。
④ Journal of 1831,引自 Thomas Carlyle:J. A. Froude;London,1882,Vol. II,ch. ix.
⑤ F. E. Hardy, *The Early Life of Thomas Hardy*,London,1928,p. 271.

磨难,现代性悲剧越发深刻。

怀特黑德曾说:社会团体的团结是靠日常的关系以及从而发生的感情,反过来说,日常关系的打断是引起社会团体内部离异最可靠的办法。……更进一步说,耐久的社会情操大多是比较慢慢长成的;当它消灭时,不但重建不能很快,而且破裂本身常常牵引起当事人的不安。团体一旦获得了完整,就有它的生命和活力,它会反抗骤然的破灭。①新中国成立前的时代更替,并没有彻底撼动中国人的生活文化之基——家观念以及对个人生活的维护与指导作用。如果要让中国发生根本性的改变,包括结构与意识形态,都需要中国人从传统的家文化中抽离出来,让个人生活脱嵌于家文化和在家生活。从"在家"到"留守"的话语及实际生活方式的转换,正是作为基本生活形态的村落社会被外力强行改造的表现。

现代中国文明最大的问题并不在于失去了哪些具体的礼仪制度,而是在于,主流思想话语已经没有兴趣和能力思考人伦问题了②。养老养小之事对于国家而言是一种负担,却不是一种资源,从而必须要倡导孝道文化,强调家庭内部养老养小的重要性和必要性。在当今的社会转型中,城市优先发展的发展主义需要大量自由劳动力,在人与家的分离中,不仅让农民工失去家在原生物理空间上的共同体归属感,他们在城市中的价值也主要是其作为劳动力价值获得承认的。农村家庭,在经济学意义上,成为一个生产与再生产低廉劳动力的"微小企业"。"留守"成为老人和孩子的宿命,他们相对于农村青壮年劳动力,更处于弱势和孤独无依的境地。城市化对乡村的剥夺,很大程度上是由老人和小孩来托底的。

《孝经》云:"不爱其亲而爱他人者,谓之悖德;不敬其亲而敬他人者,谓之悖礼。"老人养儿防老的孝道体系被彻底抽空,孩子常年隔代教育和

---

① 《费孝通文集》(第四卷),群言出版社1999年版,第112页。
② 吴飞:《现代生活的古代资源》,华东师范大学出版社2015年版,第149页。

拥有几乎放羊式的孤独童年。科尔曼曾指出,在前现代社会,儿童的成长过程会受到家庭和邻里人的关注,这些构成了儿童成长的社会资本。随着现代社会结构的变化,父母工作压力不断增加,邻里人际关系逐渐淡漠,儿童所获得的社会资本越来越少,不利于他们的成长。方村村民对孩子的教育总体上是比较粗暴的,1980年代,父母大声呵斥甚至打骂都是常有的事情。孩子被"留守",与父母分离,孩子日常生活中遭受父母呵斥、打骂的机会都没有了。孩子不是更多时候选择沉默,主动在常态社会关系中逃离,就是更容易培养出跋扈个性——成为乡村小混混的基础。乡村孩子在"父权灾难"中被救出,却并没有迎来春天,"童年的情形便是将来的命运"①,他们成了"城市化的孩子"②。曾经在家体系中老人、壮年人和青少年们的亲密协作,以及在其中共享的共同体团结和互相依赖的生命归属感,逐渐被代际之间的剥削关系所替代。资本主义间接地剥削在家充当父母角色的劳工——爷爷奶奶们,直接地剥削他们的孩子——进城务工者。在资本主义的生产链条以及城乡二元结构中,老人成为最末端的受剥夺者。老人权益从传统孝道文化角度与现代社会法理角度都得不到保障。老人、孩子、进城务工者,一家人都获得了"无家"的挫败感。

如果方村的状况在未来得不到改观,那么方村人的一生基本这样度过:童年在家却不能在父母身边;青壮年不能在家;老来在家却需要承担看护第三代和守住孤独的晚年。总体上,农村人在家体系破坏的情境下,家庭成员之间不仅家庭角色互相错位,制度性的情感剥夺更是依然在继续。

有学者析出当代中国乡村社会结构的文化特征是从伦理本位迈向

①《鲁迅全集》(第四卷),人民文学出版社2005年版,第581页。
②熊易寒:《城市化的孩子:农民工子女的身份生产与政治社会化》,上海人民出版社2010年版。

核心家庭本位塑造出来的。① 在《夫妻家庭》一文中,涂尔干认为现代社会中的小家庭形态是非道德的,这也是在这些条件下成长起来的孩子有许多道德缺陷的原因,因为他们没有得到道德环境的沐浴②。在霍克海默看来,核心家庭正是"孤独人群"增加和在国家中心社会所产生的孤独的一个因素。③ 东西方不同历史时期有关孩子教育受到小家庭负面影响的分析,在以方村为例的当下中国农村全面地体现出来。在从家本位到小家庭本位的转型中,老人和孩子成了率先受到冲击的牺牲品。留守老人与儿童的孤独、无所依,不仅是个案式村落社会的遭遇,更在中国具有普遍性、时代性结构特征。

1990 年前后,人逐渐开始被与家分离,分离的动机是"为了家"。导致人需要离开家乡才能获得养家条件的是重大发展战略调整和转移——城市化。伴随城市化本身及其后果,生活方式出现重大变革,日常生活中人与家的关系发生根本性转变。罗素说,当家庭某一成员长期外出,而其他成员留在家中时,他无疑摆脱了家庭的约束,而家庭的力量也就相应地减弱了。④ 人与家的分离导致"在家"才能持家的可能性不复存在。人正在去家化,后果是家在文化上的稳定性和持续性无以为继,导致村民陷入为了家才离开家,却因为离开家而破坏家的二难困境。家作为文化体不能再对人进行安抚和拯救,乡土社会文化性不能再在家传承中得到延续。人被迫以一种去文化性、根性的思维方式去应对没有家文化荫护的裸露的城市生活。离开家园的进城务工者遭遇都市文化震惊又必须去适应,人们一时处于一种精神、心灵无处安放状态,需要有意识地学会应对属于城市又在边缘的生活,也就是一个有意识去家化、都市化的过程。

---

① 谭同学:《从伦理本位迈向核心家庭本位——论当代中国乡村社会结构的文化特征》,《思想战线》2013 年第 1 期。

② [法]爱弥尔·涂尔干:《乱伦禁忌及其起源》,汲喆等译,上海人民出版社 2006 年版,第 403 页。

③ [德]《霍克海默集》,曹卫东编,上海远东出版社 2004 年版,第 293 页。

④ [英]伯特兰·罗素:《婚姻革命》,靳建国译,东方出版社 1988 年版,第 115 页。

　　农民工的"强大"与被留守亲属的无助之间形成强烈反差。留守者并没有多少敌人需要其塑造出新的独立主体身份与之直接对抗。老人、妇女、孩子,这些普遍价值共识中的弱者,比起被强大敌人塑造得"强大"的农民工,在社会结构中获得了"留守"的生活处境后,他们的弱势越发加剧。城乡关系结构调整,农民工被紧紧结构化进被视为最有前途的地方——城市。城市离不开农民工,农民工的在家亲属却被社会结构性抛弃。这无异于发展主义表达出一种没有明言的声音:我们需要青壮年劳动力,并不需要你们的父母、妻子、孩子。农村青壮年劳动力与属于弱势群体的家属是一家人,这意味着发展主义在价值上将一家人做出了明确的区分——经济学意义上的有用之人与无用之人。青壮年劳动力进城,社会对其只有体力、技能性功能化需要,而家、家人对其却有着完整的价值期待。青壮年劳动力进城,在价值上忠诚于乡野之家,在能力上必须服从于城市政商资本。价值与功能服务的主体,在空间上、组织形式上、理念诉求上都是完全异质化的,同属于一家人的家庭成员获得了两种奇怪的社会认定:农民工;留守者。留守者可以守护住各家户基本的家居环境,不至于没人料理而被自然力量破坏,再被恢复成自然,也还能适度守住邻里互动与互助关系,却守不住整个乡村文明。乡村不但需要所有乡村人去维护,而且需要更多恩惠于乡村的文明去维护。让老弱病残者在留守中守护乡村文明,这是城市发展、社会进步的应有之义?农民因城市化离乡,却离不开乡情;因城市化留守,却留守不住乡村文明。社会层面,他们似乎成了不相关的两类人。

第八章 脱嵌于乡土的家及小家庭化

第一节 与土地分离的乡村

在造纸业兴旺与城市建设大量需要竹木材的 1980 年代,分山到户从制度上催生出家庭经济短暂的辉煌。随着计划生育与人口流动,需要家庭成员合力在劳动分工中展开自然协作所需的人力基础失去,家户单位的林地资源活性趋向死亡。当地的竹木资源成为一种象征性财富,村民无法再在此财富中获得生存的机会。同样是竹子,以浙江为例,安吉竹制品产业能够出国创造外汇,临安的竹子在成林前制成食用笋,农户由此受益。交通不便会增加物流成本,导致方村竹子流向高端、广阔市场机会降低。统一管理、统一采伐、统一运输、统一订购的现代企业运作模式,要求农户分散的林权能够集中起来统一经营,而万涧村的林地管理与资源开采模式依然是各家户独立经营,并不能适应这一现代市场诉求。

1980 年代以来,除了就地生产的竹帘纸主要流向乡村,方村的竹木资源一直流向畈区农村、城郊、城市。尽管不同时期国家、市场的需求量有所变化,竹木市场运作者并非是当地村民,而是郊区、县城,甚至跨省的外地人。村子里如今唯一的竹器加工厂于 2006 年 9 月 1 日投入生产,老板是浙江人。当地竹木资源实际所有权者,与竹子有关的活动,至今依然主要做一件事情:成为竹子这一原材料的搬运工。该竹子加工厂阻断了其他外地竞争对手进入万涧村的可能。它是政府"招商引资"企业,一定程度上受政府保护,村民对抗其垄断价格的谈判机制无法形成。竹子价格一家独大,那些在家期待靠林地资源为生的村民,彻底失去了对竹子价格议价的能力。林地资源对于村民生活的改善,反而不如1980年代依托槽场造纸业、城市化对建材的需要带来的功能发挥。一家独大的企业支配着竹子价格,无异于支配着农民的命运——坐吃山空。

该工厂当初制造竹地板等高端产品,因为技术跟不上,产品质量得不到市场承认,最终竹地板2009年因为没有销路而停产。随后该厂只生产竹棒棉签至今。棉签所用竹棒的市场附加值并不高,实行的是薄利多销的营销策略。竹子外销到城市的销量大大降低,这部分竹子由比万涧村更靠近县城的龙潭村、森华村提供即可满足市场需求。外面的竹子需求无法进入到万涧村即可满足,意味着万涧村竹子资源在该村之外再无市场,这给万涧村这家唯一的竹器加工厂垄断竹子价格提供了可能性。一方面该厂竹子销量有限,且每年都有一定的生产周期;同时竹子价格并不能随着市场波动上涨;最后方村竹子市场出不了万涧村。如此一来,竹子作为重要的本土资源给农户带来收益的可能性大大降低。

该厂生产方式并没有完全机器化,零星的在乡妇女不定期在该厂打工。无节假日,每天八小时,每月平均工资约1200元。如果能够进城务工,没有人真正愿意在此务工,"是真的没有办法"。2006年到2012年前后,方村家庭妇女有5位在村子里的竹器加工厂打零工,早去晚归。近年来这5人中只有一位还在坚守,原因是她坐车晕车,"一上车就吐",无法进城务工。其他4位不愿意离开家乡者,其中一位进城帮助女儿带孩子,另外3位因为盖了新房后有很大经济压力无奈随夫进城务工。

该厂里的机修工每月工资一万元,却并没有机修工愿意长期在一个偏远小山村扎根。"即使工资低点,他们也愿意到大城市去。机修工一般都是年轻人居多,谁守得住这老山村啊。"该厂负责人无奈地告诉笔者。受到工人务工稳定性、市场订单以及机器未必能正常运转等情况制约,该厂不定期停产。竹子的价格、用量、何时需要完全由该厂"说了算",这导致依然指望在家"靠竹子过日子是一条死路"。

竹子的生长有自己的规律,如果砍伐严重,竹间距大,长出竹笋的量和粗壮程度也会受到影响。1980年代到2000年前后,各家户山地竹子间距、疏密程度是判断该户人家经济状况如何的主要依据。家境不好的家户竹子砍伐多,竹间距就大;反过来,单位面积山地中竹子棵数多,竹林相对稠密。竹子稠密到可能会"卡死牛",往往都是经济状况不错的家户。随着人口外流,竹子不再是维持家庭生计的主要来源,如今几乎家家户户林地竹子都能"卡死牛"。这一状况并不利于竹子生长。竹间距变小导致竹子可吸收的土地营养减少,邻近的竹叶稠密,重叠覆盖,竹子不能透风,吸收阳光也很有限。用当地人的说法,这样竹子更容易"捂死"。竹子"捂死"的结果,就是竹叶逐渐变黄,竹子营养不良成片枯死。

打工潮以来,村民离开土地已久,即使返乡创业的念头从没有放弃过,如何盘活当地的林地资源,他们的思维触角到此已经陌生。善于砍伐竹子的村民已经老去,逐渐丧失劳动力。方村帮人砍竹子的好手方银楼如今拒绝请工邀请,"哪怕你出的工钱再多,我也不砍,因为我砍不动了"。2016年体检他被检查出腰椎间盘突出,弯腰如今成为他很痛苦的事情。那些常年在外打工者更是山、田、地里劳动技巧和忍耐能力俱丧。潜山是全国第一批土地流转试点区域,流转中可能资源整合到集体、大户承包经营、企业统一管理等模式的试点。如此实践只是在城郊、畈区有所报道。不再能"靠山吃山",无异于农户在家庭联产承包责任制政策中的收益开始降低。

美国环保主义者奥尔多·利奥波德在其《荒原纪实》中提道:"生态学的基本原则是视土地为一个群落,但土地应受到爱惜和尊敬却是道德伦理的延伸。土地为文化之母是早为人知的事实,但近来常常被人遗忘。"当村民被迫无奈,逐渐离开土地进城谋生,意味着村民与土地紧密的物质、道德联系开始结构性瓦解,土地不再能够撑托起村民在家与村落社会互构的稳定形态。土地成了一种闲置资源和农民身份标识的象征资本,逐渐退出了农耕实践中的生活领域。村民与土地开始分离,由土地资源、农耕生产方式形塑及对其维护的如家、家乡等文化要素逐渐失去与土地关联的亲密性,体系式扎根于特定区域的民俗、情感、身份认同等都逐渐松动。

一旦土地在农民的生活哲学中失去其正当性地位,村落社会的自主性、自洽性及对其阐释将难以为继;本体意义上的乡村注定枯朽,仅仅留下一个符号空壳和碎片式情感记忆。乡土性逐渐失去的乡村,还是乡村吗? 如今知识话语中常见的乡村,越发成为符号的、能指的乡村,与那个将土地带入生活实践的乡村不再共享同一话语结构。根本差异在于,后者内在于土地之中的生活实践与"在家"的文化实践这双重实践场域及其应当的主人都不再生活于乡土。

波兰尼认为资本主义生产方式之所以迅速蔓延,关键在于其创造出三种虚拟的商品——货币、土地、劳动力——这些原本属于商品范畴(生产出来用于出售)的因素被迫进入市场。[①] 方村长期的、自主的、理想型的村落文化形态是村民与土地自然属性产生密切关联中生成的,在此基础之上形成相适应的文化秩序。对照波兰尼的理解,方村长期的农耕文明中,货币、土地、劳动力等"商品"是体系化的服务于当地"在家"生活的,三者一起构筑起家的完整性并对其做出意义阐释。在此意义上,货币、土地以及将人视为劳动力的理解,由于家及其意义实现是必需的,最终都指向意义而非可理性计算的价值。丧失劳动力的老人、未成年人以及精神化的祖先、神鬼、游魂,这些非劳动力、无劳动力因素对应着村落社会的孝道伦理、儿孙满堂的幸福观、家运的福报观。这些有形与无形的村落要素并非是村落社会的冗余,而是作为必不可少的一部分让村落生活获得完整的意义性。非生产性要素及其与生活的关联被注入人伦

---

① [英]卡尔·波兰尼:《大转型:我们时代的政治与经济起源》,冯刚、刘阳译,浙江人民出版社2007年版,第65页。

与精神性,比起单一的劳动力价值更为村民所在意。生活及其意义由满足以上观念与视人为劳动力的价值评估综合反映。

进城务工作为村落社会生活及其阐释的转折点,使得方村人的价值逐渐从家体系中脱离出来,其市场化的劳动力价值被放大强调。村民需要担负的尽孝、亲小及与祖先神灵感应的意义诉求,在村民进入市场之前被资本阻拦在城市之外。资本对劳动力价值的评估及购买,切除了村民需要担负的完整的家之意义使命,仅仅取其对应着市场中创造利润的价值部分做出评估。农民身份被窄化成纯粹由市场定义的雇佣劳动者,不仅让农民期待的意义实现变得艰难,更是彻底抽空本体意义上的乡村结构和意义来实现城市化的抱负与资本市场的野心。农民的身份被切割成两部分,心寄老家的村民情感不再能如从前在家时融入村落文化实践,身在城市的劳动力价值仅仅是其市场效益价值获得承认,并不能实现其作为劳动者的尊严和认同感。即使农民进城务工获得了不错的金钱或地位回报,这种成功与乡村需要的意义维护无关,充其量只是以城市人的形象住在富人社区里,以对老家尚无法割舍的情感对家乡做出适当的慈善救助。面向城市,回望家乡,从"建设家园"到"帮助建设家园",作为主体的村民有着转化成临近乡村的适当参与者的迹象。

城市化大发展中,近城、近郊先前农地的级差地租开始升高,即使因此获得市场价值不菲的经济补偿,这种情况在广大偏远农村却未曾发生。相反,偏远农村的土地价值,反而低于未完全市场化时的土地收益。马克思说土地的价格与附着其上的出产物的价格成正比。[①] 方村大量闲置的农田,尤其是林地资源,村民不仅不再能从中受益,也不能将其纳入市场中受益。市场接收了拥有劳动力的农民,却将其生存之本——土地,拒之门外。政商资本成功地完成农民与土地的分离,又断绝了农民返乡回到土地中生活的机会。集约化、规模化经营可能成为方村盘活林

---

① 马克思:《1844年经济学哲学手稿》,中共中央马克思、恩格斯、列宁、斯大林著作编译局2000年版,第35—49页。

地资源的必要途径。一旦大量资本下乡，容易抄了农民近路，必须警惕
"农业资本主义化"①。土地不能有效商品化与其主人被充分商品化的处
境，在土地流转这一政策鼓励下，如果流转方式按照资本的逻辑展开，偏
远乡村那些暂时睡去的土地极可能成为未来资本圈地的预留资源。从
农民到其使用的土地，将逐渐被商品化。使用权属于农民又制度性限制
土地使用权限，象征性地表述着农民、农村还存在的状况。一旦远离城
市的土地可以制度性进入资本市场，意味着乡村彻底的终结；已经被市
场化的农民最后可自主耕种土地的自由也会丧失。如此一来，农民的终
结在中国的叙事由两步完成：第一步实现农民生产方式的终结；第二步
实现农民土地财产的终结。

　　人无法依托土地过上安定有序生活时，迁移以及转变生产和生活方
式成为农民需要面对的命运。脱嵌于土地的进城务工生活导致对土地
逐渐陌生，土地是否再次进入村民生活之中担负起家计满足的主要使
命，成为务工者返乡的一个前提条件。也只有如此，乡村及其本来的生
活形态才可能重现。如今土地与农民的关系仅仅是一种政治身份确认，
土地已不再决定所隶属农民的实际生活。乡村成为一个不再扎根土地
的漂浮的文化符号，甚至只是一种文化情怀，诉说着属于城市生活形态
又不被城市承认的落后的、碎片化的乡村人的生活处境。诚如郑永年在
其《重建中国社会》一书中所述，"土地问题才是农村社会秩序建设的核
心问题"②。当土地与农民的关系不能得到彻底而稳定的修复，以生活为
中心重塑起人与土地的亲密性，农民工成为问题将会持久。如此意味着
中国未来总是有一部分人注定不仅经济来源上无制度保障，精神上也遭
遇失去家园的命运。农民身份除了祖先记忆和制度标识，不再与其本源
生活发生紧密关联，最终导致一群制度性无主体身份者出现。

　　对应到市场中村民对土地资源自主性支配能力渐弱，加上市场越发

① 阎海军：《崖边报告：乡土中国的裂变记录》，北京大学出版社 2015 年版，第 271 页。
② 郑永年：《重建中国社会》，东方出版社 2016 年版。

成为塑造生活的主要途径,变换自身的农民身份,将先前料理土地的劳动力对接到城市中的市场——卖劳动力求生成为普遍性的思维方式,也构成实际生活得以继续的依据。古老的、最朴素的体力,与现代的、城市文明如此紧密地结合到一起,这让村民形成了一种观念,"这个社会,即使再无能,只要你有力气,也能在大城市生存下来"。农民对体力的渴望,以及祈祷身体硬朗、不生病的祝福,从来没有如此深刻过——拥有"力气"成为农民生活最重要的"本钱"。当现代大都市文明对乡村社会的期待,仅仅是希望乡村源源不断输出体力,这是现代都市文明的野蛮,还是古老的农民身体使用价值的重大突破? 在此意义上农民进城务工,城市不再是现代文明的成果,而是作为农民维持家计的一个劳动场域。城市将进城农民对城市的想象转化成实践——农民工对城市的拥有就是"工地"的拥有。

第二节 无手工业村落生活与人情化变

以家户为单位来看,方村盖楼房的主要经济来源是从事木工、油漆工、缝纫工、装潢等行业。这些行业中缝纫工是现代社会早期技术革新带来生产方式的变迁,装潢从业者是木工、油漆工适应房地产市场的一种顺利转型。也就是说,方村进城务工主要从业方式是依托传统手工业转化而来,应对现代社会市场需要技术革新要求的并不多。木工厂、油漆房、装潢工所需要的工具和流水拼接作业,是逐渐革新的过程,这让相关从业者并没有因为技术革新导致劳动技能滞后的不适。据方村有着扎实学徒和长期在乡村从事手工业经历的木工所述,现代家具行业对技术要求很低,传统的开榫、挖孔、拼槽等比较复杂技术压根就用不上,对不同木料材质特性的把握更加不需要,"提供什么材料、样品,老板要求做什么就做什么"。他们携传统技艺转型投入到城市谋生中,是工业化社会转型和城市化建设的需要塑造出来的。传统工匠技艺学习及实践,因为"用不上"而开始荒废。这些在城市生产车间的年轻熟练工匠,不再具有传统工匠技艺能力。

当村落社会宣称不需要手工业时，只有一种可能，就是外在于手工产品的替代品出现。这一出现是市场经济完成的。市场更加丰富的、可供选择的，甚至相对廉价的商品取代了传统工匠生产。表面上看来给乡村生活由此带来更大便利，被解放的劳动力能从事更多其他事务。这里的一个危险是扎根于地方性的生产环境、生活习俗由内部出现松散。地方自然资源及与之相匹配的物化生活形态统一性、文化性受到破坏，传统、资源、生产、生活的体系化关系必须让位于市场重塑乡村生活。如今家家户户的盛器基本都是塑料产品，能够就地取材的陶罐、泥质水缸、木质米桶、竹质坐器等都被塑料材料替代，祖先们就地取材的生活用品因为不再需要而逐渐废置。当某一生活物品短缺时，人们首先想到的是购买，而不再是请工匠。方村并不缺少多种工匠，如今却没有哪一种生活用品需要补给时由他们亲手制作来完成。

手工业不再介入日常生活中所需物品制造时，即使再勤俭节约的人家，面对稍微损坏的工业化大生产的商品也是一筹莫展，弃之浪费，继续使用又不便。这些商品如木质家具、塑料用具等，都是高度拼装、一次性成形，稍有损坏，能工巧匠也无法对其进行有效修复。人与物品的情感关系逐渐在物品使用易逝性、易坏性中不得不"断舍离"。村口的垃圾房里，常见废旧的衣物等生活用品，这些差不多是在整个1980年代依然介入生活领域会继续使用的物品，如今都成了废品。"勤俭"与"节约"联系在一起构成乡土社会的生活品格。当几乎一切生活用品都是购买实现且往往具有不可修复性时，"节约"不再有着系统的乡村生活修复机制保证，"浪费"不仅不是多余的，而且是必要的了。"坏了就再买呗"，这是村民涉及物品废旧时，常说的一句话。这是乡村生活物质水平提高的表现，也意味着过日子逐渐疏于节约。

村子里生活满足涉及与工匠的社会关系彻底消失。丹尼尔·贝尔指出：从社会学的角度讲，现代市场经济的特点在于它是一个资产阶级的经济体系。它有两层意思：第一，生产的目的不是大众化的而是个人化的;第二,获得商品的动机不是需求而是欲求①。在家青壮年劳动力日趋减少的情况下,乡村街道边墙壁上的商业广告暗示着一种新的可能正在替乡村生活谋划:殡葬、婚庆公司一条龙服务的广告正在逐渐转化成当地实践。乡村百工失去生存机会,并没有缓解实际生活物品的稀缺,其更大的危害是隐性的——体系化的乡村文明内部逐渐被肢解和资本主义入侵到平常生活中。真实的资本主义市场彻底取代了由工匠生成的虚拟市场,生活的存在感被严重置换,市场成了生活的主轴。正如波兰尼所预告的,"社会为市场的附属品"②。最后,经济的自给自足仅仅是一个既存的封闭群体的附属特征而已。

手工业总体性退出乡土社会,那些为数不多的在家者具有技术色彩的劳动技能受到格外重视。如此重视在强质性乡土观念中理应是在人情与帮的名义下关联起村落社会中的人、事。由于工匠退出乡村日常生活,适当的劳动技能就可以成为一种市场资源被强调。市场机制与金钱思维成为一种隐性力量调整着村落中的社会关系。尽管如此影响表面上并不太明显,无形中其对社会关系产生的实际影响并不能低估。情本体的乡土社会关系中,内嵌着积德、感恩等朴素的生活伦理,在人情中编织起以血缘、地缘为纽带的感性秩序。契约理性与金钱崇拜既是对此冲击的动因,也强化了这一冲击结果:货币正在成为乡土社会关系重塑的一个重要尺度。

第三节　家的屋舍结构及空间变化

自从 2002 年村子里盖起第一栋楼房,随后村子里可见的重大变化就是楼房逐年取代砖瓦房。楼房替代砖瓦房,在房屋结构与审美上概括

---

① [美]丹尼尔·贝尔:《资本主义文化矛盾》,赵一凡等译,生活·读书·新知三联书店 1989 年版,第 279 页。
② [英]卡尔·波兰尼:《巨变:当代政治与经济的起源》,黄树民译,社会科学文献出版社 2013 年版,第 129 页。

起来呈现以下特点：砖木结构到砖混结构；平面布局到高空造型；统一的徽式民居到风格不一；开放式出场到封闭式场院。

一、实用主义家居美学

村里楼房集体亮相一定程度上改造了以家屋为主轴的人—物关系、人—人关系。

对家的最大化福利实现，是中国人传统的生活心态。就是城市居家中，也有着南北通透、远离医院、火葬场等地的期待，这与方村民俗中类似要求在目的上具有一致性，不过似乎乡村类似要求更加严格。曾经城里人进入方村，笔者不止一次听到如此评价：乡村就是好，空气新鲜，自然风光好……有一点不好，就是家里没有卫生间，那个茅厕……如此话语表达出对卫生的要求，这无可非议。方村换盖楼房之前的砖瓦房结构家屋中，没有功能化的卫生间，更不会考虑将卫生间设计在卧室内、厨房或者堂厅隔壁。卫生间装在主要活动空间内，这一实用主义原则并非不被村民所知，只是他们对生活的要求远不只是为了方便。生活不仅需要追求方便，更需要追求意义。成全意义来牺牲方便是乡村生活的一种常态；意义的维护在他们看来是比方便更值得追求的。城乡两种不同家居形态及阐释中，前者注重方便与实用原则，强调个人卫生；后者注重意义实现优先、兼顾使用原则，强调作为整体生活的洁净。对一种整体性生活方式洁净的追求，其意义不仅是生物卫生，更是生活秩序需要在文化中做出保证。从宅基地选址到茅厕不进主屋的要求，都呈现出生活整体性洁净秩序维护高于个人方便的生活追求。

村里的楼房每层至少有一个卫生间。将茅厕搬回家，装置在卧室，这一定程度上是现代个体化生活方式追求生理卫生便利性、私密性的结果。个体排斥着共享，方便抵制着"洁净的秩序"。由此，基于家本身洁净秩序的捍卫，在个体卫生与方便要求的冲击下不能再做出保证。当地人谈及此事，尤其是中老年居家者，想到有人可能"坐在我头上拉屎"，没有一个人因为享受方便而体验到心理上的欢快感。

房屋造型讲究美观、个性化与实用原则,传统堂厅中轴对称原则被迫打破,神圣性消失。村子里第一位大学生方刘节与弟弟有意盖楼房,拆掉老屋在原址上重建。原来老屋与一芮姓住户共享一个堂厅,属于"一龛列宗族,二姓共厅堂"的情况。芮姓住户在 2006 年已经拆掉属于他家那部分老屋盖上楼房,保留了公用的堂厅。为了更加合理地使用宅基地空间,征得芮姓住户同意,给予一定补偿后先前共享的堂厅空间允许刘节家完全所有。如此一来,可以使用的宅基地大致是条块状的长方形。按照惯例,刘节父亲在拆掉老房后请来风水师看宅基地风水,风水师将宅基地的地理相位与该户家人生辰八字相匹配,认为新房"大门向"不能依照现有的宅基地走向而建,大门向稍微偏向一点更符合风水地理。村子里的老人们对此深信不疑。如此一来,依照风水师的要求,必然导致宅基地浪费,且楼房正面面向有点侧;在刘节兄弟看来,这不但不美观,而且浪费土地资源。老人的传统观念与下一代实用主义家居美学原则发生了严重冲突。彼此都坚定地捍卫各自对盖房子的理解及要求。几番口角冲突后,老人被迫做出妥协。老人具有民俗维护的信念及支持者,却并不具有实际的经济支配权。村子里第一户不按照风水师测定的楼房最终盖成,民俗风水中房屋不能"无相"妥协于实用美学的"有相"。家屋基于地方民俗的神圣性观念,历史性地在实践层面第一次被放弃。

方村楼房有罗马柱、风水球甚至二者结合在一起的样式四处可见。为什么对传统房屋样式有情怀的人轻易否定了老房子样式?据笔者调查,原因在于这种样式是江浙沿海一带"先富起来的人"所盖楼房样式,他们视如此样式为成功的标志。改革开放初期暴发户的"土豪"美学,随着现代化的地域传播,导致内地楼房样式依然视其为时尚。西方文明中建筑造型最经典的部分经过暴发户的二次传播,与本土风水观念结合到一起,再被引入农村,成了一种奇怪的甚至审丑的家居美学。

二、家居封闭性挤压公共性

楼房易地选址不是没有可能,如此一个结果是打破了差序格局与家屋区位对应的空间关系。那些分家但是依然居住在一起的多兄弟住户，盖楼房意味着家屋空间上彻底分离。村子里一共有11户楼房不是盖在先前砖瓦房的宅基地上。村子里的土地在尚无流转政策时就被允许在同村内部私人化买卖，主要是为满足易址盖楼房的需要。这些因素促成邻居关系、亲属关系在空间上重新调整，不同家户住宅空间上的差序格局特征不再明显。

以前大家住在一起的情况较多，即使下雨天串门，沿着屋檐或者直通的室内巷子走，也不会淋雨。楼房让家户各自在生活空间上逐渐独立开来，这客观上导致闲聊便利性降低。

楼房逐渐取代砖瓦房之后，先前生活在一起、共享同一出场的状况有所改变。只要有可能，"独门独户"是楼房主人追求的目标，小范围公共性出场随着独门独户楼房出现历史性消失。拥有独立的院子是新建楼房户主期待的方向。水泥结构便利性成其所愿，拥有平整、有围墙、带院门的院子彻底改变了"大门口"曾经的空间结构。带围墙的院子与家屋结构上形成一体，"大门口"被封闭在院子之内。一墙之隔导致出场空间上的开放性不复存在，院门由家庭成员把控其闭合，家户私密性、私有性高度实现。如此结果是村子里的大路与各家户相连的缓冲地带消失，一墙之内为私宅、院墙之外即为"公"路。追求相对封闭的居家生活心态，一定程度上吞噬了先前村落社会中可以构成公共领域的空间地带——"大门口"，私域扩大、公域逐渐萎缩。

院子的出现，导致先前随时穿堂过户的串门者都可能成为"外来者"。出现在不同家户门前，一般只能是在院子外观望，获得"欢迎"之后才可能进入属于先前"大门口"的空间。作为一个消极结果，如此可以实现高度私人化的房屋结构，一定程度上打击了村民主动串门、"坐坐"的积极性。村民可能有意到对门邻居家去"坐坐"，一旦发现其门户紧闭，也许行动尚未出现动机就被迫消失。这对村落中亲密性互动关系建构产生微妙的消极影响。

三、楼房结构与小家庭意识兴起

村里盖楼房成为古老的家需要重新被阐释的一个物态转向。楼房约定着对方便原则与个体化实现的保证，而并非仅仅是建筑结构及样式的物理改变。房间多了，功能化自然呈现。一家人在房屋内部空间中代际间容易出现区隔化。年轻人楼上住，父母楼下住。老人更加孤独。往往陪伴老人的就是一部台式电视机。由于楼房的功能化、层级化、区隔化，即使关起门来一家人聚众聊天的方便性也有所降低，唯有吃饭时才让一家人"在一起"成为可能。

主要是第三批进城务工者给家庭物件更新换代的配置，体现出追求技术含量的变更与紧跟时尚潮流——如今已司空见惯。居家生活中用品或装置有多少科技含量，是家庭对外炫耀的资源，"我最近又换了一款手机……"如此谈话成为年轻人在一起闲聊时常见的话头。1998年到2000年，村里各家户基本完成电话安装。卧室里一部供成员共用的电话机，显得阔气而昂贵。有些户主会用洁净的小布块、手帕覆盖在电话机上，或者定制一个能上锁的木盒子将电话机装在其中，以防孩子、不确定的他人随意主动打电话。电话的使用频率十多年来逐渐降低，被人手一部的手机取代。对着一部台式黑白电视机，一家人边看、边吃饭、边谈论，如此场景也不再有过。楼上客厅里大尺寸超薄彩色壁挂式电视机配沙发，几乎成为客厅标配。2012年左右互联网终端通到村里。便捷通信和互联网在村里出现，隐性控制了几乎全部家庭空间权。科技导致物理空间意义的家庭格局发生了转变，各自生活显得独立、私密且隔离。不同家庭成员因为技术的隐性主宰，将各自区隔在不同的物理单元，面对不同的通信和娱乐工具，各取所需地开展人机交流。身体和精神曾经有机的空间呈现局面难能促成。科技魔鬼般的力量，夺走了家庭成员团聚闲谈的兴趣和忍耐力。这一点村子里的年轻人表现得尤为明显。

未婚年轻人主动脱离于社会关系积极参与，他们的注意力被互联网带走，成为忠诚的低头族。从"留守儿童"到青少年，伴随着从看电视到玩手机的转变。年轻人与中老年人代际间的罅隙逐渐扩大。"有时候想和孙子说话的时候,一看到他在低头玩手机,就懒得说了";"到他家去,他坐在沙发上玩手机。问他妈去哪了,头都不抬地说'不在家',这些孩子真是无话可说"。以上两种话语一定程度上代表了村子里年龄大者、长者对年轻人的整体性看法。注意力从电视机到手机的转移,客观上削弱了年轻人对乡土文明的参与、认知、传承意识及能力。围绕城市文化类型的分类及刻画的新式专业知识媒介逐渐将现代性引入村落内部,对传统性加以改造、驱逐。年轻人与老人互不相识的情况在村子里不再陌生。

有一长期在家的老年受访者告诉我,"家里人谈家里的话,年轻人不爱听;打工的人谈外面的话,我们也听不懂!"这里的听不懂并非是语言本身的交流障碍,而是谈话内容所涉及的生活情境、经验彼此陌生。代际隔阂从谈话内容、生存心态、兴趣爱好、空间取舍中都有所反映,意味着曾经生成家观念的场域结构受到严重破坏。社会学中存在着一种主流的观念,即技术或工业上的变革是引起家庭变革的巨大因素①。阎云翔将"恩往下流"的传统家庭观念赋予社会学旨趣,以"下行式家庭"②表述。"下行式家庭"在同质性乡土社会中是确保社会继替的一种重要维模机制,"恩往下流"并不能导致个人主义、个人化出现,相反,让家获得了正统性,人与家的关系获得了亲密性。"恩往下流"的社会继替机制如今在方村依然坚韧,导致"恩往下流"不再能培育起"家"之观念的因素并非家观念本身出了问题,而是城市小家庭生活风尚逐渐入侵到"家"内部的结果。家的自主性只是在相对封闭的村落社会内部才具有坚韧性,对强悍的、异质的、外来文化的冲击一直处于劣势地位,对抗能力非常脆弱。在此意义上对应到方村 1990 年代以来持续的劳动力进城、拉近从城到乡的文化与心理距离,阎云翔"下行式家庭"导致的后果才予以成

---

① [美]威廉·J.古德:《家庭》,魏章玲译,社会科学文献出版社 1986 年版,第 239 页。
② 阎云翔:《社会自我主义:中国式亲密关系——中国北方农村的代际亲密关系与下行式家庭主义》,《探索与争鸣》2017 年第 7 期。

立：上世纪 90 年代以来，老一辈人在反对年轻人一辈追求婚姻家庭独立和个人幸福的代际冲突中败下阵来。[1] 从大家观念中分离出来的年轻人，围绕婚姻关系逐渐替代代际之间的亲子关系，形成新的、小的利益共同体——小家庭意识形成。

四、个体化的起源及其反思

在宏观话语中，中国人的小家庭意识是从 1980 年代城乡关系调整之后开始的。方村的小家庭意识在实践中总体上呈现出来比以上话语中的起始时代稍晚。有学者在 2010 年判断，认为当前农村社会主要是核心家庭本位，而非个人本位，具体说来"核心家庭大，个人次之，主干家庭小"[2]。方村至今的情况是主干家庭大、核心家庭小、个人次之。主干家庭大，对应着庞大的"留守老人"群体。如果未来乡村注定有着第二代"留守老人"，主干家庭可能依然会持续。尽管方村有着个人主义展示迹象，这主要只存在于年轻人中，而且只囿于未婚年轻人。并非如阎云翔所说，"个体不再愿意为了集体的利益和扩展家庭的绵延不绝而牺牲自己"[3]。相反，家庭中的牺牲精神和利他主义依然普遍存在，无公德个人也仅仅是少数现象，维系农村社会秩序的，还是传统的代际伦理。[4] 即使伴随着进城体验，务工村民主动放弃二胎，可能与父辈的生育意愿造成冲突，如此状况不完全是家庭内部的个体化冲突，而是由己遭遇的城市苦难出发，包括对"养不起"、"养得起却未必养得好"的理解，为己着想也在为包括父母、子女在内的整个未来家庭做出理性化考虑。总体而言，如此夫妻的说法既不是为了传宗接代，也深知生养抚育的艰辛，而是希望孩子长大后，父母不再能成为他（她）们的靠山，企图在"兄弟情谊"框

---

[1] 阎云翔：《社会自我主义：中国式亲密关系——中国北方农村的代际亲密关系与下行式家庭主义》，《探索与争鸣》2017 年第 7 期。

[2] 谭同学：《桥村有道》，生活·读书·新知三联书店 2010 年版，第 444—446 页。

[3] 阎云翔：《中国社会的个体化》，陆洋等译，上海译文出版社 2012 年版，第 11 页。

[4] 陈辉：《"过日子"：农民的生活伦理——关中黄炎村日常生活中叙事》，社会科学文献出版社 2015 年版，第 207 页。

架中使之有"嫡系亲人"互相照应。可见传宗接代观念并非自上而下的抽象观念，总是会在所处大时代与具体情境中展开，目前看来其与个体化尚不能形成直接紧密的因果关系。在他们所处的世界中，总是有着类似的体认容易达成彼此共识。由家出发与归宿，依然是他们"活着"优先希望获得的福利。

乡野之家观念与都市社会观念，二者的碰撞率先由进城务工者去体验，他们逐渐获得了都市文化这一异文化的认识。在城市孤立无援的生存体验中逼迫出具有现代社会个体意义的个体化精神，以此确保城市务工中的人身安全、尊严以及还能在岁末带上并未拖欠的工资平安回家，这被视为是一年的好运。长期在离家——回家的周期性来回中，并没有减少对"大家"的疏远。第一批、第二批打工者开拓性进城所遭遇的心酸经历，一定程度上强化了对家的认同感。"还是在家里好"，类似见解几乎是以上有打工经验者的普遍看法。小家庭意识出现是在第三批、也就是"90后"、"00后"这些曾经的"留守儿童"开始踏上父辈进城务工之路后逐渐呈现。这些孩子们因为长期在隔离于父母的家乡孤独地长大，他们与父母的情感培育缺乏日常性。作为一个结果，"孤独的个体化"是这些孩子们童年受到最严厉地训练。"一个人"、"不说话"，在他们看来，都是"习惯了"。对孩子的内疚以及"为了孩子"的家长使命感，开始导致第一批、第二批进城务工者注重对孩子需求的最大化满足。能够在村子里盖上楼房是第一批、第二批农民工阶段性"成功"的标志。从 2002 年村子里第一座楼房出现至今，正好对应着"90后"、"00后"从童年到青少年、成年的过程。如果村民未来的生活环境没有很大改观，依然是承袭着父辈们的生活方式，即在城市谋生为了在农村的安家生活，那么在年轻人中已经外露的个人化倾向在将来也是分裂的。他们在城市将被迫以个体化姿态来谋生，一旦成年、成家所担负起的父母角色、乡土社会共同体成员角色，依然迫使他们的个体化倾向有所收敛。在尚存的"恩往下流"的代际哺育模式中，有意识、自主地承担起团体责任，注定是他们的职责。只是这里的团体可能由对村落共同体横断面的优先考量，兼顾小家庭利益并举,尚不会跨度到个人主义优先。

到此,第一批、第二批进城务工者与第三批进城务工者的"个体化"路径起点完全不同。前两者的个体化是在城市中出于保全自身被逼迫着需要充分发挥主观能动性培育起来,其前身是对共同体的服从、对规矩的坚守、注重兄弟情谊。而后者在"留守"时遭遇"孤独的童年",与其说是为个体化提供了土壤,不如说是一个不受约束的个人化兴起的过程,具有自我中心主义且不具有主动参与社交的特点,其中并没有培育起个体化精神内在的自律精神。这些曾经的"留守者"获得了在城市学习、打工的机会之后,才可能发现到自身个体化精神严重缺失,并且艰难地去克服个人主义、培育起现代个体意识。

家庭变迁的趋势被认为是从传统落后的扩大家庭转变为现代进步的核心家庭,家庭规模的大小和家庭结构核心化成为确定家庭现代与否的标准。① 这一主流话语对小家庭的强调,视其为传统与现代的分水岭,其中隐含着一种巨大的观念转变:先前生活在"家"里的村民必须开始去适应西式的小家庭生活,而且被视为是一种社会进步。在强调宏大的结构性叙事中,村民的情感结构并没有与社会结构同步变迁,"供给侧"导向的社会诊断也容易对情感忽略。相反,从人与家的关系转化到人与家庭的关系,意味着人之家的文化镜像被抛弃,家与人之间具有历史感的文化—意义关系,转换成只具有时代感的物质—结构性关系。家的消解和小家庭化的兴起,正是理解当下重大社会危机的一条线索。这一线索放到城乡关系中去考察,显得格外清晰。大家庭到核心家庭的转变,"在世界各地……这在人类历史上还是破天荒第一次"②,如此全球范围内围绕人们生活基本单元的"第一次",在主流家庭社会学知识体系中,却视为是一种进步,赋予了小家庭生活的正当性。如今乡村孝道的衰落,"乡村空心化",正是小家庭意识中内在的排斥传统大家庭伦理体系的表现。

---

① [美]马克·赫特尔:《变动中的家庭——跨文化的透视》,宋践、李茹译,浙江人民出版社,1998年,第35—42页。

② [美]威廉·J.古德:《家庭》,魏章玲译,社会科学文献出版社1986年版,第245页。

这种排斥与现代社会兴起即进步的勾连中,暗含着主流意识形态导向城市化表征的社会进步是一种社会兴盛的认定,同时,国家总体上对乡村的文化冷漠与社会救助制度滞后就获得了政治上的合法性。如此合法性相对于乡村生活者而言,无异于政治灾难。被视为大家庭到小家庭变迁的进步论在如此现实困境中,依然是一个死结:村民感受到、并逐渐参与的小家庭生活,并非是他们自主追求的结果;在与往昔家户联系紧密的村落共同体生活体验的比较中,并没有深切感受到小家庭的进步与优越性何在。这是农村小家庭化并不彻底,还是小家庭生活形态在村落社会中尚且水土不服?对此的解答尚有待时日,可是留给在家的老人,以及第一批、第二批进城务工者的时间已经不多了。

第四节　过年的流变

"过年"(春节)是中国传统文化尤其汉族文化中最重大的节日。喜庆是"过年"的主题词,祥和、欢乐等积极的文化要素已经深入人们的文化认同,"过年"是将一年的日常生活高度浓缩,仪式化、喜庆化呈现。

方村所属的余井镇,也是文学家家张恨水的故乡。他写于1958年的《潜山春节》(十首)①,生动描绘了潜山的年味。其中不乏对潜山年味风情的细致描述:"黄豆打成瑞露浆,茶干咸菜冬菰炒,淡酒三杯口味长","清洗笼屉作糕粑,炒熟亲藏玉米花,分罢儿童言吉庆,团员果实是农家。"迎接先人过小年(腊月二十四)的描述,张恨水写到,"廿四风晴好晚天,家家坟上响千鞭,灯笼燃烛门前挂,迎接先人过小年","门神对字与花笺,贴到高墙就过年,等到烧香奇下拜,先人接到在堂前。"关于春节戏灯的热闹,张恨水写道,"村前正唱采茶歌,百副花灯未算多,狮子蚌精相对舞,一班刚到一班过。"张恨水写此诗时已在北京,是对在潜山度过三十个春节后伴随经验与乡愁的文学化表述。如此表述中有一点可以

---

① 张正:《魂梦潜山:张恨水纪传》,山西人民出版社2000年版,第41—44页。

去个人化的民俗解读：新中国成立之初、物质高度短缺的年代，潜山的"过年"依然遵循着当地民俗传统，力求总体性呈现出过年风貌。以下有关方村1980年代"过年"的记述，与张恨水关于潜山春节民俗的描述有着明晰地传承关系，丰富的"过年"风貌，尚未历史性的走向转折而远离传统。

一入年关，"年味"渐浓。备年货、买鞭炮、杀年猪、打豆腐、熬糖、蒸年糕、杀年猪、打洋尘（房屋清扫）、洗垢积（沐浴）、换门神……迎来"过大年"。穿新衣，小孩提灯笼走村串户、"压岁钱"、年三十晚"辞年"、大年初一在各自家大门前鞭炮庆祝"出行"、走亲戚。嫁女、接媳妇等喜庆之事也会特意安排在春节举行。庙会、耍狮子、社戏等平添"年味"的喜庆，融娱乐性、神圣性、公共性为一体。直到元宵，年味渐褪。

较完整的祖先崇拜仪式，应包括祖先牌位崇拜和坟墓崇拜两部分；"祖先崇拜通常在培养家系观念中起决定性作用"[1]。腊月二十四白天"上腊坟"，清理坟茔、祭祀祖先。小年年夜饭之前，在堂厅里摆上八仙桌，对烛上台，斟茶备酒，三牲供案。在鞭炮齐鸣和纸钱香火中，一家老少，长者带队，对着大门外跪拜请天颂地，迎接祖先神灵"回家"——"祖老爹回家过年啦"——老人边磕头边祝撒——祈人畜兴旺、天下平安。接着敬请祖先归神位，面向堂厅神龛祖先牌位依次跪拜，祈祝家旺、业旺、人旺。礼毕，长幼有序列坐八仙桌四方，一家人开始团聚把酒言欢。祭祀天地、祖先的鞭炮一响，意味着该户人家开始正式进入"过年"状态。至此神境穿户、祥和绕堂，在圣凡一体中迎来洁净的秩序，神、人、物各归其位，吉庆中不乏肃穆，直到元宵。

过"大年"，以上迎请与膜拜事务依然一样不能少，开始将春节推向高潮。自过小年那一天起，直到正月十五，每天清晨都要供奉祖先，拈香斟水。具体做法是端一碗开锅饭（第一铲子熟米饭）、头饮水（清晨第一

① 李亦园：《近代中国家庭的变迁：一个人类学的探讨》，见《"中央研究院"民族学研究所集刊》，台北："中央研究院"民族学研究所1984年版，第7—24页。

杯开水）双手奉送到祖先牌位前，跪拜、祝撒。灶神也不例外，小年香炮迎接，元宵送灶，具体做法类似，只是灶神被理解为存在于灶台场域。杀年猪也具有民间宗教色彩。取下猪头后，在堂厅门前场地上供上几案、香火，燃放鞭炮，所有参与屠宰的人和该户一家老小朝猪头跪拜祈福，当地人称是敬高老爷①。

以上是皖西南民俗中过年大致的状况，不妨理解为其过年核心精神是祈福、感恩。通过团聚、走访等乡礼文化以及公共性民俗活动展开，将天、地、神、祖先、人、动物通过"过年"有机地联系到一个混元的宇宙观中。

"新年纳余庆，佳节号长春"。皖西南民俗中有着向老人辞年的传统。大年三十是年头年尾交接时间，每当一家人团聚在一起吃完年夜饭，接下来必行之礼是晚辈需要到长辈家去拜访，当地说法就是"去坐坐"。"去坐坐"真正迎来年三十的喜庆高潮。村里的路上不时有着三三两两走动的人，偶遇中夹杂着问候、玩笑，不绝于耳。家家户户大门洞开迎客，不时迎来一批批"辞年"的人群。户主会敬茶、敬烟，给孩子们的口袋里装满糖果、糕点。祥和、善意、热闹在友好的围炉而坐中展开，友善交流中生成集体的欢腾。主要是大家围着长者、尊者一起聊天，无外乎健康状况关切、个人婚姻大事、收入如何等事情的攀谈。大家会努力回避不愉快的话题，力求在具体事情的攀谈中获得一片祥和的如意感。

大年初一，家家户户在自家门口燃放爆竹，象征新年"出行"行好运。吃过早饭之后类似三十晚上的互访活动再次进行——迎新年。年尾年

---

① 关于杀年猪敬高老爷的民俗，笔者走访过当地老人，说法不一。有人认为高老爷是一位道教的家户神，具有神法。有人认为敬猪头的仪式就是人对猪的答谢。皖西南最大的饲养动物是牛，牛是用来耕地的一般不认为是食物之源，其次就是猪。猪的饲养周期长，投入多，且考虑到疾病等因素养猪风险大，而且猪肉是农村最主要的肉食类营养之源，家养年猪往往都有100公斤以上。敬猪头表示对猪的答谢也并非孤案。过年杀家养鸡鸭时，对不同的农妇的访谈，屠宰时他们嘴里都会念念有词，无外乎对杀生之罪的祈祷，"求原谅""莫责怪"。无论以上哪种解释，都可以理解成在其动物伦理中，有着将家禽家畜视为"家"不可分割的一部分，有情感的难以割舍、也有杀生的无奈和不忍心，对吃动物有着感恩和消灾的朴素的生命伦理意图。

头的互访活动不仅是做孩子时就受到父母教育、身体力行的礼仪，也属于民俗性的村落团结机制，它构成人与人之间互敬的礼仪实践。过年不只是囿于一家人的团聚，也是村落社会、包括异姓邻居之间的互敬社交。过年中结成的注重礼数的社交关系，逐年反复再生产出高度的村落社会秩序感、共同体感。

"过年"是通过"在一起"的文化关联实现的，包括天、地、人、神、祖先、物都需要以家为中心在一起。"在一起"的前提是人"在一起"，一家人需要在物理空间的家中团聚，家庭成员必须"在家"。这不仅是家对"在一起"的期待，也是家庭成员应尽的职责。村子里的人还没有进城务工时，"在家过年"并不成为问题。一年到头，人们的日常生活都是围绕"在家"实现的。随后能不能在家过年成为一种话语危机，对应着社会转型期一家人"在一起"实现的困难。类似话语经历了"在家过年"到"什么时候回家过年"以及"在哪过年"的变迁。在哪里过年的话题，是腊月村子里闲谈中最常见的话题之一，类似询问当获得了"不回家过年""外地过年"的回答时，谈话现场往往瞬间出现尴尬状态，会出现安慰性话语：在外面发财，好！

村子里第一起因为是否回家过年具有不确定性带来与"年味"不协调的事件发生在 1993 年。一到岁末，传言谁是否回家了是一个彼此关心的话题，"又回家一个"格外让村民惊喜。1993 年岁末，外出打工者陆陆续续都回家了，我的堂兄和另一位年轻人还没有回家，他们在山东从事油漆工。当时村子里电话未通，相关信息全靠他们打电话到城郊的亲戚家，再被入城办年货村民捎口信回家。第二天早上伯父、母在村子里发布最新消息，抑或说回来，抑或说车票不好买等等。直到腊月二十四，最终消息传来：不回家过年。当时我正在堂兄家，伯母正坐在灶前烧年夜饭。听到消息，伯母顿时大声痛哭，"就让他死在外面好了"！伯父也非常恼火，认为儿子不孝顺破口大骂。基于当时对城市社会种种黑老板、黑工头、"坏人多"的传言，一种不祥的气氛开始掺进年味。最终大家意见一致：他们主观上不可能不想回家过年，一定是出了什么麻烦。信息传到家父的耳朵里,他顿然默默流泪。村里的老人常用三字经中的"犹佺比儿"来标杆叔侄关系,老人的泪水中深含此意。那一晚上,伯父家来的村里人格外多,无外乎都是怀着"陪过年"的心态多坐一会。

大年这一天,天降大雪。他们能否回家过大年的事情再次让村子里热议,几乎一致判断无望。年夜饭之后村子里都在互访时,两位冒着大雪回家了。消息很快传遍村落。通过对他们的言语和神情的理解,该事件是被视为村子里一个喜讯来传播的。事后我和这两位兄长聊天,他们告诉我,不回家过年是因为对自己挣钱期望太高最终又没有什么钱回家,觉得很没有面子。最终又回家了是因为他们在外地过年饱受着很大的心理压力,孤单与内疚心理并存。比起没有挣到多少钱回家,不回家过年更被视为是对村落共同体情感的背叛,自身也会受到伤害。个体期望值落空及其预备行动没有抵过村落共同体的召唤及对其认同;他们最终的行动依然获得了人们的肯定:不管有钱没钱,应该回家过年!

这里的"应该"包含着几个尺度。其一是上有父母,不回家陪父母过年被视为不孝,父母可能都因此受到社会舆论谴责,"你家有一个不孝顺的儿子"。这一话语包含着对孩子和父母双方的批评。子女行为导致父母无辜的被污名,对双方都是一种伤害。其二是认为钱不应该是人奋斗的终极目标,"地方上的钱是挣不尽的",这一话语经常在村子里的闲聊中出现。村落观念中,出门打工的价值不仅是获得更多的物质财富,有一个基本的尺度不应该放弃——人的行动及其意义评估应当和家联系在一起,而回家过年正是一家人亲密性认同得以实现的一个重要的仪式化行动。

随后不回家过年者逐年增多,乡村话语曾经对此激烈地反应也逐渐消淡。不回家过年的主要因素并非是主观上不想回家过年,而是由各种因素牵制着无法回家过年。如年终是家具生意旺季,开家具厂的打工者不仅需要坚守住一年最后、最好的挣钱机会,而且需要看护厂房,无法回家过年。乡村社会关系中礼尚往来名目增多,金钱为尺度的攀比之心增强,加上车票紧张、交通费不菲等因素,自认为挣钱不多、又要面子者无奈地放弃回家过年,这印证了村子里春节期间被常说的一句话,过年即过钱。还有人父母已经双亡,即使不回家过年也不会受到不孝话语的牵连。另外,不回家过年者还包括常年外出打工,老家没有盖房子,砖瓦房长期无人料理有些已经不适宜人居住的"无家可归"者。受计划生育政策影响,"四二一"家庭中已婚的年轻人,需要兼顾着陪双方父母过年,只能隔年回自己老家过年。最后一种是村里的成功人士,在城里有房子且春节期间需要维护事业圈的人。这一类人其中有父母的,近十年来进城与子女团聚也是常态。正如一位村子里过年需要进城的老人感慨:这个社会真奇怪,以前每到年关,都是打工者想办法往家赶,陪父母过年;如今却是如同我这样的老头,到了腊月还需要锁门,攒着去陪儿子过年。

村落文化中无形中有这样一种认定:父母在哪,家就在哪。守住家、不随便搬家是父母的使命。这种文化心态随着"在家"稳定性的打破,出现了新的变化。类似于"今年在哪里过年"的话语,意味着安土重迁的家正开始松动,过年中的"家"处于流动的状态。父母在哪家就在哪的乡土情感逐渐以子女为中心,在流动中走向不同的城市,其中包括流向北京、合肥、天津等地过年。

绪传老人幼有两子、两女。一女嫁到邻村,另一女远嫁天津。两个儿子分别在北京、东莞创业,而且都比较成功。事业上的成功,意味着业务繁忙,难得回老家,包括春节。方村民俗中,父母是不会到女儿家过年的。其一,"他们家有老人,女婿应该陪自己父母过年"。其二,在女儿家过年象征着不仅是自己老无所养的失败,而且是儿子的失败。村民替他人着想以及自身尊严感的维护,形成老人只与男系下一代在一起过年的民俗。绪传老人老伴已经去世近 20 年,"我总不能一个人在家过年啊!"在哪过年成为他纠结的事情。大致 10 多年前,60 多岁的绪传老人的春节开始这么过:兄弟俩协商好,在各自业务繁忙的情况下依然抽出一个小家庭回家陪父亲过年;如果都繁忙就只好请父亲到北京或者东莞过年。兄弟俩同时在家过春节的情况只有几次,而且一般是不到元宵就可能进城。

　　类似情况还有一位老年夫妻,两个儿子都在北京,年关之际就紧闭大门,逆返乡大军辗转到城市。当村民过完春节陆续进城之际,他们再次返回。村子里一位芮姓老人,三个儿子都在县城购房,包括春节在村里再难以见到,这一状况已持续十多年。

　　"一到年关,我就揪心。"这是受访在外过年老人常说的话,而且不止一位。"腊月黄天的,真不想去啊——"。"出门看人,进门看电视;抬头是天花板,低头是水泥板。""撵着儿子去过年"的境况尽管只是老人身体的空间流动,子女却同时聚结着与老人同一种无奈的愁怨,甚至内疚。"一家人"围绕家在一起、一年一度的仪式化生活,因为过年的空间转移,不再具有其应有的聚合精神与神圣感。人不在家过年,家神、家先也不再能享有过年时的人间祭祀。神、人、家统一于"过年"这一神圣的礼俗秩序,历史性地首次在当代社会转型中难以为继。

　　一位有奉子进城过年经历的老人告诉我一个秘密。他说第一年需要在外过年时,他就想到过年不只是人过年,祖老爹(当地对祖先的称谓)也需要过年。"我这么门一锁,人一走,祖老爹怎么办? 出门的前一天晚上我在床上默想,干脆将祖宗牌也背走算了,过完年再背回家! 后来一想又觉得这样还是不妥当。我不能在家过年是因为儿子的情况,我没有办法。我出门过年,怎么还需要祖老爹遭这个罪? 还是算了吧。后来每次需要出门过年之前,我会先上完腊坟,当天出发之前再在家里对着香柜烧几刀纸,跪拜祝撒一下。"在被问到祝撒什么时,他接着说道,"一来算是提前将祖老爹请回家,让他归到神位;二来算是请罪,不能在家陪祖老爹过年,祈祷祖老爹莫怪我和伢子(孩子);三是告知祖老爹,我要出门了,希望他能保佑我一路平安。"在这位老人眼里,不能在家过年不仅被视为是一种不能如愿的体验,也被视为是对家神、家先的一种大不敬,具有内疚与悔罪之心。过年不仅是一年中人最喜庆的隆重节日,也是众神欢腾的节日。人在流动中过年,家神因为人的流动而无法拥有节日的欢腾。

　　以上赶着去"陪儿子过年"的现象,尽管一家人依然共享着在一起的春节,其意涵却发生了深刻地改变。一家人过年与家所处的空间相脱节,象征性地意味着固定的、根深蒂固的以家为轴的生活系统开始松动于地缘上的民俗、社会关系与结构。方村过年时的人口流动,反映出城乡之间有关生活的阐释处于一种高度紧张状态。将乡村的过年带入城市,并非是类似于城里人选择旅游景点过春节那样的时尚,而是作为象征一家人一年一度圆满生活的一个文化符号,却无法在其应得的地方实现。

与以上形成呼应的,一位受访老人的话引人深思:这个社会,还是无出息子孙好。无出息子孙走不远,只能呆在家里。至少,坟山上过年过节时有人丢几刀纸;每天老人们不用自己烧饭、不用自己洗衣服,也不担心只有老人守在家里如孤魂野鬼。随着时代的流变,父权与扎根乡土的文化观念,开始让位于子女及其所处的生活状态和生活的城市。在哪过年、如何过年逐渐成为一个驱礼祛魅的城市化叙事。这种转化意味着家在过年这一象征性事件中不再具有正统性,乡土民俗整合人—家的能力在削弱。挣钱的事业与都市文明通过过年这一活动将家连根拔起,带到都市"没有年味"的喧闹中。

下 篇
回 家

第九章　返乡创业与回家养老

第一节　农民工的集体焦虑与生存心态

悬在城市与乡村之间,进城务工者对城乡的理解逐渐具有反思意识。集体性焦虑产生:该如何安放老来生活?

本研究中的农民工没有依循学界惯用的"代"进行分类,而是从进城务工时间相对应的批次进行理解。以"代"来概括农民工群体,其弊端在于将农民进城务工这一行为拟定为一个家庭代际行为,再将此微缩模型化约地放大成中国叙事。假定农村与城市基本的社会单元都是家庭,城乡都被理解成组织化的社会,却忽视乡土社会的文化性。这一研究预设没有摆脱结构功能主义的弊端,忽略了乡土社会"家"的意涵要大于组织化的家庭这一特点。家不但有家庭成员代际上的传承性,而且还注重家族化、村落化横向联合。

贺雪峰 2017 年认为,农民工进城务工经商,目的很简单,就是要从城市获得就业与收入机会。城市只是农民获得收入的手段,他们获得的收入是用在农村的家庭,以完成农村家庭的再生产。他们在城市工作,在农村生活,他们在城市获得收入,在农村实现价值。他们的生活世界是村庄,城市不是归属,农村才是最终目的地。[①] 第一、二批农民工是农民工群体中焦虑感最强的人。他们可能是乡村民俗最后的坚守者,也是急切渴望回家、老来归于乡土的向往者。

从目前来看,第一批、第二批农民工构成村落中经济资本、社会资本优势群体,这些人的生存心态和行动能力很大程度上决定了村落的未来。

第一批农民工进城务工时间起步早,有一技之长,有着丰富的城市见识,他们成为乡村社会关系活跃的群体。经济实力相对丰厚、年龄上处于中年、"见多识广",以上这三点因素促成他们"门面广、开销大",拥有一定的话语权。他们是第一代缺乏侍农经验的村落社会权力掌门人。这些人是将老人、年轻人联结到一起的关系中介,对老人的心事有一定的同理感与移情感悟能力,对城市生活观念有一定的适应性与包容性,对村落革新具有很强的使命感。他们既有早日回家、改变村落的强烈愿望,又无奈于城里"业务繁忙""放弃城市无事可干"的困扰。无论如何,想办法早点回家定居,体验乡村休闲式养老生活,依然是他们执着的梦想。在聚会餐桌上,推杯换盏间经常听到彼此如此约定:我们在外面再干几年回家啊!

第一批农民工的平均年龄在50岁左右,如果用劳动法规定的务工年龄上限60岁计算,这一群体乡村事务决策权尚有10年时间。一旦失去进城务工挣钱的资格,经济来源上被迫依附于下一代,意味着他们的话语权式微。如果按照村落中65岁左右的老人依然具有参与公共事务的能力及积极性来看,由第一批农民工主导乡村未来的话语权尚有15年时间。由第一批农民工主导乡村未来,本土化生存心态极可能转化成实践的时间,大致尚有15年。

第二批农民工最终能否实现休闲式返乡居家养老,前途未卜。第二

① 贺雪峰:《农民工的长远目标与短期目标》,草根网,2017年1月21日,http://www.caogen.com/blog/infor_detail/88510.html。

批农民工有着更多参与农活、民俗的经历和感悟力,相对于第三批农民工而言,他们具有更多的城市生活经历、体验。他们的年龄分布几乎都在 60 岁左右,适应城市务工的能力逐渐呈下滑趋势。而且他们的孩子已经步入成年人行列,"花钱多"的情况指日可待。

这些在经济上相对宽裕却依然面临严峻挑战的第二代农民工,他们对前途的谋划不得不评估乡村发展形势以及"从孩子出发"来思考未来。再在外面奋斗 5 年左右,在县城购房,随子女小家庭彻底搬迁到城里定居,在帮助子女带孩子的样态中度过晚年也不是没有可能。他们尽管有着渴望早日返乡定居的心愿,同时又在为"不能返乡怎么办"做着积极的谋划。这一谋划的方向就是努力实现"老来有一条退路"——定居城市。

第一批、第二批农民工比起他们的孩子——第三批农民工,深深的乡土情怀使他们成为乡村的眷恋者、认同者、维护者、向往归属者。至于第三批农民工,他们从孤独地留守到随着拆校、并校等进城读书,再到进城打工,他们成为户籍在农村却对农村几乎没有归属感的群体。他们对未来的考量有一个清晰的远方——在城市买房子,过上"与城里人一样的生活",以此彻底实现农民符号象征性的终结。第二批农民工受年龄因素限制,从打工队伍中解放出来的心态急切,以及出于为万一不能回家养老谋求退路的考量,他们"咬紧牙关",被动在城市购房,而这正好迎合了第三批农民工城市购房的主观愿望。如此结果一旦实现,第二批农民工也许再无回家养老的机会。一旦打工打不动了,守在县城的楼房里给第三批农民工子女带孩子极可能是他们的晚年生活。

国家对乡村的引领,实现制度化就地稳步就业乃当务之急。如果第一批农民工有生之年不具备实现返乡居家的经济保证,第二批农民工在城市定居之前没有能力受惠于国家注重乡村发展的好政策,很大程度上意味着即使第三批农民工能够实现乡村定居生活,那也只是小家庭在乡村开始出现常态化之势。古老的、文化意义的家到此宣布死亡。此时,对家有着无根意识、从第三批农民工中解放出来的年轻人,开始成为乡村生活中第一代实际的小家庭户主。小家庭形态开始成为乡村主流的生活方式,小家庭生活的开拓者开始终结其家的传承者身份。

如果不考虑国家涉农宏观政策调整以及地方政府发展规划对乡村的影响,就方村而言,乡野之家与现代小家庭两种不同生活类型之间的紧张关系,正引导着乡村命运。这一紧张关系主要在第一、二批农民工与第三批农民工之间展开。综合前两批进城务工者的年龄及生存心态来看,留给他们返乡的时间,尚有15年。

村子里有一位资深农民工的话引人深思,"不要以为当官的、做老板的很聪明,其实我们打工的并不傻,只是我们很无奈"。与年龄赛跑的进城务工者,为了实现自第一天进城务工时就许下的心愿——离家是为了早日更好地回家,他们不再无动于衷。尽管他们依然在城市打拼——这已经让他们熟悉且厌倦,"离家"不再能概括他们的心态,而是"我们正在回家的路上"。

第二节　返乡创业

方诒峰属于村子里心灵手巧、聪明勤劳、"混得开事"的那种人,初中学历。1980年代诒峰在槽场从事晒纸业务,1990年代初开始进城务工。务工第一站是1993年到大连从事油漆活,1995年到上海一印刷厂上班,1996年到南京再次从事油漆活。2001年他开始返乡,在天柱山风景区经营饭店一年,略有亏损。2002年下半年,他发现城乡之间人流来往逐渐频繁,运输业兴隆,购得一面包车开始经营客运生意,一干就是9年。客运生意,用他的话说,常年收入基本保证日常开支,难以有盈余。"实在不想出门"的他,直到2011年南下东莞,做起了麻将机维修与销售的生意。2015年,经他与妻子打拼,日子总算过得有所起色,有能力在东莞购得一处二手房产。他告诉笔者:"如果我依然坚持在家开车,不说买房,就连一般的小轿车都买不起。"如此思路开阔的村民,最终获得自我知足的挣钱机会,依然是几经辗转离乡进城才能实现。

方诒江,高中学历。1980年代末曾经到上海、常熟一带从事缝纫,

2002 年开始与方诒峰从事同样的客运经营。2005 年在一场夫妻口角中,其妻子喝农药自杀,随后再婚但很快离异。村子里的客运生意主要是熟客,全靠服务态度和人缘好人们才更愿意乘坐。做生意的能力与待人的礼节及耐心,众人口碑认为诒江要比诒峰略输一筹。诒江的客运生意一直不太景气,无奈之下,2006 年其带着两个尚属于儿童的孩子去温州打工,至今很少回家。

有丰厚打工经历的胡木匠自 1997 年就开始尝试返乡创业。他于 1997 年与人合买中巴车跑客运生意。只营运了一年,他就将车子卖了,原因是车的乘坐率不高,"挣不了什么钱"。随后他又在南京等地重操旧业,从事木工活。直到 2012 年,在诒峰的推荐下,他再次返乡,开始经营面包车客运生意。随着私家车辆渐多以及县城到方村的中巴路线开通,他的生意也逐渐萎缩。近几年,用他的话说,开始了"旅游式"打工。游走于在家休闲与进城短期从事油漆活之间,有时和妻子一起在城里陪孩子读书,已经成为其常态生活。

胡木匠两个女儿都已经有了孩子,分别在北京、杭州从事印刷业、缝纫,第三个女儿在海南打工。周末、寒暑假以及天气炎热时他就回家。因为他会开车,自家一辆面包车增强了其出行的机动性。有熟人需要乘、包车时,他跑跑黑车挣点零花钱,加上三个女儿每年给他们的养老费,经济上也算有保证。

属于第一批农民工的方绪高,初中学历,在从事了 7 年油漆工后,肺尘感染,于 2002 年尝试返乡就业。在天柱山旅游开发中需要大批环保工人之际,他开始成为一名离土不离乡的环保工人,至今他们夫妻俩一起在旅游景区从事工人食堂服务业。包吃住,夫妻俩月工资总计 2500 元左右。一个女儿 2017 年大专毕业且在县城工作。尽管挣钱不多,他们的生活状况反而让村里其他打工者羡慕:一方面随时可以回家,精神上无困苦;另一方面工作轻巧,如同养老。

长期在常熟经营服装业的方金富夫妻俩,2006 年在县城购房,2009 年开始从事家庭作坊式服装订货加工。长期从事缝纫,身体关节缺乏伸张,积劳成疾;2013 年方金富妻子腿关节被诊断出严重扭曲,不再适宜久坐。她却依然断断续续地从事缝纫加工,"实在找不到其他有能力参与其中养家糊口的事"。方金福 2011 年开始在县城一工厂打闲杂,2012 年到 2013 年再次返回曾经打过工的常熟,在服装厂从事机修管理,随后重返县城工厂打工,每月平均工资 2000 元。2017 年 5 月,方金福再次离开家乡到合肥,在同乡人开办的一制作工业胶水的工厂打工,每月 3000 元收入;随后,返乡在一轴承厂上班。20 年以来,方金福经历了打工者—老板—打工者、离乡—返乡—再离乡—再返乡的过程。

方村农民工群体中,最早返乡创业、收入稳定且可观的村民是方诒胜。方诒胜 1992 年高中毕业后开始进城打工,在长三角、珠三角不下于 10 个城市从事过缝纫工。他打工过程中认识了如今的妻子小马,江西人。2003 年他们夫妻俩租赁县城一路口店面,妻子做起卖水果生意,丈夫买了一辆小货车在城里以及城乡之间从事货运。至今,他们在县城里拥有房产,老家也于 2016 年盖上了楼房,小型货车、私家车各一辆。和他交流中,他认为出门打工,这辈子恐怕再也不会,"既不愿意,也不需要"。

真正实现返乡稳定就业的,除了以上方诒胜、方绪高等人,还有另外 5 人。这五位返乡者,实现本土化稳定就业的时间,大致集中在 2010 年前后。这五人返乡就业呈现出群体性特点,平均年龄在 35 岁,均有远离家乡进城务工 10 年左右的经历。不妨将 2010 年作为方村进城务工者返乡创业时间的转折点。2010 年前后之所以一些人返乡就业成为可能,关键在于该时期正是潜山房地产业快速发展的时期,如此势头伴随 2019 年突发的疫情才有所回落。该时期也是农民工在老家兴建楼房逐渐兴盛期。这意味着,拥有与房产业相关技术,或者从事房产相关行业经营,更可能获得返乡就业机会。

在上述五位返乡者中,一名由木匠转成房屋装潢工,一名油漆工转成腻子工。还有一名水电工,一名小型货运从业者。另外有一小伙在县城开办销售门窗并负责安装的店铺。这五人基本上都是属于第一批进城打工队伍中年龄偏小者。

县城和家所在地是他们重要的活动场所，尤其是近 10 年来，基本上足不出村就有忙不完的活——在村里帮忙装潢新房、车运建筑用料及家居用品。也就是说，农村盖楼房带动的产业成为男性就近务工者从事的主要行业。不仅方村如此，邻村在家务工者也基本是靠农村房地产业维持家庭生计。在家务工者还包括没有一技之长，只能在家出卖劳动力的老年人，以及就近的瓦工，他们一起构成乡村楼房建设的主要人力来源。

年轻人想办法回乡，不仅是出于对家的坚守及对家乡的热爱，还有一方面是个体意识的觉醒，促使他们坚决希望能够过上自主的生活。生活自主，对于他们而言，更可能是在乡村。

乡村新建楼房带动离土不离乡就业与城市化中房地产开发吸纳大量农民工极其相似，二者在结构上都服务于城市中心主义的现代化要求。以对方村的观察，除了家居面貌上确实呈现出新的特征外，并没有多少符合"新农村建设"之"新"精神的变化值得书写。

从安庆坐车出发到方村，沿途能见到的建筑物基本都能给人"眼前一亮"的感觉——新建楼房。这意味着，乡村楼房建设获得就业的机会逐渐走向低谷，不离村的务工机会更是渐少。近 5 年来，方村房产从业者的"工地"再由乡村出发，开始向城镇辐射，最终聚集在县城，务工半径与家所在地又开始渐远。

务工地主要在县城，从而在县城租房必不可少。妻子看护孩子、接送孩子上学及料理家务，丈夫围绕房产业打工成为他们家庭生活常态。县城房产业依然没有衰退迹象，他们在县城临时安家的生活，在未来一段时期内依然会持续，直到他们有能力在县城买房为止。

目前来看，在家就近获得相对稳定的生存机会，除了依附于房地产业，尚未形成一种稳定的、村民有能力参与的就业机会。尽管现代化已经多元化，乡村也已踏上现代化之路，本地就业的机会依然主要囿于房地产业。如果县城房地产业衰退，没有新的就地就业机会，他们的未来又在哪里？

　　近年来,国家着力于开发乡村休闲旅游业、农业生态经济,方村属于县政府旅游规划和开放区域,这让村民格外期待。2016 年 8 月,潜山县与龙潭乡两级政府在万涧村村委会前的场地上举办了"赏万亩竹海、听皖风皖韵"为主题的龙潭乡首届竹文化旅游节开幕活动。乡民为之振奋,作为话题传播很久。在该开幕式中,乡政府确定大力发展乡村生态旅游是龙潭乡"十三五"规划的主题。深入到万涧村的乡村旅游公路工程正在进展中。政府倡导、推进的以旅游带动地方发展的活动,除了路政工程普惠于民,其他的政府规划依然只是在"神秘莫测"中。路政工程的推进,已经激活了村里有眼光人多年的返乡心愿,"只要公路拓宽,游客能够在家门口上山,我就回家"。

　　接着竹文化节的传唱,方村居民首当一棒,感受到乡村干部造成的失望。2016 年村两委公开的方村公路有望在 2017 年拓宽,2017 年 2 月份,公开的龙潭乡路政工程中却没有方村。这引起村民强烈愤怒。微信群里的方村村民群起响应,在网上抨击村委会成员"无能",并且轮番电话质疑村支部书记,直到该书记手机关机。比起万涧村其他村落,方村是与天柱山风景区直接接壤、海拔最高的村落。村民一致认为,唯有借助旅游开发,"回家"才可能有希望。尽管村民对地方政府、村委会保持着深深的失望和不信任感,却视返乡最可能的契机主导权依然在政府。受到村民诟病的村支部书记,2017 年 4 月份再次对方村村民承诺:如果明年方村公路不能拓宽,我主动请辞。该书记如此"政治正确"的表态,又一次让村民隐隐约约中看到希望……

　　靠近山脚的非方村村民,有几位在家里办起只有零星游客的农家乐、制造竹筒酒。尽管只是探索阶段,类似返乡尚未成功的创业消息依然被视为有前途的经验,让处于山腰的方村打工者莫名地焦虑不安。

　　依照方村当前的发展趋势及生活心态,如果在短期内有众多外出务工者回流,其可能性只有一个——借助于全国渐兴的乡村旅游业。旅游业的发展并非单靠零星的返乡创业农户就可以带动,关键在当地政府。如果从近年来县、乡政府涉及旅游的政策及行动来看,农民工返乡创业依然是有可能的。方村所属龙潭乡乡政府官方网站上的主要内容,近年来侧重于精准扶贫与乡村旅游业开发的宣传。生态农业、休闲农业、将民俗包装成本土化文化产业等举措均在当地政府的跃跃欲试中推进。2017 年 11 月 15 日,农业部官方网站上公示了全国休闲农业和乡村旅游示范县(市、区)名单,潜山县赫然在列。万涧村明清时期的老房子,已经有当地人与外地人一起谋划将其改造成民俗馆舍,网络上的众筹正在进行之中。在整个万涧村,方村人的创业特点是不会轻易成为第一个吃螃蟹的人,但一旦有人创业成功,方村人又具有相对突出的后来者居上的模仿能力。观望与蓄势以待,成为方村人返乡创业的心态写照。

旅游业兴旺,极可能是方村短期内出现历史性逆转的机遇,最终指向方村隶属的万涧村在当地政府旅游规划中的定位。

类似大跃进态势的乡村旅游业一旦兴旺,极可能对“家”的负面影响尚未出现,却已导致一个直接的消极后果,那就是在被重新评估价值的土地资源权益收割中,新的利益之争促使社会关系、乡村权力重新调整。但是目前,至少其在一定程度上回应了两个方面问题。其一,地方性文化、本土闲置的土地资源,其价值可能会在变更用途中得到重新评估,村民从中可能获得外在的经济效益。其二,第一批进城务工者不是黯然神伤而是在希望中返乡养老成为可能。

第三节　回家养老

方村如今可以不侍农、不务工,在人们眼里真正实现了“休闲养老”的人是三哥老师。他在临近退休之际,在县城里买了一套房子。真正退休了在城里没住多久,又果断决定将房子卖掉,2009 年在老家盖起楼房,开始了长住乡村的退休生活。他退休在乡村生活已经多年,日常生活无外乎协助妻子做力所能及的家务活,养鱼、种花、打麻将也是他的乐趣。除此之外,村里几乎所有涉及民俗、公益的事务他是必不可少者。三哥富足、休闲且有规律的生活,“共产党养着”“享福”,是村民一直羡慕的对象。

胡木匠"旅游式打工"使得他经常在村口出现,他是方村第一个打工者,也是打工者中第一个返乡过着半养老生活的人。如果没有什么突如其来的变化,他如此生活将会持续一辈子。这些人已经习惯并且深深爱上了乡村生活。微信群里,随时可以看到他们及时回馈的有关方村的消息。如今他们成为沟通"外面的世界"与"家里"的信息桥梁。

方村盖楼房中,隐藏着一个"养老"的秘密。

方先进属于第二批打工者,如今已经 64 岁。他有两个儿子,属于第三批打工者。兄弟俩年龄分别是 30 出头和邻近 30。至今大儿子尚未结婚。2011 年他家盖楼房。围绕盖楼房,他与孩子的意见产生了分歧。

孩子们希望在城里买房,几次父子之间在电话里长聊,依然遭到父母拒绝。拒绝的原因并非是不希望在城市买房,家长自有家长的考虑。方先进告诉笔者,主要是要在城市买了房子,那么再在家盖房子就很困难,"在家盖房子都需要东拉西扯,在城里买房更不用说","没钱"。一方面更多人家都盖房子了,自身住砖瓦房相对而言有失落感。另一方面即使在城里买房子,往往也是首先给先结婚的孩子作为婚房,接下来就必须给另外一个孩子买房子,否则不公平,"手背手掌都是肉"。显然,他没有这个经济能力。两个孩子打工获得的收入依然有限,他们夫妻俩常年在外打工,逐年积累也有一定的存款。在老家盖房还是在城里买房,抉择权依然掌握在他们手里。同时,他们夫妻俩也考虑到老来怎么办的问题。

他们在情感上与生活方式上更喜欢在农村生活。加上儿子的努力,即使在城里买得起两栋房子,"老来我们该和哪个儿子生活,该给哪个儿子带孩子?"两个儿子都是打工的,经济来源并不稳定,换厂、换工种是常有的事情,目前还看不到短期内能挣到更多钱的迹象。另外,先进夫妇清楚,一家人老来要是都在城市,无形中加重了孩子的经济负担。如当地人将农村与城市比较时候常说的,农村水不需要花钱,菜自己种,而油盐米等必需品不需要多少生活成本,"老人吃不了多少"。另外,农村生活空气好,有熟人聊天,精神上没有压力。因此他们更希望在老家盖房子。

在老家盖房子往往需要消耗掉一生的积蓄,"我们已经老了,再不能拖累孩子"。"他们将来住在哪,关键只能靠他们自己。混得好就在城里买房吧,混得不好老子已经将楼房盖起来了,好歹我们有退路,他们也有退路。"

最后,儿子并没有说服他,在老家盖了房子。如此结果可能导致儿子找对象时因为城里无婚房遇到障碍。他们在盖好房子之后的次年,又"拼命"打工挣钱,一家人合力买了一部小轿车,对外给人感觉是儿子自己挣钱买的。儿子很能挣钱以及家里很有经济能力的形象树立起来,小儿子托媒很快找到了女朋友并结婚了。

先进夫妇对过日子的考量,充分融入了"我"与"家"的关系,既考虑到老来"不给孩子挡道",又考虑到应对自身正在来临的老年该怎么办的问题。他的这一生活策略在方村具有一定的代表性,尤其是有两个适婚年龄儿子的家庭,无一例外地都在家里盖了楼房。这基于"不为难自己,也不为难孩子"的综合考虑,一旦盖上了楼房,他们如何养老的问题暂时得以缓解。至少,能住在有楼房的家里终老。

从是否能在城市置业角度看,方村不乏如此能力的家户至少有 5户。这些经济宽松的人,通过成为成功的农民工老板实现。这些人,无一例外的是先在老家盖楼房,再在城市购房。他们还有一个共同的特点,是家里尚有健在的老人。面对"干吗还要在家盖房子"的追问,总结他们的回答,主要有两点。其一,他们这些打工的,能够在外面安心挣钱,父母也有很大贡献,至少家里的事情不需要他们操心。父母虽不能帮助他们养家,但至少帮助他们看了家。他们有钱了,父母也老了;不能有钱了只顾过自己城里的小日子,也得让父母过上安心的晚年。他们的回答中道出了进城务工者在对老人的亏欠中生成的强烈的反哺愿望。不妨 说,农村盖楼房有着孝道的成分。其二,老家才是根,不管在哪里混,根总是要留住的。老房子虽然还能住,可是楼房住起来还是要舒服点,敞亮,也不担心房屋漏雨。再说,孩子也渐大了,房间多了,一人一间,也方便、自由。更重要的是,老家有房子,他们就有归宿地,就更会"常回家看看"。在老家都没有办法过夜了,家也散了,亲情也淡了,那是花多少钱也弥补不回来的。"有家才有个念头。"老了,在家里养养鸡、种种菜、钓钓鱼,平日里喝点小酒、打点小牌,多自在!生命从"家"开始,希望在"家"结束。

一旦离开家乡,回家的念头就从未终止过。方村农民工的历史,已经穿越30年。早日返乡过上在家生活的念头,也经历了30年。至今,方村群体性的返乡生活尚未实现。第一批、第二批农民工已经步入衰老,他们再也难以实现返乡创业的梦想,充其量只能过上回家养老的生活。从年龄与养老意愿来看,5到10年内,逐渐迎来第二批以及第一批年龄偏长农民工返乡高峰期。养老,是不久将来他们必须实现的生活,因为他们正在衰老。同时,5到10年内,如今村子里那些从未进城务工过的老人,极可能走向生命尽头。至此,如果第三批农民工依然无法实现返乡就业,那么10年左右以后,部分第一批、第二批农民工返乡人员——年龄偏大者,将会替代其父辈晚年的生活位置——"第二代留守老人"出现。进城辛苦务工半生,父母成为留守老人,孩子成为留守儿童,再迎来自身留守的晚年。这些未来的"第二代留守老人"将会分流,那些只有独女、没有在家盖楼房者,极可能随女儿居住,无法实现回家养老的愿望。因为在家老人、年轻人渐少,"第二代留守老人"面临无福晚年、无福死亡的可能性将会增加。到时,属于方村人的方村走向不可逆性毁灭不再遥远。

个人在村落社会中呈现的养老状态与城市所谓养老是有区别的。城市养老意味着人从生产性活动中彻底脱离出来,养老更多的只是自我休闲以及被他人照顾着料理生活。村落社会中的养老并没有彻底撇开适度的生产性活动,反而在身体允许的情况下,可能会专注于一类生产性活动。自青壮年劳动力进城后,已经步入老年的在家老人,除了料理自己的生活起居,还需要替子女维护家里的基本生活事务,如不时的洗、晾、晒衣物以及制作腌渍食物、烟熏食物等。尽管他们会从山、田侍农活动中解放出来，可是菜园地的料理是必不可少的事务。老人彻底从涉农及日常生活事务中解放出来，往往意味着其距阳寿享尽也不再遥远。如此养老，在人家分离的宏观背景下，对乡村文化、社会关系、土地维护担负着看护的作用。该群体最后的乡村坚守，暗示着乡村衰落的同时也撑起乡村延续的最后希望。

综上所述，第一批进城务工者如果能够如愿以偿，早日返乡，这是乡土文明的福音。这些人与第二批务工者，一起构成当今乡村文明、情感坚定的传承者与守护者。传统以及促成其活性发挥是该群体相对优势的能力。另外，尽管他们假养老之名渴望返乡，这也意味着他们期待在有生之年，还能过上参与亲乡土性、传统性的乡村生活，而并非只是等到迟暮之年，身体成为累赘了在乡"等死"。如果他们的愿望能够实现，意味着随着第一批留守老人去世，乡村依然不乏在家传承者与维护者。若他们未来如愿，还极可能对第三批进城务工者的生活展望有所触动。一方面，随着物质生活水平整体提升，以及农民工已经参与到对城市的积极反思中，第一、二批农民工回返家乡的意愿及对家乡的守护能够产生一种榜样的力量，促使尚在城乡关系中迷茫、迟疑不决的年轻人紧跟其父辈，生发踏上返乡之路的期待。另一方面，第三批农民工的父母留守在家，其子女"常回家看看"的牵挂必不可少，一定程度上维系着第三批农民工与乡村相对紧密的互动关系，也培育着他们有关家的情感与思考。一旦第一批、第二批农民工于尚未完全衰老时再次过上在家生活的期待都不能实现，即使第三批农民工将来能够了却他们父辈的心愿过上在家安居生活，抑或制度性获得在乡很好的创业、谋生机会，即使乡村也许因此呈现"人丁兴旺""欣欣向荣"的局面，则"家"于实践层面而言在乡村也彻底地终结了。此时，乡村的主人，从童年时期开始就是"城市的孩子"。

第一批、第二批进城务工者，他们返乡养老的时间越早来临，与城市有别的乡村文明越有希望。他们在青壮年时期，"为了家"离开乡村进城务工,一定程度上成为乡村文化衰落与乡村物质生活水平提升的中介,如今缓解乡村遭遇的整体性危机,他们仍然是榜样、桥梁和主力。拯救乡村的使命,依然沉重地压在他们身上。当然,更关键的在于国家、社会对城乡关系的重新反思,制度性保证他们尽快踏上回家之路。

第十章　新乡贤共同体与乡村建设

农民工集体焦虑以及尝试返乡创业、回家养老的期盼,越发让村民意识到:除了努力挣钱防老、为未来做出最适合一家人总体性生活实现的规划,还应该更好地实现公共领域对美好生活的开拓。通过身体力行地开创美好乡村生活,对应着村民常说的话——"人要有公德心""这很重要"。民间积善积德、好人好报的业报观与营造便利于大家在一起的公共生活意识,一起促成方村村民逐渐谋划如何让乡村更美好的实践。

第一节　新乡贤共同体

一、老人带头参与公益

方村 1980 年代以来的变迁,宏观上的乡村面貌与中国的大多数乡村一样,常年在家者基本上是老人、妇女、小孩,青壮年劳动力常年都在城市务工。尚未年迈的妇女未必是长期在家没有流动,她们得以在家主要是看护孩子读书,以及"家里有老人需要照料"。一到学季,她们就会住在村、镇以及县城给孩子陪读。真正能够参与到日常生活实践中的乡村维护者,只剩下老年人群体。这些人的生活态度是"过一天算一天",又并不悲观、消极地只守住自己的私人世界。相反,他们乐意参与到乡村社会治理和建设中。类似参与对老人们的意义很大,一方面一定程度上缓解长期孤苦、"连个说话的人都没有"的寂寞,获得借助谈话放松心情的机会;另一方面老人们通过参与力所能及的公共事务,获得被认同的愉悦感。这些人在讨论公益、参与公益中获得了村落繁荣的喜庆感,内心至善的体验由此而生。因此,涉及村里的公益事务,老人们总是将其视为社会参与、社会关系联结的好时机,由此也带动了在家妇女、小孩以及不积极参与公益者的热情,获得"大家在一起"的欢快感。

这里的冬季比较寒冷,基本每年腊月或者春节至少要下一场大雪。下雪第二天早饭之后,一般就有老人拿着铁锹、扫帚等工具从自家门口出发扫雪,边扫边大喊,召集大家扫雪。村里地形沿两排山势由低向高蜿蜒,住户房子也基本依山势靠山而建。村里主要住户以曹坦、方家老屋为中心大致分成两个集中住户带。曹坦为中心扫雪带头人是一位居住地势稍微高点的 70 多岁老人。方家老屋扫雪带头人是三哥。在两位老人身体力行带头召集下,分成两路,由上到下沿主干道扫雪。两拨人各自逐渐有三五个人参与其中之后,就不需要大声呼唤召集,男女老少一般会主动拿着工具投入其中。两拨人汇合,队伍更大,也更加热闹。大家边扫雪边聊天,同辈的人彼此开对方老婆玩笑,扫雪在欢快的笑声中行进。

扫雪路程往往视地上积雪厚度而定,最远的一次分两天扫到村里集镇,大约四公里路程。扫到其他村口,邻村人一般也会主动加入。大家对扫雪一致的说法,"与人方便,就是与己方便"。村里村外连接,尤其是与城市的连接基本都是机动连接,如果路上积雪不能及时清理,城里的年货就没有办法运到村里,打工还没有回家的人也无法回家。如果夜晚寒冻,积雪冻成路面冰块,村里、外的联系就会中断,扫雪成了人、物春节前后确保通畅的一个关键,这一关键在实践中正是依靠老人带头才得以可能。扫雪不仅包括大路,也会扫到子女尚未回家、只有身体不便老人在家的住户门口,"防止老人滑倒""便于老人搬户外柴火、挖菜"。扫雪还会连通到村里庙宇的主干道。整个春节期间本地人,甚至外地人,都可能会到庙里烧香拜佛。

　　村里类似零散的公益事务常年都有。夏天下雨后路面垮塌,就有老人带头铲除路面浮土。庙里扩建和翻修,由老人鼓动零星的在家劳动力做义工。村里公路两侧的茅草可能会影响人、车通行,公路内侧沟渠不畅等,也会有村民自发地去清理。

二、"礼"之社交内聚化及其后果

　　长期在家生活,围绕日常生活所涉及的人、事关联不仅只在一个自然村落内部,也会跨出村落与邻村发生关联。人、事来往一旦密切,乡礼、乡情的辐射范围必然扩大。跨出自然村落、异姓之间红白喜事的"随礼"互动在交叉的社会关系中显得频繁、密切。熟人社会中,同姓是血亲,异姓不是姻亲就是表亲。即使亲戚关系的根源已是传说,代际相传中依然是以对应亲戚称谓互相称呼。"我家做大事,你到了我家,我应该也到你家",如此尚礼机制使得村落社会以礼为纽带的"你来我往"相当紧密。"礼随事走",这里的事是维持生活必要的人与人的联结纽带。作为人口逐年外流的一个结果,不同村落之间的社会联系随之减少。相邻不同村落,逐渐彼此孤立。

　　村与村尚礼来往较少的一个重要原因与人口外流、生产方式改变有关。传统小农经济是一个由家往外推,由家里人、邻居、家族人、亲戚各司其职、互相配合完成的过程。传统农耕经济的实现离不开村落社会内部团结、村与村之间紧密社交的过程。一旦生产方式发生改变,不同村之间熟人社交这一外环社会关系率先疏淡,许多事务只需要同村落内部成员互相帮扶就可能完成。由此,乡村熟人社会在空间上逐渐萎缩,缩小到本村可能成为熟人社会单位。另外,随着人口外流,邻村人彼此谋面的可能性大大降低,客观上造成未必是陌生人但至少是陌生性的出现。陌生性一旦生成,尚礼的主观能动性自然削弱。

　　不同村落内部常住人口基本都是老人、小孩,即使邻近村落里发生红白喜事,相关信息知晓的普遍性降低。主导、促成主动送礼者往往是户主,而户主作为实际具有经济能力的人又往往常年在外。彼此常年所处空间分布松散,导致跨村落的亲密社交逐渐在"礼"中脱离出来。见面机会渐少,人情随之淡漠,无形中减少了礼尚往来的积极性和对其维护的必要性。有些情况如非农民工返乡的春季,一旦邻村有老人去世,某一户主知晓后认为有必要随礼,此时送礼往往也只能是叫熟人帮忙添钱,实际应该到场的送礼者无法到场。如此只有金钱礼而无人之礼的随礼本身就是一种非常理式社交。人之礼与物之礼空间分离,导致尽管如此跨村社交依然尚未中断,也逐渐呈现形式化特征。如此随礼者更多只是出于"还礼"的礼俗约定,礼礼相续的愿望与必要性都无以为继。如此一来,村落社会中红白喜事需要呈上的礼尚往来范围越来越小,只限于血缘亲密的亲戚、邻居、家族内部之间流动。

跨村网格状礼尚往来疏淡,致使熟人社会社交关系内聚化。不同村落之间社交亲密性松散与同村落内部地缘、血缘社交亲密性增强同步进行。

村落社会中每单随礼礼金数额在逐年增加。以礼之轻重来反映社会关系亲密性这一遗俗尺度没有改变。另一方面,回礼一般是在上一次对方礼金基础之上多一点,增添 20、50、100 元不等。村民会充分考虑到物价上涨这一因素与礼、面子、情谊的微妙关系,妥善平衡。

在方村村民的理解中,同家族人是"一家人",而异性之间的社交来往才属于"社会"来往。同家族内部成员的礼尚往来,血缘非常亲密的叔侄关系、分户的兄弟关系等,礼金一般高于"社会"礼金。"社会"来往注入了亲戚关系,礼金依然不会太轻。属于同家族的"一家人"礼金数额最少。1980 年代,同家族家户之间来往的礼金一直在 5 元上下波动。1990 年代,变为在 10 元到 30 元之间。2000 年代,从 50 元到 100 元逐年上涨。如今礼金基本上都在 100 元以上。自 2000 年代以来,同家族家户礼金来往呈现出微妙的变化,不同家族成员"私交"亲密性在礼金账目上充分显示出来。如此私交亲密性在人口尚未外流时期很难形成,充分体现出村落社交平民化、同质性色彩。同村人彼此都在同一个地方打工,身在异乡的互相帮扶与走动中无疑增强了其社交亲密性,从而彼此来往礼金可能稍微多一点,100 元到 200 元、300 元不等。另外,常年在家者依据身体等实际情况,在邻近原则、"划得来"私人关系中形成长期频繁的帮扶、看访关系,形成家族内部小范围的亲密性家户。出门务工的儿子出于感激,往往在礼尚往来中适度增加礼金,以示对"照顾我母亲"者的答谢。伴随着留守与外流两条线,先前同质化的村落社会关系分成两个不同场域重新组合。这种组合按照在同一地方打工、邻近而居、性格与志趣相近等要素展开,不再严格依照血缘亲疏远近进行。如此表面上形成小团体、具有村落共同体分裂倾向的抱团却呈现出某种积极效果,对曾经主要依据血缘上差序原则组建起的社会关系有所冲击,村落社会关系客观上植入了合理的现代性元素。在家族血缘关系理性并没有削弱的基础上,培育起契约理性主导的关系伦理。血缘理性与契约理性互动关系可能重叠,也会交叉,生成村落社会关系新结构。村里人聊天时容易出现如此情况:并非"屋檐搭屋檐"的老人们,围绕着他们同在一个地方打工的子女们有着说不完的话题;处在不同城市、属于不同家户的打工者围绕他们在家父母如何展开合作、互帮的话题友好地在微信中互动……

家族亲密性与行动伦理重新"洗牌",传统家族伦理基础之上出现民主化的友善互动机制。这在一定程度上削弱了贫富分化带来的社交圈子区隔,大家默会着有意回避经济差异因素展开"亲密无间"的谈话、社交。回避金钱微妙主导社会关系的消极因素,有意识制造彼此团结和充分认同对方的新的村落共同体得到培育。

三、家宴社交

青壮年劳动力常年进城务工,同村人哪怕是邻居、堂兄弟,也可能是周期性一年只见一次。每当腊月返乡之际,彼此见到的亲切感油然而生。自腊月返乡到春节村民尚未出门之前,是村子里最热闹、最欢快的时光。如此愉悦的喜庆现象每年持续时间大致一个月。天南海北的务工者难得一见,在家者与务工者难得一见,相互到各家户宴请吃饭的礼仪必不可少。答谢、叙旧、议事、开玩笑等贯穿整个宴请活动。

如此宴请一般都是 8 到 10 人一桌,加上酒水花费,一次大致需要 400 到 1000 元不等。参加宴会成员主要是常年在外务工者。这一状态尽管加重了家庭经济负担,但是它对村落社会的整合具有积极的功能,增加了彼此之间的情谊和互动关系。

社会交往需要的开支成为一项重要的家庭经济支出,这一状态从来没有中断过。村民认为自 1980 年代以来,门面开支压力大,负担重。这种重压总体上并没有让人从中主动退出来,即使遇到突发的红白喜事当时没有钱,也会借钱送礼。门面社交中所呈现的状态影响社会对一个家庭的评价,只有"混不开事"、相对经济贫困者的门面开支才会减少。

互相吃请中最频繁者是村子里有门望的家庭,最可能被宴请的人往往是会挣钱、影响力大、社交能力获得承认的人,不妨理解为属于乡村精英的那类人。乡村精英与有门望家庭具有高度重合的特点。彼此吃请无形中巩固了该家庭在村落社会的地位和相对稳定的良性社交关系,使得该家庭与其他家庭成员来往频繁和亲密接触机会增多,获得更多优势资源与社交准入机会。几乎不主动请人吃饭的家庭,不是家庭经济确实压力大,就是只愿意过小家庭生活的人。只愿意过小家庭生活的村民,是村落社会常态社交主动疏离和逃避者。如此家户并不多,也不至于影响村落社会整体精神面貌。乡村精英是家庭宴会上最受欢迎的人。他们具有很强的驾驭话语能力、见多识广、经济实力相对不错,这些人聚集在一起本身就成为有气场的社交场域。宴请这些人吃饭,也是主人有面子、注重面子的一种表征。答谢,或者为了未来获得答谢机会,在主人家户与客人家户之间通过聚餐愉快地进行。网络状的宴请社交,从腊月到春节,村子里一直很频繁,共同面对餐桌上被讨论的个人、家庭困难,各自出谋划策、信息传播、资源互助等,成了正当且必要的村落社会整合机制。知礼仪、善于社交、领袖气质、众人缘等个人魅力,宴请社交正是一个很好的操练场所。那些经济状况、个人素养、人格魅力等获得村民一致承认的人,更可能出现在不同家庭宴会上:一个相对稳定的、非长老式精英群体——新乡贤共同体脱颖而出。

四、新乡贤共同体形成

传统乡绅一般都有为官经历,是退出官场的士绅,其学识、身份以及资财都不是一般小农所能比肩的。他们在乡村的话语权、综合能力远远超过一般小农,而且在阶层归属上也不再属于农民,对他们的身份认定并非难事。而且,传统村落社会中如此贤能者在同一时期不会批量出现。现代乡村呼唤的乡贤不仅具有地方认同感、归属感,而且还需要其具有参与村社治理、培育公共性的主动性及创造力,缓解传统性与现代性、公与私以及贫富两极分化造成的乡村矛盾。将处于不和睦的群体、邻居、家庭和个人整合到同一公共事务中去,最大化激活村社民主意识、自主意识和公共意识,这对老派乡绅而言是一个挑战。因此,现代乡村一定程度上并不需要养尊处优、只有话语权威没有实践参与的老派士绅,更需要身体力行的乡村贤能者。"绅"被打上了阶层烙印,而"贤"侧重于道德考量。从乡绅到乡贤的转变,意味着长老统治、在乡村内部培养阶层差别的社会机制已经消失。

生产属于特权阶层乡绅的社会制度随着新政权成立被废除,涉及村落社会公共事务,曾经由长老统治与乡绅权威发号施令"一统天下"的政治基础与社会伦理都已经消失,而普遍性的"乡村精英""乡村能人"在后续社会一直有出现。

"乡贤"强调其对村落共同体的高度认同感及践行能力。不妨在此将新乡贤界定为:在新的时代背景下,有资财、有知识、有道德、有情怀,能影响农村政治经济社会生态并愿意为之做出贡献的贤能人士。[1] 新乡贤之"新"有三个方面:其一指与新时代社会相适应的特点;其二强调有

---

① 胡鹏辉、高继波:《新乡贤:内涵、作用与偏误规避》,《南京农业大学学报(社会科学版)》2017年第1期。

别于等级制的长老统治、家族权威的社会属性;其三突出紧随时代对现代性合理要素的吸纳能力。按照长期生活场所、生产方式不同,将新乡贤分为"在土新乡贤"与"离土新乡贤"。"在土"强调生活半径以家户所在地为中心、县域为边界的务工者、创业者,以及在职、退休返乡干部、教师、工人等。"离土"指常年外出务工、创业、拥有体制内身份,情感与身份认同上"离土不离乡"的乡村原居民。

新乡贤涉及资财、道德、情感三个维度,其在村落社会中不再处于小众垄断地位。资财、道德、情感除了经济因素外,其他二者属于质性范畴,难以将其量化。新乡贤具有大众化、平民性色彩。就具体村落社会而言,新乡贤应该是一个群体而非个体,具有群体性、共同性、组织性、精神性色彩。

通过对方村相关事件的分析,发现该村已经形成了新乡贤共同体。如此群体成员构成主要有三方面力量汇聚。

其一,由资深农民工及新生代打工群体中的成功人士组成的新力量,成为新乡贤主要人员构成。这些人具有强烈的家乡认同意识,具有长期都市生活经验且对都市文明具有较强的感悟及吸纳能力。由于长期在陌生人社会中讨生活,具有一定的组织行动能力和"做人的工作"的智慧,在都市社会中获得集经济、人格、社交能力于一身的新型卡里斯玛型人格——作为一个群体,开始成为形塑村落社会的主导力量。他们的价值观、社会心态、感悟能力都具有高度的一致性。这意味着,属于村落内部公益事务的提议,只要获得这些人的大力支持,成功的可能性就会提升。

其二,老派乡绅中的开明人士,紧随时代,获得在土新乡贤形象。乡村在家者主要是老人和妇女,将处于劣势地位的劳动力资源整合到现代乡村建设和治理事务当中去,这是非常困难的一件事情。应对这种困难,需要人格魅力与组织行动能力高度结合才可能实现——施令者也是行动者。推进具体行动达成目标,还要有意识地尽量化解该行动潜在的危害团结、生成新矛盾的风险;不仅需要兼顾血缘差序议事原则,同时需要充分调动积极性、发挥村社共同体精神,让整个村落集体获益——老派乡绅显然不具备放下身段参与具体行动的品格,也不具备必要时"忍辱负重""被人猜疑""玩私心"却依然会顾全大局的忍耐力。

新乡贤理应是传统乡绅优秀品格和现代民主精神的结合体。乡绅控制性权威需要让渡到乡民对其自觉认同,这需要乡绅调整自身,从长老权威中自我降格,在民主精神、平等主义中呈现自身。在良好的村社互动中获得与其他社区成员同等的日常生活身份,获得平民形象。新乡贤不再是一种正襟危坐的形象,需要经常性参与社区交流和日常生活实践,包括顺其自然地参与有底线的地方性文化、娱乐活动。比如,三哥在乡村的日常生活中,包括讲荤段子、家庭聚会、民俗色彩的戏灯以及民间宗教发起的庙会,他都是应时应景的参与者。这无疑增进了村民对其的认同感。

其三,经济能力有限但是道德、情感上具有新乡贤气质的村民也是新乡贤的来源之一。新乡贤形成的机制是一种流动的社会结构,会给后起之秀跻身于乡贤行列提供承认与携助空间。村落社会中有一种人,他们既非传统乡绅——不具备跻身士绅阶层的政治能力,也非现代乡贤——不具备相对殷实的经济基础;这种人属于村落里的开明人士。方村的开明人士在1980年代就比较活跃,他们是乡贤追随者,容易理解乡贤的行动意图,且是中坚的行动力量。这些人在乡村治理、自主性实践中起到了先锋作用。他们对公益事业往往是不拘小节、积极拥护的姿态。如今村落里的开明人士主要对应着资深进城务工者中经济能力尚弱的人,以及"90后"进城务工者中的翘楚。

新乡贤共同体一旦形成,村落社会开始出现新的权力结构。传统性的族权—长老统治—乡绅—父权层级结构发生了根本性变化。先前的族权及长老统治等逐渐式微,年龄、辈分不再是权威依据,个人化的乡贤逐渐由新乡贤群体取代。新乡贤群体主要朝谋生能力、文化水平、眼界及见识归拢,熟知乡村礼数且善于社交,耿直、公正的群体形象浮出水面。跳出门户之见、家族之藩篱,身体力行地为村落公共性谋福利,是对新乡贤的期待也是其内在自觉担当。充分发挥民主精神,注重财力、能力与品行兼顾,推贤与主动担当并举,越发成为村落社会事务中活跃的力量。由此村落社会内部的权力结构逐渐呈现民主化、平等化、集体化特点。唯家族化、长老化、父权化的等级权力制逐渐走向历史。在此意义上,乡村建设迎来一个有利的时机:只要充分尊重并激活新乡贤共同体力量,乡村建设可能就会有所突破。尤其是政府主导的乡村建设应该注重这一点。获得了他们的支持,就意味着获得了最广泛的乡村民意及行动参与——将乡建主体还给乡村的主人。

第二节　新媒介与新乡贤共同体推动乡村建设

在对方村 1980 年代的叙事中得知,基层政权与村民自治组织对村落社会治理及公共建设几无作为。2005 年国家提出"新农村建设"以来,村子里多了一个砖混结构的垃圾房。垃圾房里堆满垃圾,不时散发出恶臭味,年尾才会被村委会组织清理。如此状况至今依然没有得到彻底扭转。村落内部的公益事务,主要只能靠新乡贤共同体带动村民逐步推进。

2014 年,方村一公路段洪水漫堤,路基石坝垮塌。该公路是方村农户上林山必经之地,也是行政村集体林场竹木运输必经之地,被认定为村级公路。公路垮塌后不久,村民组长告知村委会,村委会成员随后实地查看,告知该路段修复可以由"公家"出维修款,只是"现在没有钱"。村委会给出的意见是由方村村民先自己筹款修复,核实后向上汇报,再经村里返回维修款。日常生活所需,不能等到村委会出了钱才修路。由方村红旗组、新屋组两小组组长牵头,三哥、胡木匠等在乡者介入,根据村里大部分人的意见,预支春节戏灯积累的盈余彩头款修复路坝。戏灯彩头款由三哥以灯会名义保管。2013 年春节戏灯盈余 2.1 万元彩头款,修复路坝共计花费 1.5 万元左右。随后村民组长拍摄好修复图片、保存好有关票据多次与村委会联系,催要修路款。村委会给出的回答如初:现在没钱,再等等看。至今该款项依然没有着落。

在资本主导的新媒体技术语境中,新媒体对社会的再组织作用是近乎"无心插柳"获得的功能。乡村基层政权应有的功能得不到充分发挥的状况下,新媒体起到了再组织村落社会的功能,并且在公益事业推动中已见成效。以新媒体为介,改观着传统面对面的议事模式以及乡村空心化导致的议事涣散,意外地培育起新乡贤共同体意识,促成新媒体与共同体精神结合,呈现出新意的乡村建设推动模式。

由新乡贤共同体推动的一起成功公益案例是方村村民自费筹款安装路灯。

一、"亮灯工程"的机缘与推进

(一)村民学会使用自媒体

方村有一个村落为单位的 QQ 群,这一网络社交平台于 2015 年逐渐被微信群替代。QQ 群于 2009 年由在北京从事印刷业务的一位村民创建,凡是会上网使用 QQ 的方村人,不断被拉进来。群里成员主要是进城方村人,涉及职业包括打工者、"老板"、学生、公务员、教师等。不在同一地理空间和同一行业,却共享同一身份认同,包括语言、生活经验。晚饭后、周末,群里互动异常活跃。QQ 群成了一个非实体的虚拟方村。在家生活的方村人可能不清楚外面人的生活状况,通过群聊就可能很快获得。相反,城里的方村人也可能通过群里信息共享及时获得家乡情况。群里不时会出现搭顺风车求携带的信息。甚至,村里某一件事在家老人还不太清楚,城里的方村人第一时间就可能知道,再通过电话告诉在家独居老人。如 2014 年村里一位老人深夜去世,其亲属第一时间在群里公布了消息。差不多同时在家老人经由在外地子女电话告知才获悉。在家者和集中在群里、分散在不同城市的同乡人,就某一事件开展行动差不多会同步进行。再以上面这位去世长者丧事为例,在家者为其料理后事时,借助文字、图片、视频等信息,群里同步弥漫着哀伤气息。

在群里,线上线下信息互通有无,配合无厘头的八卦、兄弟辈的荤段子,无形中让这些天南海北的村民随时体验着"在家""在一起"的感觉。

互联网平台搭建起的新媒体,一定程度上有助于村落共同体精神在新时代形成聚合效应。

（二）亮灯工程缘起

2014年10月初,经常往来于方村与县城间的一位装潢工村民在QQ群里发布一条消息:据说近期村里的公路由村委会牵头会铺上水泥,可能上面有专项拨款。这一消息很快在群里炸开,随后大家跟帖对这一喜讯表示振奋。一个月后,另一位村民在群里发出一条消息:据村书记说,上面款项还没有到位,修路具体实施时间尚不能确定。依然激荡在前一条好消息中的热情很快逆转。"我们村其他地方水泥路都已经铺上,凭什么?""是不是村委又想截留这笔款项?"等各种质疑声音不断。大家很快形成一致意见:轮流分头打电话给村委会成员,一定要将此事弄明白! 在后续两天时间里,群里有人说打过了、电话占线、电话打不通了之类的话语。再过两天之后,群里信息反转:村书记带领一帮人下来"视察",吃了一顿饭后,叫我们尽快将路边的杂草清理干净。这意味着铺路的事情有望并在即。随后几天,群里很快贴出了几位在家村民清理路边杂草的图片。半个月后,退休在家的三哥不时在群里贴出水泥路铺设进程图片。群里喜庆的话语和搞怪的图片,传递出欢快的气息。

随后两天,装路灯的话语开始在群里出现。

后来得知,在北京集聚从事印刷业务的方村人有机会经常见面,聊及"回老家发展"事项时,一致性认为"要想富,先修路"。承接有关村子里可能会铺设水泥路的消息,聊天中有人无意间提到要是同时能装上路灯就好了。"夏天晚上,吃完饭沿着村子里的公路散步""老人、孩子在家心理上也安全点"……类似话语随即激发了在场者的兴趣,开始认真讨论此事的可行性。首先,否定了找村委会要到钱的可能性,初步确定私筹方案。接着,确定筹款方式,充分发挥差序格局作用,通过私人关系推动人带人的筹款。各自在自己亲属社会关系角度权衡,认为由他们发动可以筹到2万元钱,而且预算估计也认为只需要2万花费。他们将这一设想在QQ群里发布。第一天没有什么回应。第二天,三哥在群里回应：装路灯起码需要 2.5 万到 3 万块钱，且认为准确花费需要问专业人士。被视为新乡贤的三哥的回应，很快获得了积极响应，有人私下咨询其熟悉的安装路灯技工，被告知需要花费 3 万元左右。初步估计与技术估计之间缺口不大是此事推进的基础。

（三）筹款

接下来就是筹款问题。有人认为按户或者按个人摊派筹款难以实行，也不合理，建议力争积极响应者以个人力量带动其他人出钱。另一思路是以户为单位，凡是希望自家门口大路上有路灯者应收最低限额的钱。最终方案是不强求摊派，充分发挥个人主观能动性筹钱，同时希望三哥以及两位村民组长带头组织此项工作。QQ 群里的鼓动性话语激活了大家的积极性，纷纷表示同意出款。三哥在家按户通知装路灯事宜，电话联系那些未进群的务工者和群里的不活跃者。筹款事项推进得比预料的快。

返乡常住在家的胡木匠率先在群里表态：愿意出 1500 元装路灯。随后那些在外创业相对成功者在群里跟进，1000 元、800 元、500 元不等。表态只是意向，依然没有实质性行动。大家在群里观望几天后，发现"雷声大雨点小"。胡木匠再次在群里告知，其已经将钱打到三哥的银行卡上。这一示范作用促发筹款转机。随后几天三哥的银行卡中不时有进账。结果，即使被视为困难户、钉子户，甚至不在拟装路灯之列的路边住户也出钱，最少的 200 元。最终共计收到 28929 元钱，实际花费25000 元。

未出款项者共有 5 户人家，这 5 户在城里都有房产，老家没有盖新房。他们常年在城里生活，与方村社会关系的礼尚往来依然在继续，村里红白喜事依然会看见他们的身影。在参与亮灯工程的一位组织者那里得知，筹款时电话咨询过他们，他们的回答大致是"我目前还没有能力照亮别人"。他们没有出钱的主要动因，在于他们并不能在路灯工程中获益。可见，家不仅是情感性修辞，还与拥有私人产权的物理空间住屋有关，后者影响着人们对家的态度。筹款者电话征询他们，意味着村民在情感尺度上依然对他们有所认同与期待,家的认定在不同的生活空间中逐渐呈现出不同的阐释。文化认同意义的家与实际生活空间上的居住地相分离,导致他们对村落公共事务不同的行动方式。2017 年以同样方式筹款修方家祖堂,以上没出路灯款的住户表现得又很积极。这些并不常住在方村的村民观念里,涉及方村的公益,与自身多大程度上相关成为是否参与的准则。实体的生活之家与精神性的情感之家,逐渐从家的空间转移中出现分裂迹象,难以统一于同一物理空间。

(四)进入在地实践环节

依照群力群策提供的有效信息,由三哥牵头带动在土热心公益者,一起勘定施工路线,绘制路线方案在群里发布,公开讨论,结合外出者与在乡者意见,修订方案后最终达成一致。三哥联系上装修工,现场勘察、议价,确定施工时间。就此事与三哥的访谈得知他在家里做了许多工作,他认为辛苦并不重要,"公益的事情只要弄起来都是好事",关键是"做人的工作"。大家一致认为三哥受了不少委屈。为了节约经费,三哥请村民挖埋灯杆的洞,声明一孔洞可能只给一包烟的钱(约 10 元钱),遭到一人拒绝。又一劳力主动申明每孔洞没有 20 元钱不会出工。有住户因其就近安装路灯、多装灯头等细致要求不能实现而不满,这些都需要三哥耐心地协商、调整和说服。同时,也不乏自觉村民,协助施工人员,主动带上工具拔草、清沟、挖洞。

(五)在家老人、妇女提供后勤保障

考虑到经费因素,施工时没有明确给出工村民免费管饭。安装路灯基本上依村里主干道为主兼顾就近住户原则安装,在家老人、妇女为工程后勤起了关键作用。在自家门口装路灯,主要受惠者正是该户人家,岂有不送茶水、管饭之理?而且都是乡里乡亲的"自家人","随菜便饭",是应当的。老人、妇女怀着如此心态,义务解决了装修路灯人员的伙食问题。即使"随菜便饭",按照当地民俗,也是有酒水的,一桌花费一般也需要 150 元左右,为装路灯节省了开支。在土者人手缺少,村子里逐渐形成了一个不成文的约定,供应饭菜家户人手忙不过来,一般会叫上相邻妇女来帮忙，边聊天边烧饭。村里红白喜事、公益事业，基本上都是如此互帮互惠模式开展。用她们的话说，"吃不了多少，图个热闹"。这一"图热闹"心态正好与老人热衷公益事业的基本精神一致：参与、互惠、喜庆；在积极的人与人、人与事的联结中获得自我价值实现和社会认同。

被村民冠名为"亮灯工程"的工事持续一个月。真正完工亮灯的下午，QQ 群里传来村里放爆竹庆贺的图片，夜晚又有"好事者"到处拍灯光下的乡村图景传到群里……夜归者老远就发现村子里有灯光照亮回家的方向，一致认为集体做对了一件事情。如今每年夏天，微信群里，不时会看到从方村传来的照片：老人在路灯下散步；三五个人坐在路灯下摇着蒲扇聊天。

二、亮灯工程后续效应

（一）救助小年

方村修路灯的成功实践，逐渐成为村子里公共活动开展的一个模式。村子里的小年是一位农历小年这一天出生的农民工。他 1991 年初二辍学，不久后开始追随家族成员进城务工，当初在家具厂从事木匠学徒，不久后开始从事油漆工。随着家具行业技术革新，从刮腻子、刷油漆，到给家具喷漆、贴纸，他都参与过。他是一个勤劳能干的小伙子，很快在当地打工队伍中成为能挣钱的佼佼者，打工几年就结婚、生子。2017 年 2 月小年被查出肝部有肿瘤，5 月份医生告知必须动手术切除，医院挂号有效期限定 3 天。手术费用至少需要 6 万，小年只有 5000 元左右存款。从查出肿瘤到动手术挂号成功只有 3 天时间，情况十分危急。这一消息被方村从事家具行业的另一家族成员得知，率先在微信群中传播，不到一刻钟时间该消息传遍整个村落。

依照亮灯工程率先在自媒体中发起的经验，同村知事者在微信群里告知小年病情，并发出捐款倡议。接着，三哥等人在群里以讨论方式推进付款、转账方式，并强调"情况危急，人命关天"。接下来，与小年血缘、私交亲密者率先响应，微信群里陆续出现他们转账成功的网络标识。随后,身在天南海北的方村人短时间内尽快跟进转账,消息发布当晚将筹款推向高潮。小年被推进手术房的前一天晚上,短短的两天内,微信群里共计筹集款项 27050 元。苏珊·桑塔格说,"同情是一种不稳定的感情。它需要被转化为行动,否则就会枯竭"①。随后,同城打工的村里人几乎全部都到病房陪护过小年,包括亲手将慰问金送到小年手上。遗憾的是,5 月 29 日凌晨,家族微信群里出现一条消息:向大家宣布一个沉痛的消息,小年刚走了!时年 43 岁。差不多进城打工 25 年的农民,就此早早生命陨落。

小年去世随礼中,微信群里出现了一个细节:无法回乡参加丧礼的方村成员,有人有意识在随礼中指明由小年遗孀收款。村民希望通过如此方式,暗示随礼款项完全应该由小年遗孀支配,以确保小年的两个孩子获得急需的经济保障。无论是小年遗孀此后终生守寡地成为方家媳妇,还是其可能带着孩子改嫁,都需要花钱。指定收款人如此细微的要求,微妙地不再只是私人化家族利益优先考量,而是兼顾共同体大局与个人情感,嵌入现代村落共同体意识中,"推己及人",对个人给予充分尊重。

随着社会日趋理性化,情感作为构成社会必不可少的一种资源也渐损或异化。救助小年的实例中,说明情感要素并没有被村民抛弃,相反,有意识地将朴素的情感转化成一种社会救助实践,融通助人自助的同理感。村民有意识地将情感引入社会,完善自身所处的社会情境,保持着"人是情感动物"的自觉意识。

(二)修建祖堂

家族老屋在 2014 年的一场暴雨中坍塌,破败的老屋让方村方姓家族成员有着深深的遗憾。敞亮的老屋象征着一个家族的兴旺与历史绵延。每年春节,回家过春节的方村人不止一次提出修复老屋的构想,最终都因为"花钱太多"而搁置。

---

① [美]苏珊·桑塔格:《旁观他人之痛苦》,陈耀成译,麦田出版社 2004 年版。

以家的情怀与名义,60多岁的绪全老人在微信群里发起有关修缮老屋的提议。绪全老人年轻时通过招工方式进入安庆石化厂工作,中年时要求调到与方村不远的天柱山管委会。两个女儿高中毕业后也在天柱山从事旅游管理业。计划生育中超生的小儿子,在深圳、县城等地创业。该村民工作地与家不远,自觉长期来往于老家社交关系中。他基本都能亲临家族里的红白喜事。他是一个对家有着深厚感情的人。

退休后开始赋闲,抑或思乡情更切。2016年秋季,绪全老人三番五次返乡与三哥等人商谈重建老屋事宜,还带来古建筑师现场勘察。他的构想中,修建好的老屋应该是很气派的砖木结构仿古建筑。他的宏大构想,从群里追随者来看,并没有充分调动人们的参与热忱。

2017年6月9日清晨,群里一篇《修建方家老屋祖堂倡议书》被贴出,同日上午该倡议书在群里"炸开"。倡议书出自一位"90后"方姓女孩之手。她是胡木匠的三女,自称"方家三少爷"。她的童年在方家老屋中度过。"方家三少爷"高中毕业后,在海南一地图勘测公司工作。她多有溢美之词的倡议书,不乏真情切意,勾起了大家深深的共鸣感。

重建方氏祖堂倡议书

尊敬的各位方氏宗亲:

树有根,水有源,人岂能无祖乎?人非草木,孰能无情?孝敬父母,善莫大焉!尊祖敬宗,人之常情。大约于两百年前,我们的先祖明裕公迁至此地,从此这里就成了我们的家,方家老屋就是我们这个家族的中心。我们的支系在这里繁衍,铸就了一代又一代精英和贤能,他们为家族强盛、人丁兴旺和社会进步作出了重要贡献,其精神值得我们子孙后代大力弘扬。清代修建的老屋祖堂,历经近300年的风雨侵蚀,现已倒塌,供奉列祖列宗的神圣场所成为一片狼藉,大家深感痛心和遗憾。

为了弘扬先祖美德,传承方氏历史文化,教育培养下一代,凝聚亲情,团结族人,促进家族世代昌隆,我们提议在老屋原址修建方家祖堂!

一、修建祖堂的意义

祖堂相当于小型宗祠,具有重要的文化象征意义。祖堂不仅是同族人供奉和祭祀祖先的场所,而且是宗族组织开展活动的地方,更是宣传姓氏文化的重要场所。祖堂是宗族血脉所系,也是宗族盛衰的标志。祖堂被视为高于一切,为家族命运之所系,具有神圣不可侵犯的地位。因此,名宦巨贾,豪门望族,均建祖堂,以显其本,以祭其祖。宗亲血缘观念得以强化,祖堂成为家族凝聚力、号召力和团结的象征,四季祭祖、香火不断会带给家族兴旺。

二、修建祖堂的作用

一是安立、供奉列祖列宗灵位,让子孙后代明世系、辨昭穆;二是为青年人结婚拜堂、老人去世出殡、族中重大祭祀、娱乐活动提供场所;三是设置文化活动中心,为族人提供一个学习、交流、娱乐、健身的平台;四是为族人红白喜事使用的乐器、工具以及家谱、公用设施等提供保管场地;五是陈列老屋方家祖堂捐款"功德榜",以告后人。

三、修建祖堂的责任

修建老屋方家祖堂,是先祖神灵的召唤,也是我们所有明裕公祖下子孙义不容辞的职责和使命,是功在当代、利在千秋、造福子孙的好事、喜事、幸事,对于加强方氏宗亲的和谐和团结,振兴家族辉煌、昌盛有着重要的意义。因此,本族不分男女老幼,皆有热爱家族之心,修建祖堂之愿,响应捐款之责!

四、修建祖堂的建议

因此,我们倡议明裕公祖下所有血脉宗亲积极响应、参与到建设祖堂活动中来,以最大热情、最大爱心为建祖堂捐款。我们坚信明裕公裔孙,素有同心同德之传统,有明事晓理之风范,有积德善举之意志。相信全族人会积极响应我们的倡议,举全家之力捐款,为早日建成"方氏祖堂"奉献自己的热忱和爱心。我们祝福:你每捐出一分钱,必将收获十分的平安和快乐;你每捐出一千元,必将收获万分的幸福和财富。建成后的老屋方氏祖堂必将接天地之灵气,承日月之精华,成为历代列祖先贤栖息安卧之处,了却明裕公祖下子孙崇宗敬祖之心愿。列祖列宗在天之灵必将保佑其后裔:人丁兴旺、业发四海,家和事顺,福寿无疆!

谨祝各位方氏宗亲家庭幸福,生活美满,夫妻恩爱,子孙繁衍,大发大旺,大富大贵,吉祥如意!

该倡议书一出现,认真跟帖的第一人是绪全兄,接着是三哥。无外乎是方氏后继有人、强烈支持等话语。随后三哥提出倡议书中"祖堂"替代"老屋"用语值得肯定;并且郑重地提出修复老屋意见:族中几位最近多次与我谈及重修老屋祖堂之事,我考虑,现在确实应该启动了!这样吧,先成立一个负责事务的机构,叫作理事小组,六七人人组成。大家推荐,最好没有出远门、平时在本县内的。这个事情就在今天进行。

随后,"方家老屋"字眼在群里逐渐消失,更容易引起家族共鸣感的"祖堂"频繁出现。

胡木匠跟帖:建老屋祖堂方绪旺(三哥)为总负责人,组员包括方绪全、方治善、方小留、方小生等几位理事会主要成员。次日,方家祖堂修缮小组专属微信群开通。

经过群里三番五次讨论,最终共计7位理事会成员。这7位成员组成的理事会特点:一、年龄上涉及老、中、青;二、常年活动范围在土、在乡者为主;三、具有较强家族意识、恋乡情怀;四、在村子里有众人缘,善于社交;五、经济能力在村子里处于中等偏上水平;六、以家户坐落空间为准,方村方姓不同聚居点全部覆盖,有利于带动邻居积极性;七、7人分别属于方姓家族内部两个房系,便于从血缘上化解不同房系之间矛盾。

筹款事项伴随该事件始终。按照自愿原则,群里陆陆续续出现喜庆的"发红包"场景。在短短的两周内,收到6万元左右的筹款承诺。一旦承诺被公开,接下来就需要兑现,否则"没面子"。到12月中旬,已到账

60 人捐款,共计 75000 元。捐款者最多的是 5000 元,最少的是 200 元。包括父辈就不生活在方村的邻县方姓同宗后裔,也自发捐款。修建祖堂需要扩展到老屋先前户方江山家宅基地,他无偿贡献出来。大家似乎隐隐约约地感受到,家留给他们的时间已经不多了。

修祖堂工程已近尾声,理性估计需要花费近 10 万元。具体参与组织此事的三哥开始在微信群里告急。群里接着有人回应:老鼠尾巴一芒锤,只能齐心协力再出点力。在无其他外援的情况下,在后续时间发起第二波捐款将是注定的事。

2017 年 6 月 10 日,重建方家祖堂实施方案(草案)在微信群里出现。

重建方家祖堂实施方案(草案)

在综合听取家族中各方面意见,考虑筹集资金的可能性和各种现实情况后,经理事小组研究,草拟本方案。

一、理事小组职责: 负责联络集资捐款,管好用好经费,公布重要事项,在听取大家意见的基础上研究制定实施规划。

二、方家老屋祖堂的建设应本着实用、坚固、美观、经济的原则。

三、建设规划 以上、下堂厅为主工程,按原屋脚,高低大小不变,更新大门,对下堂厅西侧危房进行适当处理,视经费情况,在堂厅两边建一间或两间厢房,作为储物、议事、休息之用。

四、建筑结构 墙体使用实心大水泥砖,白泥抹平,屋上大瓦,水泥地坪,堂厅后部安装阶梯式香柜,用于摆放牌位。

五、计划投资:8 万元左右(视集资数额为终准)。

六、资金筹集办法 实行捐款方式,以户为单位捐款,凡明裕公后裔做到一户不漏,数额上不做统一规定,不搞平均摊派,各尽所能,各尽心愿。希望条件较好者多做贡献,目前条件较差的可只捐几百元(但不少于 200 元),捐款时间:从现在开始。暂时手头经济不便者,可以先承诺捐款数额,下半年兑现。已捐款和承诺捐款数额定期在群内公布,以后将入族史。

七、经费管理与使用　指定一名小组成员专任资金出纳,其他人均不收钱,只对进出账进行监管,组长带头实行民主管理。任何人不得乱用、挪用、借用。进出账将定期在大院群公布。

八、时间安排　由理事小组与承建瓦工签订施工合同,实行双包,今年农历七月开工,十月底前完工,十一月制作祖先牌位,老历年前择日举行上梁仪式和牌位摆放仪式,并进行祭祀活动。

九、其他事宜,由理事小组安排决定。

以上为初步方案,供大家讨论,最终以主流意见为准,在农历五月二十日之前形成正式方案。

9月8日,祖堂修缮工程正式奠基。

三哥在群里发出如此字样:(农历)七月十八,黄道吉日,晴空万里,艳阳高照。九点十八分,第一块祥砖登位! 预示明裕公全体后裔吉祥康泰,兴旺发达! 随后群里一片欢腾,放鞭炮的动态图片被反复地贴出。

10月22日群里有人告知,祖堂于前天基本竣工。接下来的事情就是等到腊月更多村民返乡,一起见证按照乡村礼俗盖房上梁的神圣时刻。

据了解,潜山各地乡村近年来都有修复祖堂的案例。就方村所属的龙潭乡而言,不少姓氏各支序老祖堂都有不同程度损毁,大修、重建案例不时传出。如漆铺村的程老屋、李大屋、王老屋等村落。王老屋即将开始重建祖堂,计划投资30万。王家当地仅100多人口,计划每人出1000元,剩下的资金缺口由几个当地小老板村民补齐,其中王林方、王先龙各出资8万元已经到位。

强烈的建设家园意识不仅只是良愿,更逐渐转化成一种行动实践。这一现象,引用一位学者的宏观阐释,也许是这样的:无论是日常的社会生活,还是危机到来时的社会变革,中国社会的结构都在相当程度上取决于某个个体或某一批个体的人格,他们非凡的品质决定了这一时期中国的社会性质。这一影响,不但存在于乡村地方社会,而且渗透到中国的每一社会阶层。……即便是强大神圣如整个帝国,其成败也都寄托在一种人格的绵延或者某种抽象人格的生产与再生产之上。[1] 伴随着村落社会的变迁,受政治主导的宏大社会结构调整不能自主,被激活的家园意识及其拯救,目前看来,可能产生实际效用并且被村民承认的资源,依然主要仰仗于村落集体人格对行动的主导。这是与宏观社会结构调整的抗争,还是村社意志顺应社会结构调整必要的跟进? 方村自发建设家园的集体行动目前依然处在初步阶段,如此探索多大程度上将会获得国家承认,早日实现村民能够安心回家生活的愿望,依然有着不确定的未来。但至少如此行动的积极意义在于:有意识的自主性行动中酝酿着希望与新的可能性。

除了以上所述,与家族共同体有关的新现象不妨在此提及。以方姓为例,包括方村方姓在内,在历史上的谱图依据中能够确立起明晰根系关系的安庆境内方姓,自 1949 年以来,在 2004 年前后曾经联合修了一次族谱。此次修族谱行为强化了彼此同根同族的认同感和互相联系。随后每年清明节,该族谱涉及的安庆境内方姓会不约而同到安庆境内方姓始迁祖坟冢所在地的太湖县举行祭祖活动,方村每年都有方姓成员参与其中。如此追根认祖范围正在进一步扩大,安庆方姓逐渐与湖北、江西境内的方姓建立起追祖认宗的联系。2017 年 10 月份,安庆境内上述谱系清晰的方姓在安庆市联合召开了首次安庆方姓宗亲联谊会,方村方姓有两位代表参加。新一轮的修谱、修安庆方姓总祠堂的筹划正在进行中。方村所属的万涧村其他姓氏也有着类似案例,甚至有姓氏建立起了与陕西的宗亲联系。

三、村庄整治与"美丽乡村"

方村属于山地村落,如果排除人居必要的非自然空间,这里及周边村落的植被覆盖率几乎达到百分之百,即使溪、河的浅水区低矮灌木长

---

[1] 张江华:《卡利斯马、公共性与中国社会:有关差序格局的再思考》,《社会》2010 年第 5 期。

势也很旺盛。1980年代的植被主要由三部分组成：山上林木、田里庄稼、地上菜园。前者属于天然植被，后两者属于人化自然植被。随着1990年代人口群体性外流务工，人化自然逐渐蜕化，率先是水田逐渐抛荒，接着因为在家常住人口减少，菜园地块也逐渐萎缩。人口外流的直接结果就是对当地土地资源的依赖大大降低。这里的大自然有着惊人的恢复能力，抛荒以后不再整饬的水田，不到一年就会长出一人高的茅草。村里主干道两侧也是杂草丛生。开辟了公路后，直到1980年代依然是连通不同村落的山间主干道，可能从此不再会有人迹。祖辈们一步步踩踏出的山路，长满植被后也无迹可寻。

村里不止一位常年外出务工村民提道，"我已经很多年没有去过自家山上了"。新婚的媳妇与务工者的孩子们，不但不再会对自家的山林地界能够清楚辨认，就连属于村落内部的自家零散的地块也未必分得清楚。暑假期间，村子里会出现类似场景：尚是学生的孙女可能会站在一片地畦中间，大声朝自家方向大喊：奶奶，你叫我摘黄瓜，我左手边这块地是不是我家的啊？奶奶不太明白孙女所说的左右，可能扯着嗓子回应：浇过新鲜大粪的那块地就是！邻居会接过话头：你奶奶说的对，最臭的那一块地就是你家的。接着就是大家的嬉笑。户籍中的农民，经由生活方式的改变，在代际更迭中年轻人逐渐对农业、乡土性越发陌生。农民对土地有着天然的情感，尽管如此，时过境迁，土地在农民眼里，越发成为束缚命运的灾难。

如果仅从植被覆盖率角度看，那么如今方村及周边村落的自然生态环境比1980年代还要优化。如此优越的自然环境，完全实现了"青山绿水"的生态治理目标，却并非生态治理的积极结果，其中隐含着不健康的社会发展隐患。祖辈代代相传的对自然的守护，积累着地方性合理利用大自然能量的智慧、成果与经验，都因为失去与土地的亲密性而逐渐走向历史。山村里的大自然逐渐显得荒蛮，尤其在夜幕中，楼房、水泥路不再清晰可见，家户灯光零星，似乎这里的人类生活刚刚开始。

鉴于粪便对农业的重要性，一旦有新婚夫妻需要分家独立门户，修建一个储备粪便的厕所乃当务之急。与灶间一样,村子里一户就拥有一间相对独立的厕所。

村民告知,伴随着村子里的楼房建设,差不多10年前就有村委会成员不止一次提议,村民在盖楼房时需要对传统地窖式厕所进行改造。村民问为什么需要这么做,他们的回应往往是"这是上面的要求"。如此要求应该属于社会主义新农村建设范畴对"村容整洁"的要求。要求归要求,村子里逐渐盖上楼房后,传统的地窖式、砖瓦结构的厕所尽管逐渐显得破败,而且与高高矗立的、白净的楼房在外观审美上显得很不协调,却坚强地留存了下来。治理粪便与厕所的号召在这里并没有得到村民的响应。家境相对殷实或者盖楼房多余了砖瓦,才可能会重盖上焕然一新的厕所。如此厕所仅仅是外貌上新,内部结构上依然保留着储蓄粪便的地窖。不过,由于各家户不再饲养猪,猪圈随之功能性废弃。

村民对厕所改造的"政治不正确",经济因素并非是主要原因,其根本原因在于具备粪窖的厕所依然具有实际应用价值。

山区村落地势起伏不平,各家户起居点尽管是大集居、小聚居,可是在如厕这一问题上,依然没有在自家附近方便,尤其是雨雪天气。另外,如今长期在家者主要是老人,这些人多有行动不便,让他们到村子里的集体公厕如厕如此乡村美化行为不符合道德与方便原则。考虑到相对分散、处于不同地势的家户实际,压根就无法选取适合盖集体公厕的用地。再考虑到厕所另一重要功能——储蓄粪便与生活污水,以及与各家菜园就近原则,各家户拥有相对独立的厕所是必不可少的。自然作物生长需要周期性追肥,如果厕所还有着肥料储备的功能,这一周期性因素必然会导致各家户可能同时需要肥料的情况,届时集体公厕肥料供应在同一时间必不可免地会紧张。

盖上楼房后,村民会将室内卫生间与就近的厕所以管道相连,有效地处置了如厕困难和生活用水收集问题。山脚下相对地势平整的一村,处于村委会附近。不排除应对上面检查需要,在村委会牵头和出资的情况下,路边盖起一示范性公厕。该厕所不但使用率很低,而且由于长期没人清理,其卫生环境更加恶劣。方村曾有楼房住户户外没有独立厕所,如此结果就是室内卫生间不能大便,只能借邻居家厕所使用。通向背墙户外墙角敞口的卫生间管道,只要有住户在家,该管道的生活污水加上尿液就会顺着水沟流出来,远远不如地窖式厕所有利于环境保洁。最终,该户户主还是在靠近近房屋的地势低洼处建起厕所,与卫生间管道相连,解决了问题。

尽管在家常住人口减少,需要粪便制肥促进蔬菜生长的需求降低,可是粪源也已经减少,因此有限的粪源与适量的菜园浇灌,仍然被在家老人们珍惜着。料理菜园,成了这些人最后的农业事务。父辈晚年的生活方式可能就是如今已步入迟暮之年进城务工者的未来,从而他们同样保留着对厕所的坚守。

尽管乡村生活人口在减少,残剩食物依然会反复出现。随着家禽家畜饲养减少,残剩食物不再可能成为一种可利用的资源,从而被抛弃。粪便虽然能充当肥料资源,可是依然是污秽之物,村民绝不会将残剩食物倒入马桶或者厕窖中。在观念中,他们认为将食物与粪便混同处理是一种极大的罪恶,无异于破坏了乡村洁净秩序的神圣性。食物与排泄物决不能混合在一起。稍微讲究点的家户,可能会将此类剩余物放到垃圾袋中再送到垃圾房里。一年才被清理一次的垃圾房,常年尤其是夏天不时会散发出酸腐味。常年在家的更多老人对此的处理方式是将它们掩埋到土里。有佛性的老人们会将茶叶渣倒到茶树根部土壤中,取之如此,归之如此。配合传统习惯与农业生产丰富的生活系统,垃圾的分类早已经成为村民生活的一种习惯,无须知识化的宣导。反而是工业化生活废弃物,村民缺乏适当分类与处置的知识,将塑料材质废弃物、电池等混在一起焚烧,抑或将这些物品直接抛到山上,都有可能发生。

在山区村落中,充分激活居民对土地的需求,才可能有效化解污秽处理危机,迎来乡村真正的整洁。在充分利用土地资源中实现作物生长消化污秽物污染,让地方性、乡土性的生态系统自身成为一个良性的保洁系统,促成"美丽乡村"的实现,这比仅仅注重于乡村的外在美观更符合生态与生活伦理。长期的农耕文明实践中,历史性和经验性地生成了自身洁净秩序的维护能力,充分发挥和激活如此能力,是现代乡村建设应有的正义。仅仅是以美化城市的治理思维来实现对乡村的改造,极可能是城市化大跃进运动的空间转移。

粪便、生活污水等是乡村日常生活再生产中的一种附属资源,一旦不能得到符合生态与生活伦理的合理使用,则如此美丽乡村建设不是将乡村变成了污秽之地,就是让自然的蛮性吞噬了土地,进一步削弱乡村人居的优良生态环境与享用土地更多恩惠的可能性。

乡村生活最主要的经验就是一定程度上处理好了人与人、人与自然的关系,唯有尊重乡村生活、以乡村生活方式为本的乡村建设才可能让乡村生活更美好。标准化、城市化的美丽乡村建设未必能让乡村生活更符合道德与生存美学。那种表面上凌乱的、任性的人—物关系背后,也许蕴含着乡村生活秩序化与系统化实现的智慧。如果只是以都市审美旨趣来改造乡村,如此乡村究竟是谁的乡村?恐怕只是迎合都市休闲趣味的乡村景观。

第三节　方村乡村建设与社会救助的启示

一、民主又不乏道德压力的议事机制

QQ群、微信群等互联网及时有效的传播机制和互动平台促成良好的民主议事氛围。闲聊式介入,互联网中的"群"已经逐渐取代了乡村传统的现场议事方式,且具有优越性。如此议事,避免了同一时空身体直接参与议事带来对抗升级、情绪扩散,避免了矛盾扩大、内部分裂,体现出一种现代民主协商的议事原则。群里的意见、异见无法情绪化蔓延,只能是在简练的文字、图片、语音中沟通。视频群聊需要时间同步,且容易导致网络瘫痪,对于村民而言不是一个理想的议事方式。另外,群里议事多元的表达方式让娱乐伴随议事本身,这是一个缓解紧张气氛的过程。不同的诙谐网络图标、不时有人出现一句插科打诨的话语等,即使

在最紧张的讨论中也不乏一种喜感伴随其中。

互联网议事保证身体在物理空间上相对轻松、私密的状态中展开。群里的谈话，确保谈话者有着足够的人身自由，回避了语气、语调、眼神的彼此刺激，可以随时保持沉默和不参与行动，而其他人的讨论可能仍然在继续且可以随时跟踪查看。通过对群里议事动态的观察，当一位发言者的意见遭到众多质疑或反对时，发言者往往会在群里暂时主动噤声。没有发言不意味着他没有关注其他人的表达，暂时无发言者可能依然潜伏于群，关注着群里事态进展，这为讨论者和没有讨论者之间关联获得独立理性思考的时空保证，积极权宜且及时调整自身与事态相关性。这有助于个人与事件的关联且得到理性评估，并且会在其他谈话者对事件的理解中获得启示。个体自主性和团体协作机制之间达成足够的尊重和权利保护。

个人对共同体忠诚和维护的归属感中，群里的商谈伦理具有自主性和共同体精神相统一的状态，自由与民主表现得充分，将自治在结构和理念上都达到了良性循环。类似于同时身体在场的议事，团体或者个人权力、权威对个人的压迫感大大降低，激活和充分调动了人的自主性。

当公共事务讨论涉及表态、捐款时，在群里选择沉默可能是最令人失望的态度。表达出自身不支持、不参与的意见比持久地沉默更值得人尊重。群里也许没有人反对沉默者，沉默在群里却生成了一种逃避、躲着的不光彩形象。如此形象与其他支持者的热议形成强烈反差，无形中给沉默者制造出道德压力。群里表面上松散、欢快的议事空间，一旦议事主题确定，虚拟空间同样会制造出一种紧张感。每个群成员都在"观看"他人，同时自身也一直在被他人"观看"。作为一种消极、逃避的沉默形象，也许会在如此逼仄的紧张感中最终违背本愿表达出从众的意见——这正是事件支持者们希望看到的效果。另外，筹款事项中，每一起到账，收款人都会及时在群里公布，"又一喜报，某某捐款多少钱，已经到账"。随后群里会有人以各种喜庆图片跟进赞赏，包括鼓掌、鲜花、放鞭炮等。捐款者在如此氛围中获得了道德上的愉悦感，同时对沉默者、承诺却尚未兑现款项者构成心理压力。只要在群里,每个人对具体事项的心态、行动显得格外透明,不再有含糊、不为人知的机会。鼎力支持者、沉默者、反对者可能生成线下闲聊的新话题,实现从议事到议人的舆论转换。对待村里公益事业的态度,会形成村民对其下一波舆论评价的依据。

群里的见解和创意,无论是心血来潮还是重大方案设想,围绕乡建主题,类似话头往往从一个近乎乌托邦式的设想起步。话头抛出本身未必具有多大的严肃性,与在群里抢红包和发一些奇闻逸事一样,都可视为是漫无边际的娱乐。如此散淡的话头一旦涉及村落事务,可能内嵌着同一地方不同人的自主性危机意识:"我希望在未来过什么样的生活?"一旦群里有人接过话头接着说,私人化的话题可能就会被推进成一起公共事件被热议。对未来美好生活的想象力到实践,由此可能被激活。

二、务实的乡建有效激活村民的参与热情

老人和家庭妇女乐意参与乡村建设,担负起诸如茶水、管饭事务,主要有两个方面的原因。其一,通过在自家吃饭,暂时实现了孤独个体和群体联结,老人获得了心灵上的安顿感。参与过程可能是一个劳累的过程,却也是一个欢快的过程。他们认为"闲着也是闲"。这是老人被迫留守后能够提供的最可贵的劳动资源。其二,从乡村建设事务本身出发,能够获得老人的理解和支持,认为这是一件有意义的事情,主观上愿意力所能及地参与其中。让老人获得福利理应是乡建价值需要兼顾的一个方面。直接在安装路灯中受惠的主要群体正是这些长期在家的老人。安装路灯这一亮化工程,表面上看是村落现代化的表现之一,实施结果确实能够惠及民生,从而获得村民一致性肯定。类似实用的建设比起新农村建设中由政府推动的游乐园式体育设施入村,更容易获得村民肯定与自觉支持。据笔者在江浙发达地区山村的调研,那些城市社区里常见的健身器材在此往往处于闲置状态,地上遍布藤蔓、杂草,新投入的器材得不到护理,已有锈斑。对于那些欠发达的中西部偏远村落,在乡农民

常年都在经营生产性劳动,压根无暇、无心体验类市民趣味的健身活动。2015 年该县一留守儿童被杀,[1]传闻杀人犯逃到深山老林,而且邻村有妇女在黄昏时看到山上有陌生人影,这让在家老人与进城子女高度恐惧不安。装上路灯一定程度上有助于缓解这种心理压力。由这一传闻事件出发,村里的年轻人已经有了在关键路口装摄像头的构想。按需所设的乡建更容易获得村民的支持,在此类建设中他们体验到拥有被尊重的主体性。

三、有选择地吸纳合理现代性的乡建观初步形成

亮灯工程说明现代化作为一种环环相扣的系统化、技术化生活方式,逐渐获得村民承认。人们愿意充分吸收城市文明与高科技中合理、积极的成分,移植到乡村文明内部适当地对乡村进行改造。深受传统性和现代性影响的乡村,有意识寻求乡村与城市之间积极有效的平衡,在村落社会内部尝试体验并适应城乡融合。村落社会生活由曾经只注重于家庭事务的投入,逐渐转变成希望获得更大范围内的公共事务建设。"巢居"于家户单位的乡村不但希望生活在基于血缘、地缘的感性秩序中,而且也希望有组织地生活在具有高度公共性的社会中。如何应对现代性消极因素对乡村的冲击,又有效地将现代性合理成分融入乡村生活,如此维度正在成为乡村有识之士积极思考的方向。松散的地方性乡民团体中正孕育着组织化的集体性诉求。遭遇转型巨变的村民逐渐意识到,"家"中不能只有独立的家户利益,还需要借助理性的组织行为培育起具有公共色彩的"家园"意识。通过在地方性情感结构发生作用的"家园"中安放"家",再安放自身,正是村民自主从事乡建有意谋求的方向。有一个可以与此互相印证的细节。2015 年夏季微信群里不时传出返乡村民在河里抓鱼的图片。有人提议用渔网会收获更多,回应者说不妨一试。村子里的小水潭,如果真的用渔网捕鱼,完全能够实现一网打

---

[1] 相关报道参见搜狐网,2017 年 6 月 2 日,http://www.sohu.com/a/145420192_181521。

尽。随后群里出现了三哥的文字,他说钓鱼可以,不允许用渔网。道理自明。随后同意三哥的跟帖增多。至今村子里尚无用渔网网鱼的事例。村子里的水资源相对丰富,一旦到了干旱的暑季生活用水资源依然紧张,冬季返乡者增多,用水量也增大。户外水池洗用后,在家老人们并没有养成及时关紧水龙头的习惯。有觉悟的村民在闲聊时不止一次谈及此事,配合在城里生活过的子女们的节水意识传播,老人们节约用水的习惯也渐已养成。

乡村最有见识的人主要是常年在城市打工的群体,他们长期的城市生活体验中包含着反思与学习的成分。克服小农意识,发挥好这些人对乡村改造的合理意见,经由公共事务推动乡村建设,理应是一个值得探索的思路。打工村民的意见中潜在地包含着诸多乡村共识。几乎家家户户都有进城务工者,他们对城市的判断大致趋于一致,这无形中使得将城市合理地带入乡建的思路容易获得来自不同家户成员代表的支持。家族共同体与村落公共性之间通过达成共识的公益事业开展合作,形成村民互惠、村落共荣的局面,方村提供了一个有益的探索。

四、公共意识觉醒

村民逐渐认识到,要想实现常态的在家生活,必须兼顾他者,"大家好才是真正的好"这一集合意识逐渐获得村民广泛认同。增进乡村福祉需要一定的经济基础,对此村民们已经得到适当储备。经济积累与支出的意义不再只是封闭在家庭内部满足生存和发展,而是与村落社会自身变迁中的诉求保持着一定开放性与互通。正如西方学者对加拿大乡村现代化的洞察,共同体精神有一种劳动和物质的成分,即有一个获得经费、物力和熟练的人力来实实在在地建设共同体的过程。[①] 如何将第一代农民工安放晚年的集体焦虑与眷恋故土的家园情结结合到一起,以及

---

① [加]黛安娜·布莱登等主编:《反思共同体:多学科视角和全球语境》,严海波等译,社会科学文献出版社 2011 年版,第 49 页。

在家老人们获得更多参与新变化的体验的希冀与乡土情结固守的小农偏见——保守、落后、狭私相结合，理应有一个新的思考维度。以家户为单位的小农经济本身深受时代变迁影响，超越小农狭私的认识来评估家、家乡、家园，这是一种自我关怀和自我拯救意识的觉醒。小农经济是在以家为依托的自我发展和自我保护中生成的，这一逻辑在家户环境与乡村发生改变之时积极做出回应中同样会有所呈现。

当理念一致，经济上的储备得到适度保障，接下来需要的是如何组织好这些经济要素来促成一致性理念朝实践层面转化。如今中国乡村普遍性衰落，不乏有些空心化村落举家、整村朝城市迁移，这一现象并非是乡村共同体理念的溃败，也不完全是缺乏足够的财力，而是缺乏足够的社会动员。寻求获得一致性认同的村落发展事务，嵌入共同体精神与社会性的组织行为原则，是乡村建设的一个突破口。

在拉克劳和墨菲看来，如今人们之间不可能进行社会整合，而可能发生的只能是社会的联结。如此联结是在社会生活中临时结合起来的关系。联结得以可能并非彼此有着共同利益、共同信仰，而只是一己之力无法实现各自私利的他人假借。现代社会组织行为中的人彼此没有社会性的普遍性，只有获取各自私利临时的权宜性——"被污染了的普遍性"。[①] 这意味着，人们之间不可能因为共同利益或者共同的信仰而构成切实的社会关系。这就是，当人们面对着一定的社会问题的时候，人们暂时结合在一起，并通过这种结合而共同对付社会问题。[②] 方村的亮灯工程是现代组织行为弊端的反面样本，它的积极价值在于还原了组织的本原意义——组织的价值不该只是集众人之力完成既定目标的一个方案，而在于组织本身及其前途都是一种新的共同生活结合体，共同的目标与良好的社会关系同时被生产出来。

---

① 拉克劳、查特尔·墨菲：《文化霸权和社会主义的战略》，陈璋津译，台北：远流出版公司 1994 年版。

② Jean Baudrillard, *In the Shadow of the Silent Majorities*, Semiotext(e), 2007.

五、高效的组织保证

亮灯工程是方村新乡贤共同体集体亮相的标志性事件。新乡贤的代表有方怡慧、方怡山、方余来、胡兴伦、方绪胜等人。这些人的经济能力、行事风格、家乡情怀整体上获得村民高度承认，主导着村落社会公共性叙事。有老派乡绅色彩的人则以三哥为代表，包括方绪传、芮立发、方绪全等老人。经济贡献与对未来谋划的构想，主要由新乡贤共同体牵头完成，老派乡贤引领在家村民，协调、组织具体事务。二者分属不同的空间，各司其职，在乡村—城市、线上—线下几乎同步的互动中展开。

网络社交平台中共同体精神的培育和共识形成并非促成事件的实践场域，真正的实践依然在实体的乡村。这种促成需要一个强有力的领袖以及坚定的、有行动或者经济支持能力的拥护者。具体事务的领导者主要是由三哥担当。行动领袖不仅需要有践行共同体精神的能力，而且需要具备一定的组织能力、协调能力。这一事件的开展尽管具有组织行为色彩却并不属于严格意义的现代社会组织行动，关键是需要激活乡村治理可以动用的优先资源并合理分配，让人们感到参与其中是一个愉悦的过程，而不至于是出自科层化组织强制。行动领袖本人也应该是该共同体及其事务的认同者，而并非契约理性的职业经理人身份。涉及现代化事务被引入乡村，还需要行动领袖具备在现代语境中交流和表达的能力，如会使用手机、互联网等通信工具。拥有这些能力的行动领袖，不再只是一个村社长老，还应具备一定的现代文化知识及学习能力。

方村亮灯工程是一个富有启发意义的范例，它告诉人们如何成功地实现乡村共同体转型，既不悖于乡村传统精神，也不能破坏被认同的社会结构，更不能逆潮流地与现代性相抵。杜威在《公众及其问题》中写道，"民主一定要从家乡开始，而所谓的家乡就是互相邻近的这种公社（即社群）"[1]。杜威所指的邻居是非血缘式、契约理性中生成的社会关

---

① J. Dewey, *The Public and Its Problems*, Oxford University Press, 1927, p. 38.

系,其特点与城市社区更靠近。如果依然套用"民主一定要从家乡开始",方村亮灯工程等事件启示着民主也可能内生于血缘与地缘高度叠加的村落社会内部。村落共同体和自主性结合成就了一个新时代乡村建设的完美实践。

亮灯工程、抚恤同村村民、重修祖堂,以上案例并没有动用政府资源,无需任何行政成本,它是完全基于地方性肯定与自主性发挥的过程。亮灯工程具有强烈的现代化印记,它并没有走向传统乡村文化的对立面。相反,正是依托于乡村文化带来的团结机制和身份认同,才让对现代化的正当性诉求得以实现。以上案例增强了村民自身的认同感和文化自信。充分发挥地方性文化认同心理,在实践中将其转换成一种行动机制,这不管是对基层治理还是乡村建设都具有积极的意义。

以家为生活主轴,家乡为情感集合场域,建设家园为行动目标,这是促发乡村建设的内在机制。借助互联网等新的议事机制,通过线上互动、线上线下联动的方式推动从议事到实践的乡里救助与乡村建设,是否能够成为一种新的乡建模式? 目前来看,不确定如此模式是否能够推广开来。至少,通过后续行动来看,它作为方村的乡村治理与建设模式已经成熟。

结　语

第一节　家的文化社会学特征

一、主体性：从"己"到"我""我们"的发生

　　由家到家乡，再到对更广阔更远距世界的共同体式理解，是人们建立己与世界关系的一个认知依据。家庭（包括家族）是传统中国社会最基本的团体，对社会生活产生了如此深刻而广泛的影响，以至于人们家庭以外的社会生活、经济生活及文化生活，甚至政治生活无一不渗透了"家"的概念。[①] 当人无法确定其身份时，家率先激活其认知思维，加以梳理、区别并和己形成对应关系，对"我是谁"做出解答。家一旦作为一种认知思维被激活，寻求身份认同和归属就是人们要处理的事务。家最初的认知结构中有着自我强烈的情感结构，这一情感结构对其身份偏差、个人化努力做出矫正、期待，无形中有一种共同体力量对乡村生活者予以关怀，蕴含在人与家的关系中。

[①] 周红英：《"家/family/home"在中西文化中的概念差异及其文化认知依据》，《西安外国语大学学报》2011年第1期。

家与我是无法分离的,"'家'是人的意义生成的原结构"①;家的文化就是关于本体论人的意义所寄。认同是社会行为体之所以为"我"而非"他"的规定性,是一个自我确认与寻求归属的过程。②梁漱溟认为,传统中国的人性规定不是个体的我,而是一个"伦理人格"。每一层伦理关系依照其亲疏远近都构成"我"的一部分,都附有一种道德约束与义务,以家庭为起点的社会关系是中国人的心性秩序生成的组织基础,能让人们"理所当然"地接受各种伦理关系要求的礼俗安排。③"我"的实现就是对家的担当和维护,就是在过日子中完成对家的进一步传承、扩大与巩固。"我"在对家的担当中获得自我认同和自我实现,个人对如此自我实现未必形成了明确的自我评估能力及意识,这源自家对人心性影响的成熟与久远,它成为自我的一部分。彻底去掉与家有关的意识,"我"失去文化维模极可能无法呈现自身。如一个人是否遵守孝道、是否会持家,在乡土社会即使自我评价甚高也未必获得通过舆论传递出来的礼俗观念承认。

儒家以家为源头,为归宿;④家是生命的起点,生命却不是家的终点;家先于个人而生,后于个人而在。己由家塑造,其主格是我。无家即无我。己的呈现方式无外乎两种,要不在家,要不出家。方村家长怒斥无所事事、好吃懒做的子女,习惯性会说:你要是不干活,你就做和尚去。夫妻双方闹矛盾,"伤心欲绝"的一方也可能向劝和的邻居告白:实在过不下去,我就出家到庙里去。出家是跳出红尘,决绝于有家的世界。家的边界成为人间世俗生活的边界。个体在生命意义的追寻中建构起家的意义。村民总是需要对"我为什么要活着"这一问题做出解答。对这一具有终极意义的哲学问题追寻,在日常生活世界中,往往转化成"我该

① 张祥龙:《孔子的现象学阐释九讲——礼乐人生与哲理》,华东师范大学出版社 2009 年版,第234 页。
② 郭树永:《建构主义的"共同体和平论"》,《欧洲》2001 年第 2 期。
③ 梁漱溟:《中国文化要义》,上海人民出版社 2011 年版,第 81 页。
④ 张祥龙:《"家"的歧义——海德格尔"家"哲理的阐发和评析》,《同济大学学报(社会科学版)》2016 年第 1 期。

如何活着"的实践式解答。"我该如何活着"的意向性行动，连接着两个生命向度关怀：对"我为什么要活着"的哲学回应；对"我要过上幸福生活"的行动指涉。前者指向生命意义的起点，后者导向生命的实践过程。家在此构成思考"活着"的逻辑起点和"活"于善义之中的价值约定。

家是己的一道栅栏，也是己获得文化荫护、自我实现的安全屏障。推己及人的依据并非是以独立个体意义的自己为中心，对己与家关系的度量中才可获得己行动的依据。

己与家的约定，并不是现代法理的约定，而是一种神圣的伦理约定。家的约定中需要各自担负的权责关系尽管没有法理式制度化规范，但由于家具有很强的伸缩性力量，加上家特定的礼制，从而家伦对己具有很强的规范性和权威性。己的呈现一定程度上是由内生于家的先赋性角色维模，家在此成为先验于个人的集合性权威。家对个人的教育和期待，以及己的行动都在其尚未出现之前被家文化规范完毕，个人以家为中心做该做的和不该做的，没有想做和不想做的权力。在此意义上，漫长的家观念与家体系中，生活者的角色扮演无外乎是历史性的代代重复，是为梁漱溟所谓的"事事相续"。

人类学中的"家"，具有普遍性的历史。只有在中国历史传统中，发展出了一套由"家文化"延伸而出的伦理规范与社会组织法则，基本上规定了中国人传统的日常生活、社会生活、政治活动的规则和思维习惯。① 有学者总结，中国文化即"家的文化"②。地点是空间内我们定居下来并能说明我们身份的具体位置。③ 基于家的地点性、基地性特点，家不仅是自我身份认同和"我"形成的起点，也包括"我们"在内的共同体形成的来源。汪丁丁指出"从那个最深厚的文化层次中流传下来，至今仍是中国

---

① 储小平：《中国"家文化"泛化机制与文化资本》，《学术研究》2003 年第 11 期。
② 李亦园：《中国人的家庭与家的文化》，见文崇一、萧新煌主编《中国人：观念与行为》，台北：台湾巨流图书公司 1988 年版。
③ [美]安东尼·奥罗姆、陈向明：《城市的世界：对地点的比较分析和历史分析》，曾茂娟等译，上海人民出版社 2005 年版，第 5 页。

人行为核心的,是'家'的概念"①。家往往属于"我们"这一类别的表述,家与表述者一起构成主体,有意阐明的是一种本体论的存在。家即我,扩大的家就是我们,再相对模糊一点就抹去了主体和客体,就是"大家"。儒家精神中的修身、齐家、治国、平天下的家国观,正是一个由我到我们、自我到大家在差序格局结构和"场"文化中外推的过程。这一过程不仅是结构性的,也是伦理性的。中国伦理在自然生长的人格主义组织或者隶属于(抑或模仿)这些组织的其他组织之中发展出其最强大的动力。②韦伯检视了"家"在儒教中的中心地位,并肯定了其坚韧性,"中国在长期历史进程中有许多变化,但是唯一不变的是氏族血缘纽带(或拟血缘性的凝聚关系)"③。以实证的方法,至今依然有学者以"家"为核,认为"祖赋人权"是源于中国独特血缘理性的本体建构原则,并形成了丰富的权利体系,内生着社会与国家共生共荣的命运共同体关系。④ 无论将家视为一种精神性的存在,还是将之伦理化、组织化处理,以上文献几乎都一致性地肯定了"家"塑造主体的能力。如果将以上见解对应到其发生的实践场域,乡土社会以家为轴的日常生活正是其思想提炼之源。

"家"是人的意义生成的原结构,⑤内生着我与家的不可分离性。我一旦思考,家就被激活。家的文化就是关于本体论人的意义所寄。我的实现是对家的担当和维护,在过日子中完成对家的进一步传承和扩大;我在对家的担当中获得自我认同和自我实现。成家是脱离母体之家的象征和第一步,在继替中接过对父辈之家传承的使命。父母主持的分家则是父母生命及其意义的进一步超越和上扬,是家庭使命社会性的完成。持家,是我对家的守护和拓展,是成年男女生命意义的主要负载。

① 汪丁丁:《经济发展与制度创新》,上海人民出版社 1995 年版。
② 参见[德]韦伯《中国的宗教 宗教与世界》,康乐等译,广西师范大学出版社 2004 年版,第 319 页。
③ 徐勇:《祖赋人权:源于血缘理性的本体建构原则》,《中国社会科学》2018 年第 1 期。
④ 同上文。
⑤ 张祥龙:《孔子的现象学阐释九讲——礼乐人生与哲理》,华东师范大学出版社 2009 年版,第 234 页。

在家、持家、分家等连续的生命事件,既是家自身日常生活的展开,也是家社会性结构的担当。这些生命过程/事件是从主体我到我们生成和外推的过程,最终确立起"家天下"的大同观念。

二、基地性:从地点到地方

安家于某地是祖辈慎重考虑并在反复实践中获得的自我认同。安土重迁,不仅是生产方式成熟并且习惯,而且是对家之历史的缅怀,对祖先的追赋与历史性家的传承。

家成长的过程是一个有选择的沉淀过程,包括环境选择、文化培育、身体适应。对于个人而言,其文化、地点上的原生性塑造出命运中已知的那部分;如此地缘共同体也由先验而始。祖辈"筚路蓝缕,以启山林";世代开枝散叶,逐渐生成人间烟火气。家屋空间丰富的象征/意义,激发了列维-斯特劳斯"家屋社会"模式研究社会结构的兴趣。[1] 人与自然相互选择、长期适应中,风水气象加持的家宅所属之地,构成生活场域与心灵场域的统一体,自然逐渐被养成合乎生活与心灵的样态,获得只能某一家系独占的神秘文化系统庇佑。如皖南山地文化中涉及宅基地选址,是一件神圣、严肃的事情,需要完成一套复杂的民间仪轨后方可实施,包括请阴阳师堪舆、当地民间方士"奠正"等。地方民间观念中,该家系成员与屋舍所需的一方土地之间通过奠正之后,才获得和合性,生成一个神灵眷顾的洁净秩序空间。自然的构成是人的精神存在的栖息居所,是一切社会,特别是现代社会神、人、物相分离的状况得以重新弥合的关键所在。[2] 家屋坐落位置中涉及的山水观,充分兼顾了神、人、物精神性的统一,在以家屋位置标识的地点中,建构起一种存在于人的内心之中的自然王国。宏观的政治、经济和历史变迁的总体构成,在这一自然王国

---

① [美]马歇尔·萨林斯:《文化与实践理性》,赵丙祥译,上海人民出版社 2002 年版,第 34—37 页。张江华:《陇人的家屋及其意义》,见王铭铭主编《中国人类学评论》(第 3 辑),兴星图书出版公司 2007 年版,第 66—87 页。何海狮:《家屋与家先》,社会科学文献出版社 2015 年版。
② 渠敬东:《"山水"没落与现代中国的精神危机》,《文化纵横》2017 年第 4 期。

看来,可能是一种资源,也可能是外在风险。唯有这一自然王国,在家的基地性中树立起"象征性的不朽"。

乡土社会家的空间分布与城市居家有着明显差异。城市家庭被认定的权限往往囿于具有权属资格的住宅空间,且以室内为主。乡土社会的生活空间——住宅,生产空间——山、田、地等,还包括处于他人山地之中的祖坟地等,往往分散在村里不同区域。这些区域属于家庭成员需要日常性或周期性介入的地方。如此家庭内部事务涉及的范围可能涵盖整个村落,不同家户日常性联结必须在共享的村落空间中交叉进行。如此一来,公共性和私有性之间的社会关系、生产关系关联,并不能——也无须做到物权法意义上的严格界限区分。以山区自然村落为例,村里主干道高低起伏,干道一侧住户的大门口既可以当成私人空间使用,其通勤的公共性又必须默许。再如杂姓聚居的村落,不同姓氏在村里可能都有家族祠堂或者祖居老屋,这些空间对于家族成员而言具有公共性,而对于村里异姓成员而言又具有家族化私有性。如此乡土性,尽管有着公、私的界限,公、私分野却并非乡土性的目标。相反,以生活为中心的家户、村落事务的关联,随时会在私人化、公共、私人化内的公共、公共内的私人化之间展开。不以公、私为准则,以各自日常生活实现的方便和需要原则展开,其中调整和平衡的微妙在于不同家户应对的事务均具有通约性与共性特点,现时对他人的容让就是对自身未来事务顺利实现的道德约定。自我约束,熟人中便利的协商机制以及习惯法的默认,再加上乡村精英主持公道等,具有高度和、同的乡土性中获得了共同体精神。村落空间的地点化,确保了乡土性内部有着德性与实用兼顾的张力与自我调适性。以家为本的特殊主义伦理内含实质正义和以义为利的取向,①由此家与乡土性构成了一种稳定的精神关联。

如果脱离历史与日常生活,被抽象化空间中的家,则失去了其基地性,也不具备构成记忆与信仰的要素。基地被两点或两元素间的近似关

---

① 肖瑛:《"家"作为方法:中国社会理论的一种尝试》,《中国社会科学》2020 年第 11 期。

系所界定;从形式上,我们可以将这种关系区分成序列的、树状的与格子的关系。这些关系描绘了不同的基地,而它们不能彼此化约,更绝对不能相互叠合。① 家正是依照如此具体的、区别化的统一性观念确定它的基本结构。具体的家不只对该户家庭成员才具有独特的意义,如果不能在地缘、血缘中建构起与某个基地之家的关系,其所属的空间只能是陌生的、抽象的,且无人情味。邻里、家族、旁系血亲等不同的强关系网络,强化着家空间独占与不宜变动性的基地意义。地缘和血亲关系构成了一个相对稳定的以家宅为结点的空间地图,差序格局中的社会关系则维护着该空间地图的意义维度。不过,如此家空间的网状图中却无法标注各结点孰轻孰重,任何家户出发对亲属空间的意义阐释,都赋予了自身与其他结点同等重要的位置,构成了"天下之家"平民性的伦理基础。

作为智力游戏的社会理论,将理论映射的社会空间化折叠到理论中越来越让理论家着迷。空间不仅对应着社会物理性的呈现,也是现实世界得以可能的一种根本性图式;日常生活与经验赖以凭借的物化索引,也仰仗于空间的支援。不过理论的空间支架很大程度上已经在追求普遍性解释力中打上了抽象的烙印,却忽略了一种提醒:空间"是被在空间里发生的活动的整体所激活的"②。当我们顺着理论中的空间寻求理解现实世界时,极可能生成一个个冰冷的、空洞无物的空间洞穴。在德·塞托看来,"地点是一种秩序……各个组成部分被安排到共存的关系之中"③。家某些需要阐明的特性不能缩略成一个个抽象的空间,而是属于段义孚所谓的地方被经验模式建构过程中所对应的"地方空间"④,是个人和社会意义根植的地方。⑤ 基于

---

① [法]戈温德林·莱特、[法]保罗·雷比诺:《权力的空间化》,见包亚明主编《后现代性与地理学的政治》,上海教育出版社 2001 年版,第 19—21 页。

② [法]米歇尔·德·塞托:《日常生活实践·1:实践的艺术》,方琳琳等译,南京大学出版社 2015年版,第 200 页。

③ [法]米歇尔·德·塞托:《日常生活实践·1:实践的艺术》,方琳琳等译,南京大学出版社 2015 年版,第 199 页。

④ 段义孚:《空间与地方:经验的视角》,王志标译,中国人民大学出版社 2017 年版,第 74 页。

⑤ Nikos. Papastergiadis, *Dialogues in the Diasporas: Essays and Conversation on Cultural Identity*, London: Rivers Oram Press, 1998.

地方性空间独占性、差异性的禀赋，家就具有了"地点"旨趣。在经验与情感发生的谱系中，家构成了首要的地方，并非只是在空间划过的轨迹。这确保了在乡村生活或怀乡经历者的情感结构中，布满了以家为索引的图像，为作为知识化术语的"乡土性"赋予了主体在场的强烈实践感。

吉尔林总结了地点的三要素：地理位置，物质形式，含有意义的价值。① 将其引入到对家的分析中是贴切的。家之生产与生活的一体性确保了食之源、物之源从不分离于家。日常生活的展开中，物质生产是家自我呈现的主要途径，它期待于却不依附于外援。比起学界研究已趋成熟的家之物质形式，家所属的地理位置与其内生的意义，二者之间的关联性中隐藏着的地方性知识况味更值得在此追述。

三、自主性：从情感到秩序

空间是从社会方面建构的，反过来，社会的东西必然有着某种空间内容或形式。② 家不乏伸缩性又具有稳定边界的空间，说明家的呈现需要可折叠的空间，也需要可打开的空间。家的意义一旦被追赋，家的空间呈现就是"计划好的空间"；是人们可以在其中居住的物体，构成"一种价值凝结物"的地方③。家的空间安排在不同程度上是有意做出的，这种安排是对社会结构与私人情感的双重维模。"家"是一个极具情感和力量的词汇，④是理解社会和空间的关键场所。⑤ 基于生活完整性需要，家可变的空间结构中实现了一种有序性；不同的空间区位对应着不同的文化解释，服务于总体性生活需要呈现出不同地方性面向。在不同参照系

---

① Thomas F. Gieryn, "A Space for Place in Sociology", in *Annual Review of Sociology*, 2000, pp. 464 – 465.

② ［英］多琳·马西：《劳动的时间分工：社会结构与生产地理学》，梁光严译，北京师范大学出版社 2010 年版，第 345 页。

③ 段义孚：《空间与地方：经验的视角》，王志标译，中国人民大学出版社 2017 年版，第 9 页。

④ James S. Duncan, David Lambert, "Landscapes of home", James S. et al., *A companion to cultural geography*, Oxford: Blackwell, 2003, pp. 382 – 403.

⑤ M. Domosh, "Geography and gender: home, again", in *Progress in Human Geography*, April 10, 1998, pp. 276 – 282.

中可能获得不同文化阐释的家之空间，对应着一个基本要求——家之得以可能，需要一个超乎政治又不去历史的、稳定的地点。唯其如此，在家与特定地理空间的持久关联中，才可能培育起家乡文化与情感，以及扎根于乡土社会的地方性知识。

一户家宅在空间上的迁移，并非只属于其家庭内部事务，很大程度上微妙地牵扯到社会关系之家在空间上的意义重组。将家在头脑中展开空间图式的想象时，所属之家的地点是内核和思维起点，再扩散到邻里、家园、家乡；另一条线索就是非聚合式旁系血亲之家网络化的空间版图锁定。家并非不可把握的无限实在，而具有丰富、细微的填充物。家的地点性中生成的独占性与相对封闭状态又允许对外开放的网络，确保了家与家之间关系本位叙事可以相互通融和交合。生命绵延与社会继替逐渐在代际中延伸，横向在空间家系中扩散，逐渐沉淀出地方性。唯有家的地点属性，才确保寄附于空间的情感有根，亲属网络结构中的情感矢量有序。家地点性的扎根意识，不仅让"恋地情结"情感发生有空间根据，也让地点获得了自主性权力与捍卫意识。无论是基于地方性坚守还是族群地理版图拥有权的争夺，具有历史感的"生活之地方""家"，往往成为超越现代国家意义的一条被视为正当的维权依据。家是一个抵抗政治的空间；①基于古老的生存伦理与地点不可分割性的相融，培育起面向大地的一种超越于政治的根本性生存意志。

一般所理解的乡村，往往是这样的：承袭传统礼俗、扎根土地的生产方式，依托乡邻的社会关系。正是文化意义的家，将礼俗、自然、乡邻这些要素融为一个个鲜活的日常场域。如宗族祠堂与祖墓风水观念，常与民间神明崇拜形成宇宙观上的贯通，甚或融合共同构成地方社会的基本结构。② 家是具有神圣性的世俗生活，是乡村生生不息、古老而有生命力的一种影响深远的文化模式，构成整个乡土社会文明体系最核心的部

---

① B. Hooks, *Yearning: Race, Gender, and Cultural Politics*, London: Turnaround, 1991.
② ［法］劳格文主编：《客家传统社会》，中华书局 2001 年版，第 1 页。

分。家凝聚着血缘、地缘结合为主体的社会生活中形成的集合意识、文化心理以及行为规范,发蒙着基地式家庭生活为核心的认知图式、情感结构及行动逻辑的约定与期待。家总是按照自我约束与理想样式对家庭进行文化塑造,对家庭适度地做出策略式调整以更好地适应家的地方性要求。家在乡土社会中的内核性总是会对家庭进行适当干预、协助与调整;涉及乡村经验中的"家风"时,并非只指向某个具体家庭,很大程度上已经隐含着"家乡"的地方性文化禀赋和对乡土秩序的约定。即使具有特殊性的个体化家庭,在乡土社会中也不会轻易偏移乡野之家某种历经沉淀、视为正当的风范,否则会被视为对总体性之家的冒犯。

文化意义上的家可以理解成一种活的、古老的共同体,共同体是有自主性的,家也有自主性。家得以实现的条件就是家有自我生产的内在文化机能。家的自主性和特定的地理环境、土地资源、民俗、生产方式等相关。家自主性的文化内核包括儒、释、道以及地方性小传统。自主性另一基于地方性的体现就是特定环境(土地)中的资源制约决定了家具有特定的自然性,由此确立起特定的社会关系和文化习俗。小传统是家的文化精神,土地资源供给形塑的生产方式是家的物质条件。小传统和生产方式的相对稳定性没有受到破坏,家的自主性就可能得到充分实现。

1980年代起,小传统在对"文革"拨乱反正之后再次复活,基于地方性、自然性的生产方式得到了保证,以家户为单位的小农经济激发起家的活力,日常生活呈现在尊重和维护家的自主性中展开。如此日常生活随着礼俗和季节性自然变化,具有相对稳定性和重复性。表面上看来没有什么变化,时间在这里相对静止,生活也相对自给和封闭,外面的世界只是在闲聊与想象中才与村落相关。生活呈现与传统、历史、神堂、村民、自然发生周期性抑或事事相续的联系。家的自主性对日常生活有着高度的维护能力,非权力强制的外在的社会难以深入到乡村内部。一年的生活,可能就是一辈子生活的浓缩。这样的生活谈不上富足,却相对平均。即使陷入贫困,乡村社会自发的均衡机制会发生作用。人们的生产只注重于满足家计即可,并没有资本积累和扩张意识,这同样是基于家的自主性作用——自有一套礼俗与道义对资本累值加以抵制和限制。

家是真实性与体验性的场所,能为情感疏离的社会提供充满人情味的归属感。[①] 家内在地具备社会减震器和润滑剂的功能,这是家作为共同体的自主性对人与社会的双重维护。家并不期待于通过壮大社会帮助个人克服困难,家及其运作本身就是一套相对系统的社会安全阀,需要在公共领域中讨论的事务都可能在家、家族、村落社会内部得到妥善解决,让家庭矛盾等私人化事件不出村落就可能有效化解。1980 年代的家能够充分发挥自主性,人与家之间具有一定的适应性,这有效地维护了乡村社会秩序,国家的管理成本在此大大降低。小农经济是一种熟人经济,生产农业的同时也生产以家为本的道义,生产环节一直处于熟人社会中的众人围视之下。家的道德诉求与熟人充当的监督机制,使得小农经济本身内嵌着信任,食品安全危机不会在这里出现。另外,农民以本土化专家身份将"整个生产环节建立在直接生产者的知识基础之上"[②],是传统农业唯一的生产系统。农民有着历史性与经验性的将人类垃圾再次转化成大自然的能力,最终以肥料、可供再使用的自然循环在大自然的生物链内部化解污染与生态公害。村落社会的权威性强制并不允许个性化任意发挥,而是基于家的自主性——传统和自然这两个要素,最终以乡村礼俗、文化惯习等方式呈现。人的使命就是对这些先赋性角色的习得和传承——无须创造,唯有继替与忠诚。忠诚于传统和自然胶合的力量最终以在家日常生活呈现出来,过着一种"圣凡一体"[③]的秩序化生活。

过日子是一个"为了家"的过程。"为了家",既是行动结构,也是情

---

① J. Moore, "Placing Home in Context", in *Journal of Environmental Psychology*, Vol. 20, No. 3, 2000, pp. 207 - 218.

② [古罗马]瓦罗:《论农业》,王家绶译,商务印书馆 1982 年版。

③ 桂华:《圣凡一体:礼与生命价值——家庭生活中的道德、宗教与法律》,华中科技大学博士学位论文,2013 年。

感结构。

　　思想和学术,有时候只是一种少数精英知识分子操练的场地,它常常悬浮于社会与生活之上;在人们生活中,还有一种作为历史底色或基石而存在的知识、思想与信仰,实际支配着人们的判断、解释、处理日常事务。精英和经典的思想超出常识,它未必真的在生活世界中起着最重要的作用。① 要想从实际生活介入、以乡村生活为本来理解乡村,就必须将"生活伦理"从"教化伦理"中抽离出来。② 沟口雄三认为中国社会存在一种民众的儒教,即民间伦理;民间伦理的核心是平民为了生活需要而形成的"生活伦理";相较于士绅阶层的"教化伦理","生活伦理"表达着民间社会的主体性和活力。③ 乡村社会追求的是日常生活与道德的双重实践。

　　"过日子"是内嵌于乡土社会中具有普遍性的生存心态,与特定的资源、生产方式、习俗和社会关系有着稳定的关联。"过日子"具有特定的区域性文化、生活特色,过的是区域性社会中以家为本的生活。

　　日常生活的乡土社会实践依据是否有一个主轴,促成了其日常性与秩序感? 能够担负起此功能并且有意义的要素是家。家属于"本体性价值"④,传统型村落社会是注重于本体性价值实现的生活类型。家与乡村社会的关系,核心在于家维护了村民过一种有意义的生活的需要并使其

---

① 葛兆光:《思想史的写法》,复旦大学出版社 1998 年版,第 20—23 页。
② 肖群忠将"教化伦理"与"生活伦理"做出了区分。教化伦理是国家倡导、居于社会正统地位、用于教化民众以维系社会秩序的伦理原则;生活伦理是民众依据生存方式和生活的需要,在生活经验中形成并指导生活的伦理原则(参见肖群忠《"生活伦理"论》,《中国人民大学学报》2006 年第 1 期)。由此可见,"教化伦理"是统治阶级出于维护自身权益需要维护社会秩序的一种意识形态,其主体是国家;"生活伦理"是平民满足生活在实践中生成的一种内在生活品格,其主体是平民。二者有着国家、社会、秩序、知识与平民、生活、实践、民俗两种不同话语体系的区别。
③ [日]沟口雄三:《中国儒教的十个方面》,《孔子研究》1991 年第 2 期。
④ 贺雪峰认为,关注有限生命与无限意义层面的价值,可称之为本体性价值,即关于人的生存的根本性意义的价值,是使人安身立命的价值。本体性价值主要是个人内在体验的价值,是个人对自己生命意义的感受,是与自己内心世界的对话,是一种宗教般的情感。有了对本体性价值的追求,人们的生活才有了纲,纲举目张,生活中其他方面的价值才会有目标(贺雪峰:《乡村社会关键词》,山东人民出版社 2010 年版,第 116—117 页)。

成为可能。民俗、地方性知识、观念、行动准则等,不再是漂浮的、深奥的话语;那种复杂、含混、玄妙的有关村落社会的表述方显其本原的面相:以家为本过日子。

家庭以亲缘和血缘为核心,总是以一种家庭成员人格化面貌甚至自我归属与认同的"大家"——家族和村落重合的共同体,展现其总体性的精神风貌和品格特征,这就是家风。对于具体个人而言,家是其全部人格化的表述,反映在"为了家"的实践中。在此意以上,个人生命价值的总体实现体现于对家的意义建构之中。"为了家",成为个人实现生命意义的动力之源。个人生命的终结并不意味着家的死亡,家总是先验于形体生命——先于生之前,存于死之后。理想的个人不能超越且超越不出家。家庭属于家内部的一个下延层级,是先祖和父辈活动的完成形式;其创造的家庭是子裔们未来生活样式的母体。在祖先与子嗣之间维系家的传承是个人的使命。

第二节 乡土性得以可能的条件

一、在家

滕尼斯在《共同体与社会》中尽管没有明确给出共同体精神的定义,却可知其不乏三大特征:共同的生活环境和生活方式;亲密性及共享;默认一致。家作为乡村生活系统具备以上三方面共同体特点。

家构成乡村生活发生的本源,其常态维系得以可能的基本条件是人必须"在家"。字面看来,在家指的是生活者的身体与居住场所之间的空间关系,这一平常且容易在口语中出现的语词有着深刻的哲学指向。农耕社会相对封闭,对外联系较少,其主要的活动区域不仅在居住场所内部,而且还包括前庭后院、鸡栅猪圈、房前屋后、田间地头。这些物理空间构造属于家不可分割的一部分,都是围绕系统性家实现的功能化设置,且与以堂厅为核心的主屋距离一般都不会太远,这些空间场所的物理呈现都可视为在家。由此空间扩散开来,如果没有跨出所属熟人村落社会,因家所特有的伸缩性,同样会被视为是在家。

"在家"不只是反映生活者身体与家的空间关系,其深层次意涵是生活者身心统一于与家密切关联的实践中获得的意义。许烺光认为,每个人都生长在祖荫下,通过延续祖荫而赋予短暂肉体生命以永恒意义。家并不因个人而存在,而是个人为了家的利益而存在。[1] 如果将伦理指向的家庭进行空间转换,从现实的维度,和家人们共同生活于同一空间的"同居"则是一个硬性的物理约定。从家祭信仰和地方观念来看,家包括已故祖先和未来子孙……"家"是不可分割的概念,不能贸然把任何家人包括家长、家属,从"家"这个概念中分裂出去。[2] 布迪厄认为家庭房屋的建筑结构、功能区分、家具物品安排,通过人们在其间的日常生活与仪式实践对人们的世界观和惯习有深刻的形塑作用。身体与家之空间结构性生成的意义辩证关系中,导致身体体现出世界的结构。也即是说,"世界对于身体的征用,能够使身体征用世界"[3]。身体在日复一日的日常起居和仪式实践中,始终处于与生活空间的不断互动之中,在身体中最终内化了其世界观与宇宙观,成为惯习。家在哪人就在哪,家是先于人而存在的。家得以可能的前提是生活者与家的不可分离性——在家。只有在家,才可能实现家的生产与再生产,确保乡土社会总体性实现。

家一旦在地点中生成,在儒家伦理中,也就获得了对"安土重迁""父母在,不远游""落叶归根"进行文化阐释的能力与维护的伦理诉求。"在家"即理想的生活哲学准则,暗示着长期定居于稳定的地点/情感认同中的生活才是值得拥有的生活信念。"我是谁? 我从哪里来? 我要到哪里去?"柏拉图的哲学难题于乡土社会在家中获得了根本性的解决。在家指向的精神状态,维护着家得以实现的必要的神圣性礼制和过日子的稳

---

[1] 参见[美]许烺光《祖荫下:中国的亲属关系、文化人格和社会流动》,台北:台湾南天书局2001年版。

[2] 俞江:《家产制视野下的遗嘱》,《法学》2010年第7期。

[3] Bourdieu Pierre, *Outline of a Theory of Practice*, translated by Richard Nice, Cambridge: Cambridge University Press, 1977, p. 89.

定性、秩序感。能够持续实现稳定的在家状态是家得以维系的常态,促成这一常态实现是乡村生活的目标。如此生活目标寄予的情感,段义孚总结为四个方面:个人身份认同感、社区归属感、过去与将来的时间感以及在家里的感觉。① 人长期存在于住所及心理认同的村落社会空间这一家之外延不可分割的物理距离和精神距离中,才可能培育起生生不息、扎根乡土的家、家乡观念。

在应对恐惧、疾病、死亡时,人类学家发现村落社会中的叫魂术成为一种有效的心灵—文化安抚,强化了"人归属于家"的亲密性团结和村落社会价值凝聚力,而叫魂仪式传达的精神就是由家人出发对"漂泊者"的召唤——回家。在家,符合中国人安土重迁的小传统观念,人活着需要开扩门庭,期待人死后能落叶归根;在家具有本体意义上的生活者得以实现的一种理想状态。家不仅仅是发现自我的地方,更是人的灵魂最终安息的地方。② 家是生活的一种隐喻,在家成为中国人生命哲学的源头和归宿之地;家破无异于主体的象征性死亡。

二、在一起

在家意味着不离乡即可获得满足家计的生存机会。"在一起"制造出熟人社会中的集体感与社会关系尺度的认同感。在家的期待中,隐含着乡土性对在一起的追求与自我维护。家庭成员且同一地方性中不同家户成员需要在一起。各自家政为中心,在一起的日常生活包括:非正式社交、串门与偶遇式闲聊;乡里乡亲围绕生老病死、红白喜事的互相帮扶;祭祀、庙会等群团活动开展;生产性换工、互惠的"道义经济";促成地方公共事务的实现等。这些都需要以大家在一起为基础,在实践中又增加了在一起的凝聚力。诚如滕尼斯所认为的,在传统乡村社区中来自不

---

① [美]段义孚:《空间与地方:经验的视角》,王志标译,中国人民大学出版社 2017 年版,第 16—19 页。

② X Su,"Tourism, Modernity and the Consumption of Home in China", in *Transactions of the Institute of British Geogaphers*, No. 1, 2014, pp. 50 - 61.

同家庭的成员关系，不是用契约来说明，"而是像家庭的关系那样，用默认一致来说明的……如同一种唯一的、没有分开的家政"①。如此社群里利润的念头是被禁止的；讨价还价会受到责难；慷慨地施舍则被视为美德②。在家作为理想化持家的生活类型，无形中获得了村落共同体的默认，也是村落共同体实现的保证，默会着彼此如何更好地在家，制造出大家在一起的日常生活。唯有在家与在一起的双重常态实现，家才能构成乡村的内核，融入乡土性；"人生不能无群"的生活经由社区化，熟人社会的乡村形态转向才成为可能。

"在一起"有着三个维度：血缘之家——家庭、家族成员在一起；区域之家——共享同一村落，包括异姓熟人村民在一起；生产之家——生产劳作在一起。三种在一起最终统属于在家，构成家的条件与家方法上的理想型。长期在家、在一起的生活方式，由对家的维护到区域情感、文化、生活方式的认同，家乡意识形成。形成家乡意识的生活机制一旦缺失，就难以形成村落社会。家乡意识，是村落社会得以可能的生命冲动与精神欲求。

乡野之家有着相对稳定且封闭的时间结构、空间结构，人不仅生活于家庭内部，也生活在村落共同体中。除了经济因素以家户为单位，私人生活与公共生活并没有严格清晰的界限。村民期待的好生活并非是一个高度私人化的家庭生活，更期待于大家在一起的共同体生活。如此村落共同体生活并非按照现代社会对公共性的设计来实现。二者本质不同之处在于前者发源于家之伦理与熟人之间的信任，"发乎情止乎礼"；后者基于理性化、制度化的现代设计，鼓励个体意志且守于法。努力营造村落居民在一起、过着有意义的日常生活是家的本意。

村落社会中"大家在一起"之感，直通村民的生活体验，形成一个生命共同体。按照舍勒的观点，生命共同体的情感形式和体验结构是带有

---

① [德]斐迪南·滕尼斯：《共同体与社会》，林荣远译，商务印书馆1999年版，第88页。
② [英]卡尔·波兰尼：《巨变：当代政治与经济的起源》，黄树民译，社会科学文献出版社2013年版，第118页。

理解的再感与同感,如共同感受、共同欲求、共同思考、共同判断等。在生命共同体中,理解行为并不先于这种同感和共同体验,而是发生在这种共同体验中。① 在彼此理解中,共通的移情一直存在于村落社会交互中,并没有严格的对象化与他者化,"我的体验"与"你的体验"之间的区分并不明显,不需要延补从表达到抽象的逻辑推演。长期生活在一起的知识共享,构筑起村落社会与外面的世界生存心态之藩篱。不能介入村落社会内部获得深描性理解,仅仅是在村落外围观察及仰仗其他文化模板的推演,很难获得对村民共同感的理解。相反,基于村落单位的生命共同体对外面的世界保持着一定的警惕与距离,村落内部个人体验的变化完全依赖于共同体体验的变化。唯有外面世界变化获得村落共同感、共通感承认时,外面的世界才可能获得村落社会的承认。

滕尼斯以游牧民族居住地总是在变动中为例,认为孤立的家不属于一个家的系统。② 他几乎用一种毋庸置疑的口吻认为,村庄里的家是牢固的、真正适于土地耕作的家庭驻地,这种家庭基本上自己满足一切需求,或者通过邻里和共同体的帮手,例如手工业者的帮助作为补充。从而,它也可能作为一个牢不可破的统一体,本身包含着各种工作车间,尽管不一定在一个屋顶下,却属于一个自成体系的且具有行政管理色彩的自组织。③ 通过对游牧部落的家与村庄之家的比较,可以看出滕尼斯认为能够形成共同体的具有稳定社会文化特征的家的前提条件必须是家拥有物理空间上的相对稳定性,有着"安土重迁"的内在要求。如此才有可能确保生活朝体系化方向发展,地理空间获得文化上的地方性才有可能。这要求家、土地、生活者三要素获得一致性及扎根于特定区域的稳定性,以聚居方式稳固下来。乡野之家中的主要关系由熟人与自然构成。化生为熟、由熟生情,村落社会获得了增进共同体的机制。家体系

① 李革新:《走向精神与生命的融合——舍勒的人格现象学研究》,同济大学出版社 2011 年版,第 158 页。
② [德]斐迪南·滕尼斯:《共同体与社会》,林荣远译,商务印书馆 1999 年版,第 82 页。
③ 同上书,第 83 页。

涵养着对土地的敬畏与合理使用,最大化期待需要的满足取自自然,降低了对科层制管理中社会关系的依赖。不自由很大程度上源自自然,而非社会。各种非村落生活的社会介入,除了期待于"学而优则仕"建立起外在于村落的社会关联,"走出去"隔离于家的理念设计及想象。1980年代,传统礼制与政治化土地制度高度结合,以及有限度的城乡关联,造就了家历史性的最后辉煌。唯有农民不离开土地,至少过着离土不离乡的在家生活,才能实现"系统的家"与自主的乡村文明形态相一致。

从摇篮到坟墓,中国人对在家的仰望与追求,不只是对作为一种地方性福利资源的熟人社会的依恋,更是对在家与乡土性不可分离的生命自觉。换言之,在家与乡土性属于一体之两面,追认于一种稳定的生活类型,面向个人的生命体验与其所指向的世界同构呈现。这里涉及两种含义的家,用海德格尔的语词就是真态的和非真态的。真态之家是围绕炉灶的在家过日子;非真态之家是相对于"无家"的存在感,它是自觉的,也可能是"混世"的。乡土社会中对在家的认同和追求,率先摈弃或抵制混世式在家。"在家"本身内含着安分守己于持家,这既是过日子得以可能的道德要求,也是"我"实现和获得认同的一种难以篡改的现实境况。混世于家,容易遭受来自乡土社会伦理的责难,其不是家的叛徒,就是"败家子"。孟子说:天下之本在国,国之本在家,家之本在身。[1] 这里的身不是个体的肉身,而是家庭本位的家伦关系中的孝身、亲身,用张祥龙的解释则是"我的身体在其真切的意义上并不属于我个人,而是属于整个家"[2]。孔子说"思修身,不可以不事亲",强调了孝的实现需要身在家。如此说来,生成农民工与留守的社会结构中则嵌入了违家伦、反孝道的"去家化"意识形态。

三、由家生乡

在胡塞尔看来,现代社会的日常生活对应着被分裂成的"家乡世界"

---

[1]《孟子·离娄上》。
[2] 张祥龙:《家与孝》,生活·读书·新知三联书店2017年版,第42页。

与"陌生世界"。"陌生世界"是一个主体性封闭空间,而"家乡世界"的自我则"在家"打开、延展,它在记忆和空间褶皱中赋予我在自为中的自在,舒缓、自由的生活韵律更满足于生活的体验而非规训。

从汉语词源来看,乡萌发于家。繁体字"鄉"与"饗"原本一字,其本义是相向"共食",说明乡最初发蒙于家人同食,是家居最根本的物质性在血缘关系中稳定呈现的状态。初民长期稳定聚居,"鄉"又发乎自然地"用来指自己那些共同饮食的氏族聚落"①,再到"为自己家庭世代居住和本人生长的地方"②,滋养着同一氏族、家系群体安居生活的地方性文化认同与领地意识。如此民间地方性认同逐渐被官方吸纳为行政区域治理方案,春秋时期二千家为一乡,③唐时期"百户为里,五里为乡"④。鉴于家的地点性、主体性和身体性,家乡顺其自然地成为以家为核心的生活半径覆盖的地方。如此地方既是一个地理空间,也是被主体赋予意义的空间。家的基地性与在家长期日常生活展开中才可能获得主体我的地方性身份与情感认同,从而家乡优先具有以家为本的"恋地"价值偏好。在此意义上家乡的构成有三个维度。其一是基地之家所涉及的地域,对应着物理与自然属性;其二则是以家为本的生活展开,对应着日常生活的系统呈现;其三是主体身份确立中的情感认同。易言之,物理性、日常生活性、情感性构成家乡的三要素。

在一起长期围绕着家的过日子,开始出现"家之家"的观念,就是家园、家乡。家园是以家为核心的稳定区域生活中形成的集合意识。家乡关联着生活本源、生命本真的追寻与维护,由本体之家发蒙,寄养于地方性家与家的间性中。当我们言及家乡时,总对应着一个清晰的关系图式。世俗的神圣性蕴含在家中,对家乡的维护就是对生命本源与生活意义的维护,而生活意义的终极归处是落叶归根。家乡承载着一个人的生

---

① 杨宽:《古史新探》。
②《礼记·儒行》。
③《国语·齐语》。
④《旧唐书·食货志上》。

死使命,对人的生命意义、来处归处予以荫护。以地理空间为核心长期生活在一个地方,开始产生家乡观念,区域共同体和认同感形成。即使最大的强制力也难以使基于情感的即社会心理意义上的差序格局渗透到政治实践中,①由家到家乡的意识一旦生成,很大程度上形成了一种非政治的情感地理王国。长期的生活经验与生命体验中生成的自然意志和情感意志捍卫的家园意识,在历史变迁中获得活性和顽强的意志力,文化人类学知识谱系中那个被假定静止的具有一定空间版图的乡村方得以实现。乡村一旦构成一种话语,也就意味着对具有深厚历史沉淀与主体自觉意识王国的发现,如此发现自现代社会以来总体上以话语权力干预为特征。当我们习惯性地将城市和乡村组合到一起言说,便意味着被他者化的家乡——乡村已经受到不公正的待遇,这里是"神堂记忆"的发生地,是社会继替中世代生活者心之所系与集体信仰的源泉。

家乡生成的过程,不仅在海德格尔上升到哲学高度的"大地"——涌现着—庇护着的东西②这一自然情感基础之上,而且家本位伦理与李泽厚所谓"情本体"勾连到一起,培育起扎根于对家基地式的文化情结。家乡不只是个人与土地的情感关联,同时充满了属于同一片土地上人与人伦理性的网络关系。家乡一旦被表述,表述者拥有、属于家乡的双重身份被带出来。拥有中表达出捍卫家乡的权利意识,这种权利意识并不是基于个人化的私人生活,而是体现出集体共享权属的情感锁定特定地点。任何力量对家乡的破坏,都可能被视为对地缘共同体中所有人情感的伤害,是对整个生命意义所寄时空秩序的威胁。如果在进行科学研究时脱离了对伦理与道德的把持,则这些生活者们的生存心态不但没有得到应有的尊重,甚至是通过技术设计有意将它们忽略。恪守价值中立、偏好实证主义的原则,社会学容不下"家乡",而是被泛化的"乡村"和孤立的"村落"所取代。"家乡"概念的包容性与可比较性——它既在"我"

---

① 肖瑛:《差序格局与中国社会的现代转型》,《探索与争鸣》2014 年第 6 期。
② [德]海德格尔:《林中路》,孙周兴译,上海译文出版社 2004 年版。

与他人之间形成了一种界限,又为这种界限的突破提供了可能。① 如此一来,家乡就成为一个流动和相对的概念,并不单向追求与特定空间的对应。可是如上文所述,结合家的基地性以及家对"我"的生成性,人们的家乡情怀依然有着相对且追求稳定地点的意欲。家乡兼顾文化情感与地理环境的二重性,家乡就是生成家且有家的地方——家之家即家乡。

相信家乡是以普遍主义的形式影响了文化、历史、传统的撰写,很大程度上才能确保我们的生命自觉中不失去对意义的尊重与捍卫的热忱——"谁不说家乡好"。家乡不仅是定性空间赋予生命的位置与展开,也寄托着生命在文化地理中才得以呈现的意义与尊严。这是一个将文化地理中的生活稳固下来,在情感中假定它亘古不变,再对其美化、神圣化的生命历程。"谁信奉家乡,谁就赶风尚"②。意识到让地方性得以可能的家乡,其对文化想象力和就地生活者的内在制约是生产性和传承性的,而不是单方面的约束,我们才能更好地理解这些系统何以能够一以贯之,长久不衰。

家内在的生成着共享的地方性文化和情感冲动,文化在乡村指涉礼俗,情感关乎人情。礼俗先验于个人,人情却需要主动建构。二者是乡土社会理想生活范式的基本诉求。几千年的文化变迁存在着这样一条规律,即外显行为模式和表层结构的变化比较容易、迅速,内隐行为模式和深层结构的变化比较困难,比较缓慢,而家文化正是中国传统文化的内隐行为模式和深层结构。③ 确保家实现的礼俗文化和在家成为常态生活方式,才可能培育起家乡观念。在此意义上"家国一体"无外乎地方与中央的文化、意义关联,家乡则是地方性与社会、国家发生相关性的巢穴式场域。

没有一套系统化家生成的文化与相对稳定的地点支撑,"我"的主体

---

① 安德明:《作为范畴、视角与立场的家乡民俗学》,《西北民族研究》2019年第3期。
② 梦海:《"陌生"的家乡》,《中国社会科学报》2016年4月1日。
③ [美]孙隆基:《中国文化的深层结构》,广西师范大学出版社2004年版,第38页。

性认同中很难有强烈的、扎根的家乡意识；即使有，也不过是纯属个人化的生命事件与记忆的混合物。现代都市生活的流动性、易变性，导致都市文明难以生成家乡，这也是现代性无家意识与理论抒情的起源。家乡情结在一个个鲜活生命的归宿感和认同感中被滋养，鼓励在"我"的叙事中呈现；可是家乡的情感结构中被认领的主体并非个体化的我，而是具有集合意识的"我们"，属于集体认同的领地维权与文化意识。比照着"无家可归"的都市漫游，在城市无乡意识的参照下，家乡则是一个有明确情感和空间指向的矢量，不在别处，而在乡土。如果依循总体上先有乡村再有城市的人类文明史理解，现代文明则是一个小家庭化与去乡化的过程。家乡，被城市与工业文明遗留在那日渐解体的乡土性中。

第三节　从乡土性到空心化

一、"将心比心"的引发

对乡村内涵的挖掘与简练概括，学界影响最大的莫过于"乡土性"。"乡土性"成为理解本土乡村的一个元概念。以传统—现代视角，费孝通有关乡土性的阐释中，差序格局、礼治秩序、长老统治是三个重要的维度。① 差序格局是乡土社会的关系架构，礼治秩序是维系社会关系与社会结构的伦理准则，长老统治则是乡土社会的权威治理模式。加之家庭成员、分工、协作，乡里"道义经济"②的互助，农耕经济为本的生产、生活方式总体上呈现出乡土性中相对静态、封闭却不乏稳定性的"过日子"③社会形态。承袭"乡土性"的解释框架且兼顾当代中国社会转型，乡土中国逐渐朝"新乡土中国"④转型，"熟人社会"迎来"半熟人社会"⑤"无主体

---

① 费孝通：《乡土中国 生育制度》，北京大学出版社1998年版。
② ［美］詹姆斯·C.斯科特：《农民的道义经济学》，程立显等译，译林出版社2001年。
③ 吴飞：《论"过日子"》，《社会学研究》2007年第6期。陈辉：《过日子：农民的生活伦理》，社会科学文献出版社2016年版。
④ 贺雪峰：《新乡土中国——转型期乡村社会调查笔记》，广西师范大学出版社2003年版。
⑤ 陈柏峰：《半熟人社会——转型期乡村社会性质深描》，社会科学文献出版社2019年版。

熟人社会"①。乡土性当代的重大变迁,以上核心议题聚焦于"困在土地"到"困在市场"的农民生存际遇的转变。如此"夹生就熟"的分析理路,并没有与主流分析中的"乡土性"决裂。随着近年来科技主导的新业态与都市生活方式介入乡村,现在的乡村,"很难说是纯粹的乡土",对应着"乡土社会瓦解之后"。② 如此一来,具有高度认同的"乡土性"这一珍贵的学术支援不再能构成对当代乡村进行根本性解释的思想基础,这让当今如火如荼展开的乡村振兴处于文化社会学阐释中的尴尬境地:是以乡土性为本的回归与重建? 还是基于西方中心主义现代化模式的本土化探索? 抑或是缓解城乡关系结构性矛盾的临时性政策解决方案?

乡土性的流变不是"传统—现代"模式的直线单向式,而是不断地经历消解与重构的复杂辩证过程。③ 传统遭遇具有多元性特征的现代性,中国不同区域乡土性发育的不同,以及农民应对现代性的区域性、策略性特点中呈现出的差异性,导致紧跟传统抑或尝试用简洁的概念、命题概括中国当代乡村的总体性特征都出现一定的困难。由此,具有普遍性认同和解释张力的乡村阐释暂时处于某种思想真空状态。在强势的、西式主导的现代化模式,个体化、科学至上的思维方式及科层制社会治理进程中,比照着城市,乡村总体上处于一个"污名化"的位置;对乡村的"同情""偏爱",甚至属于逆时代潮流的冒险和对西方表征的现代性的反叛。当我们具备对乡村进行反思的勇气和站在时代前沿从乡村出发贡献本土化的现代性经验时,"大声喧哗"中呈现出的乡村众相,很大程度上让中国人情感结构中容易获得共鸣的乡村已经成为"沉默的知识"④。

乡村振兴战略启动之前,当今渐变与流逝的"乡土性"不再能对乡村进行总体性表述,裹挟在"乡村衰落"指向的话语中,关键词是带有修辞

---

① 吴重庆:《无主体熟人社会及社会重建》,社会科学文献出版社 2014 年版。
② 赵旭东:《现在还是不是乡土社会》,《文摘报》2020 年 11 月 14 日。
③ 熊凤水:《流变的乡土性:内核机理与理论对话》,《安徽大学学报(哲学社会科学版)》2013 年第 2 期。
④ M. Polanyi, *The Tacit Dimension*, Garden City : Doubleday-Anchor, 1967, p. 1.

格的乡村——"乡村空心化"。

比照由研究者建构起来的严谨学术概念,"空心化"在互联网中的传播获得了更多的共鸣式关注。"乡村空心化"内在地储备了一种获得广泛文化认同和理解偏好的情感结构,其中内生的尚未阐明的共情引发共鸣。如此共鸣默认了诸多网民对"空心化"获得了一致性的理解或意会,彼此心照不宣地对如此修辞化乡村获得了广泛的共意和承认,其中有一部分正是来自农村、分散于城市各地务工的互联网信息终端接收者。"乡村空心化"的互联网传播比对乡村的专业性、知识化解析更容易获得乡村户籍者的关注与默许,由此共情暗含着对自身身份危机无奈的感慨,抑或有助于提升反思乡村的能力与强烈主观介入意识的觉醒。"空心化"对于乡民、进城务工者而言,其主体性身体被抽离乡村实践场域,构成情系乡村的现时代生命历程的支离破碎书写。"乡村空心化"作为一非学术话语,其模糊性、修辞性体现出中国式混沌哲学和需要一定文化储备的想象力张力,直叩中国人的"心"。归拢于"心","乡村空心化"的话语世界与生活世界之间形成了某种默契的文化互文,对其"顺乎心"的领悟而非逻辑推理更容易获得阐释者的主体性体验与自觉。正是在中国式文化及乡村生活经历的共通感中,非严谨命题却不乏形象与生动的"乡村空心化"获得了互联网中广泛的共鸣。如此共鸣,提请我们应重视费孝通晚年学术中强调的"将心比心,推己及人"的心态研究[1]主张。

孟子云:心之官则思,思则得之,不思则不得也。把思维、情感、意识、知觉、感觉都看成心的活动和体验,此话在《孟子·尽心上》的注解中是"仁义礼智根于心",指出心乃道德之源。顺此思路,徐复观认为中国文化最基本的特性是"心的文化"[2]。这里的"心"是具有形而上本体意义的内生之"心",属于"自本自根"的道德价值文化。[3] "心"并非现代科学

---

[1] 《费孝通文集》(第十四卷),群言出版社 1995 年版,第 398 页。
[2] 《徐复观文集》(第二卷),湖北人民出版社 2002 年版,第 128—131 页。
[3] 孙凌宇:《"从心的文化"到"自由儒家"——徐复观"自由社会的创发"思想探析》,《西南交通大学学报(社会科学版)》2018 第 3 期。

中的概念,以上陈述并非逻辑推理式命题,而是基于日常的认知和经验上升到中国哲学内在经验的陈述。心的内在活动通过指向外在社会道德价值与规则秩序的统一性获得承认;比照着理解,乡村"空心化"与乡村衰落则构成一种外在的因果联系。时过境迁,当代关于乡村衰落的话语,不再是晏阳初提到的穷、弱、愚、私,关键词无外乎乡村凋敝、精英流失、乡村教育衰败、世风不古、礼俗变迁、良田荒废等。这些只是对乡村衰落的外在描述,仅是乡村衰落可被观看到的外在表现形式。将乡村变迁的外在表现及对其描述视为乡村本质的变迁,很大程度上导致围绕乡村的知识化表述只能是对乡村的围观:将乡村视为他者的建构主义产物,理论并不在场。在费孝通晚年的学术反思中,他对用"差序格局"表达亲属关系的结构形态并不满意,原因在于其只强调结构分析且"文化"阙如,从而引发出"场"对"差序格局"进行人文价值取向的再探,发展到"心态层次"和"心态秩序"的成熟指向。"场"是什么?费孝通认为"场"就是由中心向四周扩大,一层层逐渐淡化的波浪,层层之间只有差别而没有界线,而且不同中心所扩散的文化场在同一空间互相重叠。① 结合费先生有关场的相关文本,费先生这里的场指向三个维度:确立场的主体性,类似于"立场";肯定"中心"并且由中心辐射生成场;"在人的感受上"而非结构上分析,场具有差异性、自主性与文化空间重叠性。由中心生成场,场呈现出差序化,由场到域的空间重叠性中沉淀出稳定的文化特质。乡土社会中,如此文化特质正是费先生强调的"乡土性"。

我们不能低估本土拥有广泛文化心理基础的社会学想象力的创造性价值。回到本土化概念、理论的生成理路中,费孝通正是扎根于本土的文化自觉及其思维方式创造出"差序格局"概念。将该概念还原,则是"水中投入石子后荡起不同圈层波纹"的一种形象思维类比,作为引发乡土社会结构解析的起点。而且,如此类比并非完全来自经验于大自然的想象,他援引潘光旦《说伦字》中"伦也,水文相次有伦理也",佐证"差序"

---

① 《费孝通文集》(第十四卷),群言出版社1995年版,第158—159页。

类比于"水纹"的可行性。① 回避实证主义社会学注重概念、命题化的逻辑推理分析范式,将"空心化"视为现象学和阐释学语用,对其学术化解析就获得了正当性。"空心化"指的是乡村之为乡村的一种内在精神气质处于匮乏、抽离、不振状态。这也暗示了观念中乡村是有"心"的,根植于"心"而得以呈现出乡村。结合费老的场,则乡村的心与乡村之间属于洋葱内核与逐层的表皮关系。由此,乡村是一种无法脱离内核的类别化表述,属于中心和边界的文化—结构统一体。换言之,被抽空本原之心的乡村,不再是扎根于中国人观念中的乡村。对乡土性如此理解已经指向了乡村某种内在质性与外在不可分割的统一性。

在单向度发展主义视域中,乡村似乎只有两种前途:乡村城市化与乡村空心化。基于西方城市化的问题已经清晰化,对乡村进行革命式的城市化是一条死胡同。乡村振兴的核心,很大程度上是激活乡村的心,由之给总体式乡村带来活力。

接下来的核心问题就是对乡村之心的追问与学理构造,这需要扎根于乡村生活者主体性的日常生活,且获得广泛文化心理共鸣的一种知识化提炼。什么概念能担负起这一职责? 家。

二、乡村空心化即家在当代的衰落

雷蒙·威廉斯在《文化与社会》中认为"文化是一种整体的生活方式"。梁漱溟认为:广义的文化,就是一个社会过日子的方法。② "过日子"中蕴含着"大家在一起"的生活形态与集合意识,在努力营求家庭过上理想的生活中包含着对地方性家观念的兼顾,就是在家庭和其所在社区的相关性中营造品质生活。过日子并非单一的家计维度,而且有着文化考量,是物质性和精神性的结合。一个没有成家的人,也可以说"一个

---

① 《费孝通文集》(第五卷),群言出版社 1995 年版,第 335 页。
② 《梁漱溟全集》(第一卷),山东人民出版社 2010 年版,第 34 页。

人过日子",但这其实假定了,他生活在由一个人组成的家庭里,①也生活在集体共享的家观念里。与乡村衰落相对应的正是家的实现发生了困难。

(一)"自由市场"置换"家政"

家庭承包责任制的实行既加强了家庭内部的凝聚力,也使家族内换工互助成为势所难免的事。在村庄社会互助圈中,族亲圈和姻亲圈占主要地位,而朋友圈只是互助的外围。② 以家户为生活单元的生活取向注定了村落社会中最密切的"公共性"在家内部。正是因为如此,家庭一定程度上是村落社会公共性培育的障碍,由家庭成员内部分工协作就能实现的事情,往往不再期待于家庭之外实现。另一方面,家庭实现所连带的生产性、民俗性等重大事务,不能只依赖于作为劳动力的家庭成员就能完成,如盖房子、丧葬婚嫁礼俗等,必须仰仗于来自家庭之外的力量。换言之,来自家庭之外的合作,不仅需要来自劳动力意义上的帮助,而且有时候还需要来自非劳动力意义上的人格参与。村落社会缺乏制度化的公共组织,却并不失去生活的公共性。

村落社会内部市场发育并不充分,其原因并非是没有形成市场意识,而是有意拒绝市场参与到有关家的事务中,确保村落社会伦理不受到市场非人格化、契约理性、唯利是图的冲击。劳动力意义的帮助,人格象征性的参与需要,弥补物品短缺的人—物—人的暂时借助,亲密性情感内部的送与感激,具有明显人情色彩的有限市场行为等因素综合起来,一定程度上保证了家在村落社会内部即可实现。

村落社会内部不具备生成买卖行为的文化基因,反而对其有着必要的警惕。家户内的自力更生与村落社会内部的帮、换、送等都难以实现

---

① 吴飞:《论"过日子"》,《社会学研究》2007年第6期。

② 王思斌:《经济体制改革对农村社会关系的影响》,《北京大学学报(哲学社会科学版)》1987年第3期;韩敏:《回应革命与改革:皖北李村的社会变迁与延续》,陆益龙等译,江苏人民出版社2007年版,第165—167页;王铭铭:《社区的历程》,天津人民出版社1997年版,第133—139页。

家庭生活得以继续的情况下,向村落社会之外的购买成为唯一的市场行为方向。在此意义上市场的意义应该如此:出于生计需要的市场行动不会导致全方位的商品介入。村民"买"的现实需求要大于由"卖"获利的驱动。"买"的初衷是难以呈现总体性生活情况下作为对扎根乡土资源"自力更生"的一种补充机制。"买""卖"不同价值诉求中内嵌着古老礼俗、农耕文明与现代契约、都市文明截然然不同的生活阐释,如此不同阐释中"家"文明处于与"外面的市场"不对等的弱势地位。一度不具有差等价值、在有限市场中发生的商业行为在 1990 年代城乡关系中生成价值等级化、资源矢量化流入城市的特点。中国 20 世纪 80 年代开始的改革,其基础是经济中心主义的发展主义理念,"以效率作为唯一的视角来关注经济,以 GDP 的增长作为衡量经济发展的唯一指标"①。资本主义市场自由性、广泛性扩张的内在诉求,迫使传统型社区经由市场补偿家计的购买行为转换成市场主动进入乡村的驱动力。资本逐利特性在文化形态中极可能成为传统型村落社会最初与"现代"的接触点。资本下乡,竭力结构性生成从村民主导的"我需要购买"到资本主导的"你必须购买"的转变。资本进入乡村,将乡村文明塑造成具有资本主义市场气质的场域,逐步实现通过主动适当购买来完善乡村生活到通过"强卖"来异化乡村的城乡结构及意识形态叙事。城乡关系中铰链的表面自由、平等的市场,更像是由国家主导、资本主义支配的对乡村文明的收购、兼并与重组,乡村文明对此却毫无协商、抵制能力。曾经的乡村文明中基于生计、家计的经济阐释,在逐利的资本驱动中被迫承认被马克思主义政治经济学批判的资本主义唯利是图经济观。在城乡关系中,结构性制造出农民工与资本下乡,双重重塑着国家—资本对乡村的改造:具有深度意义感的总体性乡土生活逐渐单向度物质化、资本化;有意捍卫、实现受乡村自身阐释的生活必须通过村民与生活分离、进入城市表征的资本主

---

① 高柏:《经济意识形态与日本产业政策:1931—1965 年的发展主义》,安佳译,上海人民出版社 2007 年版,第 15 页。

义内部,参与、帮助资本主义再生产才能实现。生活资本化与村民被迫与先前生活分离一并构成 1990 年代以来围绕"家"展开的城乡关系叙事。生计、"为了家"、意义等,必须在农民获得被雇佣的身份之后才可能乌托邦式实现;国家—资本运作机制成为家—生计在实践中的阐释者、立法者与监控者,生活本源的主人充其量只可能成为其忠实的执行者。

乡村卷入现代性,"各种层次扩大的'家'被国家在乡村的基层代理者所替代"①,家作为乡土社会的主轴难以为继,乡土社会无处依附而逐渐坍塌。

(二)共同体及其解体

学术界对乡村的看法主要有两种话语系统,其一是共同体,其二是社会。作为两种不同生活理念构型,学术界几乎一致地认为中国的乡村是一个从共同体到社会变迁的过程。承袭滕尼斯有关"共同体"的分析,20 世纪三四十年代,日本的平野义太郎、清野盛光认为中国农村在相对稳定的地缘、农耕互助、宗亲关系中,以寺庙祭祀为中心形成"乡土共同体";戒能通孝、福武直认为阶层、宗族等因素限制了村落集体性的形成,仅仅是在必要时的生活互助中存在"生活共同体"。② 二者论战的趋同性在于都认为乡村具有共同体性,不同之处在于前者侧重于乡村横向联合分析,后者着眼点于纵向等级化阶层与血缘排斥。最终问题集中于是村落还是家族理应成为乡村分析单位。持前一观点的有费孝通,"中国乡土社区的单位是村落"③。持后一观点的有弗里德曼,"几个紧密相连的村落构成乡村社会的基本单位"④。继"村落派""宗族派"论争,尚有"集市派"。美国学者施坚雅提出"市场共同体"理论,认为乡村社会以集镇

---

① 谭同学:《双面人:转型乡村中的人生、欲望与社会心态》,社会科学文献出版社 2016 年版,第 364 页。
② 李国庆:《关于中国村落共同体的论战——以"戒能—平野论战"为核心》,《社会学研究》2005 年第 6 期。
③ 费孝通:《乡土中国 生育制度》,北京大学出版社 1998 年版,第 9 页。
④ [英]莫里斯·弗里德曼:《中国东南的宗族组织》,刘晓春译,上海人民出版社 2000 年版,第 1 页。

为中心串联周边村落而成。① 杨庆堃、杨懋春等人均持类似观点。

从方村来看，自然村落与同姓集居家族在空间上存在高度吻合，也就是说一个自然村落极可能就是一个家族。以同一家族内部社会关系为主体现出的社会性是自然村落的社会特点。从而，村落共同体与家族共同体在此具有高度一致性，也使得任一共同体分析都无法独立割裂开来。无论是村落共同体，还是家族共同体，都共享着"家"这一共同体母体。村落性、家族性，以及不同村落共享的地方性民俗与不同村落、家族之间的社交一并构成乡村共同不可分割的精神气质。

从 20 世纪二三十年代"乡村衰落"论调逐渐出现，近 20 年来迎来"乡村空心化"，乡村成了"半熟人社会"②"无主体的熟人社会"③。中国乡村的变迁似乎验证了社会变迁理论的一个观点："从农业社会向现代产业社会转型中，地域社会最基本的变动是在农业社会形成的共同体的解体。"④如果从同质乡土型社会到现代法理契约型社会的转变是一个共同体瓦解的过程，那么村落社会精神必然也是一个从沉默到消失的过程。从方村 2010 年代以来经具体事件团结生成新乡贤共同体这一现象来看，家族共同体抑或村落共同体都没有瓦解。

村落共同体、家族共同体、集镇共同体，是传统型家的不同面向。依据家的实际遭遇与需要，在特定情境中会彰显不同的共同体精神。如方村戏灯这一民俗活动，本土化宗教信仰，村子里各种互助等慈善之举，以及与基层政权粗暴行政的抗争等，均呈现出村落共同体气质。而村子里的红白喜事、修祖堂等默认的家族化事务，又以家族成员参与为主。参与的家族成员并不囿于同村同姓者，还包括甚至祖辈就迁移出村的邻村、邻县宗亲。而扛竹子等农副产品到集市，再由集市购回家庭必需品，

---

① ［美］施坚雅：《中国农村的市场和社会结构》，史建云等译，中国社会科学出版社 1998 年版，第 6—40 页。
② 贺雪峰：《论半熟人社会——理解村委会选举的一个视角》，《政治学研究》2000 年第 3 期。
③ 吴重庆：《无主体熟人社会及社会重建》，社会科学文献出版社 2014 年版。
④ ［日］富勇建一：《社会学原理》，东京：岩波书店 1986 年版，第 322 页。

又呈现出不同村落周期性、群体性参与的特点。另外,如民间道士等与信仰相关从业者只限于家族内部传承,而涉农的手工业学徒制又并非完全家族化,熟人社会内部借助必要的机缘就可以跨姓氏、跨村落地实现。再以进城打工的传帮带为例,尽管当初具有血亲关系、家族性特点,可是一旦形成产业化抑或从业流向区域化,又会突破家族性障碍。

共同体能够跨家族、跨村落的一个重要机制,还与通婚相关。村落社会中的自然村落往往与特定姓氏人口占主体的家族叠加,从而联姻的主要途径只可能在跨村落的异姓之间进行。乡村通婚有邻近性特点,就近不同村落的人们主要以上一代姻亲、表亲关系为媒介在各自村落单身男女间建立起婚配关系,无形中不同家族共同体与村落共同体之间彼此互融、体量更大的地方性共同体生成。跨村的姻亲、表亲关系再生成,意味着两村之间以家族、村落成员"走亲戚"为基础,由线到面促成不同村落之间的密切互动。表面上看如此共同体以母系血亲关系为基础,可是不同村落、不同姓氏之间网络状联姻,从而在扩大的亲属关系基础之上获得不同地域村落联合的共同体特点。

不同类型的乡村共同体一直在反复交叉的实践中生产与再生产,形成一个紧密却各自内涵相对独立的共同体复合体。如果从成因角度看,血缘关系依然是共同体核心。一方面血缘中带着动物性本能的群居团结意识,另一方血缘关系被赋予伦理性后形成血亲基础的精神团结,如此构成家族共同体的基础。血缘紧密性中生成空间邻近性。村落社会中血缘紧密的家户往往比邻而居,空间社会关系依据血缘差序格局建立起来且二者获得高度一致性,互为结构。血亲为基础生成的共同体却未必只注重于家族内部团结和异姓家族排斥。家族得以可能的一个前提也正是通过不同姓氏、不同村落之间联姻获得,任一家族不可能在本族内部实现人口的再生产。如此地缘、亲缘上的密切互动本身确保了家族必须具有适度的开放性。一旦将"家"拟定为乡村生活的基本精神与实践主轴,就不能说何种已经被学术界阐明的共同体主宰着乡村生活。家族性、村落性、农贸性,三者都是家得以可能的必要条件。

在以上所列的三种共同体类型中,唯独集市共同体已经被急剧瓦解。

随着计划经济将集市共同体抽离乡村,体系化的小农经济逐渐解体,加上乡村主要劳动力离开乡土进城务工,不乏农贸特色的集镇逐渐失去其先前构成城乡互惠式生活转轴的功能。如此功能的式微有几个方面因素,一方面经由分布全国各地的返乡打工者带回其所处城市商品,一定程度上回避了当地集市需要。另一方面村民生活所需物品涉农范畴萎缩,日常生活必需品也逐渐由工业化产品取代。先前以乡村手工业为主的生活用品制造体系,逐渐被城市工业产品替代以及在高度组织化的商贸流通中进行,这意味着乡土生活日趋被城市工商业体系覆盖与套牢,农贸特色的集镇逐渐被现代市场体系中的工商集镇替代。农民与集镇的关联不再具有区域性、群体性、季节周期性等特点,从而集市共同体逐渐消失。

(三)"去家化""贱家化"与"农民工化"

共同体的变异主要是外力作用于其内在性的结果:家在受到控制性干预中发生重大变迁。现代化理论的一个基本预设,视传统社会和现代社会都是静止的体系,认为现代社会的美好蓝图已经设计完毕且无可更改、无须争议,关键就是朝着这个蓝图进行结构性调适与整合。类似观点使人们不得不想起其理论上的先驱者——社会达尔文主义。尽管社会达尔文主义的弊端早已遭到质疑,而且现代化理论在理论和方法论上比社会达尔文主义更加精致,但是其幽灵依然充斥在当今社会研究和理解的许多方面,被部分地继承。

1980年代以来,人逐渐开始被与家分离,分离的动机是"为了家"。导致人需要离开家乡才能获得养家的条件是国家重大发展战略调整和转移——城市化。伴随城市化本身及其后果,乡村生活方式出现重大变革,具体体现在日常生活中人与家的关系发生根本性转变。当家庭某一成员长期外出,而其他成员留在家中时,他无疑摆脱了家庭的约束,而家庭的力量也就相应地减弱了。[1] 在家生活实现困难,家作为文化体不能

---

① [英]伯特兰·罗素:《婚姻革命》,靳建国译,东方出版社1988年版,第115页。

再对人进行安抚和拯救,人被迫以一种去文化性、去根性的思维方式去应对没有家文化荫护的裸露的城市生活状态。经过精心谋划的主导叙事将移民的苦难经历排除在公共媒体之外,从而将一段悲惨历史合法化。[①] 工具化、理性化应对和思考生活以及对未来的期待,正是城市化、现代化形塑人必需的方向。离开家园的进城务工者,遭遇都市文化震惊又必须去适应,人们一时处于一种精神、心灵无处安放状态,需要有意识学会应对属于城市又在边缘的生活,也就是一个有意识去家化的都市化的过程。

人与家的分离导致在家方可持家的可能性不复存在,意味着乡村去家化。家在文化上的稳定性和持续性无以为继,从而出现为了家才离开家,结果却因为离开家而破坏了家的两难困境。

思想史里的中国现代性开端已过一个世纪,1980年代的村落社会却依然具有很强的传统性色彩,农民的价值是在相对独立与封闭的村落生活系统中得到评估的。家庭内部对其评价与其担负的家庭角色相关,个人能力、禀赋及其对家庭角色扮演的领悟力、行动能力尤被重视。村民之间评价的基本思路依然与其作为家庭成员的评价大致相同——作为村落社会系统中的一员如何呈现自身。家庭内外对农民的评价体系,主要涉及的是人伦、礼俗性社交,劳动技能及参与劳动的主观能动性。如此评价机制是一种系统性评价,与村落社会中的家紧密关联。劳动力意义上的村民的价值无所谓是否廉价。"廉价",作为一种工具理性思维的结果,并不在传统型生活内部。当具体的、具有人格的村民一旦获得了抽象的农民身份,且与"廉价"勾连到一起,意味着对村民的评价机制不再来自生活系统本身,一定有着某种外在介入。如此介入通过"廉价"反映出来,暗示着一种强大的外在力量,强行将工具理性与资本逻辑植入到农民的生活世界中,对其做出单项度、拟货式的价格评估。从具体

[①] 景军:《神堂记忆:一个中国乡村的历史、权力与道德》,吴飞译,福建教育出版社2013年版,第84页。

的家庭成员、村民到抽象的农民,再到农民工,以现代化、城市化、市场化合谋确定价格的劳动力价值被强调——"廉价的劳动力"被生产出来。

尚未走出村落社会的村民,他们并不具有底层意识,充其量只是物质短缺、生活艰辛催生私人化抱怨。"农民工"出现,"廉价"与"底层"同时与农民关联。经济学意义的身处城市底层的廉价劳动力,抑或社会学向度的弱势群体,这是社会主流文化对有情感、人格与尊严,先前只属于村落社会成员的主要身份认定。并非村落社会放弃了对村民综合性评价及身份认定的权力,而是国家主导的城市大发展需要"城市底层的廉价劳动力";底层的生产是中、上阶层自我建构的一个结果。在阐释与工具性目标达成中,"农民工"与"农民"相脱节,后者尚有政治架构中特定时空基本生产与息憩保障的村民身份,前者则被抹去地缘政治边界,成为空间流放者。"农民工"成为"游移的能指"①。既然不能获得正当的政治身份与人的尊严,自我放逐的去道德化在进城农民的生存逻辑中,一定程度上获得了自我认定的正当性。在农民工的生产与再生产中,抗压与隔离不至于对其造成彻底伤害,危险的是社会结构在形塑其形象时,已经对其去道德化——"你,不再是人!"非人化在现代社会政治与经济的起源中就已经内在地生成。卢卡奇认为,在现代资本主义社会系统中,人不能有情感、意志等人性的东西。这些人性的东西在这个系统中"越来越表现为只是错误的源泉"②。一个商业社会里的机械生产实际上就是将社会之人的本质与自然的本质转化为商品。③ 农民一旦进城务工,一定程度上其农民身份被城乡关系结构性斩断,在情感上"农民"身份只能深藏在"农民工"的内心深处,与家人、家乡人抑或拥有同一身份归类者的关系中再恣意展开。从而在火车站、工地等城市底层空间表征中,媒体镜头与话语中只有"农民工","农民"虚假地消失了。

---

① 方旭东:《"农民工":游移的能指》,《粤海风》2012 年第 3 期。
② [匈]卢卡奇:《历史与阶级意识》,杜章智、任立、燕宏远译,商务印书馆,1992 年版,第 150 页。
③ [英]卡尔·波兰尼:《巨变:当代政治与经济的起源》,黄树民译,社会科学文献出版社 2013 年版,第 108 页。

"为了家挣更多钱"与再努力也无法实现自身价值与安顿感的二重困境中,进城务工者长期得不到村落社会朴素民风的滋养,城市主流观念与福利制度又不能接纳他们,进城农民思维与行动方式被迫逐渐偏离其先前作为农民的道德操守,作为独立主体的"农民工"被生产出来。资本主义生产体系与源自城市的城乡等级观念并不能获得农民的原谅,进城务工农民又没有能力与之正面对抗,他们获得了其正置身于一个险恶世界的认识。在"险恶世界"中安身且获得更多挣钱的机会这一艰难的生存环境,迫使农民曾经坚守的道德被其自主地撕开,可能会有意识地以投机方式成为"无公德的个人"。在道德与法律的边缘铤而走险给自身获得更多生存机会,是进城农民必要时采取的行动策略。以农民工的行动逻辑来滋养其作为农民的意义实现,抑或过上"老板""城里人"那样的生活;农民工不再属于农民,二者本身的道德原则、行动方式都处于不同的生活体系中。

"非人化城市底层廉价劳动力"是如何被生产出来的?尝到资本甜头的国家是主因。前现代社会治理的基本精神蕴含在"家"中。《大学》说:"齐家而后国治,国治而后天下平"。《周易》云:"正家而天下定矣"。齐家平天下、正家天下安的家国观如今被反转式发挥。国家与农民争夺生活意义阐释权,成为国家主导的城市发展与农民进城务工的双重叙事。农民与家不可分割性的关联,被权力高度承认。充分发挥、征用农民与家的血缘、地缘、人缘的道义联系,促成有利于城市发展的社会结构稳固,这是国家发展实践层面的结果。充分利用农民"为了家"的信念,通过对家之情结的反向运作,将农民引入城市努力劳动成为可能。以权力之眼,农民与家、家乡的情怀非常坚韧,很短时间内难以斩断。易言之,农民坚守以家为核心的生活愿望让其进城具有能动性;政商资本在社会层面充分利用人们以家为本的生活情怀,社会结构性胁迫与华丽的资本许诺——农民尊崇权力与资本才能、就能维护家。宏观社会结构一旦塑造出"在家难以为了家"的格局,"为了家"的生活信念驱使出一种自由假象——农民主动进城,甚至被主流思想误认为农民总体性向往都市生活。作为"未完成的无产阶级化"①的农民工,还有很长一段路要走。

生活只忠诚于生活的主人,农民工开始从内部分裂。

迄今,至少第一批、第二批进城务工农民并不认为城市是一种好的生活方式,如此判断贯穿差不多 30 年进城务工经历。依据一方面源自他们眷恋于青少年时在乡生活的经历、情感,另一方面来自对长期城市底层生活的经验性认识。他们获得的有关城乡差异的认识,贯穿着对历时性生活方式的评估。都市生活美好的一面,他们无法参与其中,从而也无法在体验中获得对城市的积极评价。

至于第三批农民工,他们的童年就生活在快速现代化内部,从电视节目、被父母带回的来自城市的玩具和好吃的,以及整个义务教育过程,无处不感受到城市、高科技与现代化气息。1990 年代的新一轮改革已经不再是 1980 年代从联产承包开始的经济改革的自然延续了,它要创造一个以效率为基本准则的新的经济秩序。② 无论是"留守儿童",还是"流动儿童",从小就受到美好生活源于城市和活着需要出人头地、发财致富的教育。第三批农民工从小在"新意识形态"③的狼奶中喂养,塑造出他们单向度的世界观。从底层出发、从城市出发,"天天向上",跻身于"老板"行列,是他们对"活着"的诠释。第三批农民工成为拥有农民身份的类城市人,他们的生活理想自始至终就是一个从都市文明到都市文明的过程,他们不再具有反思新意识形态的能力。历史向度、城乡不同生活场域的比较,在他们的世界里消失。他们的向往,不再从乡野之家开始,而是从城市小资家庭、富人家庭梦想开始。他们身处车间、工地,传说着无数财富神话,坚信"成功来自努力""我一定能行!"第三批农民工开拓出农民欲望的历史,"满足需要即知足"的朴素家政观逐渐隐退。满足欲望与欲望难以满足之间的矛盾,比照父辈,第三批农民工的未来更可能生活在身体与精神高度分裂的折磨中。如此折磨不再是情系家乡、身在

① 潘毅等:《农民工:未完成的无产阶级化》,《开放时代》2009 年第 6 期。
② 王晓明:《九十年代与"新意识形态"》,《天涯》2000 年第 6 期。
③ 同上文。

城市的折磨,而是现代性内部欲望吞噬能力的折磨。有学者指出,那些想回"乡"的新生代不是回"乡下"而是回"家乡",他们不想回去务农而是想务工。[①] 他们即使谋划着返乡创业,也不再是对家的返回,而是尝试着通过在农村挣钱,再次进城过上城里人的生活。如果如此返回能够如愿以偿,那么将来围绕农民工的叙事将会改写:一部分农民继续在城里务工,另一部分农民在农村务工。无论在哪里谋生,都与生产性农业无关。"休闲农业"的提法就是一个征兆。农业与乡村被景观化正在路上,迎来"产农业"到"看农业"转变的消费型后农业社会。如此一来,自我追赋独立主体的农民工即使返回乡村,也不再可能会还原曾经的农民道德。农民工的工作伦理与行动逻辑将占领乡村。

第三批进城农民观望返乡却不"回家",视家乡为一种资源,第一、二批进城务工村民渴望"回家"过上安定有序的生活,二者的差别至今主要依然尚在心态上,成功实践尚待时日。

碎片化、来自不同农民工的诉说,可能都是同一个故事。迄今,被去道德化,必要时又主动去道德化的进城务工者,总体上共享着同一种叙事结构:身处城市,情系家乡。

我们生活在这样一个社会,它的运行方式就是把人互相分开,让人们靠着相互之间的对立而有所收获。农村进城务工者拥有双重主体身份——农民与农民工,与之对应有着双重生存伦理。对应于农民工的社会指认,进城务工者践行着农民工的生存伦理,包括游离于社会公德与法律边缘的私人化行动;作为农民的淳朴与善良,要不隐藏,要不有选择的对不同对象开放。任何对农民工的污名化抑或道德褒扬,都可能与他们总体性生存心态与能动性相悖。农民工的生存逻辑并不先验地拥有一个相对稳定的价值准则,他们更愿意通过对具体事件与自身相关性的评估中采取行动。他们的价值理性具有很强的不确定性,如此不确定性是社会复杂性的一种及其后果。

---

① 段成荣、马学阳:《当前我国新生代农民工的"新"状况》,《人口经济》2011 年第 4 期。

　　农民工的生存法则有着原生型、再生型、次生型三种道德构型。比较而言,原生型农民工最具有传统型农民色彩,集体代表着乡村生存伦理最质朴的面相;再生型农民工属于拥有农民情感与身份认同的准市民,兼顾农民工的先进性与时代性特征;再生型农民工呈现低龄化趋势,是乡村的不适与反感者,也是都市的羡慕与怨恨者,生存心态上成为伪市民化与去公德化的结合体。

　　农民工的情感认同先天性地与农民靠近却不属于农民;他们在城市谋生中作为生存策略呈现的某些行为,包括积极的公德建构抑或去道德化倾向都可能发生。程序上激活与农民工共享身体主体的农民意识,一定程度上比培育起其市民化公德更加重要和可能。在实践中农民工并不拥有市民权利与身份认同,恰恰相反,被其转化成"城里人"的市民正是他们产生怨恨的理由之一;农民工"缺乏对城市的认同和归属感"①。相反,其对农民先验与经验的认同感中,并不缺乏与社会主义核心价值观相吻合的伦理道德。释放出农民工自我抑制的农民道德,更有可能唤醒其认可的与社会公德相吻合的道德萌芽。农民进城务工的原初动机并非成为市民,而是通过在城市做工实现对依然处于乡野之家的生计供给;当社会努力制度化将农民工市民化时,如此思路内嵌着一种个体化思维与急功近利的城市化效应。让作为农民的农民工内心深处认同的、与社会公德相合意的生存伦理获得承认与引导,比起抽象的"人的城镇化"更加重要。城镇化以及乡村振兴的主体是农民还是农民工,不同的认识及社会治理会对未来都市与乡村的道德构型产生不同的影响。

---

① 朱力:《"群体性偏见与歧视:农民工与市民的摩擦性互动"》,《江海学刊》2001 年第 6 期。

第四节　弥散的家激活乡愁

一、留守者与农民工的相互守望

乡村生活者被城市化与发展主义表征的现代性拆分后再重新进行了意识形态化编码,曾经的在家者转化成了农民工与留守者。留守者在其传播话语中是对象化的他者。在家似乎成为不符合社会发展潮流和方向的那部分,是一种社会至今无法剔除的冗余。在家者因为"剩余",成为被隔离的人。留守话语根本性抽离了在家的正当性,导致其沦入身体在家却"无家可归"的境地,成了支离破碎的家园内的流放者。

在鲍曼看来,"人类废品"现象是现代性剩余中最本质的现象。"人类废品,或者用更准确的说法——废弃的人口的产生,既是现代化不可避免的产物,同时也是现代性不可分离的伴侣。"①祖祖辈辈常态的生活形态——在家者属于现代性"废弃的生命",成为社会福利救助的对象,"有时还会被摈弃于国民基本待遇之外"②,获得拖社会发展后腿的名声。

如今在家者并不拥有完整的家庭生活,表面看他们有正常的社会参与,实际上他们正在去社会化和被社会边缘化,丧失的不只是个人意义感还有社会正当性。因家庭成员疏离,本来属于家系内的伦理和民风逐渐被资本评估将其纳入到市场——社会中,以外包形式接管传统的孝道伦理必须考量的问题,养老院、养老金、商业保险行业介入乡村生老病死的无常。农村养老问题虚假地消失——只在于钱够不够养老。死文化已被市场化殡仪接管,子孙临终关怀与在家寿终正寝成为奢望。传统中国家庭代际关系的核心是"反哺",如今家庭关系的主轴由父子关系向夫妻关系转化,③再到个人主义的变迁,④只为此生的自我中心意识在失去家

---

① [英]齐格蒙特·鲍曼:《废弃的生命》,谷蕾等译,江苏人民出版社2006年版,导言第6页。
② 邹诗鹏:《现代性与剩余》,《学术月刊》2016年第8期。
③ 贺雪峰:《农村家庭代际关系的变动及其影响》,《江海学刊》2008年第4期。
④ 易松国、陈丽云、林昭寰:《从家庭主义到集体主义和个人主义:中国离婚模式的变迁》,《南方论丛》2005年第2期。

之依托后在强化中异化。观照家遭遇的分裂、留守的磨难,现代性的悲剧意味越发深刻。

当今社会宏大叙事与急剧变迁中,村落社会"在一起"的意识及生活意愿不是被代理就是被忽略,村民越发过着一种无主体抑或主体难以实现的生活。

乡野之家出现历史性转折的宏大事件是农民进城务工,时间大致是1990年至今。

农民进城,意味着在家生产方式难以为继,人与家遭遇着社会结构性压力,被迫彼此分离,在一起也难以实现。农民逐渐脱嵌于家所处的地理空间,包括生产方式、生活方式、社会关系等都不再获得完整的乡土性叙事。这一过程是作为生活系统的家被瓦解的过程。家一旦被瓦解,家的自主性就难以实现,最终导向"乡村空心化"。

城市生活系统并没有在文化、社交、情感、社会福利方面将进城务工者纳入城市生活系统。农民进城务工后,物质生活水平总体上比1980年代有所提高,但他们并没有因此获得多少值得欢欣的理由。相反,农民开始过着一种无完善生活系统屏障的生活,两种从未有过的精神创伤一直贯穿生活本身。

其一是置身于陌生的城市底层生活中,体验着被雇佣的艰难。在城市工地、车间的劳动方式是一个被动艰难学习的过程,同时如此劳动方式打破了曾经在家时劳动关系、情感关系、生产关系同步生产的状况。村落社会中由完整生活系统托底的"我"的主体性无法实现,他们在乡村社会中所担负的意义无法在他们被雇佣的城市劳动关系中被带进来。农民在城市可能的唯一价值就是生产性劳动带来的市场价值。他们是如此劳动的直接介入者,却并非劳动的主人,而是一个具有时代色彩的被雇佣者。年复一年地流迁转徙,一旦进入城市,他们几乎都遭遇同一种被雇佣的命运——身体超负荷抗压,出生卑微、能力有限的无能感、无力感被生产出来。置身城市、作为农民工的"我"逐渐对其先前身在家乡的农民身份产生怀疑,这种怀疑是外力诱导的自我否定与自戕。

其二是进城务工的农民,开始体验着离开家的情感折磨。农民工与农民共享着在小农经济中反复抗压的同一身体,城市务工抗压并不能摧垮他们。他们感受的苦痛比劳动强度带来的创伤更加深层次——"离开家才能为了家"的状态长期得不到彻底转变。情感上他们的世界在遥远的乡村——老家,身体上他们又必须深入远离家乡的车间、工厂。情感结构与劳动结构在空间场域、生产方式、社会关系中都被割裂开来,彼此脱嵌。"为了家更美好"的生活信念迫使他们长期处于无依无靠、无法释放的情感压抑与精神孤独中——"想家想疯了"。

作为一种生活方式,农民千年在家的身份认同与归属感在其身份被置换之后,无论是留守者还是进城务工者,都有共同的生活方向——早日回家团聚。为了早日实现身体与精神重返家中,他们唯一能做的就是努力忠诚于资本的逻辑,以身体为本钱,主动承受着最原始的资本剥削,投入到时间、体力抗压等劳动强度更大的工作中。城市作为肉体与精神的双重绞盘,农民一旦进入城市,此绞盘就从未关闸过。"为了家"的生活信念支撑起长达30多年的农民进城生活,力图通过年复一年的艰辛打工劳动,穿越精神、肉体与家分离的黑暗。最终,其中一部人可能会在迟暮之年实现他们最后的愿望——过着在家养老的生活——"第二代留守老人"被生产出来。

"为了家"的价值与实际家计需要的驱动,饱受身体与精神双重的折磨,"努力挣钱"成为农民进城最基本也最强悍的信念。家与农民逐渐发生微妙的变化。家不再能担负起代际间循环式的生活方式,代际之间传递着线性矢量的生活需求。物质表征的都市生活方式中最具有时代感的生活面向成为一家人努力奋斗的目标,如此期待导致无论进城农民如何努力,都无法实现村落社会先前那种相对静止的岁月静好的生活。生活逐渐成为一个黑洞,吞噬着农民所有的能量,却无法实现生活追求与意义的圆满。

过上在家农民生活,还是过上城里人一样的生活,这是第一批、第二批进城务工农民与第三批进城务工农民的主要差别。如此差别对应到村落社会的家庭变化中,就是传统类型的家与西式小家庭生活的差别。小家庭在村落社会逐渐出现,是继农民进城之后家的又一个新转折点。离家导致家被撕裂,小家庭化导致家极可能被终结。

二、"去家化"的"过日子"

社会变迁有多种助力,生活系统抑或"人文生态"①无一例外地都会被重新调整,国家主导的社会变迁在结构中渗入对生活的历史性、日常性明确的政治意图。来自生活本身的生活系统维护与来自政权的对生活系统的塑造、解释,一般而言总是处于抗争之中。试图获得生活系统支配权的政权应以生活系统承认的方式才能处于持久稳定的状态。当有一种力量可以压倒性地控制住生活系统的自主性,则这种权力意志将会在被控制的生活系统中获得足够资源促其壮大。

家不需要从特定的政治话语中寻求其存在的依据,其依据于具有血缘关系的人与自然密切相关性中生成"生活"这一人类学旨趣。在此意义上,家的观念及其正当性比政治更能呈现生活的本质意义。赵旭东认为,"在传统的中国社会,乡村尽管属于文野之别的'野'的范畴,却被树立为国家的根本,其余则为末端"②。乡村为立国之本在于乡村有着完善的家之生活系统。对家的承认与维护中,更广阔的地缘政治及情感如祖国才可能获得家的道义支持。如此一来,家国同构的本源意义在于国之依据由维护人们生活之家的必要性而生。家国同构供养着一个农国,共生着爱农的农政系统。依托于小农经济培育起一个有关家的文化系统,再在主流文化中获得政治承认,成为执政之基。

迄今为止,从君主政治到政党执政的历史变革中,有一点始终没有

---

① 费孝通认为人文生态是指一个社区的人口和社会生产结构各因素间存在着适当的配合,以达到不断再生产的体系。人文生态失调是指这种配合体系中出了问题,劳动生产力日益下降,以致原有生产结构不能维持人口的正常生活和繁殖(参见《费孝通文集》(第十二卷),第362页)。
② 赵旭东:《乡村成为问题与成为问题的中国乡村研究——围绕"晏阳初模式"的知识社会学反思》,《中国社会科学》2008年第3期。

改变:有人依然优先希望生活在家的世界中。政治制度的改变,并没有让家观念获得多少新意;它依然那么古老。国家主动在家国同构中断裂出来,工业、科技、城市化由此获得前所未有的生机,家却被置于孤立无依的境地。

国家从家国同构中抽离出来成为可能,意味着对生活系统的阐释有两个主体:政权和乡民。国家强制力促成社会结构性调整,导致生活系统自主性削弱。乡村生活系统随着国家发展需要处于急速变迁中,自主性和自我解释力越发削弱,维护生活系统性与自主性的愿望则越发增强。乡村生活系统性不再能自主,成为城市社会快速发展的一个隐性成本——家的衰落。正如严海蓉所言:"农村虚空化的过程使农业生产没落了,使农村生活萧条了,使农村的脊梁给抽掉了。这个过程夺走了农村从经济到文化到意识形态上所有的价值。"①如果顺着梁漱溟、钱穆等人家即中国人的教堂、神殿的思路,那么家的衰落,是人的意义世界从一种信仰到另一种信仰的转变。以农民被塑造成农民工为标志,乡野之家、宗庙之家成为城市中心主义现代性宗教的祭礼。曾经实践中的家成为现代社会的幽灵,无处不在,以"拜干爹""兄弟"等利益集团秘密地组织化充斥于当今社会;无处所寄,在文化上借"泛乡愁"集体爆发。

乡村生活系统主要维系生老病死如生养抚育、生产继替等综合的日常生活。这些综合的乡土性是围绕家呈现的。政权对乡村生活系统的破坏主要通过对家的自主性破坏获得。对家的剥夺无异于政权之手将村民从熟悉的家里带到了陌生的都市社会,世代传承的农耕生产方式及经验让位于工业化生产与技术革新,这是农民离家进城才能获得生存机会的叙事。乡民被迫优先适应、服从于更广大的社会法则,而不是乡野中的家体系。完全独立的基于村落社会生活本身的生活系统消失了,留下一个个有关生活的传说和虚浮的愿望,在留守老人与进城务工年轻人那里被反复诉说。前者回溯历史,后者穿越未来。

---

① 严海蓉:《虚空的农村与空虚的主体》,《读书》2005 年第 7 期。

　　对家庭生活的国家介入无疑是导致当代中国家庭内部结构以及个人—家庭—国家关系发生变化的最重要的因素之一。[①] 计划生育将本来属于家内部的生命继替事件强制性塑造成社会性政治事件。乡民体验的国家强制与社会结构调整，更多的是感受到某种莫名的恐惧性力量笼罩着生活。不能自主、惴惴不安成为计划生育政策粗暴实施给生活蒙上的阴影，随后农民以一种顺民形象出现在城市。另一种相对温和的、对家的生产方式具有决定性作用的力量是资本主义。通过粮食、税收、工业化大生产、市场化等政策调整，以及中国卷入全球化体系中，市场经济将小农经济自给的均衡机制打破，乡村沦为提供城市化需要的廉价劳动力、工业化原材料的生产与再生产地。引用波兰尼的话，"很明显的，这样的机制所引起的秩序错乱必然会拆散人与人之间的关系，并且以毁灭来威胁他的自然居所"[②]。生产方式改变对家而言并非根本性的，关键的是这一新的生产方式导致以家为主轴的生活系统受到重创，拉长了人与家的距离，在家生活难以为继。

　　"过日子"逐渐朝着"谋生"转变，这彻底地颠覆掉过日子得以可能的传统文化机制和乡土环境，也导致在家过日子的状态难以为继。过日子逐渐远离了日常生活，失去文化系统、生产方式、社会关系支撑的过日子逐渐褪去生活—日子的伦理本色。生存—谋生的生活处境抽空了生活的伦理性、地方性、乡土性成分，将过日子中关键的人与人的关系转化成人与物的关系，农民进城更多只能以物质为媒介来诠释生命和生活的意义。在城里谋生相对成功的人，生活逐渐沦为一种投资、投机性事业，这却被青年农民工视为正当的生活信念。

　　从在家过日子到进城谋生，不仅仅是生产方式转变与生活阐释窄化、异化，更重要的是对人的意义本身重新改写。这种新认识最大的风险是将长期的生活选择中积淀下来的家这一重要的文化放逐。家文化

[①] 陈映芳：《社会生活正常化：历史转折中的"家庭化"》，《社会学研究》2015 年第 5 期。
[②] ［英］卡尔·波兰尼：《巨变：当代政治与经济的起源》，黄树民译，社会科学文献出版社 2013 年版，第 108 页。

中不仅包含着如何为人和过一种有道德生活的尺度,还蕴含着低廉的社会治理成本。当围绕家的日常生活不再能安放农民的时候,农民作为生产者的主观能动性和消费者的欲望可能在创造和发展的名义下被放大,如此生产和消费不再具有"过日子"中内含的伦理尺度和反思性。在当今城乡二元结构依然难以有所突破的困境中,农民工总体的真实生活处境依然停留在谋生层面,成为城市文明忠实的生产者,又成为乡土文明的自我掘墓者。他们在地基式生产者与超前消费者之间关联,在日渐空心化的乡村老家与无家可归的城中村徘徊,同时在代际更替中被迫再生产出自身。

农民成为进城务工人员后,先前获得的主体经验和主体环境都不复存在,也没有得到国家制度保障和引导,只好由自身去体验无主体生活并努力获得主体性。他们体验到的主体是扭曲的市场和扭曲的家之结合,真正主体沦丧,从而过着一种无主体的生活。尽管如此,家并没有被他们彻底放弃过,依然是支撑他们生活世界的主要图式。现代社会将乡村最稳固的社会关系和道德生活破坏掉又没给他们一种有效的减压机制,残留于内心、基于家的道德观念对他们活着的意义做着最后的挽留。

人与家的分离对于家自主性的实现是致命的。首先,家的自主性需要的乡礼因为无人传承而瓦解。其次,乡村熟人社区互助的道义以及人与生态历史性的维系关系开始松动,成熟的人化自然逐渐荒蛮退化。最后,进城务工初衷只是改变生产方式来满足家计,结果是生计方式、思维习惯、生活视野等都被改变。农民工周期性返乡,也是一个将外面的世界带到乡村社会再传播的过程。有农民工经历的人有一种普遍的感性认同:外面的世界无论多么繁华和现代,依然不比回到家乡踏实、亲切和温暖。都市的繁华(物质性)与回家的安顿感(精神性),任何一方都不在常态的农民生活内部。曾经混沌的、不必进行知识分类的过日子状态,逐渐分裂,生活者唯一能做的,就是努力让被认识到的过日子的分裂感和紧张感弥合。现代都市社会意识形态的吸引以及对家之亲情、乡村熟人社那种留恋感的紧张中,挣更多的钱,以城市人那样的生活方式来持家和养家便是他们的目标。家的自主性不再基于"生活之家"本身,而被外面的世界具有的支配性力量接管,对家再塑造。家仅仅退守到生与死等生命事件、重大节日符号化仪式和象征性功能中,家自主性的物质条件即生产—生活方式的统一性彻底失去土壤——家得以维护的自然要素被功能性废弃。

因为家计远离家,被迫体验个体化都市生存,基于家主导的、属于乡村文化体系一部分的婚配事件开始让位于个人自由选择。人只身于资本主义体系中孤独无依,姻缘式成家,陷入假自由之名的都市资本主义牢笼而终结。家庭衰落起源于个人主义理论,①对整体性家的维护和再生产这一乡礼乡情中的集体行动,让位于无力承担的个体,加速了家的衰亡。

三、历史性乡愁与实践性乡愁

"村落社会"一旦被表述,表述者就取代了村落生活者的主体身份。"村落社会"作为被现代知识分类的一种生活类型的认识,并不在村民的认知结构中。"村落社会"研究范式假价值中立之名,斩断或遮蔽了村民与村落社会的情感关联。忽略村民与村落的情感,是难以获得村民谅解的错误。由家而生的村落,依托于一定的物理空间,生成了文化地理学中的"地方"。"地方"是附着个人情感的、具有主观性的区域,②"价值的凝聚"③,不同主题视作意义、意向或感觉价值的中心,④充满了人们生活的经验和情感,⑤是为主体而存在⑥的世界。村民与村落的关系不只是

---

① [英]伯特兰·罗素:《婚姻革命》,靳建国译,东方出版社 1988 年版,第 117 页。
② Wright J. , "Terrae incognitae: The place of the imagination in geography", *Annals of the Association of American Geographers*, Vol. 37, No. 1, 1947, pp. 1 - 15.
③ Yi-Fu Tuan, *Space and Place: The Perspective of Experience*, Minneapolis: University of Minnesota Press, 1977, p. 6, pp. 48 - 49.
④ [美]艾伦·普瑞德:《结构化历程和地方—地方感和结构的形成过程》,许坤荣译,见夏铸九、王志弘编译《空间的文化形式与社会理论读本》,台北:明文书局 2002 版,第 115—136 页。
⑤ E. Relph, *Place and Placelessness*, London: Pion, 1976, pp. 1 - 55, p. 29.
⑥ R. Peet, *Modern Geographic Thoughts*, Oxford: Blackwell, 1998, p. 128.

与具体地理空间、社会类型的关系,更是一种具有历史积淀的情感与文化联系。这种文化联系不妨可以理解为:乡村文化在家—家乡中聚结。与其说村民生活在村落社会中,不如说他们生活在家—家乡中。他们未必是村落社会当权者,却一定是家乡的主人。比起社会学中"家庭—社会"的组织化分类,村民更愿意在"家—家乡"的文化认知模式中确立起主体身份——"生于斯、死于斯"的乡土观念,扎根于安土重迁与落叶归根的家乡情怀。任何一种发展理念都没有比尊重久远的家乡观念更具有正义性和人性的温度。家乡观念一旦消失,意味着人与地理空间之间生成的意义关系断裂,地方性文化被祛魅,人们赖以生活的区域没有乡情庇护处于文化裸露之中。在"乡村振兴"日趋凸显的语境中,让人们继续拥有在家生活并让"家乡"成为村民持续的文化情怀显得尤为重要。村民在场、内生于家的家乡观念正在遭受现代性消极因素的驱逐;同时,"乡愁"正在都市社会中游荡。泛滥的乡愁能否引导进城务工农民归乡,还是与家乡彻底告别时做最后的文化扬幡,一切都还在不确定中。

乡愁背后,不是乡愁者生活方式遭遇空间转换,就是家乡已经遭遇变迁。依照乡愁所寄对象——故乡或家乡,可以分为历史性乡愁与实践性乡愁。

历史性乡愁的对象是故乡。故乡,是家曾经融入的区域历史、地方文化、生活体验、个人情感场域。家乡到故乡的话语转换,意味着在家不再成为一种生活常态,而是生命体验中曾经的历史。拥有故乡的人不再是家乡的主人,主体身份不再属于家、家乡。伴随历史性乡愁的生成,乡愁主体退出家乡、家园文化地理中的实践。文化与地理相分离,乡愁所寄的地方性优越感被现实反复挫伤直至消失。家乡优越感的消失伴随着情感抽离家园实践而消退,地方性与主体性被宏观的、他者叙事篡改。尽管如此,拥有故乡感的珍贵在于个人与社会之间沟通着历史。这一点,被作家敏感地捕捉到。1991年,王朔在《动物凶猛》中写道:"我羡慕那些来自乡村的人,在他们的记忆里总有一个回味无穷的故乡,尽管故乡其实可能是个贫困凋敝毫无诗意的僻壤,但只要他们乐意,便可以尽情地遐想自己丢失殆尽的某些东西仍可靠地寄存在那个一无所知的故乡,从而自我原宥和自我慰藉。"地方性一旦被都市化、向都市化,导致家乡、家园在现代性中迷失,抽象的普遍性勾连着城市与乡村,人类共性的乡愁竞生。

在当代城乡关系中来看,历史性乡愁抒叹者更多属于来自乡村、扎根都市且深受都市文明影响的新生代市民。拥有故乡的人未必对都市生活形态有多大程度承认,却俨然成为家乡的外来者、陌生人,属于家历史性而非实践性的主体。家乡只存留着被叙述的碎片化记忆,如此叙述不乏想象、幻想的成分。一旦家乡必须转换成故乡来言说,言说者往往正遭受着主体与家乡分离且清晰地感知到的文化苦楚。即使远离家乡、新的都市身份获得社会性成功,依然可以视为是安土重迁的中国人的生命哲学灾难。从家乡到故乡,对于更多的农民而言,主要是遭遇的重大社会变迁是在"号呼而转徙"中完成的。拥有家乡的安定性到异乡的漂泊感,注定了迁徙者拥有未知的命运。如此命运的未知性,再也不能在家的体系中获得拯救。对家、家乡的捍卫和无法舍弃的情感,成就了搬迁者挣扎中依然无须遮蔽的本体性捍卫,搬的不是别的,而是家——"搬家"。搬迁者清楚,家是永远搬不走的,家只可能存在于家之家的地方——家乡。故乡如今成为一个有生命力的当代话语关键词之一,暗示着家乡的消失,对应着被外在观看的"乡村空心化"。随之,一方面是地产业、城市化的欣欣向荣;另一方面,越来越多的中国人正在失去灵魂的寄托处。

从家乡到故乡,是中国重大社会变迁、社会转型中最具有文化性的两个关键词和过程,连接着人对安定生活的仰望与为此努力的不可控命运。任何一种乡愁,都有灾难要素,不是时代的,就是个人情感的。如此灾难是乡土性与怀乡者精神的双重伤害。乡愁产生意味着两种文明断裂、对抗、征用等非自觉的文明变迁正在发生,被裹挟其中的个体或者群体无奈地体验、承受着迁徙、文化震惊的苦难。有序、良态的文明不会生产制度性、普遍性乡愁。前现代社会乡愁相对私人化、区域化,属于一种弥散性乡愁。只有在现代城市文明被夸张强调之后乡愁才会在整个社会层面、广大区域之间交错着集体爆发。普遍性成为现代性乡愁的一种特性。尤其是中国当代城市化主导的急剧人口流动与社会变迁,生产出制度性乡愁。制度性乡愁一般伴随武力、权力的影子,如今该名册中还要添上资本。

乡愁这一修辞式表述浸染着中国人复杂的文化意义和情感,成为中国人一种基本的情感结构。乡愁的基调是苦涩,对应着生命寻根意识和身份寻求的不如意感。作为一般概念的乡愁是不朽的。现代文明中的乡愁是人获得了更大自由之后对自由本身反思的意识:嵌入生命本身的一段历史和经验中析出的稳定生活同样是珍贵的,值得拥有。乡愁的本质在于,人类宏大事件中总只有部分群体甚至具体的个人介入其中,绝大多数人基本的生存状态依然是过着地方性在乡生活。一旦所有人都在流动中无乡可依可寄,乡愁自然终结。乡愁的苦涩体验中掺和着对拥有相对稳定的地缘生活认同与有乡、在乡生活的羡慕感。求得心安与身体的不自由似乎贯穿现代文明本身,社会结构的内在张力注定乡愁是一种遥遥无期、难以终结的现代文明情愫,也可以视为是都市文明的一种病。

与个人历史、经历及内在文化情怀之间的复杂关联以及个体化体验密切相关,乡愁成为生命的中段,连接着离乡前后的生命体验及文化自觉。生命中段往往获得了对喜怒哀乐有所克制并且慎思处理的能力,乡愁成为一种反思。"乡愁"在词源上,混合着"返乡"与"怀想"两种情绪,是一种丧失和位移,也是个人与自己的想象的浪漫纠葛。① 家乡—故乡不可分割地成为生命直觉的一部分,咏叹乡愁的失意更容易获得诗意气质。

历史性乡愁属于背叛乡村主体又希望获得乡村原谅与承认的文化心理。它带着乡村异文明的视野对回望与想象乡村。如今,历史性乡愁

---

① [美]博伊姆:《怀旧的未来》,杨德友译,译林出版社2010年版,第2页。

属于城市小资亚文化的一种,却主要由文人、知识分子抑或通过文人情调表现出来。这未必是都市文明的劣根性,恰恰说明都市文明依然携带着乡村文化基因,将乡土性追赋成都市文化的一部分,从而都市文化中容易滋生一种泛乡愁气质。以此见证现代性都市与乡村区隔化的优越感,又缺乏正视城市与乡村历史性关系的勇气,景观化、修辞化、图片化乡愁逐渐借助微博、微信等自媒体溢散开来。地方特产、尚在老家母亲的厨艺大比拼——妈妈做的菜,诸如此类的晒乡愁充斥着互联网自媒体空间。这些人主要是自认为根在乡原,又坚决在城市再生根发芽、不再回乡的年轻人——借此来缓解淡化历史造成的身份焦虑。负责任的都市文明,无须制造历史性乡愁文化景观,只需要正视城乡历史性文化关联。历史性乡愁泛滥,正是城市文明对乡村剥夺欲盖弥彰及自我辩护的表现。

当城市文明也生产实践性乡愁,意味着城市对乡村的剥夺疯狂且赤裸裸,连历史性乡愁尚有的微弱反思意识都不再顾及。前现代社会历史性乡愁生产中,尚会伴随不是衣锦还乡,就是告老还乡等被乡土性推崇的举措。如今还乡被视为在城市生存能力严重缺乏,甚至有着被高度道德污名化的危险。乡村"没有前途"被当代社会建构起来,获得包含城市、乡村两种生存心态近乎一致的认同。前现代社会随着个人生命周期,以人为本集约的资源尚能周期性在城乡之间适度循环,如此状况如今被城市矢量单向度吞噬。激进的城市化吸纳与剥夺乡村人力资源,强化了实践性乡愁朝历史性乡愁转化,加剧了城市对乡村凡是能被视为资源的要素的全方位依附程度,短时间内批量生成属于城市主体的历史性乡愁。如此乡愁在当今城市气质中容易呈现消费性与景观性,彻底颠覆了乡愁原初触动——抽离于乡村却不乏对乡村的敬畏、基本尊重与反哺。历史性乡愁泛滥,意味着城市化正在不道德中进行——剥夺乡村且为此抒情。掩盖城市对乡村的剥夺,生成都市暴力美学,化身"温软"的乡愁,让未必自信且不能自助的城市主体获得已具悲剧性的乡村情怀救赎,缓解都市身份危机焦虑。

实践性乡愁的对象是家乡。农民工在都市艰难而无根的生活体验中弥漫着乡愁,此时的乡愁不再有诗意,是都市文明雾霾对乡土性灵的入侵且难以看到光明。他们看不到希望之隐喻的远方。此时空间上的远方,对于他们而言,是偏远,落后,贫困,老屋,衰老的父母、被留守的孩子——是家的方向。将文艺化、时尚化、小资化的乡愁和进城农民联系在一起对他们而言是一种伤害。农民自离开家乡踏入城市那一刻起,用"想家"这个词,更容易表达出他们在都市生活中的累感和苦感这一真实的生存处境。如此生活处境始终围绕家展开:离家—想家—回家,再离家……关键词是家。

想家,这种扎根于乡土生活、嵌入都市民工群体的心态,伴随着城市化,从未消失过,也从未缓解过。想家话语,并不在文艺美学的脉络中,也总是在小资式泛乡愁景观中湮没。"想家"嵌入的都市底层生活有一种深刻的悲剧性。这一悲剧并没有强烈的戏剧感,而是一种单调的重复,悄无声息地承受,默默地受伤——一种充满悲剧感的生活方式撑起都市文明和发展主义的喧闹、繁华。葛兰西认为,农民群众虽然在生产界起着必不可少的作用,但并未创造出自己有机的知识界。① 在现代传媒装置中表达自身的能力有限,又没有属于自己的知识分子,而且压根就没有咏叹乡愁的闲暇。进城农民的乡愁无法系统化、文本化地由自身表达出来。在现代信息传播中,乡愁中并没有农民想家的位置。

没有离乡,何来乡愁? 农民在乡如果有愁苦,更多只是生理满足层面的生存危机——饥饿、疾病。为了应对这些危机,农民被迫离家,成为都市里的陌生人。农民与家乡分离,并没有因为其身处都市而拥有多少系统的都市文化关怀。仅仅在进城做工意义上,他们获得了承认。流动在城市与乡村之间,使进城农民拥有了思乡的情怀,也拥有了漂泊的心绪。虽然这些情感表象上与生活在异乡或异国的游子具有某种共同感受,可是在封闭的列车里,他们很难分享那份进行中的"希望之旅",而更

---

① [意]安东尼奥·葛兰西:《狱中札记》,曹雷雨等译,中国社会科学出版社 2000 年版,第 2 页。

多品尝到背井离乡的流浪之歌,尽管他们远没有流浪者的潇洒和"漂一代"的浪漫。[1] 被工人化的农民,只能属于文化范畴却并不具有文化性地自我拯救——想家。他们坚信家从不会抛弃他们,因为他们自始至终都没有背叛家,远离家恰恰是为了那个空间遥远、心理从未疏远的家。相对于现代都市文明近乎天然的对农民的拒绝,他们想家的信念,源自家作为整体性的文化体系,对人生老病死及心灵安顿的能力——历史地来看,尽管家在近现代思想史中遭遇质疑和批判,其在实践中一直没有被彻底替代,至今其虽在衰退却并没有彻底消失的迹象。应该从家族主义、封建主义、专制主义这种话语中解放出来,对家与中国人的关系予以重新反思。家文化中隐藏着对被现代文明困扰的身体自由—心灵安顿的救赎能力。

从家乡到故乡,是当今社会变迁中具有强烈文化性的两个关键词和过程,连接着人对安定美好生活的仰望与为此努力的不可控的命运。"家乡既荡尽,远近理亦齐",失去地点的文化滋养,家乡难以成为主体文化自觉的空间坐标。没有家乡意识的社会形态,注定安定的生活只可能成为漂泊,经"搬家"连接的生活无法获得过日子的理想常态。

以城市化与农民工进城作为理解当代乡村人口变迁的一个线索,现时和曾经的乡村生活者主要被分类成留守者、进城务工者、在城里扎根的跳出农门者三类人。跳出农门者更容易获得新的都市身份认同,家乡旋即成为故乡。地方政府城市化率的追求中,有购买能力的农民工率先跻身于城市有房一族,正在家乡到故乡的夹缝中疲于适应。家乡对于留守儿童而言,是父母不在身边的破败、落后的地方,在现代化空间鄙视链中留守就是从小获得地缘羞耻感的成长过程,难以养成亲乡土性、亲地方性情感;怨恨式逃离与对城市的向往是其"高远理想"。有资格言及家乡的主体只剩下老弱病残者——家乡正在死亡。当我们说到家乡时,话语结构正在生成他者的故事。

---

[1] 张慧瑜:《遮蔽与凸显:作为社会修辞的"农民工"》,见薛毅编《乡土中国与文化研究》,上海书店出版社 2008 年版,第 524 页。

人生物性、社会性身份的文化胚胎由家乡哺育,身份中浓郁的家乡气息,引发我们对空间简单却强有力的区分,家乡之外,只不过是"别的地方";文化地理认同上也难以再成为别的地方人。在"别的地方"获得一种主体性身份认同,往往并非欣然自愿,有着非个人可控因素的裹挟,伴随着身体、记忆与归属感的纠缠。如此离家出走的冒险,往往由"为了家"与必须返回的信念予以支持。持家、维护家园式的离家出走,现代性拖拽着其走上不归路,怀揣着预期返回的信仰迈开第一步时,已经在现代性对家乡的绑架中发出命令式的回答——不可能返回,诚如马丁·海德格尔的"存在中的无家可归"。尽管如此,家乡给予的难以改变的东西,长相、口音、民俗信仰,口味与食物构成偏好,记忆的共像,依然会随附新的主体在别的地方流浪。它使新的主体区别于别的人又尝试着在社会交往中将其掩藏。万变又不乏程式化的都市生活中,在陌生人彼此友善又不乏警惕的社交中,我们难以看到各自家乡的印记,唯有"陌生"让大家彼此相似。相顾无相识,徙倚欲何依。彼此不经意的流露,抑或有意的隐藏,都对应着一个个天南海北的家乡。现代性的魔力抑或作为其壮大的手段,正是偷走家乡、赋予各自文化身份统一性的社会塑造,留下故乡——祖辈基地和自己的出生地,在都市陌生的街头,嘻哈、严肃或虚假的亲密中,悄然在城市扬起为家乡招魂的经幡。

被偷走的家乡,依然会复杂微妙地构成人们对其新处情境评估、移情、联想的基础。当我们不经意地自认为以全新的主体融入到别处如城市,获得新的身份时,家乡依然成为获得新身份后壮大自己的依据,它从未消失,只是没有被在意过。

对现代性无家可归的洞察,海德格尔将家乡从其发生地解放出来,推延到"将现代人类的无家可归状态从存在的历史的本性那里加以思忖。……这么理解的无家可归状态就在于存在者对于存在的遗弃,它是存在遗忘状态的症状"①。在此意义上现代社会的故乡就是对原生性家、

---

① M. Heidegger, *Wegmarken*, Band 9, Frankfurt: V. Klostermann, 1976, pp. 338 – 339.

家乡的背离之后制造的一种虚无的想象。来自家乡召唤的乡愁情结,对现代性的消极后果进行了温柔乏力的质疑。故乡,是家对生活者最后的挽留;是生活者肉身离家出走后家乡对其温情又不失严厉的心灵鞭笞——受现代性挟持的我们正在受此折磨。

如果将故乡理解成思怀的对应物,那么故乡就是主体无法或不再在场的地方。可能它在沧海桑田中流逝地方性,成为一个符号化的记忆巢穴,抑或脱离曾经养育主体的地方尚是地缘子嗣的家乡。故乡不具备家乡那样明显的物化属性和身体实践,它只不过是情感中对曾经有我之地的历史追忆,寄附于我的主体自觉与对生命历程的反思中,属于过去式主体的现时存留。已经、正在失去家乡的人成为提升城市化率的新生贡献者,当其不再拥有追忆故乡的能力,抑或新生成的主体身份颠覆了如此记忆中的情感认同,也就意味着故乡的死亡与家乡相称主体的消失——地方性的终结。

尚有乡愁感的人、想家的人,意味着其在异乡新的身份自我认同并没有形成,至少在情感上坚守着过去的时空与情感结构。生活在都市文明内部这种有关家的残留又顽强的信念,是现代性内部一种不可缺少的要素,还是现代性尚未完成对人全新的身份塑造?无论属于哪一种,这种可贵的有关家、家乡的念头中,是否蕴含着重塑城乡关系的积极资源?乡愁的前途只有三种可能。其一是随着城市化率提升与都市文明的完善,彻底地终结乡愁;其二是让乡愁成为现代性内部不可缺少的一部分,让想家者继续为城市负重;其三就是顺着乡愁的方向——回家。

第五节 乡村振兴与家的重建

一、回家

在有关家的认知模型基础之上,从家的发生和其变迁的谱系中发现,中国人的一种认知图式——拟家化,成为人们思考自身及其与世界关系的一种演绎框架。在普遍性拟家化中生成的相对稳定的社会类型不妨称为"类家社会"。乡野之家是类家社会发生的原初场域。我们习惯于"以某某为家"的句式来强调个体与团体的共生关系,如此语言习惯中隐含着人们偏好于以类家社会来理解己与其所属团体或组织的共同体性关系,以此确立自我身份认同与所属环境的统一性。此类心理投射有学者解释道,源于直接经验的小小的世界的边缘分布着比通过象征意义见解知道的大得多的区域。① 类家社会形成有三个源头。其一是农民进城务工尝试拟家化生存,包括城市底层原居民、城市新贫民都有如此倾向,属于民间拟家化。其二是新自由主义内在的资本聚结驱动,刺激着富人在"一家人"的名义下充分利用家的合作精神,达成财富积累与集中的关系化运作,属于资本拟家化。其三是被滥用的权力从上而下巩固利益,将家视为一个利益集团展开运作,属于权力拟家化。权力之家与资本之家的竞争、合谋中形成强大的政商之家,与平民之家形成微妙的紧张关系。异化的家巢居于现代社会关系中,借助于工具理性精神以及与将之制度化的现代官僚体系精微地结合到一起,让当代中国现代性显得异常吊诡且复杂。进城务工者率先在以上各种家的较量中,以失败与反思的姿态撤身而退,尝试着修复与家的关系——"回家"在乡愁中被召唤。这是农民历经三十年进城务工史后最艰难的决定,也是期待能早日实现的行动。即使不能再生活在系统的乡野之家中,也希望在精神原乡安顿残生。尤其是第一批农民工,"在他们的情感结构中,'乡村'依然是存在的,而且是作为'家'存在的——当他们在城市感觉到'无所适从'时,他们能够'回家',乡村能够带给他们情感上的慰藉"②。不过,此时乡村的意义可能需要重新改写——回到乡村,却回不到家园,地方性和主体性从乡村中消失。他们主观心态渴望再融入的乡村,不再是对返乡的进城务工者永久性地接纳;迎回主人的乡村,成为"现代性剩余"的回收

---

① A. Irving Hallowell, *Culture and Experience*, Philadelphia: University of Pennsylvania Press, 1955, pp. 192 - 193.

② 戴哲:《从农民到农民工——论 1990 年代以来的乡村书写》,博士学位论文,2013 年,第180 页。

站——未来已至。

实践性乡愁属于生活无法切割的一种情感,终结乡愁是实践的目标。进城务工者承受着城市底层生活苦难,其目的不是历史性强化乡愁而是需要消弭乡愁。他们是乡愁的被动受害者。"想家",是进城务工者基本的生活气质。如此乡愁与生活相纠缠,决斗姿态中酝酿着乡村文明保全与坚守的可能,有着生活类型多样性与正当性的诉求。

与"想家"做斗争,进城务工者最直率、最可能的方案就是"回家"——回归到心灵的、精神的家园,只有这样才能使自己的情感和心理得到一种妥帖的安顿;另一方面,这种乡愁也促使人们对现实进行改造,使现实能够符合或接近理想家园的要求。以此角度,乡愁有一种现实的价值,它引导、促使着人们不断追逐梦想、改变现实,趋近于至善,升华人们的精神世界,也规范人们的现实生活。① 易言之,实践性乡愁是当代逆城市化、乡村建设的一种精神宣导。

根治"空心村"的关键在于引导要素回流乡村,②最具有能动性的要素莫过于人。这里的回流,应该具有双重指涉——实现身体朝乡村的位移到稳定性、持续性安顿,也就是经由"回家"这一过程实现最终的"在家"。农民不但是农村重要的生产性要素,而且是构成与都市相对应的人类文明体——乡村之精神性要素。自由、自愿意义的返回,是情感、空间的复合行动,是有着明确方向的矢量。回家,不仅包含着家所属的空间位置所界定的方向,还包含着生活者—家的情感维度,并非只是简单的从一个空间到另一个空间的位移,更不是一般意义上的返乡创业。返乡创业,来自城市对其未来谋划中炮制出的关涉农民工的一种修辞,很大程度上是基于创造美好城市理念中清理低端城市劳动力的一种策略,发达的、高科技表征且深受城市病折磨的大都市已经不需要、容不下主要是来自农村的低端生产要素。一度被城市化认为必不可少的建设者

---

① 章伟文:《城化、乡愁与精神文化之原乡》,《当代中国价值观研究》2017 年第 1 期。
② 温铁军:《农村改革要解决农业三要素流出问题》,《农村工作通讯》2013 年第 1 期。

的农民工,部分地被视为城市的拖累者和冗余;返乡创业,连接着城市净化、升级和农民新生活的再构想。生活者一家复杂的情感、文化关系产生了人在物理空间上位移的驱动力,表达出人情感的坚韧与穿越性驱动,这在当代不是一个人的故事,而是同一类人的身心所向。如果没有城乡关系的重大调整,"回家"只是日常生活中并不具有社会结构意义的语词,其中表达的情感也处于稳定的、体系化的家这一村落内部的日常生活之中。城乡关系调整导致人与家在物理空间上远距离分离,生活者一家的情感关系及认知发生重大转变。尽管城市化如今获得物质层面的繁荣景象,作为群体的农民工依然将乡野之家视为是返回的方向。返回是对当今思想界重视的文化认同和心理归属等身份认定的一种积极的实践。城市化在"趋势""必然"的发展主义话语中,理应不仅成为人们常态生活的物理空间,也应该成为人们情感认定的方向和归属。如今,历史上生活于家中的城市定居者视身体到乡村为"去",而农民工却依然坚定地认定是"返回"。这意味着城乡之间,内在的自我认定与归属有着明显的差别;城乡关系对家的认知发生了历史性置换。学术界并不缺乏有关农民工返乡的研究,更多只取"返回"结构维度分析,"返回"与家的情感、文化关联及自我认同遭遇忽略。这种忽略,却正在由与老家依然发生着情感还有实际社会关系的人无奈地体验着。

人、家一体的在家生活,掌管着乡土中国的世俗和精神事务。前现代社会政治权威依托于家这一完整的生活系统,如果没有一个托克维尔所谓的"照耀未来"的过去,政治权威就不可能巩固。传统性礼俗废弛,无异于抽空了政治意志的本土资源。现代性已经渗透到中国人生活的各个角落,对现代性的反思及其超越牵涉到的价值、信仰、社会、政治,尚未能建立起一套足以完全取代传统文化的系统。乡土社会和古老中国的许多传统,都根植于中国人的精神深处,体现出一种信仰和活着的尊严维护,构成一个民族整体的文化资源和本土精神内核。对这些精神性资源的破坏和稀释将给施政带来许多困难。作为一个西方思想为来源的执政党,它在当代中国、在何种程度上融入中国本土的文化资源并获

得认同,尚需进一步探索。有意忽略和摒弃扎根于家庭伦理的本土精神
财富,可能滋生一种风险——政治意图和生活理想在理念和理解层面双
重断裂。父母、子女在时空、情感上本来密不可分的"一家人",如今被分
解成农民工、留守老人、留守儿童这种似乎彼此无关、抽空人伦的冰冷话
语,"折射出我国公共政策中家庭视角的缺失"①。农民工"回家"的仰望、
在家老人的期盼一起构成方村近年来乡村建设的自觉意识,如此自觉意
识正在为转化成随时"回家"做出最务实的探索。仅靠村民对家的自觉
捍卫远远不够,唯有国家真正地意识到乡村作为一种生活系统的重要
性,以及应该获得与城市对等的政治资源,城乡关系夹缝中的广大农民
才可能有着一条生路,农民才可能回归到完整的"过日子"意义建构中。
不仅亟须"将家庭视角纳入公共政策"②,更需要公共政策中充分保证人
与家至今无法割舍的情感关联。如此关联不仅是社会治理中以人为本
的践行,也是对中国人特有生命哲学的尊重——人们期待不仅过上有家
庭的生活,更希望过着有家、在家的生活。社会政策对家保持敬畏之心,
是乡村建设、处理城乡关系的应有之义。

　　家本来不该是一个思考的对象,它的价值在于其文化层面可贵的沉
默与坚韧,生活实践中对过日子的忠诚。远方的家、古老的家并没有离
开现代社会多远。在很短时间内中国人创造了人类奇迹式的大发展,家
发挥着应有的功能却未获得应得的名声。权力与资本,视家为一种资源
做出最大化的发挥;同时家又成为现代社会兴起的成本,付出了沉重的
代价。以上两种事实长时的顽强与持续,都可以归结为这样一种认识:
中国人视不负于家为基本的生存品格,将家发扬光大为生活的理想目
标。中国老话有"国之本在家"及"积家而成国"之说,中国式的"家"若不
能满足人意义感的实现,抑或是国家去家化的过程。在此意义上,以家
为本的乡村振兴则可超越这一战略本身的政治意义,逐渐培育起现代性

<hr>

① 徐晓新、张秀兰:《将家庭视角纳入公共政策——基于流动儿童义务教育政策演进的分析》,
　《中国社会科学》2016年第6期。
② 同上文。

中"有家""在家"的华夏文明。

二、新建家园

伴随城市化兴起与小家庭化实现,单向度发展主义对城市—家庭的现代化模式追求中,抽空了乡村—家这一古老、成熟的生存样态维系所需的资源,乡野之家已时空脱嵌于乡土性温床。应对社会结构对"在家"生活的挤压,构成农民工叙事的乡村生活者并没有背离其离家出走的初衷——"为了家",而被迫离乡寄附于城市谋生;曾经主位定居的地方成为非生产性与非文化累积性的暂居、栖身之地。农民工周期性回家成为家乡来客;留守者成为困在地方的流放者。对家庭成员身份区隔化再造,作为生活系统的乡土性被社会结构性肢解,引发乡村空心化。乡村空心化即乡村的"去家化"。家瓦解了,乡村随之坍塌;乡村的衰落,本质上是家的衰落。

"时空压缩"已经是人们日常生活中稀松平常的经历,[1]加之城市居家空间商品化的易变性,已经让人与土地曾经坚固的情感、祖赋权力关系显得轻浮而善变,再也难以在以家为本中生成强烈的生态伦理,对地点做出本体性的捍卫。只追求小家庭及其空间营造,已经遗弃了地点意义的家的根基,人们不再生活于对文化、情感自觉捍卫的地点,游离于不同的、情感稀释的空间,地方性也随之烟消云散。

基于对家的宗教式信仰,家的召唤与对家的虔诚一定程度上缓解了血缘、地缘共同体遭到现代性彻底瓦解的风险。"为了家"中期待的返回,对应着的不仅是乡野家计的满足,还有对家乡共同体的留恋与归属,为了各自的家政中兼顾主体间性的地方使命感。家在乡村与城市、现实与虚幻、世俗与神圣间搭起的桥梁,让乡村历史性主体在操劳与恋地的人世间找到精神支柱,给予他们俯身大地,心属家乡的一种平常、真实的

---

① [美]大卫·哈维:《时空之间:关于地理学想像的省思》,王志弘译,见夏铸九、王志弘编译《空间的文化形式与社会理论读本》,台北:明文书局 2002 年版,第 47—80 页。

世界。借助现代性自反性的催醒,阶层化的社会结构与差别化的地缘意识形态再造的地方性,因为家的扎根意识,乡村依然被其现实的主体视为天国。这无关物质、发展的社会意向,而是本体的生命自觉对空间—情感的正当回应,如此生存心态理应成为振兴与想象未来乡村的哲学依据。"去家化"与"乡愁"作为现代性的一个矛盾体之双方,意味着具有坚韧性的家与日趋脆弱的乡土性之间的纠缠仍在继续。善待人与家的关系,激活家的文化心理与支援意识,尚且是应对社会不确定性具有优势的非制度式生活策略,依然被"乡下人"经验式运用。

乡野之家以关系本位与生态伦理为依托,兼顾共同体精神与现代社区自治意识,寄托着人类普遍性追求的群体感、认同感、归属感,是在经验中培育起的现实的、具体的生活类型。与华夏文明共生、同在,历经千年的乡野之家与乡土性,在百年来的衰落,尤其是近三十年的快速瓦解,足以引起我们将之上升到哲学层面再反思。中国式有家的乡土性中人与人、人与自然的关系伦理对亲密性、亲自然性的维护,共享地方性的同居带来的非制度化福利,以及规避个体化与陌生人社会的风险能力,并没有被向来自诩优越的现代性所超越。当我们不能赋予"家"在现代社会和政治学中一个应得的位置,无异于根本上斩除掉"家国一体"的文化认同和国家治理的本土化智慧。如此现代性反思很大程度上难以跳出西方的窠臼,不过是缘木求鱼。围绕乡村振兴,如果我们不能给予"在家"从文化到政治的承诺,乡村也只能是现代文明中政治抒情的一个空洞标签,难以获得本土化反思式的可持续性与内生资源。乡村,不再该理解为"三农"意义上问题解决方案的出路和亟须解决拖城市后腿的对象。以"家"为核的乡村在当代的意义已经超越地方性和城乡关系的二元分析结构;对乡村的反思需要挣脱被城市文明建构起来、狭隘且不乏偏见的问题化"三农"意识。唯有从乡村到家的还原,在地理空间中再培育领地维度的生命自觉意识,扎根于地方归属和认同感,才能在家国一体的框架中,获得乡村振兴和缓解城乡紧张关系的根本之道。将返回乡土性融入到中国哲学与经验的双重肌理中,获得从地方到全球的中国式样本,这是"家"进入理论的现实路径。家乡作为家之存在的地方,我们很难将"回家"与"返乡"拆分成两个孤立的身体流动事件,恰恰相反,它们共享同一种意义指向——回到本体意义的地方。当我们反思乡土性与家时,旨在从家、家乡再出发的文化召唤,重估乡土性与现代性的关系,重塑"家"在不确定的现代性中的阿基米德支点地位。

乡村振兴,即"家"的重建。"家"虽时有变动但亦未脱离其在社会和文化—心理结构中的总体性位置。[①] 从回家到在家的文化引导与制度规范,保全以家为本的地方性生活方式,是乡村振兴总体性理念与路径。如此期待的价值并非是追古与逆全球化、现代化的退出,而正是评估当今全球化、现代化、城市化、个体化基础之上,对工业文明带来的自然破坏和人心崩溃提供让家园重生的反思性样本,为现代性风险与问题化解探索一种本土化资源与中国式方案。

---

① 肖瑛:《"家"作为方法:中国社会理论的一种尝试》,《中国社会科学》2020 年第 11 期。

主要参考文献

一、专著

1. 马克思恩格斯选集. 第 1 卷. 北京:人民出版社,1972

2. 马克思.1844 年:经济学哲学手稿. 北京:中共中央马克思、恩格斯、列宁、斯大林著作编译局,2000

3. 曹锦清. 黄河边的中国. 上海:上海文艺出版社,2000

4. 陈辉."过日子":农民的生活伦理北京:社会科学文献出版社,2015

5. 陈向明. 教师如何做质的研究. 北京:教育科学出版社,2001

6. 陈向明. 质的研究方法与社会科学研究. 北京:教育科学出版社,2000

7. 邓正来,亚历山大. 国家与市民社会. 北京:中央编译出版社,2002

8. 翟学伟. 人情、面子与权力的再生产. 北京:北京大学出版社,2005

9. 范晔. 后汉书·卷五十四·杨震列传第四十四

10. 费孝通,鹤见和子. 农村新兴的小城镇问题. 南京:江苏人民出版社,1991

11. 费孝通. 乡土中国·生育制度·乡土重建. 北京:商务印书

367

馆,2014

    12. 费孝通.云南三村.北京:社会科学文献出版社,2006

    13. 费孝通.中国绅士.惠海鸣译.北京:中国社会科学出版社,2006

    14. 费孝通文集.第4卷.北京:群言出版社,1999

    15. 费孝通文集第12卷.北京:群育出版社,1999

    16. 费孝通文集第5卷.北京:群育出版社,1999

    17. 葛兆光.道教与中国文化.上海:上海人民出版社,1987

    18. 葛兆光.古代中国文化讲义.上海:复旦大学出版社,2015

    19. 葛兆光.思想史的写法.上海:复旦大学出版社,1998

    20. 韩敏.回应革命与改革:皖北李村的社会变迁与延续.陆益龙等译.南京:江苏人民出版社,2007

    21. 何海狮.家屋与家仙.北京:社会科学文献出版社,2015

    22. 贺雪峰.乡村社会关键词.济南:山东人民出版社,2010

    23. [美]黄宗智.长江三角洲小农家庭与乡村发展.北京:中华书局,1992

    24. [法]劳格文主编.客家传统社会.北京:中华书局,2001

    25. 李昌平.我向总理说实话.西安:陕西人民出版社,2009

    26. 李昌平.信仰、革命与权力秩序.上海:上海人民出版社,2006

    27. 李革新.走向精神与生命的融合——舍勒的人格现象学研究.上海:同济大学出版社,2011

    28. 李友梅等.从弥散到秩序:"制度与生活"视野下的中国社会变迁(1921—2011).北京:中国大百科全书出版社,2011

    29. 李泽厚.人类学历史本体论.天津:天津社会科学出版社,2010

    30. 李泽厚.李泽厚近年答问录.天津:天津社会科学院出版社,2006

    31. 梁漱溟.东西方文化及其哲学.北京:商务印书馆 2010

    32. 梁漱溟.乡村建设理论.上海:上海人民出版社,2011

    33. 梁漱溟.中国文化要义.上海:上海人民出版社,2005

    34. 梁漱溟全集.第1卷.济南:山东人民出版社,2010

35. 梁漱溟全集.第3卷.济南:山东人民出版社,2006

36. 鲁迅全集.第1卷.北京:人民文学出版社,1981

37. 鲁迅全集.第4卷.北京:人民文学出版社,2005

38. 麻国庆.家与中国社会结构.北京:文物出版社,1999

39. 麻国庆.永远的家.北京:北京大学出版社,2009

40. 马敏.官商之间——社会剧变中的近代绅商.天津:天津人民出版社.1995

41. 马其昶.桐城耆旧传.毛伯舟点注/校注.合肥:黄山书社,1990

42. 欧阳静.策略主义:桔镇运作的逻辑.北京:中国政法大学出版社,2011

43. 潘光旦.儒家的社会思想.北京:北京大学出版社,2010

44. 潘光旦文集.第10卷.北京:北京大学出版社,2000

45. 钱穆.湖上闲思录.北京:生活·读书·新知三联书店,2005

46. 钱穆.灵魂与心.北京:九州出版社,2011

47. 钱穆.晚学盲言.桂林:广西师范大学出版社,2004

48. 钱穆.中国文化史导论.北京:商务印书馆,1994

49. 秦晖.传统十论——本土社会的制度文化与其变革.上海:复旦大学出版社,2003

50. 宋丽娜.熟人社会是如何可能的:乡土社会的人情与人情秩序.北京:社会科学文献出版社,2014

51. 苏国勋.当代西方著名哲学家评传第十卷·社会哲学.济南:山东人民出版社,1996

52. [美]孙隆基.中国文化的深层结构.南宁:广西师范大学出版社,2004

53. 孙向晨.论家:个体与亲亲.上海:华东师范大学出版社,2019

54. 谭同学.桥村有道.北京:生活·读书·新知三联书店,2010

55. 谭同学.双面人:转型乡村中的人生、欲望与社会心态.北京:社会科学文献出版社,2016

56. 汪丁丁.经济发展与制度创新.上海:上海人民出版社,1995

57. 王开玉.不一样的童年:中国农民工子女调查报告.北京:社会科学文献出版社,2016

58. 王铭铭.村落视野中的文化与权力——闽台三村五论.北京:生活·读书·新知三联书店,1997

59. 王铭铭.社区的历程.天津:天津人民出版社,1997

60. 王雅林.回家的路:重回生活的社会.北京:社会科学文献出版社,2017

61. 吴飞.浮生取义:对华北某县自杀现场的文化解读.北京:中国人民大学出版社,2009

62. 吴飞.人伦的"解体".北京:生活·读书·新知三联书店,2017

63. 吴飞.现代生活的古代资源.上海:华东师范大学出版社,2015

64. 吴重庆.无主体熟人社会及社会重建.北京:社会科学文献出版社,2014

65. 笑思.家哲学——西方人的盲点.北京:商务印书馆,2010

66. 邢铁.家产继承史论.昆明:云南大学出版社,2000

67. 熊凤水.流变的乡土性.北京:社会科学文献出版社,2016

68. 熊易寒.城市化的孩子:农民工子女的身份生产与政治社会化.上海:上海人民出版社,2010

69. 许倬云.中西文明的对照.杭州:浙江人民出版社,2013

70. 阎海军.崖边报告:乡土中国的裂变记录.北京:北京大学出版社,2015

71. 阎云翔.私人生活的变革.龚小夏译,上海:上海书店出版社,2006

72. 阎云翔.中国社会的个体化.陆洋等译.上海:上海译文出版社,2012

73. 杨国枢.华人本土心理学.重庆:重庆大学出版社,2008

74. 杨懋春.山东台头:一个中国村庄.南京:江苏人民出版社,2001

75. 殷伟,程建强. 图说中华五福文化丛书. 北京:清华大学出版社,2013

76. 殷伟,殷斐然. 中国民间吉祥文化丛书. 昆明:云南人民出版社,2005

77. 应星."气"与抗争政治. 北京:社会科学文献出版社,2011

78. 应星. 农户、集体与国家——国家与农民关系的六十年. 北京:中国社会科学文献出版社,2014

79. 余英时. 中国思想传统及其现代变迁. 南宁:广西师范大学出版社,2004

80. 张柠. 土地的黄昏:中国乡村经验的微观权力分析. 北京:中国人民大学出版社,2013

81. 张祥龙. 家与孝. 北京:生活·读书·新知三联书店,2017

82. 张祥龙. 孔子的现象学阐释九讲——礼乐人生与哲理. 上海:华东师范大学出版社,2009

83. 张正. 魂梦潜山:张恨水纪传. 太原:山西人民出版社,2000

84. 郑永年. 重建中国社会. 北京:东方出版社,2016

85. 周晓虹. 传统与变迁——江浙农民的社会心理及其近代以来的嬗变. 北京:生活·读书·新知三联书店,1998

86. [德]阿莱达·阿斯曼. 记忆中的历史. 袁斯乔译. 南京:南京大学出版社,2017

87. [德]奥斯瓦尔德·斯宾格勒. 西方的没落. 上册. 齐世荣等译. 北京:商务印书馆,1995

88. [德]斐迪南·滕尼斯. 共同体与社会. 林荣远译. 北京:商务印书馆,1999

89. [德]盖奥尔格·西美尔. 社会学:关于社会化形式的研究. 林荣远译. 北京:华夏出版社,2002

90. [德]海德格尔. 荷尔德林诗的阐释. 孙周兴译. 北京:商务印书馆,2000

91. 〔德〕海德格尔. 林中路. 孙周兴译. 上海：上海译文出版社,2004

92. 〔德〕黑格尔. 历史哲学. 王造时译. 上海：上海书店出版社,1999

93. 〔德〕霍克海默集. 曹卫东编. 上海：上海远东出版社,2004

94. 〔德〕康德. 纯粹理性批判. 北京：人民出版社,2004

95. 〔德〕马克斯·韦伯. 社会学的基本概念. 胡景北译. 上海：上海人民出版社,2000

96. 〔德〕尼采. 历史的用途与滥用. 陈涛,周辉荣译. 上海：上海人民出版社,2000

97. 〔德〕诺贝特·埃利亚斯. 论文明、权力与知识. 刘佳林译. 南京：南京大学出版社,2005

98. 〔法〕爱弥尔·涂尔干. 乱伦禁忌及其起源. 汲喆等译. 上海：上海人民出版社,2006

99. 〔法〕克洛德·列维-施特劳斯. 结构人类学. 张祖建译. 北京：中国人民大学出版社,2006

100. 〔法〕克洛德·列维-斯特劳斯. 妒忌的制陶女. 刘汉全译. 北京：中国人民大学出版社,2006

101. 〔法〕马赛尔·莫斯. 论馈赠. 卢汇译. 北京：中央民族大学出版社,2002

102. 〔法〕孟德拉斯. 农民的终结. 李培林译. 北京：社会科学文献出版社,2010

103. 〔法〕莫里斯·古德利尔. 礼物之谜. 王毅译. 上海：上海人民出版社,2007

104. 〔古罗马〕瓦罗. 论农业. 王家绥译,北京：商务印书馆,1982

105. 〔美〕博伊姆. 怀旧的未来. 杨德友译. 南京：译林出版社,2010

106. 〔美〕查尔斯·霍顿·库利. 社会过程. 洪小良译. 北京：华夏出版社,2000

107. 〔美〕大卫·M. 费特曼. 民族志：步步深入. 龚建华译. 重庆：重庆大学出版社,2013

108. ［美］丹尼尔·贝尔. 资本主义文化矛盾. 赵一凡等译. 北京:生活·读书·新知三联书店,1989

109. ［美］段义孚. 空间与地方:经验的视角. 王志标译. 北京:中国人民大学出版社,2017

110. ［美］弗朗西斯·福山. 大分裂——人类本性与社会秩序的重建. 北京:中国社会科学出版社,2002

111. ［美］弗朗西斯·福山. 信任. 李宛蓉译. 呼和浩特:远方出版社,1998

112. ［美］吉尔伯特·罗兹曼. 中国的现代化. 南京:江苏人民出版社,1988

113. ［美］吉尔伯特·罗兹曼主编. 中国的现代化. 陶骅等译. 上海:上海人民出版社,1989

114. ［美］克利福德·吉尔兹. 地方性知识. 王海龙,张家宣译. 北京:中央编译出版社,2000

115. ［美］马克·赫特尔. 变动中的家庭:跨文化的透视. 宋践等译. 杭州:浙江人民出版社,1998

116. ［美］马歇尔·萨林斯. 文化与实践理性. 赵丙祥译. 上海:上海人民出版社,2002

117. ［美］莫里斯·那坦森. 现象学宗师胡塞尔. 高俊一编译. 台北:台北允晨出版公司,1982

118. ［美］施坚雅. 中国的农村市场和社会结构. 史建云等译. 北京:中国社会科学出版社,1998

119. ［美］苏珊·桑塔格. 旁观他人之痛苦. 陈耀成译. 台北:麦田出版社,2004

120. ［美］威廉·J.古德. 家庭. 魏章玲译. 北京:社会科学文献出版社,1986

121. ［美］西里尔·E.布莱克编. 比较现代化. 杨豫,陈祖洲译. 上海:上海译文出版社,1996

122. ［美］许烺光. 祖荫下：中国的亲属关系、文化人格和社会流动. 台北：台湾南天书局，2001

123. ［美］詹姆斯·C. 斯科特. 农民的道义经济学，陈立显等译，南京：译林出版社，2001

124. ［美］詹姆斯·C. 斯科特. 弱者的武器. 郑广怀，张敏等译. 南京：译林出版社，2007

125. ［日］NHK 特别节目录制组. 无缘社会. 高培明译. 上海：上海译文出版社，2014

126. ［日］尾形勇. 中国古代的"家"与国家. 张鹤泉译. 北京：中华书局，2010

127. ［匈］阿格妮丝·赫勒. 日常生活. 衣俊卿译. 重庆：重庆出版社，1990

128. ［匈］卢卡奇. 历史与阶级意识，杜章智，任立，燕宏远译. 北京：商务印书馆，1992

129. ［意］安东尼奥·葛兰西. 狱中札记. 曹雷雨等译. 北京：中国社会科学出版社，2000

130. ［英］安东尼·吉登斯. 民族-国家与暴力. 胡宗泽等译. 北京：生活·读书·新知三联书店，1998

131. ［英］伯特兰·罗素. 婚姻革命. 靳建国译. 北京：东方出版社，1988

132. ［英］多琳·马西. 劳动的时间分工. 梁光严译. 北京：北京师范大学出版社，2010

133. ［英］卡尔·波兰尼. 巨变. 黄树民译. 北京：社会科学文献出版社，2013

134. ［英］雷蒙·威廉斯. 乡村与城市. 韩子满等译. 北京：商务印书馆，2013

135. ［英］马林诺夫斯基. 原始社会的犯罪与习俗. 原江译. 昆明：云南人民出版社，2002

136. ［英］梅因. 东西方乡村社会. 刘莉译. 北京：知识产权出版社，2016

137. ［英］莫里斯•弗里德曼. 中国东南的宗族组织. 刘晓春译. 上海：上海人民出版社，2000

138. ［英］齐格蒙特•鲍曼. 废弃的生命. 谷蕾等译. 南京：江苏人民出版社，2006

139. Alan O'Connor. *Raymond Williams. Writing, Culture, Politics.* Oxford and New York：Blackwell Ltd. ,1989

140. C. Wright Mills. *The sociological imagination*, New York：Oxford University Press,1959

141. Dan Ben-Amos,Liliane Weissberg (eds.). *Cultural Memory and the Construction of identity.* Detroit：Wayne State University Press,1999

142. David Madden,Peter Marcuse. *In Defense of Housing: The Politics of Crisis.* London & New York：Verso,2016

143. Eugene Kelly. *Structure and Diversity.* Kluwer Academic Publishers,1997

144. E. Hardy. *The Early Life of Thomas Hardy,1840-1891.* London：1928

145. Fred Inglis. *Raymond Williams.* London and New York：Routledge,1995

146. J. Dewey. *The Public and its Problems.* Oxford University Press,1927

147. Lawrence Stone. *The Past and the Present.* London：Routledge &. Kegan Paul,1982

148. Pierre Bourdieu. *Outline of a Theory of Practice.* translated by Richard Nice. Cambridge：Cambridge University Press，1977

149. Robert Redfield. *Peasant Society and Culture: An*

Anthropological Approachto Civilization. The University of Chicago Press,1956

150. Stephanie Coontz. *The Social Origins of Private Life: A History of American Families*，1600 – 1900. London：Verso Press，1988.

151. Turner Kay. *Beautiful Necessity: The Art and Meaning of Women's Altars*. New York：Thames & Hudson,1999

二、论文

（一）期刊

1. 艾云.上下级政府间"考核检查"与"应对"过程的组织学分析.《社会》2011 年第 3 期

2. 白美妃.撑开在城乡之间的家——基础设施、时空经验与县域城乡关系再认识.《社会学研究》2021 年第 6 期

3. 毕天云,五福. 中华民族的传统福利理想.《云南师范大学学报（哲学社会科学版）》2017 年第 1 期

4. 柴秀波.从意义角度对生存状态的哲学考察.《兰州学刊》2006 年第 10 期

5. 陈映芳.传统中国再认识——乡土中国、城镇中国及城乡关系.《开放时代》2007 年第 6 期

6. 陈映芳.权利功利主义逻辑下的身份制度之弊.《学术前沿》2014 年第 1 期（下）

7. 陈映芳.社会生活正常化:历史转折中的"家庭化".《社会学研究》2015 年第 5 期

8. 陈心想.从陈村计划生育中的博弈看基层社会运作.《社会学研究》2004 年第 3 期

9. 陈文胜.中国农村改革的历史逻辑.《中国乡村发现》2017 年第

5 期

10. 陈建洪. 如何理解儒"家"的当代复兴.《中山大学学报（社会科学版）》2021 年第 3 期

11. 渠敬东."山水"没落与现代中国的精神危机.《文化纵横》2017 年第 4 期

12. 储小平. 中国"家文化"泛化机制与文化资本.《学术研究》2003 年第 11 期

13. 段成荣，等. 当前我国新生代农民工的"新"状况.《人口经济》2011 年第 4 期

14. 丁永勋. 推行殡葬改革 莫要"不恤死"的自负.《决策探索》2014 年第 6 期

15. 付伟. 家庭本位与村庄治理的底层逻辑.《中国社会科学评价》2021 年第 4 期

16. 郭树永. 建构主义的"共同体和平论".《欧洲》2001 年第 2 期

17. 耿达. 文化视角下的都市与乡村：20 世纪 30 年代的城乡关系.《中国农业大学学报（社会科学版）》2017 年第 8 期

18. 韩向臣，等. 家国传统与秩序再造——基于中国逻辑的历史分析.《东南学术》2021 年第 5 期

19. 贺雪峰. 农村家庭代际关系的变动及其影响.《江海学刊》2008 年第 4 期

20. 贺雪峰. 面子、利益与村庄的性质.《开放时代》2000 年第 11 期

21. 贺雪峰. 论半熟人社会——理解村委会选举的一个视角.《政治学研究》2000 年第 3 期

22. 赖立里，等. 日常生活研究方法论的四个面向.《探索与争鸣》2017 年第 1 期

23. 卢晖临. 社会学的历史转向.《开放时代》2004 年第 1 期

24. 刘少杰. 当代社会学的理性化反省与感性论转向.《中国人民大学学报》2008 年第 3 期

25. 刘燕舞. 论奔头——理解冀村农民自杀的一个本土概念.《社会学评论》2014 年第 5 期

26. 刘谦. 家庭研究感性视角的彰显与价值.《中国人民大学学报》2012 年第 5 期

27. 李晓斐. 当代乡贤:地方精英抑或民间权威.《华南农业大学学报(社会科学版)》2016 年第 4 期

28. 李远行. 在城镇化中重构乡村主体性.《南风窗》2013 年第 25 期

29. 李国庆. 关于中国村落共同体的论战:以"戒能—平野论战"为核心.《社会学研究》2005 年第 6 期

30. 李向平. 当代中国的"私人信仰"陷阱.《江苏行政学院学报》2017 年第 1 期

31. 梁心. 20 世纪早期城乡关系的认知与想象.《中华文史论丛》2014 年第 2 期

32. 鲁可荣. 乡村集体记忆重构与价值传承.《民俗研究》2021 年第 3 期

33. 麻国庆. 民间概念.《读书》1997 年第 7 期

34. 麻国庆. 福、禄、寿与汉族的民族特性.《历史大观园》1990 年第 8 期

35. 麻国庆. 费孝通社会人类学思想述评.《广西民族学院学报(哲学社会科学版)》2005 年第 5 期

36. 麻国庆. 类别中的关系. 家族化的公民社会的基础.《文史哲》2008 年第 4 期

37. 彭牧. 神堂上的家与世界.《民俗研究》2015 年第 2 期

38. 任远. 大迁移时代的大留守.《决策探索》2015 年第 16 期

39. 任剑涛. 改革时代私人信仰的私密化"陷阱".《探索与争鸣》2017 年第 6 期

40. 苏力. 费孝通、儒家文化和文化自觉.《开放时代》2007 年第 4 期

41. 孙向晨. 重建"家"在现代世界的意义.《文史哲》2019 年第 4 期

42. 石勇.重建我们与"故乡"的关系——对话王晓明.《南风窗》2015年第 8 期

43. 沈延生.村政的兴衰与重建.《战略与管理》1998 年第 6 期

44. 谭同学.家与中国社会文化结构研究的经验主位——以《永远的家》为例.《广西民族大学学报(哲学社会科学版)》2009 年第 6 期

45. 谭同学.论当代中国乡村社会结构的文化特征.《思想战线》2013年第 1 期

46. 唐宏峰.当乡愁成为我们的情感结构.《探索与争鸣》2016 年第10 期

47. 唐晓峰.还地理学一份人情.《读书》2002 年第 11 期

48. 涂文学.影响 20 世纪中国城市发展的历史性变革.《学习与实践》2009 年第 9 期

49. 汪民安.家庭的空间政治.《东方艺术》2007 年第 2 期

50. 王思斌.经济体制改革对农村社会关系的影响.《北京大学学报(哲学社会科学版)》1987 年第 3 期

51. 王晓明.九十年代与"新意识形态".《天涯》2000 年第 6 期

52. 王晓明.什么是今天中国的"住房问题"(上).《探索与争鸣》2016年第 9 期

53. 王晓明."城乡结合度"——一个新的社会进步指标.《探索与争鸣》2017 年第 9 期

54. 王晓升.社会性的终结与现代社会理论面临的挑战.《南国学术》2014 年第 2 期

55. 王春光.对中国农村流动人口"半城市化"的实证分析.《学习与探索》2009 年第 5 期

56. 王旭.宋代乡的性质及职能再认识.《河北学刊》2022 年第 3 期

57. 王加华.形式即意义:重农、劝农传统与中国古代耕织图绘制.《开放时代》2022 年第 3 期

58. 王铭铭."家园"何以成为方法.《开放时代》2021 年第 1 期

59. 吴飞. 论"过日子".《社会学研究》2007 年第 6 期

60. 吴飞. 论殡葬改革.《开放时代》2022 年第 1 期

61. 吴宗友. 皖江流域文化特质的族群分析.《学术界》2013 年第 4 期

62. 熊秉纯. 质性研究方法刍议:来自社会性别视角的探索.《社会学研究》2001 年第 5 期

63. 熊易寒. 命运的政治学.《开放时代》2011 年第 10 期

64. 徐祖澜. 历史变迁语境下的乡绅概念之界定.《湖北社会科学》2016 年第 6 期

65. 徐茂明. 明清以来乡绅、绅士与士绅诸概念辨析.《苏州大学学报(哲学社会科学版)》2003 年第 1 期

66. 徐晓新,张秀兰. 将家庭视角纳入公共政策.《中国社会科学》2016 年第 6 期

67. 徐勇. 天下一家:人类命运共同体的家户起源.《南国学术》2019 年第 2 期

68. 夏当英. 道教神仙信仰的俗世性特征.《安徽大学学报(哲学社会科学版)》2007 年第 6 期

69. 肖瑛. "国家与社会"到"制度与生活".《中国社会科学》2014 年第 9 期

70. 肖瑛. "家"作为方法:中国社会理论的一种尝试.《中国社会科学》2020 年第 11 期

71. 肖群忠. "生活伦理"论.《中国人民大学学报》2006 年第 1 期

72. 萧放. 民俗传统与乡村振兴.《西南民族大学学报(人文社会科学版)》2019 年第 5 期

73. 姚中秋. 重新审视"殡葬改革".《文化纵横》2014 年第 10 期

74. 杨美惠. "温州模式"中的礼仪经济.《学海》2005 年第 3 期

75. 杨善华. 家庭社会学研究的一个新视角初探.《江苏社会科学》2007 年第 5 期

76. 杨天堂.释"五福".《岭南文史》1994 年第 1 期

77. 杨春华,等.何谓"农村空心化"? ——一个结构化的概念分析视角.《农村经济》2021 年第 7 期

78. 阎云翔.社会自我主义:中国式亲密关系.《探索与争鸣》2017 年第 7 期

79. 严海蓉.虚空的农村与空虚的主体.《读书》2005 年第 7 期

80. 易松国,等.从家庭主义到集体主义和个人主义:中国离婚模式的变迁.《南方论丛》2005 第 2 期

81. 俞金尧.欧洲历史上家庭概念的演变及其特征.《世界历史》2004 年第 4 期

82. 俞江.家产制视野下的遗嘱.《法学》2010 年第 7 期

83. 朱洪.皖江文化概念的历史生成.《安庆师范学院学报(社会科学版)》2005 年第 5 期

84. 郑永年.金钱社会的由来.《北京文化通讯》2017 年第 10 期

85. 张末民."生活"概念的历史解说.《社会科学战线》2015 年第 10 期

86. 张祥龙.代际时间:家的哲学身份——与孙向晨教授商榷.《探索与争鸣》2021 年第 10 期

87. 张祥龙."家"的歧义——海德格尔"家"哲理的阐发和评析.《同济大学学报(社会科学版)》2016 年第 1 期

88. 张祥龙.代际时间:家的哲学身份——与孙向晨教授商榷.《探索与争鸣》2021 年第 10 期

89. 张江华.卡里斯玛、公共性与中国社会——有关"差序格局"的再思考.《社会》2010 年第 5 期

90. 张佩国.传统中国福利实践的社会逻辑.《社会学研究》2017 年第 2 期

91. 张小军."韦伯命题"与宗族研究的范式危机.《山西大学学报(哲学社会科学版)》2014 年第 6 期

92. 章伟文.城化、乡愁与精神文化之原乡.《当代中国价值观研究》2017 年第 1 期

93. 张国钧.家族主义：中国传统伦理文化的基本精神.《中国人民大学学报》1990 年第 3 期

94. 张鉴.都市建设与乡村建设的关系.《建国月刊》1935 年第 6 期

95. 张玉林.大清场：中国的圈地运动及其与英国的比较.《中国农业大学学报（社会科学版）》2015 年第 1 期

96. 张东赞.日常经验的现时化：社会秩序的凸显与文化观念的复现.《理论界》2022 年第 3 期

97. 翟学伟.伦：中国人之思想与社会的共同基础.《社会》2016 年第 5 期

98. 郑震.当代西方社会学的日常生活转向.《天津社会科学》2012 年第 5 期

99. 周红英."家 /family /home"在中西文化中的概念差异及其文化认知理据.《西安外国语大学学报》2011 年第 1 期

100. 周飞舟.一本与一体：中国社会理论的基础.《社会》2021 年第 4 期

101. 邹诗鹏.现代性与剩余.《学术月刊》2016 年第 8 期

102. 赵旭东.乡村成为问题与成为问题的中国乡村研究.《中国社会科学》2008 年第 3 期

103. 赵旭东.中国民族研究的困境及其范式转换.《探索与争鸣》2014 年第 4 期

104. 赵旭东,等.反思发展主义：基于中国城乡结构转型的分析.《北方民族大学学报（哲学社会科学版）》2015 年第 1 期

105. ［日］沟口雄三.中国儒教的十个方面.《孔子研究》1991 年第 2 期

106. J. Moore. Placing Home in Context. in *Journal of Environmental Psychology*, Vol. 20, No. 3, 2000

107. J. Wright. Terrae Incognitae：The Place of the Imagination in Geography. in *Annals of the Association of American Geographers*, Vol. 37，No. 1,1947

（二）学位论文

1. 戴哲. 从农民到农民工——论 1990 年代以来的乡村书写. 上海大学博士学位论文,2013

2. 桂华. 圣凡一体:礼与生命价值——家庭生活中的道德、宗教与法律. 华中科技大学博士学位论文,2014

3. 刘芳. 社会转型期的孝道与乡村秩序——以鲁西南的 H 村为例. 上海大学博士学位论文,2013

4. 石艳. 费孝通家庭社会学思想研究. 上海大学博士学位论文,2013

（三）会议论文及其他

5. 陈锋. "气"与农村阶层的"生活政治"——基于浙东北平镇西村的调查. 中国社会学年会青年博士论坛论文. 兰州,2016

6. 何翠萍. 人与家屋:从中国西南几个族群的例子谈起. "仪式、亲属与族群"小型学术研讨会论文. 新竹,2000

7. 李存山. 先秦儒家道德的信仰、情感和理性. 南洋理工大学孔子学院. "比较视野下的先秦儒学"国际学术研讨会论文集. 新加坡,2016

8. 王崧兴. 汉人的家族制:试论"有关系、无组织"的社会. "中央研究院"第二届国际汉学会议论文,台北,1989

9. 白中林. 反馈模式考论. 吴飞主编. 神圣的家. 北京:宗教文化出版社,2014

10. 郭亮. "钟摆"效应:村庄计划生育三十年. 中国乡村研究（总第 8 辑）. 福州:福建教育出版社,2010

11. 黄树民. 从早期大甲地区的开拓看台湾汉人社会组织的发展. 中国的民族、社会与文化. 台北:台湾食货出版社,1981

12. 黄应贵. 导论. 黄应贵主编. 空间、力与社会. 台北:台湾"中央研究院"民族学研究所,1995

13. 黄宗智. 中国的"公共领域"与"市民社会". 黄宗智主编. 中国研究的范式问题讨论. 北京:社会科学文献出版社,2003

14. 李亦园. 近代中国家庭的变迁:一个人类学的探讨. "中央研究院"民族学研究所集刊. 台北:台湾"中央研究院"民族学研究所,1984

15. 李亦园. 中国人的家庭与家的文化. 文崇一,萧新煌主编. 中国人:观念与行为. 台北:台湾巨流图书公司,1988

16. 梁元生. 城与乡的界线及"城市化"问题的思考——以香港和上海为例. 赵晓阳等主编. 中西交汇中的近代中国都市和乡村. 北京:社会科学出版社,2015

17. 孙向晨. "家"在近代伦理话语中的缺失及其缘由. 吴飞主编. 圣神的家:在中西文明比较的视野下. 北京:宗教文化出版社,2014

18. 汤艳文. 福利供给与士绅权力——费孝通绅权思想研究. 李友梅编. 文化主体性历史的主人——费孝通学术思想研究. 上海:上海人民出版社,2010

19. 杨国枢. 家族化历程、泛家族主义及组织管理. 海峡两岸之组织与管理. 台北:台湾远流出版公司,1998

20. 张慧瑜. 遮蔽与凸显:作为社会修辞的"农民工". 薛毅编. 乡土中国与文化研究. 上海:上海书店出版社,2008

21. 张江华. 陇人的家屋及其意义. 王铭铭编. 中国人类学评论(第3辑). 北京:兴星图书出版公司,2007

22. 张佩国. "业"与"报"——明清祁门县善和里的公产与福利实践. 庄孔韶编. 人类学研究(第七卷). 杭州:浙江大学出版社,2015

23. [美]艾伦·普瑞德. 结构化历程和地方——地方感和结构的形成过程. 许坤荣译. 夏铸九,王志弘编译. 空间的文化形式与社会理论读本. 台北:明文书局,2002

24. [加]理查德·迪克-普雷斯顿. 20世纪本土认同、公民权、权力和权威的转型. 严海波,等译. [加]黛安娜·布赖登,[加]威廉·科尔曼主编. 反思共同体:多学科视角和全球语境. 北京:社会科学文献出版

社,2011

25. ［美］理查德·勒翰. 都市之熵. 吴志峰译. 薛毅主编. 西方都市文化研究读本. 桂林：广西师范大学出版社,2008

三、报纸及网络文章

1. 安徽省文史馆项目组. 安徽地域文化五个特点解析. 安徽日报. 2013 年 3 月 18 日

2. 陈映芳. 城市化中国正付出怎样的代价. 中国社会科学报. 2012 年 4 月 9 日

3. 王晓明. 乡村让城市更美好. 中华读书报. 2016 年 3 月 23 日

4. 徐安琪. 当前中国家庭价值观并未"去传统化". 中国社会科学报. 2012 年 6 月 11 日

5. 朱洪. 皖江历史文化的三个高峰. 安徽日报. 2016 年 8 月 22 日

6. 方旭东. 中国人为何对养老院难以亲近. 澎湃新闻. 2015 年 7 月 12 日. http://www.thepaper.cn/newsDetail_forward_1351614

7. 贺雪峰. 农民工的长远目标与短期目标. 草根网. 2017 年 1 月 21 日. http://www.caogen.com/blog/infor_detail/88510.html

8. 周畅. 留守农村的"花蕾"为何频频凋谢？——安徽潜山县留守女童保护调查. 新华网. 2015 年 8 月 8 日. http://news.cnhubei.com/xw/gn/201508/t3343808.shtml